HEYNE
HARDCORE

Zum Buch

Punk in Ostdeutschland begann mit einer Handvoll Jugendlicher in den späten Siebzigerjahren, Teenager, die sich an den Klängen der Sex Pistols ergötzten, die über britische Militärsender in Westberlin in den Osten drangen. Inspiriert von geschmuggelten Musikmagazinen und gelegentlichen Bildern aus dem Westfernsehen, schnitten sie sich Löcher in die Jeans, beschmierten ihre Jacken mit den Namen ihrer westlichen Idole und steckten sich Sicherheitsnadeln durch die Ohrlöcher. Es war klar, dass sie damit in der grauen Masse Ostberlins auffielen. Und den staatlichen Behörden natürlich nicht entgingen. Harte Repressionen waren die Folge, viele Geschichten sind bis heute unbekannt. Dieses Buch erzählt sie.

Zum Autor

Tim Mohr ist ein amerikanischer Autor, Journalist und Übersetzer. In den 1990er-Jahren lebte er in Berlin als Club-DJ, bevor er nach New York zog und für den *Playboy* arbeitete. Dort war er unter anderem für Hunter S. Thompson zuständig, mit dem er bis zu dessen Tod arbeitete. Seine journalistischen Artikel erschienen bis dato u. a. in der *New York Times*, dem *New York Magazine*, *Time Out* oder der *Huffington Post*.

Zu seinen Übersetzungen aus dem Deutschen ins Englische zählen Wolfgang Herrndorfs *Tschick* und *Sand*, Charlotte Roches *Feuchtgebiete*, Stefanie de Velascos *Tigermilch*, vier Romane von Alina Bronsky und Dorothea Dieckmanns *Guantanamo*, die mehrfach ausgezeichnet wurden.

Als Ghostwriter hat Tim Mohr u. a. die Memoiren von Duff McKagan (Guns N' Roses), Gil Scott-Heron und Paul Stanley (Kiss) verfasst.

TIM MOHR

STIRB NICHT IM WARTERAUM DER ZUKUNFT

Die ostdeutschen Punks und der Fall der Mauer

Aus dem Amerikanischen von
Harriet Fricke und Frank Dabrock

WILHELM HEYNE VERLAG
München

Unter www.heyne-hardcore.de finden Sie
das komplette Hardcore-Programm, den monatlichen Newsletter
sowie alles rund um das Hardcore-Universum.

Weitere News unter www.heyne-hardcore.de/facebook

Der Verlag weist ausdrücklich darauf hin, dass im Text enthaltene externe Links vom Verlag nur bis zum Zeitpunkt der Buchveröffentlichung eingesehen werden konnten. Auf spätere Veränderungen hat der Verlag keinerlei Einfluss. Eine Haftung des Verlags ist daher ausgeschlossen.

MIX
Papier aus verantwortungsvollen Quellen
FSC® C014496
FSC www.fsc.org

Verlagsgruppe Random House FSC® N001967

Redaktion: Jürgen Teipel
Umschlaggestaltung: Nele Schütz Design, München,
unter Verwendung eines Motivs von Christiane Eisler/SUBstitut
(»Ratte mit Oma im Zug nach Berlin«/1983)
Satz: Satzwerk Huber, Germering
Druck und Bindung: GGP Media GmbH, Pößneck
ISBN: 978-3-453-27127-2

Inhalt

Vorwort

Künstler und Musiker strömen nach Berlin, Bürgerrechtler und Whistleblower aus allen Ländern suchen hier Asyl, zehntausende Feierwillige fallen jedes Wochenende in die Stadt ein. Die Partys dauern bis in die frühen Morgenstunden, oft noch viel länger, bald wird es wieder Nacht, und die Leute tanzen einfach weiter. *Wir* tanzen weiter. Immer weiter und weiter.

Das Clubleben ist das Highlight von Berlin. Aber es ist auch ein Fenster zur Seele der Stadt.

Ein für die heutige Clubszene typischer Laden ist das About Blank. Er liegt an einer von mickrigen Bäumen und Wellblechzäunen gesäumten Straße, ein Stück Niemandsland, umgeben von Bahngleisen, Baustellen und einem Billigsupermarkt. Von außen ist es ein hässlicher, zweigeschossiger Betonklotz mit zwei von Graffitis übersäten Türen. Drinnen zahlt man ein paar Euro Eintritt und durchquert eine kahle Eingangshalle mit rohem Betonboden, unverputzten Wänden. Keine Absperrkordel, kein VIP-Bereich, kein Dresscode, keine Werbung, kein *Scheiß*. Coolness kann man in Berlin nicht kaufen. Ein paar Schritte weiter taucht man in eine andere Welt ein – Trockeneisnebel und Zigarettenrauch, so dicht und desorientierend, dass man meint, in der Luft zu schwimmen oder zu schweben, alles wirkt plötzlich langsamer, in nebliger Entfernung nur blaue Schatten und wabernde Schleier, jedes Gefühl von Zeit und Raum verfliegt. Da ist nur noch der wummernde Bass, der das Herz zusammenzieht und einen buchstäblich vom Boden abheben lässt. An einem der DJ-Pulte legt eine Frau in dunklen Shorts und T-Shirt Platten mit dem harten *Boom-tick-boom-tick* des ureigenen Sounds der Stadt auf: Minimal Techno, eine schnörkellose Unterart der elektronischen Musik, die perfekt zur Umgebung passt. Vielleicht ficken welche in der Ecke. Vielleicht auch nicht. Das schert niemanden. *Sexual Politics* sind hier kein Thema, auf der Tanzfläche werden die Leute – schwul, hetero, bi, Frauen, Männer, Transgender – sowieso eins, wenn sie die in Schweiß, Rauch und Euphorie gebadeten Körper aneinanderreiben.

Hinter der Tür am anderen Ende liegt ein verwilderter, sandiger Garten, stockdunkel bis auf ein paar winzige rote Lichter und unregelmäßig angestrahlte Discokugeln, die von den Zweigen der Bäume hängen. Ist es draußen kalt, brennt in alten Öltonnen ein Feuer, das die Leute mit Holz füttern. An einer Stelle ist ein rostiger Wohnwagen aufgebockt, drinnen ein paar Leute. Zwischen den Bäumen stehen ein großes, überdachtes Bett und zerschlissene Plastiksofas rum. Überall tanzen, trinken, reden Leute, andere sitzen nur da oder starren ins Feuer, während sich der dunkle Himmel mit dem ersten Hauch des Sonnenaufgangs aufzuhellen beginnt. Der Ort stellt keine Forderungen an seine Besucher, nichts wirkt erzwungen. About Blank ist eine Insel des Friedens, wo jeder auf seine Weise Spaß haben kann.

Ein cooler Ort.

Ein einzigartiger Ort.

Genau wie Berlin.

Nur, warum?

Wer zum ersten Mal in Berlin ist, nimmt die Einzigartigkeit der Stadt sofort wahr. Was es genau ist, lässt sich nicht so leicht greifen. About Blank bietet einen Ansatzpunkt – das, was den Club so besonders macht, erklärt vielleicht auch das spezielle Etwas, das die Besucher in ganz Berlin zu spüren glauben. Gegründet wurde der Club von einem zwölfköpfigen Kollektiv mit zahlreichen Verbindungen zu den besetzten Häusern im Ostteil der Stadt, insbesondere zur Köpenicker Straße 137, wo noch heute einige Ost-Berliner Ur-Punks leben. Das überwiegend aus feministischen Punkerinnen bestehende Kollektiv steckte im Jahr 2009 erst den politischen Rahmen des Projekts ab, dann wurde der gegenständliche Raum dafür entdeckt. In dem Gebäude war ursprünglich ein Kindergarten für die Angestellten der DDR-Reichsbahn untergebracht – daher der Sand im Garten. Danach hatte es fast fünfzehn Jahre lang leer gestanden. 2009 beschloss die Stadt Berlin, in deren Besitz sich das Gebäude befindet, es so lange zu vermieten, bis es für den Bau einer Schnellstraße abgerissen werden soll. Im Gebäude war nichts mehr: keine Heizung, kein Strom, kein Wasser, keine Fenster. Statt einen Kredit aufzunehmen und Handwerker mit der Instandsetzung zu beauftragen, machten sich die Mitglieder des Kollektivs selbst an die Arbeit. Konnten sie eine Aufgabe nicht alleine bewältigen, baten sie Freunde aus der Hausbesetzerszene um Hilfe. Das nötige Geld liehen sie sich von befreundeten linken Gruppen.

Das About Blank bietet viel mehr als nur Techno-Partys: In einem Gebäude auf dem Gelände finden Handwerkerkurse statt, außerdem sind darin Proberäume und Tonstudios untergebracht. In einem anderen Gebäude wurde ein Kulturzentrum eingerichtet, in dem hauptsächlich Gender- und Queer-Veranstaltungen stattfinden. Außerdem richtet About Blank Benefizveranstaltungen für feministische, antirassistische und antifaschistische Initiativen aus und gehört zu einem Netzwerk, das Leute zur Teilnahme an politischen Demos mobilisiert. Für das Kollektiv stand von Anfang an fest, dass jeder, der dort arbeitet – inzwischen über hundert Leute –, denselben Stundenlohn erhält, ob sie oder er nun fürs Booking der DJs zuständig ist, Bier ausschenkt oder die Klos putzt.

Dennoch ist About Blank alles andere als eine realitätsferne Fantasiewelt. Es ist ein real existierender Ort mit Betonwänden, Secondhand-Möbeln und extrem lauter Anlage. Der Club ermöglicht es Dutzenden von Leuten, den Lebensunterhalt zu bestreiten, ohne sich selbst verkaufen zu müssen – sprich: Sie können nach ihren Idealen leben. Im Laden hängt kein Schild: RADIKAL LINKER CLUB. Und doch ist er genau das, und seine BetreiberInnen hoffen, dass die Atmosphäre – der gegenseitige Respekt, die Experimentierfreude, die uneingeschränkte Freiheit – auf die Gäste abfärbt. Feiern kann ein politischer Akt sein. Im Idealfall bewirken die Partys, dass die Leute Normalität infrage stellen – die Normalität, die sie außerhalb von Freiräumen wie dem About Blank erleben, vielleicht sogar die Normalität, die sie aus anderen Städten, anderen Ländern kennen.

Das Prinzip, eine eigene, alle Lebensbereiche umfassende Welt zu schaffen, die fest in einer politischen Ideologie verwurzelt ist, lässt sich bis zu den Vorgängerclubs des About Blank zurückverfolgen: Die am Spreeufer gelegene Bar 25, die die 2000er-Jahre prägte, war im Prinzip eine eigenständige Enklave mit Wohnräumen, Hostel, Zirkus, Radiosender, Plattenlabel, Restaurant, Saunabereich, ja, einfach allem. Das Tacheles war ein halb verfallenes Kaufhaus, bevor es von seinen Besetzern in den Club verwandelt wurde, der in den 1990er-Jahren den Ton angab; das Tacheles hatte alles, was es in der Bar 25 auch gab, plus Kino, Künstlerateliers, Ausstellungsflächen und Biergarten inklusive Skulpturen aus sowjetischem Kriegsgerät. Im Hinterhof stand ein russisches MiG-Kampfflugzeug, im Keller lief ohrenbetäubender Techno, und das Bier kostete eine Mark. Das Tacheles war im Grunde eine einsturzgefährdete Ruine, die von den Besetzern ständig neu gestaltet und neu erfunden wurde. Das 1909 erbaute, im Zweiten Weltkrieg durch die Luftangriffe der Alliierten und in der DDR durch Abrissbirnen stark beschädigte Gebäude war im Februar 1990, also drei Monate nach dem Fall der

Mauer, von einem Kollektiv aus Mitgliedern ostdeutscher Punkbands besetzt worden.

Das ist der rote Faden, der sich durchs Nachtleben – die Lebensader – des heutigen Berlin zieht: *Ost-Punk*. Die ersten legendären Techno-Clubs – neben dem Tacheles vor allem der Tresor und das WMF – wurden alle von DDR-Punks mitbegründet, und der Geist, die Ideologie der Punks sind noch heute in Clubs wie dem About Blank, dem Salon zur Wilden Renate oder dem Berghain deutlich spürbar.

Ich landete 1992 im Ostteil von Berlin, in einer Wohnanlage für Studierende, draußen beim Tierpark. Die Stadt schien den Ostblock-Klischees zu entsprechen, die ich seit meiner Kindheit kannte: düster, kalt, eingehüllt in Kohlerauch – noch nie hatte ich eine grauere Stadt gesehen. Dazu das entfernte Heulen der Zootiere und die ständige Angst, die Gerüchte über die Horden von durch die Straßen ziehenden Skinheads könnten am Ende doch stimmen. Mein erster Eindruck von Berlin war deprimierend. Aber ich fand schnell raus, dass sich hinter den heruntergekommenen, von Einschusslöchern vernarbten Fassaden in den Bezirken Mitte, Prenzlauer Berg und Friedrichshain eine bunte, kreative Szene tummelte. Hinter unscheinbaren Türen, die eine oder andere Treppe runter, eingebettet zwischen den bröckelnden Mauern eines kerzenbeleuchteten Kellers oder einer stillgelegten Zisterne, auf den Dachböden halb zerstörter Gebäude, ja, sogar in alten Bunkern oder Banktresoren, entstand eine neue kaleidoskopische Stadt. Die Kneipen und Clubs dieser Unterwelt waren dunkel und dreckig, Verlängerungskabel, verbunden mit einer fernen Energiequelle, baumelten von der Decke und versorgten die Anlage mit Strom, zum Spülen der Gläser stand ein Eimer Wasser hinter der Theke. Hier waren tatsächlich alle Menschen gleich. Und ein Außenseiter wie ich wurde herzlich in den Kreis aufgenommen. Ich hatte dort so viel Spaß, dass ich manchmal am nächsten Tag aufwachte und mich fragte, ob ich nicht alles nur geträumt hatte. Einige Male stellte ich beim Aufwachen fest, dass ich immer noch im Club war, nur an einem anderen Tag. Gelegentlich kam es vor, dass die Tresenleute gingen und uns Nachzüglern sagten, wir sollten beim Gehen einfach die Tür zuziehen. In den Sommermonaten verließen wir – in Berlin hieß es damals schnell »wir« –, die DJs, Tänzer und Partygänger, alle zusammen den Club und kletterten über die Mauer eines öffentlichen Freibads, wo wir nackt schwimmen gingen, während es langsam hell wurde. Einige der Clubs existierten nur eine Nacht oder ein paar Wochen lang. Andere hielten sich über Jahre. Die Leute, die sich dort versammelten, wollten nicht passiv rumsitzen, während die Stadt nach einer neuen Identität, einer neuen Richtung suchte. Sie stellten ihr eigenes Programm auf, kreierten ihren eigenen Stil, schufen ihr eigenes Umfeld. Sie entwickelten nicht nur einen Plan für ein neues Berlin, sondern für eine neue Art zu leben – die Berliner Art zu leben.

Bald fing ich selbst als DJ in einigen dieser Clubs und Kneipen an und ließ mich nächtelang durch sehr viele andere treiben. Ich zog nach Friedrichshain, dann nach Mitte und Prenzlauer Berg, aus dem geplanten sechsmonatigen Aufenthalt wurde ein Jahr, dann noch eins und noch eins. Und *dieses andere Berlin* – die Schattenstadt, die sich außer Sichtweite von und völlig gleichgültig gegenüber dem anderen Gebilde entwickelte, das an Orten wie dem Potsdamer Platz und später auch an den Ufern der Spree hochgezogen wurde – sollte mein Leben und meine Art zu denken nachhaltig verändern.

Lange bevor ich auch nur daran dachte, selbst zu schreiben, lernte ich in diesen Clubs die ersten Ost-Punks kennen und erfuhr von ihnen die geheime Geschichte des DDR-Punkrocks unter dem Honecker-Regime. Die meisten Läden, in denen ich abhing, wurden von Ost-Punks geführt und am Laufen gehalten; fast alle Kneipen und Clubs im Ostteil der Stadt waren von ihnen aufgemacht worden, häufig in besetzten Häusern. Und in dem Prozess prägten sie auch den Geist einer neuen Gesellschaft, die nach dem Fall der Mauer quasi aus dem Nichts entstand.

Die kaleidoskopische Welt, in die ich mich verliebt hatte, war *ihre* Welt, *ihre* Schöpfung.

In der DDR fing Punk Ende der 1970er-Jahre mit einer Handvoll Jugendlichen an, die sofort angefixt waren, als sie die Sex Pistols auf dem für die im Westen stationierten Streitkräfte ausgestrahlten britischen Militärsender hörten. Mit Politik hatte der Kitzel, den sie bei den sägenden Gitarren und den hingerotzten Texten spürten, zunächst nichts zu tun; nach einer mit öder, staatlich geförderter Musik verbrachten Kindheit wirkte der Sound für sie wie ein befreiender, frischer Wind. Begeistert von der Musik und den Fotos der Londoner Punks, die sie in geschmuggelten *Bravo*-Heften entdeckten und gelegentlich auch im West-Fernsehen erspähten, zerrissen sie ihre Jeanshosen, kritzelten sie die Namen ihrer englischen Idole mit Kugelschreiber auf Jacken, zogen sie sich Sicherheitsnadeln durch die Ohrläppchen. Gepaart mit den schrägen Unfrisuren fiel ihr Look in der grauen Masse der Ost-Berliner sofort auf, und die ersten Punks fanden schnell zueinander.

Den Sicherheitsorganen des Polizeistaats fielen sie ebenfalls auf.

Doch soll hier kein Märchen erzählt werden über die revolutionäre Kraft der westlichen Popkultur und die humorlosen Bürokraten in billigen Polyesteranzügen, die Jugendlichen das Pogen verbieten wollten. Aus dem unpolitischen Nihilismus der Ost-Punks entwickelte sich bald eine Hardcore-Ideologie, die das besondere Umfeld der Jugendlichen widerspiegelte. Im Westen sangen die Punks davon, »No Future« zu haben und zu einem Leben als Underdogs der kapitalistischen Gesellschaft verdammt zu sein. Im Osten war es das genaue Gegenteil: Über deine Zukunft war bereits entschieden worden, irgendein Funktionär hatte deinen Weg vorgezeichnet – erst die FDJ, dann die Ausbildung und am Ende Fabrikarbeit in der sozialistischen Planwirtschaft. Das Problem im Osten hieß nicht *No Future*, es hieß: *Too Much Future*.

Als Punks und Punkbands immer zahlreicher, sichtbarer und politischer wurden, gerieten sie zusehends ins Visier der kommunistischen Parteigremien und Sicherheitsorgane – darunter der gefürchtete Geheimdienst des Ministeriums für Staatssicherheit. Punks wurden von der Stasi und von Leuten aus dem eigenen Umfeld bespitzelt: von Freunden und Lehrern, von Arbeitskollegen und Nachbarn, in einigen Fällen sogar von Mitgliedern der eigenen Familie. Sie flogen von der Schule, verloren ihre Ausbildungsplätze, ihre Jobs. Man riss sie aus ihren Familien, aus ihrem Freundeskreis, verbot ihnen den Aufenthalt auf öffentlichen Plätzen, zwang sie ins Exil. Sie wurden von der Polizei verhaftet, verprügelt, psychisch unter Druck gesetzt. Man sperrte sie in Jugendwerkhöfe, Irrenanstalten, Gefängnisse. Doch das drastische Vorgehen bewirkte nur, dass sich ein vielleicht nur kurzlebiges Phänomen im Kontinuum der Jugendkulturen zu einem hartnäckigen Außenseiterkult, zu einer richtiggehenden Bewegung entwickelte, mit landesweitem Netzwerk, eigenen Untergrund-Medien und illegalem Konzertbetrieb. Die Folge war ein Konflikt mit dem Regime, der sich über ein Jahrzehnt hinzog.

Die Ost-Punks ertrugen nicht nur staatliche Gewalt und Verfolgung, sie schufen sich eine eigene Welt und agierten innerhalb der physischen Grenzen der DDR, aber außerhalb der Gesellschaft. Um aber außerhalb der kommunistischen Gesellschaft überleben zu können, mussten sie sich im eigentlichen wie übertragenen Sinn Freiräume erkämpfen und aneignen – keine Kleinigkeit in einem repressiven Bevormundungsstaat, der seine Augen und Ohren überall hatte und diejenigen belohnte, die willens waren, jede verdächtige Aktivität zu melden, und diejenigen verfolgte und bestrafte, die dies nicht taten. Doch die Ost-Punks hielten durch und übernahmen eine transformative Rolle in der Untergrundbewegung, die letztendlich als Katalysator für die Revolution wirkte. Als am 9. November 1989 die Berliner Mauer fiel, war nicht etwa eine Rede von Ronald Reagan oder das Verlangen der ostdeutschen Jugendlichen nach McDonald's oder David Hasselhoff der Auslöser gewesen: Der Ost-Untergrund hatte das Fundament des Regimes erschüttert und die Voraussetzungen für den scheinbar spontanen Aufstand geschaffen.

Nach dem Fall der Mauer visierten die Punks ein neues Ziel an: dem neuen Berlin, das in den 1990er-Jahren Gestalt annahm, den eigenen Stempel aufzudrücken. Wieder einmal schufen sie eine eigene Welt in der äußeren, indem sie Häuser besetzten, Kneipen, Clubs und Kommunen aufzogen und Oasen der Punkkultur schufen, die den Punkgeist bis heute am Leben erhalten. Sie schufen die Grundlage für eine Szene, die Besucher aus der ganzen Welt anzieht und begeistert.

Was macht das heutige Berlin so einzigartig?

Es ist eine Punkrockstadt, eine Punk Rock City.

Es ist *die* Punk Rock City, eine Stadt, in der die Do-it-yourself-Ästhetik und unbeugsame Haltung der Ost-Punks zum Prinzip erhoben wurden: das Bedürfnis, sich trotz widriger äußerer Umstände eine eigene Welt zu schaffen, der Wille, sich trotz drohender Konsequenzen eine eigene Realität zu schaffen.

Dieses Buch erzählt die Geschichte, wie Berlin zur Punk Rock City wurde.

Die Jugendkultur in der DDR: ein FDJ-Fackelzug

TEIL I

Too Much Future

1

Der erste Punk in Ost-Berlin war »Major«. Sie war fünfzehn und wohnte in Köpenick, zwanzig Minuten mit der S-Bahn vom Zentrum entfernt.

Das war im September 1977.

Mit richtigem Namen hieß »Major« Britta Bergmann, und sie hatte früh begriffen, was die Berliner Mauer bedeutete. Den eigenen Vater hatte Britta nie gekannt, aber der Vater ihrer älteren Halbschwester wohnte in West-Berlin und besuchte sie gelegentlich im Ostteil der Stadt. Als er nach einem Besuch sagte, er müsse jetzt zurück nach West-Berlin, hatte die fünfjährige Britta eine Idee.

»Wir kommen mit«, rief sie begeistert.

Britta verstand nicht, warum er sie so entgeistert anschaute.

»Nein, das geht nicht«, erklärte er ernst. »Ihr könnt nicht einfach rüber, ihr seid hier im Osten!«

In diesem Moment wurde Britta klar, was die Mauer bedeutete.

Britta wuchs in dem Bewusstsein auf, dass sich ihre Familie schon seit Generationen politisch oppositionell engagiert hatte. Ihr Großvater mütterlicherseits war in den 1920er-Jahren KPD-Mitglied gewesen und hatte nach Hitlers Machtübernahme eine Zeit lang im Zuchthaus gesessen. Die Großmutter galt als Antifaschistin und landete auf der schwarzen Liste von Heinrich Himmler, weil sie Freundschaften mit Juden aufrechterhielt und sich weigerte, den Nazigruß zu machen. Trotz ihrer kommunistischen Überzeugung war das Leben im stalinistischen Ostdeutschland für die Großeltern nicht leicht gewesen: Wegen ihrer Freundschaft mit einem Schweizer Staatsbürger waren sie der Spionage bezichtigt und mehrere Wochen lang inhaftiert worden. Als Kind wohnte Britta bei ihrer Großmutter. Diese übte offen Kritik an der DDR-Diktatur und prägte das Weltbild der Enkelin – von ihr lernte Britta, die Regierungspropaganda äußerst skeptisch zu betrachten und die Ungerechtigkeit des Systems zu durchschauen.

In der Schulzeit litt Britta darunter, dass der Staat sich in ihre Entscheidungen einmischte – etwas erwachsener formuliert: Ihr wurde das Grundrecht vorenthalten, die wichtigsten Entscheidungen ihres Lebens selbst zu treffen. Sie *wusste* einfach, dass es ungerecht war, nicht lesen zu dürfen, was sie lesen wollte, und die Meinung nicht frei äußern zu dürfen. Dass Kreativität, Neugier und selbstständiges Denken verboten waren, nahm sie als großes Unrecht wahr.

Ich möchte einfach nur ich selbst sein und eigene Entscheidungen treffen.

Im Sommer 1977 bekam eine Freundin von Britta Besuch von einem Cousin aus Westdeutschland. Er erzählte den Mädchen von jemandem, dem über einen See in der Nähe von Potsdam die Flucht nach West-Berlin geglückt war. Britta nahm es als Ansporn: Sie wollte ebenfalls fliehen.

Die Zukunft, die die DDR für mich geplant hat, ist nicht zu ERTRAGEN.

Ich muss hier raus.

Mit der Freundin begann sie, Fluchtpläne zu schmieden – Britta überlegte sogar, die Ufer der Seen auszukundschaften. Letztendlich blieb der Fluchtversuch nur ein Traum von Teenagern.

Zu Beginn des neuen Schuljahrs im September 1977 bekam Britta von ihrer Halbschwester einen Stapel Fotos und Poster geschenkt, die diese aus *Bravo*-Heften, den wertvollen Mitbringseln ihres Vaters, sorgfältig herausgetrennt hatte: Bilder von ABBA, Boney M., Smokie – den üblichen Teenie-Idolen und Herzensbrechern aus den Top Ten. Beim Durchblättern des Stapels blieb ihr Blick an einem Foto hängen: eine Band, aufgenommen in Schwarz-Weiß. Die Sex Pistols.

Was sind das denn für welche?, dachte sie, während sie fasziniert auf die zerrissenen Klamotten und die höhnischen Grimassen starrte.

In der Schule fragte sie ihre Mitschüler, ob jemand von der geheimnisvollen Band mit dem merkwürdigen Namen gehört hatte. Ein Junge aus ihrer Klasse wusste alles über Musik und kannte natürlich auch die Sex Pistols: Sie spielten »Punk«, erklärte er. *Punk? Moment mal,* dachte Britta. Irgendwo hatte sie doch gehört, dass AC/DC Punk spielten, und AC/DC fand sie unerträglich. Sie hasste Hardrock. Kurze Zeit später hatte sie den West-Sender Radio Luxemburg eingestellt, als sie ein Stück hörte, das sie sofort packte. Es begann mit einem abgehackten, verzerrten Gitarrenriff, dann setzte das Schlagzeug ein, es wurde richtig laut, ratterte dahin wie eine zu heiß gelaufene Lok, ein herrenloser Zug, und dann fing der Sänger an zu – nun ja, singen konnte man das eigentlich nicht nennen, der Typ hielt keinen einzigen Ton, er jaulte eher, gequält und monoton, er nölte, schrie, greinte ... *There's no point in asking, you'll get no reply* ... Das Stück war wie ein Schlag in die Magengrube, und der Sänger klang so engagiert, wie Britta es noch von keinem anderen gehört hatte, fast schon besessen. *I don't pretend 'cause I DON'T CARE ... stuff your cheap comment 'cause we know what we feel!*

Britta traute ihren Ohren kaum, sie hatte das Gefühl, die Band würde sie direkt ansprechen. Gerade so, als hätte jemand in ihrem Inneren einen Schalter umgelegt, als hätte das Stück etwas ausgelöst, das schon lange in ihr geschlummert hatte, das sie aber eben erst wahrgenommen hatte.

Verdammte Scheiße!

Gebannt wartete sie darauf, dass der Moderator den Namen der Band nannte.

»Das waren die Sex Pistols mit ›Pretty Vacant‹«, sagte er schließlich.

Die Sex Pistols!

Genau das hatte sie von den Typen mit den zerrupften Haaren, der schlechten Haut und den zerrissenen Klamotten erwartet.

Am nächsten Morgen schnitt sie sich die Haare ab und verstrubbelte sie in etwa so, wie sie es auf dem Schwarz-Weiß-Foto der Pistols gesehen hatte. Dann durchsuchte sie den Stapel *Bravo*-Hefte nach weiteren Bandfotos. Nachdem sie ein paar zusammenhatte, machte sie sich daran, ihre Klamotten dem Stil der Pistols anzupassen. Sie riss Löcher in ein T-Shirt und umnähte sie mit groben, hässlichen Stichen. Sie schnitt ein weißes Stück Stoff zurecht, schrieb mit schwarzem Kuli »DESTROY« darauf und nähte es auf die Brusttasche ihrer Jacke. Danach schnappte sie sich die Kette vom Spülkasten im Gästeklo, befestigte ein Ende an der Brusttasche der Jacke, das andere Ende an einem der Knöpfe. Auf einem Foto trug Johnny Rotten, der Sänger der Sex Pistols, Sicherheitsnadeln an den Schulterklappen seiner Jacke. Auch das ließ sich leicht nachmachen. Britta steckte eine Reihe von Sicherheitsnadeln auf beide Schulterteile ihrer Jacke – Punk-Epauletten.

Als sie mit kurzen Haaren, zerrissenen Klamotten und Sicherheitsnadeln in der Schule aufkreuzte, hielten alle die Luft an.

Ein Junge kam auf sie zu, zeigte auf die Epauletten und sagte: »Morgen, Major.«

Von da an nannte sie jeder so.

Die Lehrer reagierten nicht ganz so gelassen auf Brittas neue Aufmachung. Jede Abweichung vom vorgeschriebenen Weg wurde als Bedrohung für den sozialen Zusammenhalt gesehen, den die Diktatur mit ihrem System aus Jugendorganisationen und Propaganda nährte und der einzig dazu diente, ideologisch indoktrinierte Arbeiter an die Planwirtschaft zu verfüttern. In Rücksprache mit dem Jugendamt überlegten die Schuldirektorin und Majors Lehrer, wie mit ihr zu verfahren sei. Erst als Major Jahre später Einsicht in ihre Stasi-Akte erhielt, erfuhr sie, dass die Lehrer bezweifelten, aus ihr eine sozialistische Persönlichkeit formen zu können. Es gab sogar Überlegungen, sie in ein Heim für Schwererziehbare zu stecken, um ihr die »Aufsässigkeit« auszutreiben.

Auch im Unterricht wurde Druck auf Major ausgeübt. Die Lehrer fingen an, ihr schlechtere Zensuren zu geben, und dachten sich zusätzliche Aufgaben aus: Britta musste unter anderem ein Plakat über die freundschaftlichen Beziehungen der DDR zur Sowjetarmee entwerfen und ein Referat über die Vorzüge der Planwirtschaft schreiben. Auf diesem Weg hofften die Lehrer, sie wieder in die sozialistische Gesellschaft eingliedern zu können. Häufig schickten sie Britta wieder nach Hause und erklärten, sie dürfe erst zurückkommen, wenn sie die Kleidung gewechselt hätte. Doch Major änderte ihre Aufmachung nicht. Im Gegenteil. Sie stellte immer mehr Outfits zusammen, bearbeitete Pullover und Hosen mit Farbe, Kugelschreibern, Sicherheitsnadeln und bastelte Buttons mit Bandnamen und Sprüchen wie »I'M AN ENEMY OF THE STATE«.

Sie hatte das perfekte Ventil gefunden. Punk klang, sah aus und *fühlte sich an* wie Freiheit. Major hatte nie daran gezweifelt, in einem Unrechtsstaat zu leben, aber sie hatte keine Steine werfen, Bomben bauen oder jemanden töten wollen. Sie wollte nur sie selbst sein, aber alles, was sie zur Selbstentfaltung hätte machen, sagen, lesen, schreiben können, war vom Staat verboten. Als Punk gewann sie auf zwei Ebenen Macht über das eigene Leben. Zum einen verlieh die Musik ihrer Wut eine Stimme und gab ihr die Kraft, in dem verhassten System zu überleben. Zum anderen konnte sie allein durch ihr Äußeres bei jedem Schritt vor die Tür ihre oppositionelle Einstellung demonstrieren.

Die Freundin, mit der Major die Fluchtpläne geschmiedet hatte, hatte ihrem Cousin aus West-Berlin in Briefen naiverweise von dem Wunsch geschrieben, durch einen See in den Westen zu schwimmen, und dabei Majors richtigen Namen erwähnt. Ihr Vater fand einen der Briefe und verpfiff die eigene Tochter und Major an die Polizei.

Am 16. Mai 1978 hatte Major sich zur Vernehmung in einem Polizeirevier einzufinden.

Unter der Aufsicht eines gewissen Leutnant Müller von der Volkspolizei wurde das inzwischen sechzehnjährige Mädchen den ganzen Tag und die Nacht hindurch verhört. Während Major sich in Gewahrsam befand, wurde außerdem die Wohnung ihrer Familie von der Polizei durchsucht.

In der Vernehmung unterlief Major ein strategischer Fehler: Sie beantwortete einige Fragen, die Leutnant Müller ihr zu Punk stellte, Fragen zu ihrer schrillen Aufmachung und zu den bei der Hausdurchsuchung gefundenen Sachen, darunter Texte, die sie beim Radiohören mitgeschrieben hatte, und eigene Gedichte, die als »politisch negativ« eingestuft wurden. Im Westradio hatte Major etliche Bands für sich entdeckt: X-Ray Spex, Sham 69, Slaughter and the Dogs, Chelsea, Clash, Cock Sparrer, Buzzcocks, Vibrators, Stranglers, Stiff Little Fingers, Wire ... Sie konnte eine ganze Reihe von Namen auflisten, die inzwischen zu ihren Lieblingsbands zählten. Leider war sofort klar, dass sie ihr Punkwissen nur in den Westmedien aufgeschnappt haben konnte. Die Polizei sah den Verdacht bestätigt, den sie durch Majors Namensnennung im Brief der Freundin geschöpft hatte: Hier plante jemand ein schwerwiegendes Verbrechen – Republikflucht.

Major wurde zwar am nächsten Tag wieder freigelassen, aber die Behörden befürchteten weiteren Ärger. Jeder, der sich mit einer vom Regime nicht abgesegneten Jugendbewegung identifizierte, galt schon als bedenklich. Doch Major war nicht nur Punk – oder »Pank«, wie in den Berichten gelegentlich zu lesen war –, sondern hatte gesellschaftskritische Gedichte verfasst und mit anderen über das Thema Flucht geredet. Und jeder wie auch immer geartete Fluchtversuch setzte einen Automatismus in Gang: Die Stasi wurde eingeschaltet.

Am 27. August 1978 legte die Stasi eine Akte über Major an.

Sie war ins Blickfeld eines der meistgefürchteten Geheimdienste der Welt geraten, der dunklen Macht hinter der Macht, der Faust in Honeckers mit eiserner Hand geführtem Regime.

Von dem Tag an stand Major unter ständiger Beobachtung. Jeder ihrer Schritte wurde überwacht, jeder Brief geöffnet. Im August wurde die Aufgabe zwar offiziell der Stasi übertragen, aber die Polizei setzte ihre Überwachung trotzdem weiter fort. Leutnant Müller war überzeugt, in der Schülerin einen Staatsfeind ausgemacht zu haben. Und vielleicht lag er damit gar nicht so falsch.

2

Für die meisten ostdeutschen Kinder endete die Schule nach der zehnten Klasse. Danach mussten sie eine Ausbildung in einem bestimmten Berufsfeld beginnen, damit sie in die Planwirtschaft integriert werden konnten. Besser gesagt, sie wurden noch fester eingebunden, denn im Rahmen des Unterrichtsfachs »Produktive Arbeit« hatten sie bereits mehrere Stunden pro Woche in einer Fabrik arbeiten müssen.

Zum Ende des Schuljahrs 1978 erhielt Major das Zeugnis, das sie bei jeder zukünftigen Bewerbung um einen Ausbildungsplatz oder Job einzureichen hatte. »Sie hat große Schwierigkeiten, die sozialistischen Zusammenhänge zu erfassen«, hieß es darin, »aber in der produktiven Arbeit war sie willig.« Major war überzeugt, mit dem Zeugnis wolle man sicherstellen, dass sie eine Arbeit in einer Fabrik aufnahm und nicht etwa einen Beruf ergriff, der ihr besser gefiel. Wieder einmal bestimmten andere über ihre Zukunft.

Major bewarb sich um verschiedene Lehrstellen und Ausbildungsplätze. Überall bekam sie Absagen. Nichts zu tun, war aber keine Option: Arbeit wurde in der DDR als gesellschaftliche Verpflichtung angesehen; wer nicht arbeitete, machte sich strafbar und musste im Zweifel mit einer Gefängnisstrafe rechnen.

Die Arbeitspflicht war gesetzlich festgelegt und wurde mit aller Härte durchgesetzt. Menschen, die nicht arbeiteten, galten nicht nur als faul, sondern machten sich des asozialen Verhaltens schuldig. Die Politik, Arbeitslose als asoziale Elemente zu kriminalisieren, stammte noch aus der Nazizeit. Zugehörigkeit zu einem Arbeitskollektiv wurde als wichtiges Mittel zur Integration angesehen, als Möglichkeit für das Individuum, sich direkt in die sozialistische Gesellschaft einzubringen.

Auch in den pädagogischen Ansätzen spielte der Begriff *asozial* eine wichtige Rolle. Verhaltensauffällige Kinder wurden nicht selten zur Resozialisierung auf sogenannte Jugendwerkhöfe geschickt, wo sie den Wert der ehrlichen Arbeit, soziale Verantwortung und Disziplin lernen sollten. In Wahrheit wurden sie nicht selten zur Kinderarbeit herangezogen, und das unter gefängnisähnlichen Bedingungen.

Majors Mutter gelang es schließlich, der Tochter einen Ausbildungsplatz als Tippse, im offiziellen Jargon: Facharbeiter für Schreibtechnik, zu sichern. Offiziell trat die DDR für die Gleichstellung der Geschlechter ein, aber in Wahrheit war den Frauen oft eine deprimierend traditionelle Rolle zugedacht. Major nahm an einem Ausbildungsprogramm teil, das ausschließlich von jungen Frauen besucht wurde. Natürlich war sie dort der einzige Punk. Tatsächlich hatte sie bis dahin noch nie einen anderen Punk gesehen, ob männlich oder weiblich. Wegen ihrer Aufmachung bekam sie Ärger mit den Lehrkräften und dem Direktor der Schule, der ihr während der gesamten Ausbildung mit Schulverweisen drohte.

Major merkte bald, dass die Stasi im Zuge der Überwachung Leute aus ihrem Umfeld als Spitzel rekrutiert hatte, um Informationen über jeden ihrer Schritte zu sammeln. Die meisten waren etwa im selben Alter wie sie – junge Sekretärinnen in der Ausbildung. Tatsächlich hatte die Stasi in der Vergangenheit intern diskutiert, ob man Minderjährige rekrutieren dürfe, aber seit 1968 war man dazu übergegangen, Kinder, die gerade einmal die siebte Klasse besuchten, als Inoffizielle Mitarbeiter oder IM anzulernen. Der Großteil der Bevölkerung war in den internen Stasi-Jargon nicht eingeweiht und bezeichnete solche Informanten schlicht als Spitzel. In einem System, in dem der Staat die Zukunft seiner Bürger bis ins Kleinste durchplante, konnte man leicht Macht über Kinder gewinnen: *Es wäre doch schade, wenn du nicht eine der wenigen Lehrstellen in deinem Traumberuf haben könntest. Es wäre doch schade, wenn deine Eltern ins Gefängnis müssten und du im Waisenhaus landen würdest, nur weil du nicht mit uns arbeiten willst.* Von den hunderttausenden IM, die im Lauf der Jahre für die Stasi arbeiteten, waren fast zehn Prozent im jugendlichen Alter.

Im ersten Jahr der Ausbildung lebte Major, als wäre sie auf der Flucht. Selten schlief sie mehrere Nächte hintereinander im selben Haus, stattdessen übernachtete sie abwechselnd bei ihrer Großmutter, bei Freunden oder in der Wohnung ihrer neunzigjährigen Urgroßmutter in der Köpenicker Seelenbinderstraße. Der ständige Ortswechsel verwirrte die Spitzel, und Major gelang es oft, die Beschatter abzuhängen. Nach etwa einem Jahr gab die Stasi die Verfolgungsjagd auf – doch Leutnant Müller von der Volkspolizei dachte nicht daran, den patriotischen Kreuzzug zu beenden, mit dem er seinen Bezirk von Majors »negativ-dekadentem« Einfluss befreien wollte.

Es war in der DDR grundsätzlich schwierig, an eine Wohnung heranzukommen, daher meldete Major sich 1979 mit Hauptwohnsitz in der Seelenbinderstraße an; in der Hoffnung, die Wohnung nach dem Tod der Urgroßmutter übernehmen zu können.

Gegen Ende des Sommers entdeckte sie beim Besuch eines Straßenfests etwas, das sie bisher nur in ihrem Spiegel, auf Plattencovern oder in West-Zeitschriften gesehen hatte: Punks.

Es gibt noch andere!

Major war jetzt seit zwei Jahren Punk – weit und breit die einzige, wie sie geglaubt hatte.

Sie ging sofort zu den anderen und quatschte los. Dann musste sie zurück in die Tretmühle. Es gab keine Möglichkeit, in Kontakt zu bleiben – im Osten besaß praktisch niemand ein Telefon, und wegen Majors ständigen Ortswechseln waren Briefe keine Alternative. Weil sie außerdem noch unter Beobachtung stand oder es zumindest befürchtete, wäre sowieso jeder Brief abgefangen worden. Major beendete ihre Ausbildung und fand einen Job als Sekretärin, der ihr den festgelegten Mindestlohn einbrachte. Dort musste sie von Montag bis Freitag von 6.30 Uhr bis 16.00 Uhr arbeiten, mit einer Schreibmaschine aus dem Jahr 1933.

Im September 1980, etwa zu der Zeit, als sie die Vollzeitstelle antrat, traf sie zufällig die Punks wieder, die sie im vorigen Sommer kennengelernt hatte.

Sie erzählten ihr, dass sie sich ein paar Tage später in einem Jugendklub im Bezirk Schöneweide treffen wollten. Major ging hin – *natürlich* ging sie hin! Dort tauchte allerdings nur ein einziger Punk auf, Major hatte ihn noch nie gesehen. Sie freundeten sich an und verabredeten sich für einen späteren Tag. Nach ein paar Wochen traf sich dann schon eine Handvoll Punks aus dem Südosten der Stadt – Köpenick, Schöneweide, Wendenschloß – regelmäßig in einem Jugendklub im Plänterwald oder PW, wie die Punks ihn abkürzten. Nicht nur der Klub, auch der angrenzende Vergnügungspark mit dem Riesenrad zwischen den Bäumen wurde zu einem Wahrzeichen der DDR-Punks. Zuerst tauchten nur ein paar von ihnen im PW auf, dann ein gutes Dutzend. Als sich im Herbst 1980 allmählich herumsprach, dass sich die Gruppe dort jeden Mittwoch und Samstag traf, stieg die Zahl rasch an.

Eines Tages kam einer der Punks im PW auf Major zu. Er war groß, sah unverschämt gut aus und hatte Grübchen in den Wangen, wenn er lächelte.

»Wie heißt du?«, fragte er.

»Major.«

»Dann bin ich Colonel«, verpasste er sich selbst einen höheren Dienstgrad. Eigentlich hieß er Mario Schulz, aber nun hatte auch er einen echten Punknamen.

Die Punks hockten im Jugendklub immer am Rand der Tanzfläche und warteten auf ein Stück, zu dem sie tanzen konnten: Punk oder Ska, völlig egal. Sie brachten Kassetten mit den Sex Pistols, Stranglers, Sham 69 und anderen britischen Bands mit, die sie aus dem Radio aufgenommen hatten, und gaben sie dem Schallplattenunterhalter. Die DJs in den offiziellen Jugendklubs waren Teil des Systems. Für die Lizenz zum Musikauflegen mussten sie einen Kurs mit Abschlussprüfung absolvieren. Doch selbst unter den offiziell abgesegneten DJs war es gang und gäbe, selbst gemachte Kassetten zu benutzen, denn der einfachste und billigste Weg, an Westmusik zu gelangen, war es, sie von den West-Berliner Militärsendern oder RIAS, SFB oder Radio Luxemburg aufzunehmen. Und natürlich wollten auch die DJs lässig und modern sein. Daher spielten sie pro Abend auch ein, zwei Punkstücke. Sobald die Punks auf die Tanzfläche stürmten und wild zu pogen anfingen, suchten die übrigen Besucher das Weite. Am Anfang fanden die anderen Jugendlichen die Punks noch aufregend, aber es dauerte nicht lange, bis sie sich mit ihnen anlegten. Mancher Abend endete mit einer Schlägerei. Für einige Punks gehörte es bald zum Spiel dazu – warten, bis endlich die Hölle losbrach.

Ab und zu gingen sie auch in die anderen Jugendklubs in der Umgebung – ins KWO in Schöneweide, ins FAS in Lichtenberg –, doch lief es immer nach dem gleichen Muster ab: den ganzen Abend auf ein Pistols-Stück warten und hoffen, dass man lebend wieder rauskam, bevor die anderen Kids sich genug Mut angetrunken hatten, um die zahlenmäßig weit unterlegenen Punks zu verprügeln.

Im Sommer 1980 starb Majors Urgroßmutter, sodass sie die Wohnung nun ganz für sich hatte. Weil sie selbst so lange auf der Flucht gelebt hatte, bot sie ihre Wohnung den anderen Punks gern als Pennplatz an: Dort konnten sie quatschen und Musik hören, sich für ein paar Stunden den bedrückenden Verhältnissen in ihren Familien entziehen oder vermeintliche Polizeispitzel abhängen. Majors Wohnung wurde bald zu einem Zentrum der wachsenden Szene, zu einem Ort, an dem Punks Gleichgesinnte finden konnten, wenn sie sich einmal nicht im PW oder anderswo trafen.

Dass der Ostblock grau gewesen sei, ist natürlich ein Klischee, dennoch enthält es mindestens einen Funken Wahrheit. Viele der alten Gebäude, die die Bombenangriffe der Alliierten überstanden hatten, waren baufällig oder abbruchreif; an einigen Fassaden konnte man sogar noch die Einschusslöcher von den kurz vor Kriegsende geführten Straßenkämpfen sehen. Der Ruß der Kohleöfen, die man vor allem im Osten zum Heizen benutzte, hatte die Mauern der alten Gebäude gräulich braun gefärbt. Weite Teile des Stadtgebiets waren nach der Zerstörung durch die Bomben der Alliierten nicht wieder aufgebaut worden; in einigen Bezirken hatte man die Ruinen notdürftig restauriert, und in den Vororten hatte die kommunistische Regierung riesige Plattenbaukolonien hochziehen lassen. Straßenbeleuchtung gab es kaum, und da man in einer Planwirtschaft keine Produkte bewerben musste, fehlten die Leuchtreklamen und Plakate, die in den Straßen West-Berlins für reichlich Farbe sorgten. Die meiste Zeit des Jahres hing ein bleierner Himmel über der Stadt, und die Luft war vom rötlichen Rauch der Öfen verpestet, beheizt mit der im Lausitzer Tagebau gewonnenen Braunkohle.

In dieser Umgebung wirkten die Punks – mit ihren bemalten Klamotten, Sicherheitsnadeln, selbst gemachten Buttons und Aufnähern, dem schrillen Make-up und den bunt gefärbten Haaren – wie Wesen vom anderen Stern. Wegen der auffälligen Erscheinung der Punks – und dank neugieriger Nachbarn und Informanten – gerieten die Aktivitäten im PW und in Majors Wohnung bald ins Blickfeld der Polizei. Major erhielt regelmäßig Post mit der

Standardformulierung, sich zur Klärung eines Sachverhaltes im örtlichen Polizeirevier einzufinden. Nicht selten wurde sie dort bis zu achtundvierzig Stunden über das Kommen und Gehen in ihrer Wohnung ausgefragt – danach war ein Haftbefehl nötig, weshalb man sie gehen lassen musste. In den Vernehmungen hielt man ihr außerdem Vorträge über richtiges und falsches sozialistisches Verhalten und wies sie auf mögliche Konsequenzen hin, falls sie sich nicht an die Vorgaben halten sollte. Man drohte ihr mit Haft, Schlägen, ja sogar mit Überfällen an dunklen Straßenecken.

Major war wieder auf dem Radar der Polizei aufgetaucht und trug noch immer den Button, mit dem sie sich als ENEMY OF THE STATE auswies.

3

Im Oktober 1980 tauchte ein Typ im PW auf – alleine. Er hieß Micha Horschig, war weder besonders groß noch kräftig und sah mit seiner dunklen Stachelfrisur und dem Oberlippenflaum nicht ganz so einschüchternd aus wie die knallharten Köpenick-Kids. Micha hatte als Kind erst in Treptow gewohnt, dann in Johannisthal, einem Stadtteil südwestlich von Schöneweide, eingezwängt zwischen Mauer und Spree.

Die Sex Pistols hatte Micha 1977 bei einem Krankenhausaufenthalt zum ersten Mal gehört – der Junge im Nachbarbett hatte ihm heimlich ein paar Stücke auf seinem Kassettenrekorder vorgespielt. Im letzten Schuljahr hatte Micha sich immer stärker in Richtung Punk entwickelt, er hörte Sendungen im Westradio, trug zerrissene Klamotten, verpasste sich Un-Frisuren und entdeckte anarchistische Autoren für sich. In einer Enzyklopädie aus der Vorkriegszeit fand er Zusammenfassungen und Auszüge inzwischen verbotener Schriften von Michail Bakunin, Pierre-Joseph Proudhon und Max Stirner – die Grundlagen des anarchistischen Literaturkanons. Bis dahin war Micha ein relativ zufriedenes Mitglied kommunistischer Jugendorganisationen gewesen, obwohl ihm einiges ziemlich heuchlerisch vorgekommen war – so war er empört gewesen, als ein Mädchen wegen ihrer Kirchenzugehörigkeit von einer FDJ-Veranstaltung ausgeschlossen wurde, und hatte nie verstanden, warum die Lehrer beim Anblick eines Plastebeutels mit westdeutschem Markennamen oder Logo ausflippten. Es war doch nur ein *Plastebeutel*. Wozu das Geschrei? Sein neues Wissen über Anarchismus und die Geschichte der anarchistischen Bewegung brachte ihn auf Gedanken, die in Ostdeutschland eigentlich undenkbar waren. Warum hatte Karl Marx eine Schwächung der Ersten Internationalen in Kauf genommen, als er innerhalb der Organisation nach der Macht gegriffen hatte? Warum war er so versessen darauf gewesen, die anarchistischen Fraktionen auszuschließen, dass er selbst vor Lügen und Intrigen nicht haltgemacht hatte? Bis zum internen Machtkampf hatte die ganze Welt vor dem umstürzlerischen Potenzial der Ersten Internationalen gezittert, danach war die Organisation geschwächt und mit Marx-Opportunisten durchsetzt gewesen. Diese Fragen beschäftigten Micha. Und er verspürte das dringende Bedürfnis, sich mit anderen darüber auszutauschen.

Von 1978 bis 1979, während seiner Uhrmacherlehre, verbrachte Micha seine Freizeit fast ausschließlich mit politischen Diskussionen. In seinem Lehrlingskollegen Frank Masch fand er einen willigen Gesprächspartner. Frank betrachtete sich zwar als Sozialdemokraten, aber Micha wurde schnell klar, dass sich die meisten Linken, unabhängig von der persönlichen Zuordnung – ob selbst ernannter Anarchist oder Sozialdemokrat –, auf grundlegende philosophische Prinzipien wie Freiheit, Gleichheit, Solidarität und das Recht auf politische Teilhabe einigen konnten.

Mit Frank suchte Micha Kneipen und Cafés auf, um andere in Diskussionen zu verwickeln. Die Aufmerksamkeit war Micha schnell sicher – jeder wollte wissen, warum er so komisch rumlief. Und warum zum Teufel quatschte er sie mit diesem Anarchie-Kram voll? Schon hatte er die Leute am Haken. Doch die Themen, die Micha anschneiden wollte, waren einigen zu heiß. Die Stasi und ihre IM hatten die Ohren überall, daher drucksten potenzielle Gesprächspartner rum. Manchmal raunte einer Micha zu: »Nicht so laut, der am Nachbartisch, der hört das.« Manchmal flüsterte ihm ein freundlicher Wirt oder Gast zu: »Ihr müsst weg. Der da hat gerade jemanden *angerufen.*« Und bevor die Polizei eintraf, waren Micha und Frank über alle Berge.

Aber Micha wollte nicht mehr flüstern.

Auf dem Papier galt Redefreiheit als Grundrecht. Auch in der Staatspropaganda wurde das Recht auf freie Meinungsäußerung gern beschworen. Micha hatte beschlossen, sie beim Wort zu nehmen: *Ich werde sagen, was ich sagen will.*

Er zettelte nie Schlägereien an. Allerdings gab es an jeder Ecke Menschen, die den Status quo verteidigen wollten und die Michas wahnwitzige Versuche, sie in Gespräche über Tabuthemen zu verstricken, mit Faustschlägen quittierten. Nachdem ihm das ein paar Mal passiert war, änderte Micha sein Verhalten. Bei jedem tätlichen Angriff wurde er jetzt zum Tier. Wenn die Leute sich unbedingt mit ihm anlegen wollten, war das ihre Sache. Nur sollten sie sich besser warm anziehen.

1979 läutete Micha für sich selbst den Countdown der DDR ein: *Zehn Jahre,* dachte er, *länger wird's nicht mehr dauern.*

Er war sich hundertprozentig sicher.

Als er im Herbst 1980 im PW aufkreuzte, war er schon seit zwei Jahren Punk. Doch die Leute aus Majors Clique hatten ihn noch nie gesehen und fragten sich, ob er ein »echter« oder »Mode-Punk« war. Was wollte der Typ bloß? Als sie ihn ansprachen, wurde schnell klar, dass er es ernst meinte: Er kam sofort auf das Thema Politik zu sprechen und landete, selbstverständlich, beim Anarchismus.

Der Typ hat echt Ahnung.

Von den Punks bekam er gleich den Namen A-Micha verpasst – »A« wie Anarchie. Durch A-Micha erfuhr Major, worum es im Anarchismus ging. Sie hatte noch nie jemanden getroffen, der das so verständlich erklären konnte. In der Gruppe verhielt er sich ruhig, besonnen und verantwortungsbewusst, fast wie ein Intellektueller. Obwohl er nicht älter war als Majors Freunde, wirkte er wesentlich erwachsener.

Auch bei seinen Klamotten entwickelte A-Micha viel Fantasie. So nähte er Reißverschlüsse in die Löcher, die er in seine Hosen gerissen hatte. Statt Knöpfe oder Kronkorken zu bemalen und mit Bandnamen oder Ähnlichem zu versehen, beschrieb er Papierfetzen und befestigte sie mit Sicherheitsnadeln an seinen Sachen. Die Parolen, die er für jeden sichtbar trug, empfanden selbst die Punks als zu gewagt – sie lebten in einem Polizeistaat, und Micha lief mit Sprüchen wie *HAUT DIE BULLEN PLATT WIE STULLEN* herum oder mit Ton-Steine-Scherben-Titeln wie MACHT KAPUTT, WAS EUCH KAPUTT MACHT oder KEINE MACHT FÜR NIEMAND.

Er war außerdem einer der ersten Punks, die sich das Logo von Solidarność anhefteten. Die polnische Gewerkschaft war nach einer großen Streikwelle, die sich im August 1980 von Danzig aus im ganzen Land ausgebreitet hatte, ins Interesse der Weltöffentlichkeit gerückt; unter anderem hatten sie von der polnischen Diktatur die Wiedereinsetzung der gesetzlich verankerten Rede- und Pressefreiheit gefordert.

Major war von A-Micha fasziniert, die beiden hingen oft zusammen rum und redeten nächtelang über Politik. A-Micha benutzte ihre Wohnung bald regelmäßig als Pennplatz.

Außenstehende taten Ost-Punks oft als rebellische, dem neuesten Pop-Trend aus dem Westen verfallene Teenager ab, als Taugenichtse, die um jeden Preis Streit anfangen wollten – das schien wohl ihre Vorstellung von Spaß zu sein. Aber Major empfand das nicht so. Ihr war klar geworden, dass ihre Vorstellung von Spaß vom vorgeschriebenen Weg abwich. Spaß zu haben, war für sie und ihre Freunde zu einem politischen Akt geworden. So leicht konnte man in der DDR politisch aktiv werden. Anders zu denken, offen die

Meinung zu sagen, sich von der Masse abzuheben, *war* politisch. Und wer sich so demonstrativ von der Masse abhob wie die Punks, war richtiggehend radikal.

Die Menschen auf dem vorgeschriebenen Weg zu halten und sie wie eine Einheit marschieren zu lassen – man durchlief die Jungpioniere, die Thälmann-Pioniere, die FDJ, absolvierte einen Wehrdienst von mindestens achtzehn Monaten, trat eine Lehrstelle an und fand schließlich einen Job als Fabrikarbeiter, um ein produktives Mitglied der Gesellschaft zu werden –, war viel leichter, als man vielleicht vermuten würde. Wie in den meisten Gesellschaften war auch das Leben in der DDR geprägt von Bequemlichkeit und Angepasstheit. Jeder hatte Arbeit und ein Dach über dem Kopf, es gab Elektrizität, sauberes Trinkwasser, Sanitärversorgung. Tatsächlich besaßen neunzig Prozent aller Haushalte Fernseher, Waschmaschine und Kühlschrank; es gab billigen Alkohol und genug zu essen. Ohne dass die Regierung ständig Druck ausüben musste, lebte man sein sozialistisches Leben und nahm die soziopolitischen Grenzen als gegeben hin. Wenigstens hielt es die Mehrheit so.

Anfang der 1980er-Jahre bestand für die physische Gewalt der Stalin-Ära keine – oder zumindest keine so große – Notwendigkeit mehr: Mit der Etablierung des »real existierenden Sozialismus« hatte man eine *Norm* geschaffen, und sobald es eine Norm gibt, halten sich die meisten Menschen auch daran. Obwohl die Mitgliedschaft in den Jugendorganisationen nicht obligatorisch war, traten ihnen fast fünfundachtzig Prozent aller Kinder bei. Man übte sich in Selbstzensur und wusste instinktiv, wo die Grenzen waren, und, *ey, ich muss ja nicht gleich bis an die Grenzen gehen; mir reicht es, mich anzupassen und nicht aufzufallen.*

Die Handvoll Leute, die sich nicht anpassen wollte, wurde von den anderen dazu ermuntert, sich an die Norm zu halten – denn wer will schon, dass ein schwarzes Schaf der ganzen Herde das Leben schwermacht?

Natürlich war die Bequemlichkeit und Angepasstheit in der DDR nicht stärker ausgeprägt als in anderen Ländern der Welt. Die meisten weißen Amerikaner machten, trotz der schreienden Ungerechtigkeit des Systems der Rassendiskriminierung, ein ganzes Jahrhundert lang ungerührt mit ihrem täglichen Leben weiter: *nicht mein Problem!* Die völlige Gleichgültigkeit, mit der die meisten Amerikaner auf Edward Snowdens Enthüllung einer regelrechten Massenüberwachung reagierten, ist ein anderes Beispiel. *Ich hab doch nichts zu verbergen!* Genauso das Schulterzucken des »weißen Amerika« angesichts der Militarisierung der Polizei und einer nicht abreißenden Welle von brutalen polizeilichen Übergriffen: *Hey, MIR tun sie ja nichts!* Die Leute schauen weg. Das ist ganz natürlich. Sie verteidigen die Norm, ohne dass man sie dazu anhalten muss. Solange es sie nicht selbst betrifft, halten die Leute den Mund und schauen weg. So sind die Menschen nun mal. Wenigstens so lange, bis sie selbst verfolgt werden. Bis sie Ungerechtigkeit am eigenen Leib zu spüren bekommen. Bis sie sich wehren müssen. Oder im Fall der jungen Punks in der DDR: bis du verhaftet wirst oder zur täglichen Vernehmung antanzen musst, bis deine Eltern ihren Arbeitsplatz verlieren, deine Geschwister von der Schule verwiesen werden und man dich aus der Stadt verbannt oder ins Gefängnis steckt und so weiter und so fort – und das alles nur, weil du deine Meinung gesagt, weil du widersprochen, weil du dich nicht angepasst oder einfach nur die falsche Musik gehört hast.

Doch als im Herbst 1980 die Bäume im Plänterwald allmählich ihre Blätter verloren, lag das noch in weiter Ferne.

Allerdings wurden Major und die anderen Punks von den stinknormalen Bürgern recht bald dazu ermuntert, sich an die *Norm* zu halten. Die »Ermunterungen« kamen in Form von Beschimpfungen – »So was wie euch müsste man vergasen« – oder Schlägen. Bald mussten sich die Punks am S-Bahnhof Plänterwald treffen und gemeinsam zum PW gehen – das war sicherer. Einzelne Punks wurden regelmäßig von einer tobenden Meute staatstreuer Bürger gejagt. Und bei den Angriffen flogen nicht nur Fäuste, es hagelte auch Neonazi-Sprüche wie: *Mit so was wie euch hätte man bei Adolf kurzen Prozess gemacht!*

Und obwohl A-Micha ruhig, besonnen und verantwortungsbewusst war, wurde seinen neuen Freunden bald klar, dass er auch gut mit den Fäusten umgehen konnte. Wann immer die Kacke am Dampfen war, verteidigte A-Micha seine Freunde wie der Held aus einem Epos. Er wurde zum Tier.

Die Anfeindungen und Angriffe schweißten die kleine Punk-Clique fester zusammen, einer für alle, alle für einen. Oder wie Sham 69 sangen:

If the kids are united,
they will never be divided.

4

Der erste Punk aus dem Norden Ost-Berlins, der im PW auftauchte, hieß Michael Boehlke. Er war in Pankow aufgewachsen, einem Bezirk, der im Westen an die Mauer grenzte. Die meisten Punks aus dem Süden waren inzwischen achtzehn Jahre alt – wie Major –, während Boehlke erst sechzehn war. Er war groß und extrem dünn, hatte tiefliegende Augen und lispelte leicht. Im Sommer 1980 hatte er die zehnte Klasse beendet und in einer Zigarettenfabrik in Schöneweide eine Lehre als Facharbeiter für Anlagetechnik begonnen. Ein Kollege hatte ihm von den Mittwochstreffen der Punks im PW erzählt.

Keiner der Süd-Berliner Punks war jemals in Pankow gewesen, und sie sahen Boehlke an, als käme er aus einer anderen Stadt, von einem anderen Planeten.

»Ach, du bist's«, sagten sie, als er das nächste Mal auftauchte. »Der Typ aus Pankow!«

Es dauerte nicht lange, da kürzten sie die Begrüßung zu *Pankow* ab – sein neuer Punkname.

Immer noch gab es so wenige Punks, dass Pankow sie bald alle namentlich kannte. Allerdings meist nicht mal mit den richtigen Namen, denn fast jeder hatte einen Spitznamen. Außer Major,

Colonel und A-Micha gab es noch Erkner, Keule, Buzzcock, Fatzo, Special und Spion. Der neue Name gehörte zum Punksein dazu.

Damit verabschiedete man sich von dem früheren Leben, der früheren Identität, die das Regime bereits vereinnahmt hatte. Das Leben des Michael Boehlke war von Anfang bis Ende durchgeplant, aber das von Pankow fing erst an, und er war der Einzige, der darüber bestimmen würde. In einem Überwachungsstaat, in dem es von Informanten nur so wimmelte, und in einer Szene, in der Polizeivernehmungen bald täglich vorkamen, einen Spitznamen zu benutzen, erwies sich als praktisch. »Sagen Sie uns, wer sonst noch da war!« *Tja, mal sehen, da waren Fatzo und Buzzcock und Pankow ...*

Eines Nachmittags fuhr Pankow mit der S-Bahn zu einem seiner neuen Freunde. Er wollte bei ihm Platten auf Kassette aufnehmen: *Never Mind the Bollocks* von den Sex Pistols und *No More Heroes* von den Stranglers. Während der Fahrt gingen drei Typen auf ihn los – *Scheißpunker!* – und brachen ihm die Nase. Pankow, blaues Auge, blutige Nase, setzte die Fahrt fort und nahm seine Kassetten auf.

Prügel waren für Pankow nichts Neues. Er war schon immer ein Außenseiter gewesen. Seine Kindheit war von Gewalt geprägt gewesen, der Vater hatte ihn und die Mutter regelmäßig geschlagen – dank Papa war er an seinem allerersten Schultag mit gebrochener Nase in der Schule erschienen.

Bei ihm zu Hause hatte man in ständiger Angst gelebt.

Weil seine Familie nach außen hin so tat, als wäre alles in Ordnung, während hinter verschlossener Tür brutale Gewalt herrschte, hatte Pankow schon früh gelernt, allem und jedem mit Misstrauen zu begegnen – nichts war so, wie es den Anschein hatte.

Er war eigentlich Linkshänder, aber in der Schule zwang man ihn, mit rechts zu schreiben. Wegen seiner dürren Erscheinung war er schon immer gehänselt worden, nun kam noch eine Sprachstörung hinzu. In der dritten Klasse konnten alle schreiben – außer Pankow. Dennoch musste er nie eine Klasse wiederholen. Jahr für Jahr saß er da und dachte: *Ich bin wirklich blöde, ich hab 'ne Macke. Alle anderen machen das mit links, nur ich krieg's einfach nicht hin.*

Er fühlte sich immer isolierter.

Auch wenn er sich nicht besonders für Politik interessierte, empfand er die DDR doch als kaputten Staat. Manchmal saß er vor seinem Wohnblock und starrte die Nachbarn verächtlich an. In dem grünen, hübsch ordentlichen Viertel lebten viele Parteibonzen und andere Privilegierte: Am Wochenende wuschen die Leute ihre Autos oder machten einen Spaziergang im nahe gelegenen Park mit dem hübschen Barockschloss, und Pankow hasste alles und jeden, vor allem aber die anderen Kinder, und beschloss, niemals so zu werden wie sie.

Ich bin anders.

Nur, was tun?

Mit fünfzehn konnte er seine Aggression nicht länger zügeln.

Kurz vor Ende der zehnten Klasse schlichen er und ein Freund sich eines Nachts aus dem Haus und warfen die Scheiben im ersten Stock der Schule ein. Am darauffolgenden Tag waren alle Schüler zum Fahnenappell angetreten, als sein Name aufgerufen wurde.

Pankow bekam vor der gesamten Schule einen Tadel, weil er seine Jeansweste mit AC/DC bemalt hatte. Auf dem Nachhauseweg entdeckte er in einer Seitenstraße einen Mercedes – das Auto eines Parteimitglieds mit guten Beziehungen. Er sah den Stern auf der Kühlerhaube und brach ihn ab. Dafür würde er einiges kriegen.

Am nächsten Tag verhandelte er auf dem Schulhof – *was gibst du mir für einen echten Mercedes-Stern?* Am Ende tauschte er ihn gegen eine *Bravo* –, und sein Leben änderte sich schlagartig.

Im Heft: ein Foto der Sex Pistols.

Das war es, wonach er gesucht hatte.

Ich bin anders.

Und ich will anders aussehen.

Mit Ende der Schulzeit begann Pankows Verwandlung. Er sprühte das Anarcho-A auf ein Sakko, das er irgendwo geklaut hatte. Er schlich in den Park und riss Löcher in seine T-Shirts.

Eines Tages nahm Pankow eine Schere aus der Küche und ging in den Keller. Dort verpasste er sich eine Punkfrisur, abgehackt, hochgestellt. Auf dem Weg nach oben beschloss er, an der Tür zur klingeln, statt einfach in die Wohnung zu gehen. Sein Vater machte auf, warf einen Blick auf Pankows Frisur und verpasste ihm eine.

Seine Mutter störte die neue Aufmachung weniger – sie schien sich sogar darüber zu amüsieren, dass der Sohn die Aufmerksamkeit der Nachbarn auf sich zog und alle die Köpfe aus dem Fenster streckten, sobald er die Straße entlangging. Doch der Vater konnte den Anblick nicht ertragen. Er verbot Pankow, mit der Familie an einem Tisch zu essen. Er beschimpfte ihn, schlug ihn, machte ihm das Leben zur Hölle.

Pankow ließ sich nicht umstimmen. Er war jetzt Punk. Obwohl er die Musik kaum kannte und noch keinen anderen Punk gesehen hatte – eine Zeit lang glaubte er sogar, er wäre in Berlin der einzige –, wusste er eins genau: Er hatte gefunden, wonach er so lange gesucht hatte. Von den anderen Kids wurde er wegen seiner schrägen Aufmachung schikaniert und verprügelt, daher kaufte sich der von Natur aus eher schüchterne Pankow ein Hundehalsband mit Stacheln, in der Hoffnung, gefährlicher auszusehen. Statt zu kapitulieren, ging er in die Offensive: Machte ihn jemand schräg von der Seite an, rollte er mit den Augen und schrie: »Willst du was auf die Fresse?«

Zu Hause wurde es immer unerträglicher. Kurz nach Beginn

seiner Lehre hielt er es nicht mehr aus. Er stopfte ein paar Sachen in eine Tasche, schlug die Tür hinter sich zu und kehrte nie mehr zurück.

5

Die erste Wohnung, in die Pankow flüchtete, gehörte einem Freund und lag in der Göhrener Straße in Prenzlauer Berg. Der Freund wohnte im Pfarrhaus der Eliaskirche, die vom oppositionsfreundlichen Pfarrer Georg Katzorke geleitet wurde.

Dort konnte Pankow allerdings nicht lange bleiben, denn er verliebte sich in die Tochter des Pfarrers. Als Nächstes landete er in einer Wohnung in der Wörther Straße, in der Nähe des Wasserturms Prenzlauer Berg. Ein Freund war kurz zuvor aus der DDR geflüchtet, also besetzte Pankow die verlassene Wohnung. In der DDR gab es zwei Arten von Hausbesetzung. Zum einen zogen Menschen illegal, das heißt ohne die erforderliche Erlaubnis der kommunalen Wohnungsverwaltung, in eine offiziell registrierte Wohnung; so machte Pankow es in der Wörther Straße. Zum anderen gab es die »klassische« Hausbesetzung. In einem offiziellen DDR-Bericht wurde die Zahl der leer stehenden Gebäude mit 235 000 beziffert; sie konzentrierten sich auf die Innenstädte von Berlin, Leipzig, Dresden und Halle. Laut Schätzung der Behörden hatten in den frühen 1980er-Jahren achthundert Personen Wohnungen in Prenzlauer Berg besetzt, und diese Zahl sollte sich bis zum Ende des Jahrzehnts verdoppeln.

Kaum war Pankow in die Wohnung gezogen, stand die Stasi auch schon vor der Tür, weil sie glaubten, er hätte seinem Freund bei der Flucht geholfen. Pankow brauchte so schnell wie möglich einen neuen Unterschlupf. Er entdeckte ein verlassenes Gebäude und besetzte es – also klassische Hausbesetzung, so wie sie etliche oppositionelle Jugendliche vornahmen, um sich innerhalb der Grenzen der DDR einen Freiraum zu erobern und außerhalb des Systems zu leben.

Das war etwa zu der Zeit, als Pankow die Punks aus dem PW kennengelernt hatte. Was wiederum ungefähr zur selben Zeit war, als die PW-Punks beschlossen, einen Ausflug zum Alexanderplatz zu machen. Sie hatten gehört, dass ab und an West-Punks am Alex rumhingen. Westler konnten den Ostteil der Stadt jederzeit besuchen, sie mussten lediglich einen Mindestbetrag zum offiziellen DDR-Kurs umtauschen. Allerdings war der Mindestumtausch für viele geringbeschäftigte oder arbeitslose West-Berliner Punks unerschwinglich, sodass sie sich regelmäßige Ausflüge in den Osten nicht leisten konnten.

Als Major und ihre Clique über den Alex schlenderten, entdeckten sie vor einem Selbstbedienungscafé am Fuß des Fernsehturms einen Punk und zwei langhaarige Mädchen. Der Typ warf einen Blick auf die PW-Punks und fragte: »Seid ihr die aus dem Westen?«

»Nein, wir dachten, ihr seid das.«

Großes Gelächter.

Die PW-Punks liefen zwei Tage lang über den Alex und lernten Punks aus allen möglichen Stadtteilen Ost-Berlins und den umliegenden Kleinstädten kennen. Nun wusste jeder von den Treffen im Plänterwald, und wenige Wochen später versammelten sich an den üblichen Mittwochen und Samstagen an die hundert Punks im PW.

Dass Major eine eigene Wohnung hatte, sprach sich auch immer weiter rum. Manchmal hielten sich mehr als zwanzig Punks bei ihr auf, tranken, hörten Musik, pennten. Die Nachbarn begannen Buch über das Kommen und Gehen zu führen und informierten die Polizei. Oft tauchten die Bullen fast zeitgleich mit den Punks auf – sie hämmerten an die Tür, verschafften sich Zutritt, ließen sich von jedem den Ausweis zeigen und lösten die »Versammlung« nicht selten gewaltsam auf. Manchmal mussten die Jugendlichen die ganze Nacht auf der Wache verbringen und sich vernehmen lassen.

Punks waren ständige Ausweiskontrollen gewohnt. Die Polizei konnte jeden auf der Straße anhalten und nach den Papieren fragen. Weil die Punks besonders auffielen, konnten sie kaum vor die Tür gehen, ohne schikaniert zu werden. Wer seine Ausweispapiere nicht bei sich trug oder, wie bei den Punks natürlich häufig der Fall, nicht mehr so aussah wie auf dem Foto, wanderte meistens direkt *aufs Revier*.

Major und ihre Clique hassten die Bullen, und die Bullen hassten Major und ihre Clique. Doch obwohl Major Angst hatte – eine Verhaftung *war* beängstigend –, zeigte sie es nie. Das verbot ihr der Stolz.

Ich lasse mich nicht einschüchtern!

Sie war fest entschlossen, der hässliche Pickel im Gesicht des real existierenden Sozialismus zu bleiben. Sie wollte, dass die Menschen sie sahen und sich fragten, ob das glorreiche Image der sozialistischen Gesellschaft tatsächlich der Realität entsprach.

Majors Wut war stärker als die Angst. Es wurde ihr klar, dass man sie immer wieder verhaften würde. Dennoch weigerte sie sich, nach einem alternativen Lebensentwurf zu suchen.

Ich gebe nicht auf.

Eines Tages tauchte die Polizei bei ihr auf und trat mit solcher Wucht gegen die Tür, dass der untere Teil zersplitterte. Da man in der DDR lange auf einen Tischler warten musste, war die Wohnung wochenlang für jeden frei zugänglich. Ein anderes Mal hielten die Bullen ihre Gäste in der Wohnung fest, zerrten sie nacheinander in die Küche und verpassten ihnen eine solche Tracht Prügel, dass

Major, nachdem sie gerade mal wieder selbst aus polizeilichem Gewahrsam entlassen worden war, Blutspuren an Wänden, Schränken, Fußboden und Decke fand.

Major wurde dadurch nur noch entschlossener.

Ich gebe nicht auf.

A-Micha wurde Ende 1980 von seinen Eltern vor die Tür gesetzt. Danach zog er dauerhaft bei Major ein. Er war derjenige, der nach den Prügelattacken der Polizei das Blut in der Küche wegwischte.

Pankow trieb sich immer häufiger am Alex rum und lernte dort die anderen Punks kennen. Auch sie wurden oft verhaftet, aber ihre Haltung glich der von Major: *Wir sind hier, wir sind präsent.* Sie positionierten sich im Zentrum der Stadt, dort, wo jeder sie sehen konnte. Genau das wollte die Polizei verhindern: dass dieser Abschaum den Alexanderplatz verunzierte, dass die Touristen diese negativ-dekadenten Teenager begafften, diese Tagediebe, die anständige Bürger erschrecken und die Regierung bloßstellen wollten.

Eines Nachmittags ging Pankow ins Café Tute und entdeckte einen pausbäckigen Punk. Pankow hatte sich vor Kurzem den Schädel stellenweise kahl geschoren – er probierte immer neue Sachen aus, um die Leute zu schockieren – und trug ein selbst gemachtes Cockney-Rejects-T-Shirt. Er latschte auf den Typen zu und sagte: »Ey, Baby-Face!«

»Was willst du Jung-Skin denn?«

Die beiden begannen ein Gespräch und verstanden sich auf Anhieb. Der pausbäckige Punk hieß Kaiser und wohnte mit seinen Eltern in einem der Wohnblöcke auf der anderen Seite des Alex. Kaisers Vater war Journalist, seine Mutter wissenschaftliche Mitarbeiterin in einem zeitgeschichtlichen Institut.

Kaiser hatte ein paar Jahre zuvor Punk für sich entdeckt, weil er auf Tempo abfuhr. Er stand total auf harte, schnelle Musik und liebte die Alben der Ramones, weil kein einziges langsames Stück darauf war. Er stand auf auch auf die Dickies – Hauptsache schnell, schnell, schnell. Bald saß er stundenlang vor dem Radio, den Finger kurz über der Aufnahmetaste seines Rekorders, in der Hoffnung, irgendein Stück aus den Westsendern aufnehmen zu können. Jeanny, ein Mädchen aus der Schule, hatte ihn ermutigt, sich punkmäßig anzuziehen – sie war die Erste aus Kaisers Umgebung, die sich eine Punkfrisur gemacht hatte und zerrissene Pullover trug wie Johnny Rotten. Mit ihrer wilden Aufmachung hatte sie jeden in der Schule schockiert, aber sie behauptete, Selbstbewusstsein zu gewinnen, wenn ihr die Leute auf der Straße vor die Füße spuckten oder ihr hinterherriefen, man solle sie vergasen.

Lade, mit dem Kaiser schon seit dem Kindergarten befreundet war, war der nächste Mitschüler, der sich voll und ganz dem Punk verschrieb. Er hackte sich die Haare ab und stellte sie mit einer Mischung aus Rasierschaum und Wasser auf, dazu trug er einen zerlumpten Trenchcoat, den er mit Punksymbolen und Parolen bemalt hatte. Zusammen vertieften sich Kaiser und Lade in die Punk-Philosophie, sie besorgten sich die verbotenen Bücher von Michail Bakunin – dem Vater des kollektivistischen Anarchismus aus dem neunzehnten Jahrhundert. Was als rebellischer Akt von Teenagern begonnen hatte – gegen die Eltern, gegen die gesellschaftlichen Normen, gegen die staatliche Bevormundung –, nahm bald explizit politische Formen an. Für Lade und Kaiser waren Punk und Anarchie untrennbar miteinander verbunden, und in dieser musikalisch-politischen Weltanschauung bot sich ihnen eine Möglichkeit, sich selbst zu entfalten. Außerdem kamen sie sich verdammt schlau vor.

Und jetzt saß Kaiser mit Pankow im Tute am Alex und beeindruckte ihn mit seinem Politwissen. Über ein paar Tassen Kaffee beschlossen sie zum Spaß, eine terroristische Vereinigung zu gründen.

»Wir sprengen die Volkskammer!«

Die Fantasie-Terrorzelle bekam den Namen SA 80.

Kaiser erzählte Pankow auch von seiner Band Antifaschistischer Schutzwall, kurz: AFS. So hieß die Berliner Mauer im offiziellen DDR-Jargon.

Das ist ja geil, dachte Pankow, *'ne richtige Band, boah!*

Pankow konnte es kaum fassen, das schien Lichtjahre von seinem verschlafenen Viertel entfernt. *Eine richtige Punkband – in Ost-Berlin!*

Kaiser merkte, wie beeindruckt Pankow war. Er gab ihm die Adresse des Proberaums in der Metzer Straße und lud ihn ein, mal vorbeizukommen und sich die Band anzuhören.

AFS als Band zu bezeichnen, war reichlich übertrieben – was Pankow nicht weiter störte. Bisher hatten die Bandmitglieder die meiste Zeit nur cool in dem schimmligen Keller rumgestanden, den sie besetzt und mit Eierkartons und alten Lumpen ausgekleidet hatten, um den Sound zu dämpfen – falls sie denn überhaupt mal einen Ton spielten.

In der Ost-Berliner Szene waren ein paar Garage-Punkbands entstanden, die musikalisch allerdings nicht besonders viel zu bieten hatten. Meistens beschlossen ein paar Kids, eine Band zu gründen, und dieses Ereignis feierten sie dann einige Wochen lang, bevor sie das erste Mal zu ihren Instrumenten griffen. AFS waren schon ein, zwei Schritte weiter, was vor allem daran lag, dass die Combo aus der Asche verschiedener früherer Bands hervorgegangen war. Eine hatte *Beton Romantik* geheißen – eine Anspielung auf die Vorliebe des Regimes für Gießbeton. Die Band hatte sich um den Gitarristen Micha Kobs formiert, einen der wenigen Punks, die tatsächlich ein Instrument spielen konnten. Doch Kobs war von den anderen Bandmitgliedern rasch genervt gewesen. Sie machten zwar gern Bandfotos, waren aber bisher nicht über die ersten drei Takte von »Anarchy in the UK« von den Sex Pistols hinausgekommen. Kaisers »Band«-Erfahrungen beschränkten sich darauf, dass er mit seinem Freund Kriening am Schlagzeug ein paar Stunden lang die Basslinie von PILs »Public Image« geübt hatte. Aber er selbst glaubte, genug draufzuhaben. Er tat sich mit Lade zusammen, dessen eigene Band ebenfalls nur kurzlebig gewesen war, weil Gitarrist und Bassist beschlossen hatten, nur noch Stücke von Police zu spielen. »Mach doch deinen Punkscheiß alleine«, schleuderten sie Lade zum Abschied wütend entgegen.

Kurz danach schloss Kobs sich Kaiser und Lade an und gründete mit ihnen AFS. Ursprünglich hatte Lade, der Schlagzeug spielte, auch singen sollen, aber das haute nicht hin. Er konnte sowieso kaum spielen, geschweige denn dazu noch singen; dabei hatte er überhaupt erst mit dem Singen angefangen, weil er nicht spielen konnte ... Scheiße, es musste eine Lösung her. Ein neuer Schlagzeuger, ein neuer Sänger. *Irgendwas.*

Als Pankow ein paar Tage später in der Metzer Straße vorbeischaute, waren weder Kaiser noch die anderen Bandmitglieder da. Dafür aber ein Punk namens Lobethal. Die beiden hingen eine Weile im schmuddeligen Keller ab. Irgendwann setzte Lobethal sich ans Schlagzeug und forderte Pankow auf, sich das Mikro zu schnappen und zu singen. Ohne dass Pankow es bemerkte, ließ Lobethal sein Tonbandgerät mitlaufen.

»Donnerwetter, Donnerwetter«, schrie Pankow. »Alle Leute werden fetter!« Und: »Jeder ein Versager ist, der nicht seine Scheiße frisst!«

Beim nächsten Bandtreffen von AFS spielte Lobethal das Tonband mit Pankow vor.

Verdammte Scheiße.

Der Typ hat's drauf!

Plötzlich hatte das Gerangel, wer welches Instrument spielen sollte, ein Ende. Sie hatten einen Frontmann gefunden. Sein Lispeln, seine Aggression, sein Schreien – Pankow war einfach der Hammer.

AFS hatten jetzt einen richtigen Sänger, und vielleicht würden sie nun auch eine richtige Band werden. Allerdings war der Bandname viel zu gefährlich.

Bald hatte die Band nicht nur einen neuen Sänger, sondern auch einen neuen Namen: Planlos.

Scheiß Regeln, scheiß FDJ, scheiß Fabrikarbeit.

Scheiß auf das ganze System.

Wir machen, was wir wollen – oder gar nichts.

Wir haben keinen Plan und finden's geil.

6

Nach dem Zusammenschluss der verschiedenen Ost-Berliner Cliquen versammelten sich ab Frühjahr 1981 bei den zweimal wöchentlich stattfindenden Treffen im PW bis zu hundert Punks. Kleinere Gruppen trafen sich täglich auf dem Alex, auf dem Rosa-Luxemburg-Platz, im Plänterwald oder in Majors Wohnung.

Da die Punks im Stadtbild immer sichtbarer wurden, beschlossen Polizei und andere Sicherheitsorgane ein aggressiveres Vorgehen. Die politische Abteilung der Kriminalpolizei, kurz: K1, trat auf den Plan, dann schaltete sich die für die Zerschlagung politischer Untergrundaktivitäten zuständige Hauptabteilung XX der Stasi ein, um eine konzertierte Politik der Repression durchzusetzen. Wo auch immer Gruppen von Punks auftauchten, griffen die Sicherheitskräfte sofort ein. Die Jugendlichen wurden verbal und körperlich bedroht oder willkürlich verhaftet, obwohl man sie in der Regel nach ein paar Stunden Verhör wieder freiließ. Viele wurden von der Schule verwiesen oder verloren ihren Ausbildungs- oder Arbeitsplatz, was wiederum zu Auseinandersetzungen mit den Eltern führte. Eine wachsende Zahl von ihnen versuchte, sich einen Freiraum in den Lücken der Gesellschaft zu erkämpfen, indem sie illegal in legale Wohnungen zogen oder Häuser in Prenzlauer Berg oder Friedrichshain besetzten. Um außerhalb der Gesellschaft existieren zu können, mussten sie sich einen Raum schaffen, an dem die neugierigen Augen und Ohren der pflichtbewussten Untertanen sie nicht aufspüren konnten. Viele Punks erhielten bald regelmäßig Aufforderungsschreiben, sich auf dem Polizeirevier einzufinden, wo man sie zu ihrer politischen Haltung, den Parolen auf ihren Buttons und zu ihrem Freundeskreis vernahm. Immer und immer wieder.

Eine Vierzehnjährige flog von der Schule, mit dem Hinweis, wenn sie sich »normal« anziehen würde, dürfe sie im nächsten Jahr wiederkommen. Ihre Eltern drohten ihr mit einem Heim für Schwererziehbare, falls sie ihren Kleidungsstil nicht änderte. Sobald sie sich mit jemandem treffen wollte, verlangten die Eltern, ihnen vorab die Ausweise der betreffenden Freunde zu zeigen – vermutlich wollten sie die Daten an die Polizei weitergeben. Tatsächlich hatten sie selbst Angst, denn sie sagten ihr ins Gesicht: »Wir wollen deinetwegen nicht eines Tages vor Gericht stehen!«

Sie erklärte ihren Eltern, sie würde lieber sterben, als »genormt« zu sein.

Etwa zweihundertfünfzig Punks wurden gezwungen, Erklärungen zu unterschreiben, in denen sie zugaben, kriminell gefährdet zu sein. Dadurch landeten sie automatisch in der Kartei der potenziellen Straftäter. Man forderte sie auf, sich von anderen Punks fernzuhalten, und drohte ihnen mit drastischen Konsequenzen, falls sie das Verbot nicht befolgten. Die meisten hielten sich nicht daran.

A-Micha hatte inzwischen seine Lehre abgeschlossen und eine Stelle als Gebäudereiniger angenommen. Auch ihn hatte man gezwungen, eine Erklärung zu unterschreiben, dass es sich bei ihm um einen möglichen Straftäter handele; außerdem hatte man ihm verboten, sich mit einer schier endlosen Liste von Personen zu treffen – im Prinzip jeder Punk, von dem die Sicherheitsbehörden wussten. Zwei Tage lang dachte er über das Verbot nach, dann entschied er: *Scheiß drauf, lieber geh ich in den Knast, als mich daran zu halten.* Er hätte sich selbst ohrfeigen können, weil er sich überhaupt auf dem Revier gemeldet hatte. Jetzt war er schlauer und ignorierte die Vorladungen. Wenn sie ihn haben wollten, mussten sie ihn holen.

Eines Tages tauchte die Kriminalpolizei an seinem Arbeitsplatz auf und nahm ihn zum Verhör mit – er hatte mal wieder eine Vorladung ignoriert. Als sie ihn ein paar Stunden später zurückbrachten, warf sein Chef ihn raus. »Die K1 hat dich abgeholt! Du kannst hier nicht mehr arbeiten!«

A-Micha wusste, dass er eine Arbeit brauchte, sonst würde man ihn als »Asozialen« ins Gefängnis stecken. Er hatte sich mit der Aussicht abgefunden, *eines Tages* im Knast zu landen, aber wenn, dann für eine Sache, für die es sich auch lohnte – etwa weil er seine politische Meinung geäußert hatte –, und nicht wegen irgendeiner Lappalie. Fortan schaute er täglich beim Postamt am Ostbahnhof vorbei. Die Post stellte auf Tagesbasis Leute ein. A-Micha ging jeden Morgen um sieben Uhr hin, und mit etwas Glück wurde ihm für einen Tag eine Aufgabe zugeteilt. Dadurch galt er offiziell als werktätig und verdiente außerdem etwas Geld.

Es dauerte nicht lange, bis die Polizei kam und ihn als Asozialen verhaften wollte. A-Micha erklärte, er würde bei der Post arbeiten, sie könnten dort gern mal nachfragen. Und, siehe da, er hatte sich dort an vielen Tagen in eine Liste eingetragen und, wie jemand von der Verwaltung des Postamts bestätigte, schwer geschuftet. Die Polizei hatte eine Lösung parat: »Sie dürfen dort nicht mehr arbeiten.« Als A-Micha trotzdem wieder hinging, sagte man ihm, die Polizei hätte verboten, ihn jemals wieder einzustellen.

Jetzt saß er wirklich in der Klemme. Er musste innerhalb weniger Wochen irgendwas finden, sonst käme er um den Knast wahrscheinlich nicht mehr herum. In seiner Verzweiflung nahm er auf einem Friedhof im Baumschulenweg-Viertel eine Stelle als

Totengräber an, nicht weit von der Wohnung seiner Eltern. Noch mal davongekommen. Aber nicht für lange: Der Chef war ein Alt-Nazi, der vom deutschen Wald und der deutschen Eiche schwadronierte und antisemitische Witze riss. Da er seine Leute regelmäßig schikanierte und beleidigte, wollte ihn ein Kollege aus A-Michas Schicht eines Tages mit einer Schaufel erschlagen und jagte ihn kreuz und quer über den Friedhof. Für A-Micha, der nie ein Blatt vor den Mund nahm, war die Situation auf Dauer unerträglich.

Was Pankow betraf: Er wurde an manchen Tagen gleich mehrfach von der Polizei einkassiert. Er wurde festgesetzt, freigelassen und vom nächsten Polizisten erneut angehalten. »Die Papiere, bitte.« Und wieder: ab aufs Revier. Allerdings erkannte er bald, dass er an öffentlichen Orten wie dem Alexanderplatz ein Druckmittel in der Hand hatte. Der Polizei ging es in erster Linie darum, die Punks, die sich mit ihren zerrissenen Klamotten, den Sicherheitsnadeln und zerrupften Haaren deutlich von der konformistischen Masse abhoben, außer Sichtweite zu schaffen. Vor allem außer Sichtweite der Touristen, die sich natürlich gern am Alex aufhielten. In der Regel lief es so: Zwei Polizisten in Zivil traten an eine unerwünschte Person heran, packten sie an den Armen und zogen sie mit sich fort. Die meisten gingen schweigend mit und machten keinen großen Aufstand. Doch wie Alexander Solschenizyn in *Der Archipel Gulag*, seinem in den 1970er-Jahren erschienenen Enthüllungsbericht über das sowjetische Unterdrückungssystem, schrieb: »Sie können *schreien*, hätten unbedingt *schreien* müssen! Brüllen, dass Sie verhaftet wurden!« Pankow tat genau das. Sobald die Polizisten seine Arme ergriffen, schrie er laut auf. Er machte sich schwer oder warf sich auf den Boden. Er tat alles, um die Aufmerksamkeit der Passanten auf sich zu ziehen. Den Polizisten blieb nichts anderes übrig, als ihn schreiend über den ganzen Platz zu schleifen. Pankow hatte schnell raus, dass die Polizei wieder von ihm abließ, sobald er eine

Szene machte. Eine gewaltsame Verhaftung vor den Augen der Touristen warf ein schlechtes Licht auf das Regime, und Pankows Weigerung, schweigend mitzugehen, verursachte weit größeres Aufsehen, als es die Polizei auf einem gut besuchten, öffentlichen Platz gebrauchen konnte.

In der Regel gingen Punks Schlägereien aus dem Weg, um weitere Aufmerksamkeit seitens der Polizei zu vermeiden. Allerdings wurden sie fast täglich von braven Bürger attackiert. Eines Abends gingen etwa fünfundzwanzig Punks in eine Discothek auf dem Prachtboulevard Unter den Linden, der vom Brandenburger Tor zum Alexanderplatz führt, vorbei an Humboldt-Universität, Oper, Museumsinsel und der Ewigen Flamme für die Opfer des Faschismus. Spät in der Nacht wurden die Punks von etwa hundert anderen Besuchern angegriffen, es kam vor der Diskothek zu einem heftigen Handgemenge, das den Verkehr zum Erliegen brachte.

An einem anderen Abend besuchten Pankow, Colonel, Fatzo und ein weiterer Punk den Jugendklub FAS in Lichtenberg. Im Laden saßen lauter Fußball-Hooligans. Irgendwann ging der DJ zu Pankow.

»Haut lieber ab«, flüsterte er. »Hier braut sich was zusammen.«

Pankow und seine Kumpels verließen den Laden. Kaum waren sie draußen, wurde die Tür wieder aufgerissen, und eine Horde Hools stürmte hinter ihnen her. Pankow und seine Freunde rannten um ihr Leben und versteckten sich auf der Flucht in einem dunklen Hinterhof.

Eine Woche später kehrte Pankow zurück. Zusammen mit etwa fünfzig Punkkollegen stolzierte er die Frankfurter Allee runter, ging ins FAS und nahm den Laden auseinander. A-Micha ging ein paar Stunden später hin, seine Freunde waren da längst schon wieder weg. Als er eintrat, teilte sich die Menge – nach der Demonstration der Stärke, die Pankow initiiert hatte, war niemand auf weitere Punkprügel scharf.

Die Dinge liefen allmählich aus dem Ruder.

Pankows Band Planlos probte inzwischen täglich und arbeitete wie besessen an Stücken. Sie konnten gar nicht anders: Dies war die Musik, die sie hören wollten, wenn sie zusammen rumhingen – und sie brauchten einander, um diese Musik zu machen. Sie waren eine Clique, beste Freunde. Sie hingen ständig zusammen rum, vor dem Springbrunnen auf dem Alex, im PW oder im Proberaum. Es ging ihnen um Freundschaft, um Solidarität.

Im Unterschied zum rumpelnden Krach vieler anderer Ost-Punkbands besaßen ihre Stücke eine melodische Qualität. Zum Teil lag das an Kobs, der sich als begabter Gitarrist erwies und ein Gespür für eingängige Stücke hatte, zum Teil aber auch an den hohen Zielen der Band. Der Weg war steinig. Lade hatte Schwierigkeiten, den Takt zu halten, und schien die Idee mit dem Singen noch nicht ganz aufgegeben zu haben. Kurzzeitig tauschte er mit Pankow die Plätze. Aber Kaiser und Kobs gefiel die ursprüngliche Besetzung besser. Lade hatte zwar eine gute Stimme, aber Pankow war eindeutig der bessere Frontmann. Lade kehrte ans Schlagzeug zurück.

Ihr erstes Stück hieß »Überall wohin's dich führt«. Lade hatte es geschrieben.

Überall wohin's dich führt,
wird dein Ausweis kontrolliert,
sagst du einen falschen Ton,
was dann geschieht, du weißt es schon.
Ganz egal, wohin man schaut,
Kameras sind aufgebaut,
begleiten dich auf Schritt und Tritt,
die Sicherheit geht mit dir mit.
Du sagst deine Meinung vielleicht ganz offen.
Was wird passieren? Du kannst nur hoffen.
Muss man durch die Blume sprechen,

um sich nicht den Hals zu brechen?
Irgendwann muss was geschehen,
denn wer will länger tatenlos stehen.
Bist du denn geboren worden,
um dich allem unterzuordnen?

Für solche Texte wanderte man in den Knast. Die Bandmitglieder wussten das. Aber für Pankow war es einfach der nächste logische Schritt. Das Land war kaputt, und er wollte etwas dagegen tun. Punk zu sein war geil; als Sänger einer Band mit solchen Texten hatte er endlich ein Ventil gefunden, einen Weg, seine Meinung und seine Wut rauszuschreien. Aber er war nicht verrückt geworden: Sobald er sich den Text eines Stückes eingeprägt hatte, verbrannte er den Zettel mit den Notizen. Auf keinen Fall wollte er schriftliche Beweise rumliegen lassen.

Auch Kobs schrieb ein Stück nach dem anderen und versteckte die Zettel in einem Geheimfach in der untersten Schublade seiner Kommode. In einem seiner Stücke, »Ich steh in der Schlange am Currystand«, ging es darum, von Stasi-Typen verfolgt zu werden:

Ich steh in der Schlange am Currystand.
Ich dreh mich nicht um, ich hab dich erkannt.
Du bist mein Schatten, wohin ich komme.
Ein schwarzer Fleck in der Sonne.
Wenn ich laut denke, dann bist du da.
Wo ist der Monitor? Hinter der Kamera.
Im Klo pisst du neben mir.
Ich seh dich nicht, doch bist du hier.
Du sitzt mir im Genick.
In der U-Bahn streift mich dein Blick.

In »Moderne Zeiten« schimpfte Kobs über die Bequemlichkeit der Leute: »Der moderne Mann hält die Schnauze und ist still«. Er zählte eine ganze Liste von Missständen auf, darunter die Zerstörung der Umwelt und die drohende Gefahr eines Atomkriegs. In einem anderen Stück erwähnte er tote Tauben, die vom Himmel fallen – im Ostblock versprühten Flugzeuge häufig großflächig Pestizide.

Als Bands anfingen, *solche* Texte zu schreiben, verwandelte sich DDR-Punk in ein ausgesprochenes Ost-Phänomen – Punk aus dem Westen verlor an Bedeutung und bildete bald nur noch den musikalischen Ausgangspunkt, von dem aus sich etwas extrem Eigenständiges entwickelte. Die sozialen Bedingungen, die in Großbritannien zur Entstehung von Punk geführt hatten, waren in Ostdeutschland unbekannt: Es gab keine Arbeitslosigkeit, keine Obdachlosigkeit, niemand musste sich um die Befriedigung seiner Grundbedürfnisse sorgen. *No Future,* der Schlachtruf der britischen Punks, war in der DDR nicht das Problem. Hier war es *Too Much Future,* wie Kobs es gern ausdrückte. Dein Leben war quasi von Geburt an vorgezeichnet – Jungpioniere, Thälmann-Pioniere, FDJ, Ausbildung, NVA, Job in der Planwirtschaft –, und mancher meinte daran zu ersticken. Es blieb kein Zentimeter Raum, ob im physischen oder philosophischen Sinn, um außerhalb des Systems zu leben oder auch nur leise Kritik daran zu üben. Alles war durchgeplant. Planlos, der Name von Kobs' Band, war das genaue Gegenteil.

7

Am 17. Februar 1981 hörte Major um sieben Uhr morgens ein lautes Klopfen an der Wohnungstür. Ihr Freund und ein weiteres Pärchen hatten bei ihr übernachtet. Nun wurden die vier von der Polizei abgeholt – *Polizei,* nicht Stasi. Leutnant Müller hatte an seinem Verdacht festgehalten, bei Major handele es sich um eine gefährliche Staatsfeindin. Auf dem Revier wurden die Freunde über Major ausgefragt, sogar über ihre sexuellen Gewohnheiten sollten sie Auskunft erteilen. Major selbst wurde in den folgenden zwei Tagen volle vierundvierzig Stunden lang vernommen. Da man ihr lediglich eine Tasse Pfefferminztee und zwei Dauerkekse – die Überlebensration für Soldaten – zu essen gab, verlor sie in der Zeit über zwei Kilo Gewicht. Man nahm ihr sämtliche Buttons, Sicherheitsnadeln und die Schnürsenkel ab. Musste sie zur Toilette, wurde sie von einem *männlichen* Polizisten begleitet, der sie nicht aus den Augen ließ.

In Majors Abwesenheit wurde ihre Wohnung durchsucht. Poster, Artikel, Texte, Majors Gedichte und Zeichnungen wurden zum Revier gebracht und vor ihren Augen verbrannt. Niemand klärte sie darüber auf, was man ihr zur Last legte. Aber die Tatsache, dass alle ihre Punksachen verbrannt worden waren, schien darauf hinzudeuten, dass man sie *nicht* wegen einer politischen Straftat drankriegen wollte. Major war von der Kriminalpolizei verhaftet worden; sobald diese aber Beweise für eine politisch motivierte Straftat fand, musste sie den Fall der Stasi übergeben. Das wollte Leutnant Müller um jeden Preis verhindern. Wenn jemand bestimmte, warum Major ins Gefängnis musste, dann er.

Die Vernehmer löcherten Major mit Fragen zu ihren Arbeitsfehltagen – in drei Monaten hatte sie einundzwanzig Mal unentschuldigt gefehlt. Allein das sei ein Grund, erklärte man ihr, sie wegen asozialen Verhaltens ins Zuchthaus zu stecken.

Und sie zauberten weitere Anklagepunkte aus dem Ärmel. Zuerst wollten sie Major Prostitution anhängen. Wie sie in Erfahrung gebracht hatten, war ein Freund, der mal bei ihr übernachtet hatte, positiv auf eine Geschlechtskrankheit getestet worden. Sie fuhren Major zu einem Gebäude, das die Ost-Berliner scherzhaft Tripperburg nannten – die zentrale Erfassungsstelle für Geschlechtskrankheiten in der Christburger Straße –, und zwangen sie, sich einer gynäkologischen Untersuchung zu unterziehen. Sie brauchten Beweise für den Prostitutionsvorwurf. *Fehlanzeige.* Als Nächstes wollten sie Major wegen »Verleitung zur asozialen Lebensweise« drankriegen. Das Mädchen, das sich in der Nacht vor der Verhaftung in ihrer Wohnung aufgehalten hatte, war von zu Hause weggelaufen und hatte die Schule geschmissen; sie war noch minderjährig, Major inzwischen achtzehn. Bestimmt konnte man Major für die Schwänzerei der Freundin büßen lassen.

Die achtundvierzig Stunden verstrichen. Major wurde klar: Dieses Mal würde man ihr tatsächlich eine Klage anhängen. Man führte sie zu einem fensterlosen Transportwagen und stieß sie in eine von mehreren winzigen Zellen. Nach längerer Fahrt wurde sie *irgendwo* – wer wusste es schon? – in eine Untersuchungshaftanstalt eingeliefert, ohne dass man sie über Datum oder Uhrzeit informiert hätte. Major war vollkommen orientierungslos und wusste noch immer nicht, was man ihr zur Last legte.

In der U-Haft behandelte man sie grob und redete sie nur als »Gefangene« an; musste sie die Toilette benutzen, wurde sie von einem männlichen Wärter begleitet. Trotz winterlicher Temperaturen war die Zelle kaum beheizt, und Major verbrachte Stunden damit, auf und ab zu hüpfen, um sich aufzuwärmen. Jeden zweiten Tag erlaubte man ihr fünfzehn Minuten Hofgang; dafür musste sie schweigend mit den Mitgefangenen zu einem »Schweinebucht« genannten Pferch auf dem Dach des Gefängnisses marschieren. Manchmal zwang man die Inhaftierten, stundenlang auf einer gezeichneten Linie zu stehen – verlor man das Gleichgewicht und machte einen Schritt nach vorne ging ein Schlagstock auf einem nieder.

Letzten Endes verbrachte sie drei Monate in U-Haft, bevor man sie einer Richterin vorführte. Vor Gericht rief ihr Anwalt keinen einzigen Zeugen auf, der etwas zu ihrer Entlastung hätte vorbringen können. Obwohl er von Majors Mutter gut bezahlt wurde, zeigte er kein Interesse, eine vernünftige Verteidigung aufzubauen. Der Prozess war schnell vorbei.

Das Urteil: ein Jahr Freiheitsstrafe, gefolgt von einem fünfjährigen Berlin-Verbot. Was bedeutete, dass Major nach der Haft weder ihre Heimatstadt betreten noch Freunde oder Familie sehen durfte. Der Albtraum würde weitergehen.

Gegen Ende des Prozesses stellte die Richterin die obligatorische Frage: »Angeklagte, haben Sie noch etwas zu sagen?«

Fest entschlossen, sich nicht zum Schweigen bringen zu lassen, stand Major auf. »Ich möchte hiermit vor Zeugen ...«

Die Richterin schnitt ihr das Wort ab.

Eine Punkerin, die China genannt wurde und einen Platz im Gerichtssaal ergattert hatte, hielt die Luft an.

Major begann aufs Neue: »... vor Zeugen erklären ...«

»Bleiben Sie ruhig!«, rief die Richterin.

Jetzt wurde auch Major laut: »... erklären: Ich verzichte auf die Staatsbürgerschaft der DDR!«

Die Richterin erwiderte nichts. Sie ließ den Saal räumen.

Major wurde ins Frauengefängnis nach Dessau überführt – sie beschrieb es später als »ein Frauenkonzentrationslager«. Der Komplex war von einer doppelten, mit Stacheldraht versehenen Mauer umgeben – fast wie in Berlin –, auf dem Streifen dazwischen patrouillierten scharfe Hunde. Zum Gefängnis gehörte ein halbes Dutzend Baracken. Major musste sich mit dreißig Frauen einen Raum teilen, geschlafen wurde in zehn schmalen Dreierbetten. Auf dem Gelände befanden sich außerdem einige Hallen, in denen die Inhaftierten im Schichtdienst arbeiten mussten. Die Arbeits- und Schlafenszeiten waren streng geregelt. Eine Schicht dauerte acht Stunden, aber an manchen Tagen musste Major bis zu zehn, zwölf Stunden arbeiten – mit einer fünfminütigen Zigarettenpause und einer zwanzigminütigen Essenspause. Zusätzlich zu den vielen täglichen Demütigungen klaute man den Gefangenen regelmäßig die Unterwäsche von der Leine.

Major und ihre Mitgefangenen bekamen Injektionen verpasst. Das medizinische Personal behauptete, es handele sich um Impfungen, aber Major hielt das für eine Lüge. Vielleicht lag sie mit ihrem Verdacht richtig – wie sich nach dem Fall der Mauer herausstellte, waren Ärzte ein aktiver Teil des Kontrollsystems: Ohne medizinische Indikation verabreichten sie Inhaftierten Barbiturate, Psychopharmaka und andere Medikamente oder attestierten psychische Störungen bei Personen, die sich dem Aufsichtspersonal nicht fügen wollten.

Die Gefängnisverwaltung zwang den Insassinnen eine militärische Hierarchie auf: Die »Lagerälteste« beaufsichtigte sechs Frauen, die für jeweils eine Baracke verantwortlich waren; diese »Barackenältesten« hatten eine Reihe von Brigadieren unter sich, die in den Fabrikhallen als Vorarbeiterinnen und in den drei Zellen der Baracken als Stubenälteste für Ordnung sorgten. Darüber hinaus wurden verschiedene Sonderbeauftragte ernannt, die Mitgefangene beispielsweise zur Befolgung der Hygienevorschriften anhielten. Im Prinzip hatte die Verwaltung im Gefängnis dasselbe System eingeführt, das die Regierung – mit einer wahren Armee von Informanten – außerhalb des Gefängnisses benutzte, um Konformität zu erzwingen: Ein Drittel der Insassinnen half freiwillig mit, die übrigen zwei Drittel auf Linie zu halten.

Im Nachhinein lässt sich nur schwer nachvollziehen, warum das Regime auf Punks im Teenageralter derart hysterisch reagierte. Andererseits erfolgte Majors Inhaftierung zwei Monate nachdem die bei der Danziger Werft tätige junge Krankenschwester Alina Pienkowska eine tragende Rolle in dem von Solidarność initiierten Streik übernommen hatte; unter anderem rief sie die Streikenden in einer kritischen Phase mit einer leidenschaftlichen Rede zum Durchhalten auf. Das polnische Regime empfand Solidarność als so große Bedrohung, dass es im Dezember 1981 das Kriegsrecht verhängte und Panzer auffahren ließ; die dramatischen Szenen erinnerten stark an die niedergeschlagenen Aufstände in Ungarn 1956 und in der Tschechoslowakei 1968.

Die ständigen Schikanen, Prügelattacken und willkürlichen Verhaftungen – und nun noch die harte Gefängnisstrafe für Major – sorgten allerdings dafür, dass sich die Ost-Berliner Punkszene stärker politisierte und sich aus dem eher ziellosen Dagegen-Sein ein kompromissloser Kreuzzug gegen das Regime entwickelte.

Nach Majors Verhaftung begann eine unbändige Wut in A-Micha zu brennen, eine glühend heiße Wut gegen den Staat und dessen Helfershelfer, wie sie noch nie in ihm gebrannt hatte. A-Micha hatte immer radikale Ansichten vertreten. Nun wurde er zum Revolutionär.

8

Während Major in U-Haft saß und Tag für Tag verhört wurde, fand im März 1981 das erste öffentliche, oder besser: *halböffentliche* Punkkonzert in Ost-Berlin statt. Veranstaltungsort war die jugoslawische Botschaft. Der Sohn eines Diplomaten hatte es organisiert. Er hieß Ilja und hatte vor Kurzem die Band Koks gegründet. Kobs, der Gitarrist von Planlos, kannte ihn aus der Schule. Die Mitglieder von Planlos – Pankow, Kobs, Lade, Kaiser – gingen geschlossen hin. Sie arbeiteten damals noch an Stücken und warteten auf ihren ersten Auftritt. Nur, wo sollte der stattfinden? Sie besaßen keine Spielerlaubnis und würden ganz sicher nie eine bekommen, wenn sie davon sangen, am Currywurst-Stand von Stasi-Typen verfolgt zu werden.

An jenem Abend war der Saal in der jugoslawischen Botschaft brechend voll.

Das wird legendär, dachte die Planlos-Clique. *Ein richtiger Punk-Gig!*

Auch Ronald Lippok, Schlagzeuger in der Schülerband Vitamin P, war dabei. Ronald hielt sich selbst eher für »anti-politisch« als »apolitisch«. Er war kein Dissident; Punk hieß für ihn in erster Linie Spaß haben. Er hatte es satt, bei jeder Gelegenheit politische

Parolen wiederkäuen zu müssen, hatte es satt, ständig seine Liebe für Partei und Vaterland bekunden zu müssen, hatte den ganzen Scheiß einfach bis obenhin satt.

Am schlimmsten war für ihn der Wehrunterricht in der Schule. Als sie bei einer Übung auf Pappkameraden schießen sollten, hatte ihn der Lehrer angeschrien: »Schieß ihm in die Eier! In die Eier!«

Auf keinen Fall.

Ich schieß niemandem in die Eier.

Und schon gar nicht für euch Arschlöcher.

Die Sex Pistols und Ramones hatte Ronald im britischen Militärsender entdeckt – er nahm jede Woche die Sendung von John Peel auf. Zuerst hielt er Punk für eine Spielart von Hardrock, auf den er total abfuhr, Sachen von Black Sabbath und so. Doch dann traf er echte Punks wie Colonel und wusste sofort: *Hier passiert was. Das wird jetzt interessant.*

Punk, begriff er, war viel mehr als nur eine Hardrock-Variante. So etwas war noch nie dagewesen. Punks quatschten miteinander, wenn sie sich auf der Straße oder in der U-Bahn begegneten, ganz gleich, ob sie sich vorher schon mal gesehen hatten oder nicht. Punks lehnten den ganzen Mist ab, den auch Ronald verabscheute, und schufen eine Art Parallelwelt.

Bald schnitten Ronald und sein Bruder Robert sich die Haare ab, das magische Ritual, das die Abkehr von Hippiekultur und Bluesrock und Hinwendung zur Punksubkultur markierte. Kaum hatte Ronald sich äußerlich verwandelt, fing die Polizei an, ihn zu Vernehmungen mit aufs Revier zu nehmen. Dennoch hatte er noch nie etwas Aufregenderes als Punk erlebt. In der Anfangsphase kamen alle möglichen Leute unter dem Punkbanner zusammen – Proletarier und Bürgersöhnchen, Hooligans und Pseudo-Intellektuelle. Ein absolut buntes soziales Gemisch: Einige wollten sich nur betrinken und prügeln, andere interessierten sich für Dada und surrealistische Kunst, wieder andere wollten sich politisch engagieren, sei es, dass sie sich einer kirchlichen Friedensgruppe anschlossen oder sich, wie Lade, Kaiser oder A-Micha, als Anarchisten neu definierten.

Ronalds Vater arbeitete als Sprengingenieur beim Autobahn-Kombinat. Er tolerierte die neue Leidenschaft seiner Söhne, obwohl sie ihm bei der Arbeit Ärger einbrachte. Eines Tages wurde er ins Büro des kombinatsinternen Stasi-Mitarbeiters zitiert. Der Agent warf ein paar Fotos auf den Tisch. Überwachungsfotos von Ronald und Robert, an den Punkfrisuren gut zu erkennen.

»Ihre Söhne stehen unter schlechtem Einfluss«, sagte der Stasi-Mann.

»Tja«, gab der Vater der Lippok-Brüder ausweichend zurück. Auch wenn ihm die Fotos Unbehagen bereiteten, dachte er nicht daran, seine Söhne zu verurteilen oder dazu zu zwingen, sich äußerlich anzupassen. Im Gegenteil, er half ihnen sogar. Jedes Kombinat hatte eine eigene Band, ähnlich wie die Regimentskapellen beim Militär; als es beim Autobahn-Kombinat einmal überzählige Instrumente gab, gelang es ihm, ein Schlagzeug für Ronald zu ergattern.

Ronald gründete eine Schülerband, mit der er die Pistols und Ramones coverte und eigene Stücke spielte. Über das Kombinat kam er außerdem an eine Rhythmusmaschine heran und begann bald, mit dem Synth-Sound von Electropunk-Pionieren wie Suicide und Throbbing Gristle zu experimentieren. Im selben Jahr stieg er bei der Band Rosa Extra ein – so hieß eine DDR-Damenbinde. Ihr erster Auftritt fand in der Schulkantine statt; der Schulverwalter, der ihn genehmigt hatte, wurde anschließend vom Dienst suspendiert. Bevor Ronald zur Armee eingezogen wurde, traten Rosa Extra noch drei weitere Male auf, konnten aber kein einziges Mal zu Ende spielen. Immer wurde das Ganze von der Polizei abgebrochen. Viele Jugendliche kamen so dennoch in den Genuss ihres ersten Punkkonzerts.

Sobald die Punk-Enklaven in den übrigen Teilen der DDR Wind von den Entwicklungen in der Hauptstadt bekommen hatten – die meisten hörten Gerüchte über die Punk-Treffen im Plänterwald und machten sich an den Wochenenden dahin auf –, sprossen überall Bands aus dem Boden: Schleim-Keim in Erfurt, Müllstation in Eisleben, Restbestand in Magdeburg, Virus X in Rostock und Rotzjungen in Dresden. Der Rotzjungen-Sänger war in Dresden der Erste mit Irokesenschnitt.

Nach und nach entstand ein informelles Netzwerk.

Am meisten passierte in Leipzig. Dort hatte schon länger eine kleine Punkszene existiert, doch im Frühjahr 1981 trat sie richtig in Aktion. Die Leipziger Punks – es waren zu der Zeit nicht mehr als ein wackeres Dutzend – hatten Ähnliches erlebt wie ihre Kollegen aus Ost-Berlin: Ständig wurden sie von braven Bürgern beschimpft oder, sobald sich diese Leute Mut angetrunken hatten, verprügelt und regelmäßig von der Polizei schikaniert. Im Sommer 1981 tauchten in den heruntergekommenen Vierteln auf den Fassaden verlassener Häuser Graffitis auf, die die Ankunft einer neuen Band verkündeten: Wutanfall – geschrieben mit fettem Anarcho-A. Manchmal wurde der Name zu einem Logo abgekürzt: großes W mit überdimensionalem Kreis-A in der Wortmitte.

Die Bandmitglieder hatten sich bei einem Konzert der staatlich zugelassenen Band Keks kennengelernt, die bei ihren Live-Gigs auch ein, zwei Sex-Pistols-Stücke im Programm hatte. Nachdem sich die neuen Punkfreunde ein paar Mal getroffen hatten, kam Chaos, der spätere Sänger von Wutanfall, auf die Idee, eine Band zu gründen.

Chaos war niemand, der gern tatenlos herumsaß.

Er hatte die Eintönigkeit und Langeweile, die ihn auf Schritt und Tritt umgaben, immer gehasst und nach einem Weg gesucht, seinen Frust abzureagieren. Schon als Teenager hatte er mit dem Boxtraining angefangen und innerhalb und außerhalb des Rings manchen Kratzer abbekommen. Seine zweite Leidenschaft war die Musik. In der achten Klasse hatte er in einer Sendung im Westfernsehen einen Blick auf die Sex Pistols erhascht – und war sofort entflammt. Was Punk genau war, wusste er zwar noch nicht, aber er war überzeugt, nach dieser Musik immer gesucht zu haben: schnell und kraftvoll, *Bämm*, wie ein Punch. Wenig später wurde er von einem Schulausflug ausgeschlossen, weil er mit Sicherheitsnadeln an den Klamotten und schwarz umrandeten Augen à la Dave Vanian, Sänger von The Damned, in die Klasse gekommen war. Er wurde an diesem Tag nach Hause geschickt; aber das überzeugte ihn umso mehr, sein Ding gefunden zu haben.

Die Eltern waren von der neuen Aufmachung des Sohnes und dem daraus resultierenden Ärger alles andere als begeistert. Sie schrien ihn an, schlugen ihn, machten ihm das Leben zur Hölle. Chaos gewöhnte es sich an, die Wohnung in einigermaßen normalen Klamotten zu verlassen und sich bei seinem Freund Ratte in Punkkluft zu werfen. Ratte interessierte sich für Politik und kannte sich mit anarchistischer Philosophie aus. Chaos verschlang die Schriften von Erich Mühsam, dem berühmten Anarchisten, Antimilitaristen und Nazi-Gegner, sah sich aber genauso wenig wie Ronald Lippok als politischen Menschen – für Chaos ging es bei Punk um die *Teenage Kicks*, darum, endlich zu tun, was er tun wollte. Mit siebzehn lief er von zu Hause weg und nistete sich illegal in einer Bruchbude im Leipziger Osten ein. Die Wohnung stand leer, seit ein Freund sich nach Westdeutschland abgesetzt hatte. Chaos' neue Bleibe befand sich in einem besonders üblen Viertel: überall Tristesse, zerstörte Häuser, Alkoholabhängige. Die Straßen waren, wie in vielen anderen städtischen Gebieten Ostdeutschlands, von leeren Schaufenstern, Baulücken und Häusern gesäumt, deren Eingeweide in Form von Schutt und Geröll aus Fenstern und Türen quollen. Begegnete Chaos auf der Straße doch mal ein anderer Mensch, schleuderte der ihm in der Regel ein »So was wie dich sollte man vergasen!« entgegen.

Die Aggressivität, mit der stinknormale Bürger auf Punks reagierten, überraschte Chaos am Anfang noch. Da er aber sowieso Reaktionen provozieren wollte, fand er sich damit ab. Nachdem er die Gerüchte über die Punk-Treffen im Plänterwald gehört hatte, fuhr er Anfang 1981 selbst nach Berlin. Sie stimmten. Tatsächlich haute ihn die Größe der Berliner Punkszene schier um. Er freundete sich mit einigen Punks an und hatte bald das Gefühl, Teil einer Bewegung zu sein. Aber auch Besuche in Leipzig standen für die Punks aus dem ganzen Land auf der Beliebtheitsskala bald ganz oben, denn Wutanfall eroberten die Szene im Sturm. Sie waren eine der ersten Punkbands, die musikalisch was zu bieten hatten, und erspielten sich den Ruf der schnellsten Band des Landes – DDR-Hardcore.

Mit Imad und Typhus an den Gitarren, Zappa am Bass und Rotz am Schlagzeug hatte Chaos die Besetzung der Band schnell zusammen. Sie besorgten sich selbst gebaute Gitarren und bastelten sich ein Schlagzeug aus Töpfen und großen Gurkendosen. Als Proberaum benutzten sie zuerst Imads Wohnung, später einen halb eingestürzten Dachboden in der Sternwartenstraße – im Haus darunter wohnten Zappa und andere Punks. Im stark zerbombten Osten von Leipzig gab es etliche baufällige Gebäude, die von Punks und anderen Oppositionellen besetzt worden waren.

Mit seinem Freund Ray Schneider schrieb Chaos die Lyrics für das erste Stück von Wutanfall – ein musikalischer Schlag in die Magengrube, die DDR-Punk-Hymne der 1980er-Jahre: »Leipzig in Trümmern«.

Wenn die Kampfgruppe
vor deinem Haus marschiert,
und das Kind in der Schule
für den Krieg trainiert,
der Landesvater bei Fackellicht

zur deutschen Jugend von Freiheit spricht,
die Bullen dich kaum in Ruhe lassen.

Leipzig in Trümmern, Leipzig in Trümmern!

Der Tagebau radiert die Dörfer aus,
und der Rat der Stadt trinkt Sekt darauf.
Wald und Natur finden keine Interessen,
alles weggewalzt und von Beton weggefressen.
Jauchegruben wie Elster und Pleiße
wasserlos und stinkend nach Scheiße.
Die Russenkaserne fliegt dir um den Kopp
und Tomaten gibts im Intershop.

Leipzig in Trümmern, Leipzig in Trümmern!

Sobald die Mitglieder von Wutanfall ein paar Stücke zusammenhatten, beschlossen sie aufzutreten. Das unterschied sie von Planlos, die den ganzen Sommer über nur Stücke geschrieben und geprobt hatten, bevor sie den nächsten Schritt wagten – allerdings erschienen im Planlos-Proberaum manchmal genauso viele Leute wie zum ersten Wutanfall-Auftritt.

In der Nähe von Rotz' Wohnung in einem Plattenbauviertel am nördlichen Stadtrand stand ein Häuschen, das unter der Woche von den Anwohnerinnen zum Wäschetrocknen benutzt wurde. Am Wochenende konnte man das Wäschehaus für einen Apfel und ein Ei mieten. Wutanfall machten den Raum für ihren ersten Gig klar, gaben behördlich aber vorsichtshalber an, es würde sich um eine Geburtstagsfeier handeln.

Am Nachmittag vor dem Auftritt ging Chaos bei einem Bekannten vorbei und überredete ihn, ein altes Radio zum Gesangsverstärker umzubauen. Reudnitz, ein Neuling in der Szene, war

Technikfreak und bekam den Auftrag mühelos hin. Die Band schleppte die Töpfe, Fässer und schrottreifen Instrumente zum Wäschehaus und baute alles auf. Von den Dachbalken ließen sie an Schnüren ein paar alte Brötchen baumeln.

Bei Auftrittsbeginn war der Raum brechend voll. Die Band hatte ein paar Dutzend Freunde eingeladen, und alle waren gekommen. Sicherheitshalber schlossen sie die Tür von innen ab. Dann brach die Hölle los.

Die Band fing an, auf ihre Instrumente einzudreschen, dann setzte Chaos mit dem Gesang ein – besser gesagt: Er schrie, als würde man ihm bei lebendigem Leib die Haut abziehen. Als wäre er vom Teufel besessen.

So frei habe ich mich noch nie gefühlt, dachte Chaos, während er brüllte, und die Menge tobte und pogte.

Er hatte nicht damit gerechnet, dass die Zuschauer so abgehen würden, hatte nicht damit gerechnet, dass die Band so gut klingen würde. Der Sound war krachig, roh, aber er haute hin. Richtig gut sogar. Es war der Hammer.

Wir müssen weitermachen.

Was als Schnapsidee begonnen hatte, wurde für Chaos mit einem Mal lebenswichtig.

Wir müssen weitermachen.

Beim Stück »Hunger« sprang er, die Zähne gebleckt, in die Luft und riss wie ein ausgehungertes Tier Stücke aus den über ihm baumelnden Brötchen. Als der behelfsmäßige Gesangsverstärker den Geist aufgab, nahm er eine Axt und zertrümmerte ihn.

Der ganze Frust, der ganze Zorn – die weiß glühende WUT – platzte beim Singen aus ihm heraus.

Wir müssen weitermachen.

Der Gig war der reine Wahnsinn. Keiner von ihnen – weder Chaos noch der Rest der Band oder die Zuschauer – hatte so was jemals erlebt.

Die Kids rannten auf die Straße und skandierten: »Überall, überall, Wutanfall.«

Reudnitz, der den Gesangsverstärker gebastelt hatte, konnte kaum fassen, was er gerade gesehen hatte – *mein erstes Punkkonzert!* Dass es sogar eins der ersten im ganzen Land gewesen war, ahnte er nicht.

Alle waren wie im Rausch.

Unmittelbar darauf fingen die Leipziger Punks an, das Band-Logo auf jede nackte Mauer zu sprühen, bald sah man das Anarcho-A von Wutanfall an jeder Ecke der Stadt aufleuchten.

Wutanfall waren eine echte Sensation – nach nur einem Gig.

Wir müssen weitermachen.

Vor Wutanfall hatte Chaos nur gewusst, was er *nicht* wollte. Dass er im Herbst 1981 eine Tischlerlehre anfangen sollte, sorgte bei ihm nicht gerade für Begeisterung – es hatte ihn schon immer wütend gemacht, dass sein ganzes Leben vom Staat vorgezeichnet war.

Too much future eben. *Egal was passiert,* dachte er jetzt, *ich will nicht so enden, in dieser Herde von Lemmingen, und mein Leben in diesem beschissenen Drecksloch von einem Staat verplempern, in dem jeder jeden bespitzelt, jeder für nichts und wieder nichts arbeitet und mit siebzig tot umfällt, nein, nein, nein.*

Jetzt war alles anders. Jetzt hatte er die Band. Hatte etwas gefunden, das er tun wollte, das er tun musste. Wenn er früher wütend geworden war, hatte er sich gefühlt, als würde er ersticken: Er konnte nicht weglaufen, konnte der Wut, der lähmenden Angst, dem Hass nicht entkommen. Jetzt schrie er die aufgestauten Gefühle heraus. Er brauchte nur ein Mikro, und der glühende Zorn verwandelte sich in einen Flammenwerfer, der um ihn herum verbrannte Erde hinterließ, ihm aber wenigstens für den Moment so was wie inneren Frieden schenkte.

Wir müssen weitermachen.

In den nächsten Wochen und Monaten trafen sich die Mitglieder von Wutanfall im Proberaum, schrieben Stücke und legten sich nach und nach besseres Equipment zu. Zuerst anständige Gitarren, dann ein echtes Schlagzeug und später sogar richtige – *richtig laute* – Verstärker. Chaos und Ray schrieben zusammen Texte, in denen sie die Missstände im Land aufzählten, und notierten sie in einem Heft. Aber auch Chaos war vorsichtig. In keinem Stück sagte er »scheiß DDR« oder »scheiß Stasi«. Trotzdem hatte er manchmal Angst, der Inhalt seines Notizhefts könnte ihm eines Tages das Genick brechen. Aber bei ihm dauerte es eben seine Zeit, bis er einen Text aufgeschrieben und auswendig gelernt hatte. Was sollte er machen?

Als die Band das Wäschehaus für einen zweiten Auftritt gemietet hatte und mit dem ersten Stück beginnen wollte, stürmte die Polizei rein und brach das Ganze ab. Aber das war egal. Die Leipziger Punks hatten Blut geleckt. Und was die Polizei betraf, hatte Chaos die Grenzen des Systems schon immer ausreizen wollen. Und er hatte das auf eine Art versuchen wollen, die er für gerechtfertigt und für *rechtmäßig* hielt. Natürlich war ihm klar, dass er Konsequenzen befürchten musste. Doch mit der Wucht der Gewalt, die ihn und seine Freunde treffen sollte, rechnete er nicht.

Die Polizei würde wiederkommen.

9

Die K1, die politische Abteilung der Kriminalpolizei, war davon ausgegangen, die Punkszene bis April 1981 auflösen zu können. Sie hatte sich geirrt. Der April war gekommen und schon wieder vorbei, und falls sich überhaupt was geändert hatte, dann war die Situation aus Polizeisicht nur noch bedenklicher geworden. Obwohl man mit Major und Erkner – ein weiterer Ost-Berliner Punk, der zu einer Haftstrafe plus fünfjährigem Berlin-Verbot verurteilt wurde – ein Exempel statuiert hatte, obwohl die Kriminalisierung bei zweihundertfünfzig Punks zu Schulverweisen und Kündigungen von Lehrstellen geführt hatte, obwohl Punks auf Schritt und Tritt schikaniert, verprügelt und verhaftet wurden, blieb die Bewegung nicht nur weiter bestehen, sondern breitete sich allmählich im ganzen Land aus. Tatsächlich hatten die strikten Maßnahmen den Punks die Ungerechtigkeit und Verlogenheit des Systems noch deutlicher vor Augen geführt und sie in ihrer Überzeugung nur bestärkt.

In Zusammenarbeit mit der Stasi versuchte die K1 das Problem zu lösen, indem sie die Punks aus dem Sichtfeld der Öffentlichkeit verdrängte. Ihnen wurde der Aufenthalt in Kneipen, Cafés, Gaststätten und Jugendklubs generell verboten. Den Betreibern wurde deutlich gemacht, dass sie die Lizenz verlieren konnten, falls sie dieses generelle Hausverbot nicht in die Tat umsetzten. Von nun an waren die meisten öffentlichen Räume, wie der Alexanderplatz, für Punks Sperrgebiet.

Plötzlich hatten die Ost-Berliner Punks keine Treffpunkte mehr, und jede noch so kleine Gruppe, die sich auf der Straße oder in einer S-Bahn-Station aufhielt, musste mit einem schnellen Eingreifen der Polizei rechnen.

Im Juli 1981 unterhielt sich Uwe Kulisch, Sozialdiakon der Pfingstkirche am Petersburger Platz, auf einer Straße in Prenzlauer Berg mit Colonel und anderen Punks. Nachdem sie ihm berichtet hatten, dass sie sich nirgends treffen konnten, ohne von der Polizei schikaniert zu werden, lud er sie zu einem der Offenen Abende in die Pfingstkirche ein. Im Rahmen der »Offenen Arbeit«, erklärte er, stellte die Kirche jungen Leuten, die nicht zur Gemeinde gehörten, Räumlichkeiten zur Verfügung.

Die Friedrichshainer Pfingstkirche war um die Jahrhundertwende als Bestandteil einer Häuserzeile errichtet worden. Das neugotische Backsteingebäude mit den flammenartigen Verzierungen war früher ein wahres Schmuckstück gewesen, inzwischen aber hatte eine dicke Rußschicht die rote Fassade dunkel gefärbt.

Beim nächsten offenen Abend tauchten etwa zehn Punks, darunter A-Micha und Colonel, in der Kirche auf und tranken Tee mit anderen Außenseitern der Gesellschaft – den Stammgästen der OA-Abende.

»Dürfen wir nächstes Mal ein paar Freunde mitbringen?«, fragten sie zum Abschied.

Klar.

Eine schicksalhafte Entscheidung.

Beim nächsten Mal erschienen mehr als zwanzig Punks. In einer Kirche in Friedrichsfelde – in der Nähe hatten Major und ihre Freunde sich früher getroffen – riet man einer Gruppe Punks, es ebenfalls in der Friedrichshainer Pfingstkirche zu versuchen. Daher hatte sich die Zahl der anwesenden Punks beim nächsten OA-Treffen bereits verdoppelt.

In der Pfingstkirche sollte sich der Tenor der Offenen Arbeit bald grundlegend ändern.

Mit Beginn der 1980er-Jahre hatten die evangelischen Staatskirchen ihre Räume für Jugendaktivitäten geöffnet – zum Großteil oppositioneller Natur, wie das Regime mutmaßte. Die DDR erlebte durchaus keine religiöse Renaissance. Bei den meisten Veranstaltungen im Kirchenumfeld ging es weder um Gott noch Theologie. Die evangelische Kirche stand nicht etwa in direkter Opposition zum Regime – wie sich später herausstellte, waren fünf Prozent der Kirchenfunktionäre als Stasi-Spitzel tätig, andere wollten den Konflikt mit dem Staat vermeiden, wieder andere sahen die Aufgabe der Kirche allein in der seelsorgerischen Arbeit. Tatsächlich war die Kirche aber derart dezentral organisiert, dass einzelne Gemeinden, Pfarrer und Sozialdiakone nach eigenem Ermessen handeln konnten – ohne ausdrückliches Einverständnis der Kirchenleitung.

Die evangelische Kirche hatte im Osten erst vor Kurzem ein erstaunlich hohes Maß an Autonomie zugestanden bekommen: Im März 1978 hatte Erich Honecker sich mit Vertretern der Konferenz der evangelischen Kirchenleitungen getroffen und mit ihnen eine Neuausrichtung vereinbart, die sich auf die Formel »Kirche im Sozialismus« bringen ließ. Die Kirche erhielt größere Unabhängigkeit und durfte sich vor dem Zugriff der Polizei einigermaßen sicher fühlen – obwohl von Honecker nicht beabsichtigt, bedeutete dies, dass jede oppositionelle Aktivität, die sich hinter den Mauern der Kirche abspielte, nicht von der Polizei unterbunden werden konnte. Theoretisch fungierten die Kirchen ab 1978 als Freiräume, in denen die Leute politische Tabuthemen diskutieren und ihre Meinung relativ offen sagen konnten. Die Frage war nur, wie weit das Regime die Kirchen gewähren lassen würde, bevor es die Autonomie wieder beschnitt oder ganz abschaffte. Die meisten Kirchenvertreter waren auf die Antwort nicht unbedingt neugierig, aber als die Pfingstkirche ihre Türen für Punks öffnete, stieg das Risiko einer Konfrontation mit dem Regime erheblich.

Vor 1978 hatte die Kirche ihre gesellschaftliche Funktion durch Druck von außen stark eingebüßt – dies galt vor allem für die Arbeit mit jungen Menschen, die das Regime an staatliche Jugendorganisationen wie die FDJ binden wollte. Da Religion in der stalinistisch geprägten Ära nach dem Zweiten Weltkrieg als ideologisches Werkzeug des Kapitalismus und Imperialismus verfemt war, hatte das Regime die Kirche unerbittlich verfolgt. Ziel war es, ihre Rolle auf die seelsorgerische Betreuung zu beschränken. Dennoch war es ihr – und hier insbesondere der kirchlichen Jugendarbeit – gelungen, das Staatsmonopol auf Jugendaktivitäten und Sozialisation durch das eigene Angebot zu untergraben. 1952 hatte Erich Honecker – damals FDJ-Vorsitzender und aufsteigender Stern am Polithimmel – von der SED den Auftrag bekommen, gegen die Kirche und insbesondere gegen die sogenannten Jungen Gemeinden hart durchzugreifen. Studentenpfarrer an den Universitäten und Hochschulen erhielten Arbeitsverbote; einige wurden verhaftet und gehörten somit zu den ersten Opfern einer Säuberungswelle, in deren Verlauf mehr als siebzig Theologen und Jugendleiter inhaftiert und Tausende von Studierenden relegiert wurden. Das Regime startete eine Propagandakampagne und behauptete, die Kirche sei vom Westen infiltriert; Polizei und Stasi behinderten sämtliche Veranstaltungen der Jungen Gemeinden. Später änderte das Regime – zumindest offiziell – den Kurs zwar wieder, aber die Kirche hatte erheblichen Schaden genommen. Die Gläubigen befürchteten ein erneutes hartes Durchgreifen – zu Recht, wie sich herausstellte –, und die Jungen Gemeinden erhielten nie wieder so großen Zulauf.

Anfang der 1970er-Jahre hatte sich das politische Klima gewandelt. Honecker war nun Staatschef. Obwohl er als Falke galt, ließen sich stalinistische Taktiken nicht mehr mit seinem Wunsch nach internationaler Anerkennung vereinbaren. Außerdem spielte Religion für die Bevölkerung inzwischen keine so große Rolle mehr, lediglich sieben Prozent der Ost-Berliner gingen überhaupt in die Kirche, und viele religiöse Feste wie Konfirmation und Erstkommunion waren durch politisch genehme Alternativen ersetzt worden. Mehr als neunzig Prozent aller Vierzehnjährigen nahmen an der säkularen Jugendweihe teil, die die religiösen Initiationsfeiern somit erfolgreich verdrängt hatte.

Doch auch die Kirche durchlief einen Wandel. Zumindest arbeitete eine Handvoll innovationsbereiter Pfarrer darauf hin. Unter ihrer Führung bewegten sich die Kirchen wieder auf die verschiedenen Jugendszenen zu. Seit Beginn der 1970er-Jahre hatte man vor allem in Thüringen eine neue Form der Jugendarbeit entwickelt. Pfarrer aus Braunsdorf, Jena oder Erfurt holten jugendliche Außenseiter, darunter Hippies, Kriegsdienstverweigerer und Alkoholabhängige, in die Kirche. Tatsächlich waren diese Jugendlichen nicht religiös, sondern durchweg Atheisten. Anstatt die neuen Gruppen im Rahmen der traditionellen Kirchenarbeit zu betreuen, entwickelten die Pfarrer einen alternativen Ansatz – die Offene Arbeit. Dieser Ansatz trug durchaus oppositionelle Züge: Die Pfarrer öffneten die Kirche nicht nur für ein breites Spektrum von problembehafteten Jugendlichen, sie empfanden es darüber hinaus als nahezu menschenverachtend, sie in eine Gesellschaft wiedereingliedern zu wollen, an der sie fast zugrunde gegangen waren. Es war die *Gesellschaft*, die verändert werden musste.

Die Kirchenleitungen wollten von den Neuerungen nichts wissen und versuchten, den zusehends unabhängigeren Gemeinden eindeutig religiöse Inhalte aufzuzwingen und die OA-Gruppen aus den Kirchenräumen zu verbannen. Trotzdem bot ein Ost-Berliner Stift ab 1976 eine spezielle Ausbildung für Sozialdiakone an, die mit jugendlichen Randgruppen zusammenarbeiten wollten – darunter auch Kulisch, der Colonel und die anderen Punks in die Pfingstkirche holte. Ende der 1970er-Jahre hatte sich die Offene Arbeit landesweit in den Pfarrbezirken etabliert, vor allem in Großstädten wie Leipzig, Halle, Karl-Marx-Stadt und Berlin.

In Ost-Berlin konzentrierte sich die kirchliche Jugendarbeit auf den Bezirk Friedrichshain: Galiläakirche, Samariterkirche, Auferstehungskirche, Adventkirche, Andreas-Markus-Kirche und Lazaruskirche boten jeweils spezielle Programme an. Später entwickelte sich die Pfingstkirche zum Zentrum der Offenen Arbeit. Doch galt es erst einmal etliche Hürden zu überwinden. Leiter der Pfingstkirche war bis 1978 der Pfarrer Hans Reder, ein erbitterter Gegner der Offenen Arbeit, der unter dem Decknamen »Beier« als Stasi-Spitzel arbeitete. Nach seiner Tätigkeit in Berlin wurde er in Weimar zum Superintendenten ernannt, wo er 1985 eine OA-Gruppe aus den Räumen einer Kirche verbannte; 1988 verstieß er gegen die zehn Jahre zuvor getroffene Abmachung, die die Kirche vor dem Zugriff der Polizei schützte, und ließ eine kleine Gruppe von Demonstranten, die sich in der Weimarer Herderkirche verbarrikadiert hatte, gewaltsam entfernen. Auch seine Nachfolger in der Pfingstkirche standen der Offenen Arbeit nicht wohlwollender gegenüber, obwohl ein Gemeindemitglied eine Gruppe von marginalisierten Jugendlichen eigenmächtig in die Räume der Kirche holte. Nach langem Hin und Her mit der Kirchenleitung wurde der Offenen Arbeit im Mai 1978 eine Dreiraumwohnung im Turm der Pfingstkirche zur Verfügung gestellt. Sofort hagelte es Beschwerden von Mitarbeitern der Kirche, aber auch von Anwohnern und Sicherheitskräften.

Trotz der 1978 von Honecker gemachten Zusage, der Kirche weitestgehend freie Hand zu lassen, legte die K1 Friedrichshain 1980 die Akte »Kreuz« an, um die Jugendarbeit in den verschiedenen Kirchen des Bezirks zu überwachen und zu unterminieren. Sie schickte Spitzel und Kriminalpolizisten mit Aufnahmegeräten zu den Veranstaltungen, um Beweise für den »politisch-ideologischen« Einfluss der Kirche zu sammeln, die in ihren Augen »die sozialistischen Verhältnisse in der DDR verleumdet oder entstellt« wiedergab.

Vor allem unliebsame Kirchenvertreter wurden überwacht. Der Diakon Lorenz Postler, der sich ebenfalls um Punks kümmerte, war bald von mehr als einem Dutzend Spitzeln umgeben. Die Stasi machte sogar ihren Einfluss bei der kommunalen Wohnungsverwaltung geltend, sodass Postler Schwierigkeiten hatte, eine geeignete Wohnung für seine Familie mit drei kleinen Kindern zu bekommen.

Doch immerhin hatten die Punks fürs Erste einen neuen Treffpunkt gefunden, einen scheinbar sicheren Zufluchtsort. Die Pfingstkirche hatte das PW abgelöst.

Ab Juli 1981 trafen sich die Punks dort zweimal wöchentlich, und im Herbst erschienen an den Montag- und Freitagabenden mehr als einhundert Punks. Man gestattete ihnen, die drei Räume im Turm nach eigenen Vorstellungen einzurichten. Die Gestaltung entsprach nicht ganz dem Stil der Kirche, tatsächlich entsprach sie auch nicht dem Stil der anderen OA-Räume, in denen noch die Ästhetik der Hippie-Ära vorherrschte. Als Erstes sprühten die Punks die Wände mit Graffitis voll – es waren die gleichen Parolen, die auch die Wände ihrer besetzten Wohnungen zierten. Eine hieß:

STIRB NICHT IM WARTERAUM DER ZUKUNFT

10

Die Ost-Punks beherrschten die Kunst der Konfrontation inzwischen perfekt. Einige spielten mit Symbolen aus der Zeit des Nationalsozialismus. In einem Land, das den antifaschistischen Kampf zur Staatsdoktrin erhoben hatte, galt das natürlich als größtes Tabu. Da die Polizei immer brutaler gegen sie vorging, steckten sich andere in Anspielung auf den »Judenstern« der Nazidiktatur gelbe Sterne an. Andere trugen rote Armbinden mit weißem Kreuz und schwarzer CHAOS-Aufschrift, die die Passanten wegen der Ähnlichkeit mit Hakenkreuzarmbinden zweimal hinschauen ließen.

Als Nächstes entdeckte die Polizei ein besonders verstörendes Graffiti: *DDR=KZ.* Ein Punk namens Spion hatte es gesprüht. Er war Sänger der Band Ahnungslos. Als die Polizei Ermittlungen zu dem Graffiti anstellte, fanden sie einige seiner Texte, und Spion wanderte für ein Jahr ins Gefängnis.

Trotz des harten Durchgreifens der K1 wuchs die Punkszene explosionsartig. Das betraf nicht nur die Anzahl der Punks, die sich wöchentlich in der Pfingstkirche versammelten, sondern die gesamte Szene. Jeder merkte das. Auch A-Micha, der Anfang des Jahres noch jeden einzelnen Punk namentlich gekannt hatte, verlor langsam den Überblick. Es waren richtig viele – da wuchs quasi die nächste Generation heran.

Auch draußen in Grünau, hinter dem Plänterwald, tauchten erste Graffitis auf: Ein Punk namens Speiche und ein paar seiner Freunde hatten sie gesprüht – mit Rostschutzfarbe. Wenige Wochen zuvor war Speiche auf dem Weg zu seinem Job in einer Bäckerei von der Polizei aus der Tram gezerrt worden; sie hatten ihn verprügelt und seinen Iro abgeschnitten.

Obwohl der Siebzehnjährige etwas älter als die meisten Punks der ersten Generation war, hatte er sich erst vor Kurzem der Bewegung angeschlossen – anarchistische Literatur hatte er schon vorher gelesen. Der Job in der Bäckerei hatte den Vorteil, dass er nachts arbeiten konnte und nur wenige Kollegen um sich hatte. Die ganze Zeit über hörte er Radio. Er stand auf Hardrock – KISS, AC/DC –, mochte aber auch die etwas obskureren Sachen, die in den frühen Morgenstunden liefen. Jeden Abend hatte er einen Rekorder und einen Stapel Kassetten dabei und schnitt sämtliche Sendungen mit. In seinem Freundeskreis war er bald als der Typ mit der riesigen Musiksammlung bekannt. Bewaffnet mit seinem tragbaren Kassettenrekorder, saß er eines Tages mit zwei Freunden in der Tram, als vier Typen mit kettenbehangenen Lederjacken zustiegen – *waschechte Punks!* Sie waren *groß* – nicht nur imposante Erscheinungen, sondern körperlich beeindruckend. Speiche war klein und extrem dünn, er wog nicht mal vierzig Kilo. Seine Freunde und er hörten eine aus dem Radio aufgenommene Kassette. »Ey«, riefen die Punks, als ein typischer 1970er-Rocksong aus den blechernen Lautsprechern schepperte, »mach doch mal die Scheiße leiser.«

Dann kam ein Stück von den Sex Pistols.

»Ey, mach mal lauter«, sagten sie.

Die nächsten beiden Stücke waren von Clash und Damned.

»Woher hast du das?«, fragten die Punks.

»Selbst aufgenommen«, gab er zurück.

Die vier luden Speiche und seine Freunde in einen Biergarten ein. Speiche spielte seine Kassetten vor. Die Punks hörten Stücke, die sie selbst nicht auf Band hatten.

»Hat der Rekorder 'nen Diodenkabelanschluss?«, fragten sie.

Er hatte. Man konnte ihn also mit einem zweiten Gerät verbinden und Stücke überspielen.

Sie fragten Speiche nach seiner Adresse. Sie wollten vorbeikommen und Musik aufnehmen. *Das ist kein gewöhnlicher Rock'n'Roll,* erklärten sie ihm, *das ist Punk.*

»Protestmusik«, sagten sie.

Drei Wochen später standen die Punks vor Speiches Tür. Drei Tage später schnitt er sich die Haare ab, färbte sie und stellte sie zu Stacheln auf. Er freundete sich mit anderen Punks aus der Gegend an. Bald wurden Polizei und Nachbarn auf ihn aufmerksam. Die Prügelattacken – immer waren die Leute viel größer – bestärkten ihn nur in seiner Überzeugung. Er fing mit Kampfsport an. Schon bald wusste jeder, dass man bei Straßenkämpfen auf ihn zählen konnte, und nach ein paar Jahren brachte er anderen aus der Szene bei, wie man sich selbst verteidigt.

Speiches Hinwendung zum Punk passte in das Persönlichkeitsprofil, das die Behörden über ihn erstellt hatten: Als er zehn Jahre alt war, hatte man ihn als hoffnungslosen Fall abgestempelt, aus dem sich niemals ein guter sozialistischer Staatsbürger formen lassen würde. Dabei hatte er schon früh ein politisches Bewusstsein entwickelt: Mit acht Jahren hatte er einen Brief an die amerikanische Kommunistin und Bürgerrechtlerin Angela Davis geschrieben, die im Gefängnis auf ihren Prozess wegen Verschwörung wartete; man warf ihr Mittäterschaft bei einem bewaffneten Befreiungsversuch in einem kalifornischen Gerichtssaal vor. In seinem Brief schrieb Speiche, wenn er könnte, würde er sie befreien, damit sie zusammen die ganze Welt befreien könnten. Das Gefühl, eine Mission zu haben, ließ ihn nie ganz los – er hielt es für seine

Bestimmung, die Welt zu verändern. Und er entwickelte besonders feine Antennen für den wackligen Zustand des DDR-Systems. Dass es tatsächlich wackelte, war ihm zum ersten Mal aufgefallen, als er die Angst bemerkt hatte, die er und seine Punkfreunde der Polizei einflößten.

1981 ließ er sich, zusätzlich zu seinem Iro, den Anarcho-Stern tätowieren.

Den Höhepunkt der Graffitikampagne, die Speiche und seine Freunde im selben Jahr in Grünau starteten, bildete ein Spruch, den sie auf die Wand gegenüber dem Polizeirevier sprayten:

REVOLUTION GEGEN DIE BULLENGESELLSCHAFT

Graffitis waren zu einem massiven Problem geworden.

11

Am 12. August 1981 torkelte eine Gruppe Teenager zur Sperrstunde aus einer Ost-Berliner Kegelbahn. Es war die Nacht vor dem zwanzigsten Jahrestag des Mauerbaus. Auf den Straßen war es dunkel, in den älteren Bezirken der Stadt gab es so gut wie keine Straßenbeleuchtung. Die Teenager waren betrunken und laut.

Eine von ihnen hieß Esther Friedemann. Sie war in Pankow aufgewachsen. Ihre Eltern waren Ärzte, die Mutter arbeitete beim Gesundheitsministerium und war DDR-Abgeordnete für die Weltgesundheitsorganisation.

Esther hatte gegen Ende der Schulzeit angefangen, sich wie ein Punk zu kleiden, doch Ärger hatte sie bisher eher wegen ihres losen Mundwerks bekommen. Sie war nicht gerade zurückhaltend. Oder ruhig. Im Vorjahr hatte sie die Schule nach der zehnten Klasse beendet und eine Tischlerlehre begonnen.

Seit Kurzem hing sie regelmäßig mit Punks ab – auf Feiern, am Alex oder bei einem der seltenen Proberaumkonzerte. Wie sehr sie diese Konzerte liebte!

Ein ganzer Raum voller urst geiler Leute!

Zu ihrem Freundeskreis gehörten Pankow, der im selben Viertel aufgewachsen war, Colonel und Kaiser. Esther hatte zwar miterlebt, wie ihre Freunde vom Alex geschleift wurden, bisher aber selbst kaum Ärger mit der Polizei gehabt.

In jener Nacht vor dem 13. August verabschiedeten sich die siebzehnjährige Esther und ihr Freund Robert Paris von den anderen und machten sich auf den Heimweg. Gemeinsam steuerten sie Roberts Wohnung in der Stargarder Straße in Prenzlauer Berg an. Von dort aus wollte Esther nach Hause weitergehen.

Sie hatte vor ein paar Tagen in der Wohnung eines Freundes einen Kalender aus Westdeutschland gesehen, einen dieser Abreißkalender, die für jeden Tag einen Sinnspruch parat haben. In diesem Fall gab es täglich einen Sponti-Spruch. Für den 13. August, den Tag, an dem 1961 die Berliner Mauer errichtet worden war, stand dort: *Zwanzig Jahre Mauer, wir werden langsam sauer.*

Ha.

Das ist ja heute, Mitternacht ist schon vorbei.

Robert hatte eine Dose Sprühlack dabei, die er in einem Autoteileladen gekauft hatte.

Wäre es nicht lustig, den Spruch auf eine Mauer zu sprühen?

Das galt als Vandalismus und verstieß gegen das Gesetz, aber was sollte schon groß passieren? Sah man in letzter Zeit nicht an jeder Ecke Graffitis auftauchen?

Los, komm!

In der Greifenhagener Straße, einer ruhigen Parallelstraße der Schönhauser Allee, nahm Esther die Dose und sprühte auf eine Fassade:

Zwanzig Jahre Mauer, wir werden langsam sauer.

Ein Passant ging vorbei und schaute hin. Esther und Robert mussten abhauen. Sie rannten los, die Greifenhagener hoch und runter auf den Bahnsteig der tiefer liegenden S-Bahn-Station. Sie liefen bis zum anderen Ende des Bahnsteigs, an der Schönhauser Allee die Treppe wieder hoch und dann die breite Straße entlang, das U-Bahn-Viadukt über ihren Köpfen.

Ein Auto hielt mit quietschenden Reifen neben ihnen an.

Polizisten sprangen raus.

Esther und Robert erstarrten.

Erwischt.

Die Polizisten nahmen sie mit zur Wache am Senefelderplatz. Wenig später wurden sie nach Pankow gebracht – zu einem Gerichtsgebäude mit angeschlossenem Gefängnis. Ein Knast für politische Häftlinge und Leute, die einen Fluchtversuch gewagt hatten.

Noch machte Esther sich keine allzu großen Sorgen. Bis zu ihrem achtzehnten Geburtstag waren noch ein paar Monate hin. Und alles, was man ihr zur Last legen konnte, war geringfügiger Vandalismus.

Dann begannen die Vernehmungen.

»Wer hat Sie angestiftet? Wer war noch beteiligt? Wo haben Sie den Spruch gehört?«

Sie erzählte von dem Kalender. Warum lügen? Was war schon groß passiert?

Sie steckten Esther in eine Zelle mit einer Westdeutschen, die versucht hatte, Silber aus dem Osten zu schmuggeln, und einer Ostdeutschen, die versucht hatte, in den Westen zu fliehen.

Warum behandelt man mich wie eine Schwerverbrecherin?

Im ersten Monat durfte Esther keinen Besuch empfangen.

Man gab ihr jeden Tag eine Ausgabe der offiziellen Tageszeitung, doch hatte man einige Artikel herausgeschnitten, sodass im Papier etliche Lücken blieben. Wie sie später erfuhr, ging es in den fehlenden Artikeln um Zwischenfälle an der Grenze – an ebenjener Mauer, die Esther langsam sauer machte.

Nach einem Monat erhielt ihre Mutter eine Besuchserlaubnis. Sie machte Esther nur Vorwürfe.

Das brauch ich jetzt echt nicht.

Aber so war ihre Mutter nun mal. Esther erfuhr erst später, dass die Mutter wegen der politischen Unbedachtheit der Tochter ihren Posten bei der WHO verloren hatte.

Esthers Prozess begann drei Monate nach der Verhaftung – an ihrem achtzehnten Geburtstag. Jetzt, so erklärte man ihr, konnte man sie statt in ein Jugendgefängnis ins Zuchthaus stecken.

Esther wurde zu achtzehn Monaten Freiheitsstrafe verurteilt, Robert zu sechs, dennoch kamen beide schon Ende November 1981, nur eine Woche nach Urteilsverkündung, wieder frei. Roberts Mutter war eine bekannte Fotografin, sein Vater ein angesehener Maler, und beide verfügten über gute Beziehungen. Da Esthers Mutter zudem noch einen befreundeten Schriftsteller gebeten hatte, sich für die Tochter einzusetzen, wurde das Urteil aufgehoben.

Vor der Entlassung musste Esther einen Stapel Papiere unterschreiben. Während sie ihre Unterschrift unter verschiedene Dokumente setzte, sagte der Polizist, der ihr am Tisch gegenübersaß: »Also, Sie brauchen gar nicht probieren, einen Ausreiseantrag zu stellen. Sie kommen erstens hier überhaupt nie raus, und zweitens müssten Sie Ihre ganze Familie mitnehmen.«

Esther verstand die Drohung sofort. Ihre Schwester hatte einen Studienplatz bekommen, ihre Eltern hatten gute Jobs. Wenigstens war es so gewesen, als Esther das letzte Mal zu Hause gewesen war.

Als sie nun nach Hause kam, erfuhr sie, dass die Eltern die Verhaftung der Tochter beruflich zu spüren bekommen hatten. Der Vater hatte seinen Job verloren. Doch im Gegensatz zur Mutter machte er Esther nie einen Vorwurf. Selbst dann nicht, als sie wieder mit Punks abhing und sich weigerte, ein angepasstes Leben zu führen.

Diese Geschichte, dachte Esther, *hat ihm eher die Augen geöffnet.*

Er schien sie zu verstehen.

Esther brauchte ebenfalls einen neuen Job. Selbst wenn sie die Tischlerlehre beendet hätte, wäre sie vermutlich nie irgendwo eingestellt worden. Daher überredete sie ihre Tante, eine Schneiderin, sie als Lehrling aufzunehmen. Schon bald nähte sie nebenbei Sachen aus Materialien, die sie aus Matratzenschonern und uralten

Kleidern gewann, und verkaufte sie an Künstlerinnen und staatlich zugelassene Musiker, die zwar relativ viel Geld verdienten, aber keine Möglichkeit hatten, an ausgefallene Kostüme heranzukommen. Dadurch gelang es Esther, den Lebensunterhalt zu bestreiten, ohne sich groß ins System eingliedern zu müssen.

12

Als im zweiten Halbjahr 1981 die Besucherzahlen an den OA-Abenden in der Pfingstkirche in die Höhe schnellten, wurde der Druck von außen zusehends größer.

Die Mitglieder von Planlos, die Clique aus dem PW, Punks aus ganz Berlin, ja, sogar aus Leipzig, Dresden und Magdeburg strömten in die Pfingstkirche.

Hunderte von Punks. Selbst den Mitarbeitern der Kirche, die sich für die Gruppe einsetzten, fiel das Chaos an den Punkabenden unangenehm auf: Leere Flaschen kullerten über die Treppe, überall Bierlachen, Scherben, Pärchen hatten praktisch vor aller Augen Sex, laute Musik, wildes Getanze und ab und an ein Spontanauftritt einer neuen Band – *Auweia, diese Texte!* Dennoch gab es auch einigermaßen vernünftige Gespräche über alles Mögliche, vom Umgang mit strengen Eltern bis hin zu einem breiten Spektrum politischer Themen.

Plötzlich stand da das Graffiti:

BULLEN IN DIE MASTANLAGE!

Damit sie fett wurden und man sie schlachten konnte.

Ihr habt uns in eine Betonwelt hineingeboren, und nun wundert ihr euch, dass wir Steine in den Händen haben, lautete ein anderes. Uneingeweihten stieß es besonders unangenehm auf, wenn sie mit antinazistischen Graffiti wie durchgestrichenen Hakenkreuzen konfrontiert wurden. Gut, sie waren *durchgestrichen,* trotzdem lief es einem eiskalt über den Rücken. Zweifel an der politischen Gesinnung der Punks kamen auf. Fast alle Graffitis in der Kirche hätten überall sonst als Straftat gegolten. Eine tickende Zeitbombe. Vor den Räumen der Punks hing zwar das Schild »Fotografieren für dienstliche oder private Zwecke untersagt«, falls es der Stasi aber gelingen sollte, heimlich Aufnahmen zu machen, steckte man bis zum Hals in Schwierigkeiten.

Ein IM schrieb einen Bericht über den Abend des 7. Dezember 1981: Etwa dreihundert Punks waren anwesend, »vorwiegend von 15-20 Jahren, davon waren ca. 100 Mädchen«. In den völlig überfüllten Räumen, so der Informant, standen die Leute dicht gedrängt wie die Sardinen oder lagen auf alten Matratzen, kaputten Sesseln und Sofas übereinander. »Es gab wenig sinnvolle Bemerkungen und meistens inhaltlose Gespräche, die von Rülpsern und Schimpfworten überlagert wurden ... Der größte Teil dieser Leute geht erst einmal dort hin, weil sie sich so benehmen können, wie es ihnen gefällt. Sie können hier die totale ›Freiheit‹ genießen«, hieß es in dem Bericht. »Staatsverleumdungen waren dabei keine Seltenheit.« Obwohl der Informant das Treiben kritisierte, nahm er sich doch die Zeit, die Diskussionsgruppen genau aufzulisten, in denen Themen wie Freiheit, Anarchie, Polizeigewalt und Recht auf Meinungsäußerung erörtert wurden. »Allgemein stellten viele dieser sog. Forderungen Angriffe gegen die Volkspolizei und andere Staats- und Sicherheitsorgane dar«, so das Fazit des IM.

Am selben Abend holten sich etwa neunzig Punks Kerzen aus der Kirche und setzten sich damit auf die Treppe des nahe gelegenen U-Bahnhofs Frankfurter Tor – eine nicht gestattete

Massenversammlung, die bei den Organen der Staatssicherheit die Alarmglocken losschrillen ließ. Zehn Tage später wurde die Superintendentin der Kirche zu einem Treffen mit Vertretern der Abteilung Inneres und des Referats für Kirchenfragen einbestellt. Man wies sie darauf hin, dass die Kirche für alles, was in ihren Räumen geschah, die Verantwortung trug, und ermahnte sie, alles in ihrer Macht Stehende zu unternehmen, um die Verbreitung von staatsfeindlichen Ideen zu unterbinden. Außerdem wurde gefordert, »dass wie ›Punker‹ gekleidete Jugendliche künftig zu den Räumen der Kirche keinen Zutritt finden«.

»Die Kirche«, beharrte ein Vertreter der Abteilung Inneres, »darf nicht zum Sammelbecken dieser Elemente werden.«

Die Superintendentin hatte jedoch nicht die Absicht, die Punks aus der Pfingstkirche zu vertreiben oder den Ansatz der Offenen Arbeit zu ändern.

Die Sozialdiakone, die mit den Punks zusammenarbeiteten, nahmen deren Sorgen und Nöte ernst und unterstützten sie, sobald es Probleme in der Schule, bei der Arbeit oder mit der Polizei gab. Uwe Kulisch und Lorenz Postler begleiteten sie zu Treffen mit Arbeitgebern oder Behörden und vermittelten zwischen Punks und aufgebrachten Eltern, die in der Pfingstkirche nach ihren von zu Hause ausgerissenen Sprösslingen suchten. Außerdem besorgten sie Anwälte für all jene Punks, die häufig mit der Polizei in Konflikt gerieten. Und sie leiteten die bei den Offenen Abenden gesammelten Briefe und Pakete mit Zigaretten und Süßigkeiten an diejenigen weiter, die eine Haftstrafe verbüßten oder den Wehrdienst absolvierten.

Trotzdem empfanden viele Kirchenmitarbeiter und Gemeindemitglieder die Horden von betrunkenen, rülpsenden, fluchenden und schrill aussehenden Teenagern als schockierend, wenn nicht sogar skandalös. Der Zustand des Turms war bedenklich – überall lagen Bierflaschen und Kippen rum, einige Fenster waren eingeschlagen und *immer wieder diese Sprühereien* –, aber das konnte man noch als kircheninternes Problem behandeln. Für wesentlich größere Empörung sorgte vielleicht, dass die Punks vor jedem Treffen die Bier- und Schnapsregale der umliegenden Geschäfte leerten und nachts, wenn sie von der Kirche nach Hause wankten, die Eingänge der benachbarten Häuser als Pissoir missbrauchten. Das erste Problem schien sich leicht lösen zu lassen, indem man in der Kirche Bier bereitstellte. Leider brachte das noch mehr Mitarbeiter und Gemeindemitglieder aus der Fassung.

Die Punks dagegen fühlten sich wie im Himmel.

Endlich hatten sie einen eigenen Raum. Eine eigene *Welt*. Dort konnten sie ihre Musik spielen, tanzen, trinken, Scheiße labern. Und keine Bullen stürmten rein und nahmen sie mit aufs Revier.

Durch den Kontakt mit anderen unter dem Schutz der Kirche stehenden oppositionellen Gruppen – Friedensinitiativen, später auch Umwelt- und Menschenrechtsgruppen – ging den Punks allmählich auf, wie sehr sie sich von diesen unterschieden. Zwar sympathisierten sie durchaus mit den Zielen, teilten aber nicht die Haltung. Die Friedensgruppen waren auf Reformen aus. Die Punks wollten den grundsätzlichen Wandel: Sie wollten das System loswerden, es zerstören.

Die da oben überreden zu wollen, hier und dort was zu ändern, war völlig sinnlos.

Ihr sucht den Dialog mit der Partei?

Ohne uns.

Wandel von oben?

Drauf geschissen.

Hier ging es um Politik von unten.

Der Punkansatz war durchaus widersprüchlich: Sie wollten das System verändern, aber die meiste Zeit über versuchten sie das System zu ignorieren, als würde es gar nicht existieren. Im Freiraum der Pfingstkirche hatten sie die Möglichkeit, sich mit anderen

Gruppen zusammenzuschließen und außerhalb des Systems aktiv zu werden.

Wir brauchen einfach nur Platz.

Die Punks wollten sich ihr Leben nicht von der Partei vorschreiben lassen. Sie wollten nach eigenen Vorstellungen leben.

Schaff dir deine eigene Welt, deine eigene Realität. Do it yourself.

Punk.

Revolution von unten.

13

1981 hatten Planlos in ihrem Probekeller regelmäßig vor Leuten gespielt – sie luden Freunde aus der Pfingstkirche oder Punks aus anderen Städten ein und veranstalteten Partys, die schon fast öffentliche Auftritte waren. Aber noch hatten sie nicht öffentlich gespielt. Nachdem sie ein Jahr lang geprobt hatten, waren sie endlich mit ihrem Sound zufrieden und bereit für das Live-Debüt: Es fand auf einer Silvesterfeier in einem Atelier in der Lychener Straße in Prenzlauer Berg statt.

Nachdem die Punkszene im Verlauf des Jahres explosionsartig angewachsen war, zeigten alternative Künstler und Schriftsteller großes Interesse, sich mit Punks zu umgeben. Avantgarde-Dichter wie Sascha Anderson oder Bert Papenfuß tauchten hin und wieder im Turm der Pfingstkirche auf und lasen ihre Gedichte zu verzerrten E-Gitarren vor. Anderson, der ursprünglich aus Dresden kam, trat bald mit der Dresdner Avantgarde-Punkband Zwitschermaschine auf, während Papenfuß Texte für die Berliner Band Rosa Extra schrieb.

Das Problem war nur, dass es den Punks um Einfachheit und direkte Konfrontation ging. Punkbands redeten Klartext. Die Lyriker verfassten neo-dadaistische Verse, die niemand verstehen konnte – wozu sollte das gut sein? Schön, das Regime hielt ihre

Texte für dekadent und subversiv, weil sie nicht den offiziellen Richtlinien entsprachen, aber ... was zum Geier sollte das ganze Gelaber? *Jeder Satellit hat einen Killersatelliten,* schrieb Sascha Anderson. *Geh über die Grenze / auf der anderen Seite / steht ein Mann und der sagt / geh über die Grenze.* Häh? Vielleicht gefielen dem Regime solche Sachen nicht, aber, das fragten sich einige Punks, tat man denen da oben damit wirklich weh?

Natürlich hatten die Punks nichts dagegen, zu den Partys der alternativen Künstlerszene eingeladen zu werden. Frei saufen war immerhin frei saufen. Und *Freiraum* war Gold wert. Manche Künstler und Autoren schienen ein unvorstellbares Maß an Autonomie zu genießen und durften sogar im Westen ausstellen oder veröffentlichen – daher waren sie wirtschaftlich nicht so stark an den Staat gebunden. Offenbar wurden sie auch nicht ständig von der Polizei rumgeschubst. Und es gab noch andere Unterschiede. Die meisten Punks wohnten bei ihren Eltern – oft in äußerst angespannter Atmosphäre – oder fanden irgendwo eine Bleibe, schliefen bei Freunden, lebten illegal in verlassenen Wohnungen; oder sie besetzten baufällige Häuser. Im Vergleich dazu waren die Ateliers der Künstler der reinste Luxus.

Für Pankow würde mit dem Silvester-Gig alles in Erfüllung gehen, wofür er gelebt hatte. Aber er wusste auch, wie gefährlich der Auftritt war. 1981 war er phasenweise beinahe täglich verhaftet worden, und das nur, weil er beim Alex herumstreunte. Was drohte ihm dann erst, wenn er bei einem *dreiviertelöffentlichen* Auftritt die staatsfeindlichen Texte seiner Band herausschrie?

Mit dem Näherkommen des Silvesterabends steigerte sich seine Nervosität. Am Tag des Auftritts sagte er zu Freunden: »Kann sein, dass ich morgen in den Knast komme.«

Trotzdem freute er sich auf den Gig. Sollte er morgen tatsächlich weggesperrt werden, dann wollte er diesen einen Abend noch in vollen Zügen genießen.

Das ist es jetzt.

Das ist der große Abend.

Und er war es. Es war geil.

Der Künstler, der die Party in der Lychener Straße schmiss, hatte nur eine Band – Rosa Extra – engagiert und erwartete etwa fünfzig Gäste. Rosa Extra holten Planlos dazu, Planlos fragten Unerwünscht, mit denen sie sich den Proberaum teilten; dann bestand der Bruder von Rosa Extras Schlagzeuger Ronald Lippok darauf, ein Set mit einer spontan gegründeten Noise-Combo zu spielen.

Am Ende kamen über dreihundert Leute.

Die Party war der nackte Wahnsinn.

Das Atelier sah bald aus wie ein Kriegsschauplatz. Glas ging zu Bruch. Durch das wilde Gepoge löste sich das Ofenrohr aus der Verankerung. Rauch verteilte sich überall.

Planlos hatten acht oder neun Stücke im Repertoire und spielten im Vergleich zu den meisten anderen Bands der Szene konzentriert und präzise. Es zahlte sich aus, dass sie bis zum Gehtnichtmehr geprobt hatten. Denn jetzt donnerten sie jedes Stück nur so raus. Noch ein Pluspunkt: Die meisten Leute aus dem Publikum kannten die Texte. *Auswendig.* Entweder waren sie bei einer Probe im Keller dabei gewesen oder hatten miterlebt, wie die Band im Turm der Pfingstkirche das eine oder andere Stück runterbretterte. Als Planlos zu spielen begannen, drehten die Leute nicht nur schier durch, rempelten sich gegenseitig an und pogten, bis ein wahrer Hexenkessel aus zuckenden, hüpfenden Leibern entstand, alle vereint in Schweiß, Schnaps und Solidarität, nein, sie sangen auch *fast jedes einzelne Wort* mit.

Die Leute rissen Pankow das Mikro immer wieder aus der Hand und brüllten einzelne Strophen rein. Ständig musste er seinem Arbeitsgerät hinterherlaufen. Aber das war nicht schlimm, denn er war sowieso high vom Adrenalin und dem Alkohol, den er gegen das Lampenfieber in sich reingekippt hatte.

Als die Band »Überall wohin's dich führt« runterdrosch, brüllte die Menge mit:

Überall wohin's dich führt,
wird dein Ausweis kontrolliert,
und sagst du einen falschen Ton,
was dann geschieht, du weißt es schon.

Auch als die Band »Ich steh in der Schlange am Currystand« spielte, brüllte die Menge mit:

Ich steh in der Schlange am Currystand.
Ich dreh mich nicht um, ich hab dich erkannt.
Du bist mein Schatten, wohin ich komme,
ein schwarzer Fleck in der Sonne.

Und sie begehrte bei Kaisers Stück »Tagein, tagaus« gegen *Too Much Future* auf:

Tagein, tagaus der gleiche Trott.
Ich geh kaputt.

Bei »Moderne Zeiten«, das von Kobs stammte, sangen sie davon, dass die meisten Leute immer schön die Schnauze hielten. Aber die dreihundert Punks auf der Party wollten nicht länger die Schnauze halten. Angeführt von Pankow sangen und schrien sie gegen das Entmündigungssystem an.

Als Planlos die Feier verließen, schauten sie sich ungläubig um. Atelier, Treppenhaus, Innenhof: alles verwüstet.

Donnerwetter.

Noch erstaunlicher aber war, dass sie tatsächlich aufgetreten waren. Als der Kalender um Mitternacht auf 1982 umsprang, waren sie seit zwei Jahren Punks. Alle hatten Ärger bekommen, zu Hause, auf der Straße, überall. Ständig waren sie von der Polizei schikaniert, von Mitbürgern und Bullen verprügelt, von der Stasi verhört worden. Ihr Verdacht, die DDR sei ein durch und durch kaputter Staat, hatte sich längst bestätigt, aber nun hatten sie endlich etwas dagegen unternommen. Sie hatten sich gegen das System aufgelehnt, lautstark und in aller Öffentlichkeit – und die anderen hatten sich ihnen angeschlossen.

Es war der tollste Abend ihres Lebens gewesen.

Und sie waren nicht im Knast gelandet.

Der Abend durfte noch nicht zu Ende sein.

Wir müssen das feiern!

Mit einer kleinen Gruppe Punks, darunter Lobethal, der Drummer von Unerwünscht, der Pankow im Proberaum aufgenommen und ihm dadurch den Platz in der Band verschafft hatte, gingen die Bandmitglieder zum Alex, ihrem alten Treffpunkt, wo sie so gern Unruhe gestiftet hatten. Dort steuerten sie das Operncafé an, in dem die Leute das neue Jahr mit Musik und Tanz und Unmengen von Alkohol immer noch feierten.

Neben dem Café befand sich ein Regierungsgebäude, das vom Regiment »Feliks Dzierzynski«, einer Eliteeinheit der Stasi, bewacht wurde. Die Einheit war in der DDR besonders berüchtigt – und in diesem Fall würde die Abneigung sicherlich auf Gegenseitigkeit beruhen, denn mit den »negativ-dekadenten« Elementen von Planlos würden die Wachen ohne Zweifel kurzen Prozess machen. Jedes Zusammentreffen konnte nur in einer Katastrophe enden.

Der Türsteher des Cafés verweigerte den Punks den Zutritt. Aber in dieser Nacht, dieser Nacht aller Nächte, wollten die Punks keinen Rückzieher machen. Noch high vom Konzert fühlte die Clique sich siegessicher und begann, den Türsteher zu provozieren. Die Worte flogen hin und her, bis ein paar Uniformierte der Dzierzynski-Wache auf den Tumult aufmerksam wurden und herbeigelaufen kamen. Als sie auftauchten, gab Lobethal, der immer ein bisschen schneller durchdrehte, dem Türsteher gerade eins auf die Nase. Die Stasi-Truppe schritt sofort ein und verteilte Schläge. Die Punks wehrten sich, bis sie Sirenen und näher kommende Autos hörten.

Als die Einsatzwagen Dutzende von Ordnungshütern ausspuckten, rannten sie um ihr Leben. Etwa die Hälfte der Punks wurde verhaftet, aber Planlos gelang die Flucht – Pankow versteckte sich mehrere Stunden lang in einem Blumenbeet.

Bist du denn geboren worden,
um dich allem unterzuordnen?

Nicht in dieser Nacht. Nicht nach dem Konzert. In dieser Nacht würden sie nicht in den Knast gehen.

14

Am 27. Januar 1982 wurde die Punkerin China festgenommen und in U-Haft gesteckt. Die Anklage laut Haftbefehl: Verbreitung von zehn mit Schreibmaschine verfassten Schriften, in denen sie behauptete, in einer »gefährlichen Mausefalle« zu leben, in der »keine Meinungsfreiheit bestehe«.

Wie sich herausstellte, handelte es sich um Einträge aus ihrem Tagebuch.

Sie war sechzehn Jahre alt.

Vor gut einem Jahr hatte sie sich den Punks angeschlossen. Sie war beim Konzert in der jugoslawischen Botschaft gewesen – und außerdem diejenige, die Majors Prozess im Gerichtssaal verfolgt hatte; die beiden waren befreundet.

Die Hauptabteilung XX der Stasi beschattete China seit Oktober 1981, als sie eine Lehre als Fachverkäuferin für Autoersatzteile begonnen hatte. Die Ausbildung war zweigeteilt: Wechselweise arbeitete sie hinter dem Verkaufstresen eines Berliner Autoteilehändlers und besuchte ein Berufsschulinternat im sächsischen Zschopau, in der Nähe der tschechischen Grenze. Im Internat ging der Ärger los.

In Berlin wohnte China bei ihren Eltern, einige Minuten vom Plänterwald entfernt. Während des Blockunterrichts im Internat fuhr sie jedes Wochenende nach Hause und traf sich mit Freunden. Einmal vergaß sie, ihr kleines grünes Tagebuch mit nach Berlin zu nehmen. Ihre Klassenkameradinnen brachen ihren Spind auf, fanden das Tagebuch und reichten es zum Spaß herum, bis es der Schlafsaalaufsicht Frau Sättler in die Hände fiel. Entsetzt über die »staatsfeindlichen« Einträge händigte diese es der Polizei aus – die es wiederum an die Stasi in Berlin weitergab.

Nachdem China vom Diebstahl ihres Tagebuchs erfahren hatte, begann sie, einige ihrer anderen Schriften abzutippen und die Zettel in x-beliebige Hausbriefkästen zu werfen. Auf einem, den sie »Aufruf« nannte, hieß es unter anderem:

> Jedem eine volle Meinungsfreiheit und das Recht auf Zusammenschluss von Interessengemeinschaften!
> Kämpft gegen Neonazis!
> Lasst Unschuldige existieren, z.B. die Punk-Szene in Ost-Berlin!
> Verschließt eure Augen nicht vor der Wirklichkeit!

Sie holten sie bei der Arbeit im Autoteileladen ab.

»Da sind zwei Herren von der Polizei, die möchten Sie sprechen. Haben Sie was ausgefressen?«, fragte der Chef, als er China in einen Pausenraum führte.

Die Kollegen hatten ihr von Anfang an misstraut. Sie war in die neue Filiale versetzt worden, weil in der ersten niemand mit ihr zusammenarbeiten wollte.

»Ich weiß nicht, was die von mir wollen«, sagte sie nun, bemüht, sich ihre Besorgnis nicht anmerken zu lassen.

Sobald die beiden Männer ins Zimmer traten, wusste China, woher der Wind wehte. Keine Polizei. Stasi.

Sie führten sie zu einem Zivilfahrzeug und ließen sie einsteigen. China bekam Angst, aber sie versuchte daran zu denken, wie mutig Major beim Prozess gewesen war. Sie sah noch deutlich vor sich, wie Major der Richterin die Stirn geboten hatte: *Ich verzichte auf die Staatsbürgerschaft der DDR!*

Beruhig dich.

Sei stark.

Denk an Major.

Sie brachten sie in das Untersuchungsgefängnis in der Keibelstraße, in der Nähe des Alexanderplatzes. Das wuchtige, graue Nachkriegsgebäude mit den hundertvierzig Zellen, in denen manchmal mehrere Hundert Gefangene einsaßen, galt als eines der sichersten Gefängnisse der DDR. China wurde mehrere Stunden lang vernommen, bekam immer wieder dieselben Fragen gestellt. Man gab ihr zu verstehen, dass die Wohnung ihrer Eltern durchsucht würde. Mitten in der Nacht musste sich das sechzehnjährige Mädchen einer Leibesvisitation unterziehen lassen. Danach wieder Vernehmungen. Irgendwann eine steinharte Pritsche in einer eiskalten Zelle. China war am Ende ihrer Kräfte und brach in Tränen aus.

Am nächsten Morgen schubste man sie in einen von sechs fensterlosen Verschlägen in einem Gefangenentransporter und brachte sie fort. Im Dunkeln, im Käfig, erlitt China einen klaustrophobischen Anfall und geriet in Panik. Wieder dachte sie an Majors Furchtlosigkeit und versuchte, ihren Atem zu beruhigen.

Durchhalten, verdammt, du musst durchhalten.

Im neuen Gefängnis befahl man dem Mädchen, sich nackt auszuziehen. Die nächste rektale Untersuchung. Demütigung. Kontrolle. Danach musste sie Häftlingskleidung anlegen. Der Tagesablauf im Gefängnis war die Hölle, doch am meisten Angst machte China etwas, das ein Vernehmungsoffizier zu ihr sagte: Man würde ihren Punkfreunden zu verstehen geben, dass China sie *denunziert* hätte. Sie war außer sich vor Wut und entging der Isolationshaft nur, weil ihre Zellenkolleginnen eingriffen – als sie eine Schimpfkanonade gegen die *miesen Bullenschweine* loslassen wollte, hielten sie sie fest und erstickten ihre Schreie mit einem Kissen.

In der dritten Februarwoche wurde China siebzehn. Sie fühlte sich um Jahre gealtert.

Anfang März durfte sie das Gefängnis nach fünfwöchiger U-Haft bis zum Gerichtstermin verlassen. Zu Hause sah sie, was die Stasi in ihrem Zimmer angerichtet hatte: Sämtliche Fotos und Poster waren konfisziert worden.

Sie haben meine Kindheit gestohlen.

Die Schweine haben meine Kindheit gestohlen!

Gegen den Wunsch ihrer Eltern und den Rat ihres Anwalts ging China zum Alex und suchte ihre Punkfreunde. Sie befürchtete, dass einige in Vorbereitung des Prozesses verhört worden waren – oder der Vernehmungsoffizier seine Drohung wahrgemacht hatte. Als sie auf das Café zusteuerte, in dem sie ihre Freunde vermutete, zitterte sie. Trotzdem trat sie ein. Da, Leute aus ihrer Clique! Zwei Punkerinnen schauten sie an und sagten: »Du hast uns angeschissen.« Alle anderen kehrten ihr den Rücken zu. China war wie betäubt. Als wäre sie in diesem Moment gestorben.

Der Vernehmer hatte Wort gehalten.

Seht ihr denn nicht, was hier gespielt wird?, schrie sie stumm.

Dann rannte sie raus, damit niemand ihre Tränen sah.

In den Tagen vor dem Prozess am 20. Mai 1982 dachte sie häufig an Selbstmord. In einem Notizbuch schrieb sie:

Wir leben nur im Müll,
Dreck nur um uns her,
doch sagt man, was man will,
hat man keine Freiheit mehr.

Zu ihrer großen Erleichterung wurde China zu zwei Jahren auf Bewährung verurteilt und musste nicht ins Gefängnis zurück. Doch schon bald wünschte sie sich, sie wäre stattdessen in den Knast gewandert. Ihre Freunde verdächtigten sie, für die Stasi zu arbeiten. Sie selbst misstraute jedem Menschen, der freundlich zu ihr war – *ist das ein Spitzel?* Und als wäre das nicht schon schlimm genug, wurde sie weiterhin von Stasi-Knechten aufgegriffen und in die Mangel genommen. Wiederholt forderte man sie auf, als IM zu arbeiten.

Nein.

»Wir könnten ja auch mal Kaffee zusammen trinken gehen ... und Sie erzählen uns etwas.«

Nein!

Am 16. Februar 1982 war auch Major aus dem Gefängnis freigelassen worden. Bei der Entlassung hatte man ihr die Bedingungen des Berlin-Verbots erklärt. Für die Dauer von fünf Jahren war es ihr untersagt, sich »in der Hauptstadt der DDR und in den angrenzenden Kreisen aufzuhalten«. Sämtliche Behörden waren informiert und würden dafür sorgen, dass sie sich an die Auflage hielt. In Turnow, einer winzigen Gemeinde, etwa hundertdreißig Kilometer hinter Berlin, sollte sie »ordnungsgemäß wiedereingegliedert« werden, indem sie in einer VEB-Textilreinigung arbeitete. Ohne schriftliche Genehmigung war es ihr untersagt, den Arbeitsplatz oder Wohnsitz zu wechseln. Außerdem war sie verpflichtet, sich wöchentlich beim örtlichen Rat zu melden, und durfte Turnow nicht ohne dessen Zustimmung verlassen.

Major durfte sich nicht von ihren Eltern oder Freunden verabschieden, sondern wurde direkt nach Turnow gebracht. Dort war sie die Fremde, die Kriminelle. Als Wohnraum hatte man ihr eine heruntergekommene Kate zugeteilt, mit Plumpsklo statt richtiger Toilette.

Major wartete keine vierundzwanzig Stunden, sondern setzte sich in den nächsten Zug nach Berlin. Dort blieb sie über Nacht und fuhr am 17. Februar nach Turnow zurück. Bei ihrer Arbeitsstelle meldete sie sich nicht.

Am 3. März schickte der Bürgermeister von Turnow die Polizei zu Major, mit der Aufforderung, sich umgehend bei ihrer Arbeitsstelle zu melden. Sobald die Polizisten fort waren, fuhr Major wieder nach Berlin, wo sie drei Tage lang bei ihren Freunden blieb.

Vier Wochen nach der Entlassung aus dem Gefängnis wurde Major erneut festgenommen. Dieses Mal wurde sie im Schnellverfahren zu einem Jahr und sechs Monaten Freiheitsstrafe verurteilt. Nach Absitzen der zweiten Strafe sollte sie direkt zur Grenze gebracht und nach West-Berlin abgeschoben werden.

Die Daumenschrauben wurden langsam fester gezogen.

15

Der Zufluchtsort der Punks in der Pfingstkirche war inzwischen ernsthaft gefährdet. Wie sich herausstellte, kam die Gefahr von innen.

Die Stasi hatte ihre Augen und Ohren überall. In einer Ende März 1982 abgefassten Reihe von Berichten zur kirchenpolitischen Situation in Friedrichshain – dem Bezirk, in dem sich die Pfingstkirche befand – prahlten die Sicherheitsorgane mit fünfundzwanzig Kirchenveranstaltungen, die ihre Informanten seit Januar besucht hatten. Dem Staat gelang es, einen Bruch innerhalb der Pfingstkirche herbeizuführen, der vor dem Kirchengericht beigelegt werden musste. Kurz gesagt: Der Gemeindekirchenrat versuchte die Punks auszusperren, indem er am Turm der Pfingstkirche Anfang April ein Vorhängeschloss anbringen ließ, während eine andere Fraktion Klage gegen den Gemeindekirchenrat einreichte, um die Wiedereröffnung des Turms zu erwirken.

Im April war wochenlang unklar, wie es weitergehen würde. Weil ihnen der Zutritt zum Gebäude verwehrt war, versammelten sich die Punks nun jeden Montag und Donnerstag vor der Kirche. Der Sozialdiakon Lorenz Postler hatte keinen Schlüssel bekommen.

Nach ein paar Wochen gab es endlich gute Nachrichten: Der Gemeindekirchenrat hatte das Verfahren verloren, die Pfingstkirche musste ihre Türen wieder für die Punks öffnen. Das Ganze hatte allerdings eine Kehrseite: Das Kirchengericht hatte entschieden, dass die Gemeinde über mehrere Monate Renovierungsarbeiten im Turm durchführen durfte. Die Punks blieben also fürs Erste auf der Straße.

Die anderen Teilnehmer der Offenen Arbeit – größtenteils langhaarige Friedensaktivisten, die noch an den Hippie-Idealen festhielten – fanden sich plötzlich im selben Boot wie die Punks wieder, denn die Schließung des Kirchturms betraf sämtliche OA-Gruppen. Inzwischen begegneten die anderen Gruppen den Punks wegen ihres Widerstands gegen Staat und Polizei mit Sympathie, teilweise sogar mit so was wie Ehrfurcht. Die Friedensaktivisten führten zu der Zeit einen eigenen Krieg gegen das Regime. Seit November 1981 trugen die Mitglieder der kirchlichen Friedensgruppen Aufnäher mit dem Bibelzitat »Schwerter zu Pflugscharen« und der Abbildung der gleichnamigen Skulptur von Jewgeni Wutschetitsch, die die Sowjetunion 1959 der UNO geschenkt hatte. Trotz Verwendung dieser hochoffiziellen Statue erregte der Aufnäher den Zorn der DDR-Obrigkeit – denn hier wurde eine von Staatsseite unerwünschte politische Haltung demonstrativ zur Schau gestellt. Die Regierung unterhielt eigene Friedensinitiativen und duldete keine nichtstaatliche Friedensarbeit. Der Streit erreichte im März 1982 seinen Höhepunkt, als die Polizei die Aufnäher gewaltsam von den Kleidungsstücken entfernte. Für die jungen Friedensaktivisten hatten die Schikanen damit ein bisher ungekanntes Ausmaß erreicht. Ihnen wurde aber auch bewusst, dass die Punks mit wesentlich Schlimmerem fertigwerden mussten. Durch den Kontakt in der Pfingstkirche hatten sie von alldem erfahren: den Schikanen, Vernehmungen und Prügelattacken der Polizei, den Schulverweisen, Verlust von Arbeits- oder Ausbildungsplätzen, Berlin-Verboten, wieder aufgewärmten Nazisprüchen (»... vergasen!«, *blabla*), den drastischen Haftstrafen für Major und andere. Im Vergleich dazu wurden die Friedensaktivisten mit Samthandschuhen angefasst. Anstatt einen Keil zwischen die verschiedenen Gruppen zu treiben, sorgte die Schließung des Turms eher dafür, dass das Gefühl entstand, man würde für eine gemeinsame Sache kämpfen. Und dieses Gefühl sollte in Zukunft eine wichtige Rolle spielen.

Ungefähr zur selben Zeit erschien ein merkwürdiger Typ auf der Bildfläche. Er hieß Gilbert Furian und suchte das Gespräch mit den Punks. Gilbert hatte einen Bürstenschnitt und trug stinknormale Klamotten. Er war Mitte dreißig – steinalt in den Augen der Punks.

Schaut euch nur die Frisur an. Der sieht aus wie Volksarmee – oder Stasi.

Gilbert hatte sich eine Reihe von Fragen überlegt, wie ein Reporter. Er wollte die Punks kennenlernen und mit ihnen über ihr Leben, ihre Wünsche, Hoffnungen und politischen Ansichten reden.

Der Typ arbeitet ganz bestimmt *für die Stasi.*

Tatsächlich tauchte Gilbert schon bald auf dem Radar der Stasi auf – aber als Verdächtiger. Warum schnüffelte der Kerl dort rum und führte Interviews mit »negativ-dekadenten« Jugendlichen? Hatte er Verbindungen zu Westmedien? Die Stasi wollte Antworten. Und zwar schnell.

Die einfachste Antwort: Gilbert hatte sich auf die Suche nach dem Sinn des Lebens begeben. Er steckte in einer Krise. Seine Ehe war nach sechzehn Jahren zerbrochen. Als junger Mensch war er voller Ideale gewesen. Aus der FDJ hatte man ihn ausgeschlossen, weil er sich politisch zu frei äußerte. Später wurde er, kurz vor Abschluss seines Philosophiestudiums, zwangsweise exmatrikuliert, weil er sich in einem Seminar gegen den Einmarsch der Warschauer-Vertrags-Staaten in der Tschechoslowakei ausgesprochen hatte. 1982 arbeiteten zwei Freunde von ihm an einer Dokumentation über normabweichendes Verhalten bei Jugendlichen, und Gilbert bot seine Hilfe an – er wollte etwas Neues machen, etwas, das ihn von seiner Trennung ablenkte und ihn vielleicht sogar die Ideale seiner Jugend wiederfinden ließ. Er beschloss, die Punks in der Pfingstkirche zu interviewen.

Als die Stasi herausfand, dass Gilbert hundert selbst gedruckte Exemplare seiner Interviews an Freunde (darunter, wie vermutet, ein Bekannter aus dem Westen) verteilt hatte, lud man ihn vor. Gilbert gab die Interviews sofort zu.

»Den Freiraum müssen Sie mir doch zubilligen«, sagte er zu seinem Vernehmer.

»Na, ich sehe schon, uns stehen interessante Gespräche über Freiheit bevor«, gab der Stasi-Offizier zurück.

Gilbert wurde festgenommen und in der siebenmonatigen U-Haft immer wieder verhört, danach wurde er in einem Geheimprozess zu einer Freiheitsstrafe von zwei Jahren und zwei Monaten verurteilt.

Doch im Frühjahr 1982 war Gilbert nur eine verlorene Seele auf der Suche nach verlorenen Idealen gewesen. Tatsächlich dauerte es einige Wochen, bis die Punks das nötige Vertrauen zu ihm fassten. Um ungestört reden zu können, mussten sie untertauchen – die Gespräche fanden in einer besetzten Wohnung in der Christinenstraße 6 und im Probekeller von Planlos in der Metzer Straße 11 statt. Die Punks führten Gilbert in die Risse der Gesellschaft, in die kleinen Freiräume, die sie sich selbst erobert hatten.

Die Wohnung in der Christinenstraße zwischen Mitte und Prenzlauer Berg war praktisch leer: im Wohnzimmer eine Matratze und Graffitis an den Wänden, in der Küche ein zerbrochener Spiegel, eine Kochplatte und weitere Graffitis, Toilette im Treppenhaus. Mit Gilbert sprachen die Punks über ihre Vorstellung von Politik. »Sozialismus schon, aber anders; so wie wir uns dit vorstellen«, sagte ein Punk namens Keule. »Wenn Marx dit hier sehen würde, wat uns hier als Sozialismus präsentiert wird ...«

Im Probekeller von Planlos entdeckte Gilbert ähnliche Graffitis: Bandnamen, Anarcho-Sprüche, das Logo der Leipziger Band Wutanfall. Kaiser, Lade und Kobs nahmen ihm gegenüber kein Blatt vor den Mund. Vor allem für Kaiser war es wichtig, sich zu geben, als hätte er nichts zu verbergen. Er wollte ehrlich sein. Seine Meinung sagen. *Warum sollen wir uns verstecken?*

Kaiser sagte, er sei »aus einer Art Protest, aus Ablehnung gegen den Staat, wie er zurzeit existiert«, Punk geworden.

Sechs Monate nachdem der Turm der Pfingstkirche »wegen Renovierung« geschlossen worden war, wurde er im Herbst 1982 wieder für die Punks geöffnet. Eine Mitarbeiterin der Kirche, die sich für die Fortsetzung der Offenen Arbeit und die Aufnahme der Punks eingesetzt hatte, kam vorbei, um sich einen Überblick zu verschaffen. Sie staunte nicht schlecht: Die Zahl der Punks, die nun jeden Montag und Freitag in die Kirche strömten, war nach der Wiedereröffnung sogar noch gestiegen.

Das entging auch der Stasi nicht. In einem Bericht aus dem August 1982, in dem die Verbindungen der Erfurter Punks zur Kirche festgehalten wurden, schätzte man die Zahl der Punk-»Anhänger« landesweit auf tausend Personen. Die Zahl der »Sympathisanten, die nach ihrem Äußeren erkennbar sind«, hatte laut Bericht gar die *zehntausender* Marke erreicht.

In einem Land mit knapp siebzehn Millionen Einwohnern waren zehntausend Unruhestifter eine verdammt große Zahl.

Jana Schloßer tritt mit Namenlos in der Christusgemeinde in Halle auf

TEIL II

Oh Bondage Up Yours!

16

Jana Schloßer lief 1982 von zu Hause weg. Sie war siebzehn, hatte gerade die zehnte Klasse beendet und wollte eine Ausbildung als Krankenschwester in der psychiatrischen Abteilung eines Kinderkrankenhauses in Halle beginnen. Ihre Heimatstadt lag in einer der meist verschmutzten Regionen des Landes und war umgeben von gigantischen, im Tagebau betriebenen Kohleförderanlagen und petrochemischen Fabriken. Wer den ungesunden, gelblich-weißen Schaum sah, der die Ufer der durch die Stadt fließenden Saale bedeckte, nahm den Gestank des verseuchten Wassers noch deutlicher wahr.

Jana hatte keine glückliche Kindheit erlebt. Ihre Eltern waren streng und legten größten Wert auf Ordnung und Sauberkeit. Der Vater arbeitete als Kraftfahrer und kutschierte Funktionäre herum, die Mutter war bei der Handelsorganisation Gaststätten für Inventuren zuständig. Janas Eltern waren keine Parteimitglieder. Sie interessierten sich nicht für Politik, standen dem Staat aber auch nicht ablehnend gegenüber. Als Jana anfing, mit ihrem Äußeren zu experimentieren, sahen sie darin keine politische Handlung. Es gehörte sich einfach nicht. Punkt.

Gegen Ende der Schulzeit legte sich Jana – strohblondes Haar, spitze Nase, energisches Kinn – eine Art Hippielook mit langen, bunten Batikröcken zu und schaute sich in der alternativen Szene der Stadt um. Die Kunsthochschule sorgte für eine lebendige Kulturszene – obwohl Jana die meisten Künstler für hochnäsig hielt. Auch war die Stadt schon seit Jahren ein Zentrum für Umwelt- und Friedensaktivitäten. Diese wurden häufig vom jungen, hochengagierten Sozialdiakon Lothar Rochau initiiert. Rochau war 1977, mit sechsundzwanzig, nach Halle gekommen und hatte eine Jugendgruppe aufgebaut, die schon bald den Zorn weniger toleranter Pfarrer erregte und die Aufmerksamkeit der Stasi auf sich zog. Als Sozialdiakon war seine Stellung weit gefährdeter als die eines Pfarrers. Die kirchlichen Behörden waren sich uneinig, ob man seine Aktivitäten verbieten sollte. Tatsächlich zog die Kirche 1983 ihre schützende Hand zurück: Rochau wurde festgenommen, zu drei Jahren Freiheitsstrafe verurteilt und nach der Entlassung ausgebürgert. Er hatte den entscheidenden Fehler gemacht, auch außerhalb der Kirche aktiv zu werden, indem er Kundgebungen, Mahnwachen, Fahrraddemos und dergleichen organisierte.

Jana zog es zu Freaks, Aussteigern und langhaarigen Aktivisten. Einige hatten Wohnungen in den baufälligen Häusern der ausgebombten Altstadt besetzt. Wie in vielen anderen ostdeutschen Städten hatte man auch in Halle am Stadtrand Plattenbausiedlungen hochgezogen, statt die Altstadt wiederaufzubauen. Jana spazierte oft durch die kaputte Innenstadt und sah sich in den leer stehenden Gebäuden um.

Ist ja irre, kuck mal hier, tolle Bude!

In einigen standen sogar noch Möbel.

Geil, wenn man da einziehen könnte!

Dann könnte ich so leben, wie ich will!

Jana suchte nach einer Möglichkeit, ihre Individualität auszudrücken. Sie war neugierig und gehörte nicht zu den Menschen, die ihre Neugier unterdrücken können.

Wer bin ich? Wo gehöre ich hin?

Kurz vor Ende der Schulzeit sammelte die Mutter Janas Hippieklamotten zusammen und verbrannte sie.

Wenn dir das nicht gefällt, Mutti, kann ich noch ganz anders.

In einer West-Zeitschrift hatte Jana einen Artikel über Punk gelesen. Es ging um Nina Hagen, die Emigrantin aus dem Osten, die in Westdeutschland zum Star geworden war, aber auch um die Punkszene in Ost-Berlin. Angeblich hingen sie in einem Vergnügungspark im Plänterwald rum, am Ufer der Spree.

Punks.

Richtig viele.

In Ost-Berlin.

Eines Nachts, als Jana unter der Bettdecke heimlich einen Westsender hörte, spitzte sie die Ohren. In der Sendung ging es um Punk in England, und Jana war sofort gefesselt. Punks fischten sich ihre Klamotten aus dem Müll, hieß es, und verzierten sie mit Sicherheitsnadeln. Als Nächstes erklärte der Moderator die Punkideologie. Von Anarchie hatte Jana nur eine ungefähre Vorstellung, aber einige der Parolen fand sie ziemlich gut.

Dann kam ein Stück von den Sex Pistols.

Obwohl sie das Radio nicht laut aufdrehen konnte, ging ihr das Stück durch und durch. Es traf sie mitten ins Herz.

Das klingt genau so, wie ich mir vorkomme.

Und damit fing alles an.

17

Jana überredete eine Freundin, auch Punk zu werden. Zusammen bastelten sie Sachen, die man in Janas Augen als Punk unbedingt brauchte. Aus Ton und Sicherheitsnadeln stellten sie Buttons her, die sie im Backofen brannten und danach beschrifteten. Irgendwo fand Jana ein altes, gestreiftes Sakko. Sie kleckste Farbe auf eine weiße Hose.

Ich glaube, so sehen Punks aus.

Die Eltern der Freundin gingen an die Decke. Der Freundin wurde es zu viel. Sie gab auf.

Nun war Jana in Halle die erste und einzige Punkerin.

Bald fand sie heraus, dass es ein halbes Dutzend Punker gab. Einer von ihnen hieß Moritz Götze. Er hatte gerade eine Band gegründet.

Für kurze Zeit waren sie ein Paar.

Moritz' Band, zu der ursprünglich noch sein Freund Mike und seine Freundin Betty gehörten, hatte in einer kirchlichen Jugendgruppe zusammengefunden.

»Wir gründen jetzt eine Band«, hatte Moritz zu Siegfried Neher gesagt, einem Pfarrer der in der Nähe einer Fabrik gelegenen Christuskirche. Der Pfarrer stand auf Rockmusik und spielte Gitarre.

»Ihr habt mir doch erzählt, ihr könnt gar kein Instrument spielen, keine Noten lesen, gar nichts«, hatte Neher entgegnet.

»Na, gerade deshalb wollen wir ja jetzt eine Band gründen. Wir spielen so schlecht wie niemand in der DDR!«

Am Samstag, dem 19. Juni 1982, trat die Band bei einem Werkstatt-Treffen der Jungen Gemeinde in einer Kirche am Stadtrand auf. Neher, der ebenfalls anwesend war, musste die Instrumente stimmen. Geschrei und Krach, ein wüstes Durcheinander – passenderweise hatte Moritz die Band Größenwahn genannt. Als Nächstes kamen Wutanfall auf die Bühne und bliesen der Menge mit ihrem Tempo, ihrer Energie und den rückhaltlos offenen Texten buchstäblich den Kopf weg. Dass Chaos der beste Frontmann in der DDR war, hätten damals selbst die Berliner Bands zugegeben. Überall, wo Wutanfall auftraten, fühlten sich Jugendliche dazu ermuntert, Grenzen zu überschreiten. Immer mehr schlossen sich den Punks an.

Jana trieb ihre Aufmachung auf die Spitze. Sie trug dutzende Ohrringe und Ketten. Sie experimentierte mit ihren Haaren und arbeitete sich Zentimeter um Zentimeter an einen Irokesenschnitt heran.

Provokation um jeden Preis, so hieß ihre Parole. Eines Tages färbte sie sich die Haare mit der Tinte eines Filzschreibers. Sie benutzte einen Kamm und ließ ihn im Bad liegen. Offenbar war Farbe an den Zinken haften geblieben: Kurz darauf ging ihre Mutter ins Bad; Jana hörte nur den entsetzten Schrei.

Die Eltern hatten die Grenze ihrer Belastbarkeit erreicht. Sie machten Jana schwere Vorwürfe wegen ihres Äußeren und wiederholten ständig einen Satz: »Entweder du kleidest dich wie ein normaler Mensch, oder du haust ab.«

Jetzt hieß es nur noch: »Raus hier!«

Jana zögerte keine Sekunde.

Die einzige Frage war: *Leipzig oder Berlin?*

Leipzig lag näher, aber Jana dachte an den Artikel über die Punks, die in dem Vergnügungspark im Berliner Plänterwald rumhingen. Das wollte sie sich unbedingt ansehen. Vielleicht fand sie dort eine Clique, in die sie hineinpasste. Sie musste es wenigstens versuchen. Über seine Familie kannte Moritz Götze ein paar Ost-Berliner Künstler und Kunsthandwerker. Er nannte Jana eine Adresse in der Schönfließer Straße in Prenzlauer Berg. Wenn sie dort anklopfte, erklärte er, würde man ihr mit Sicherheit einen Schlafplatz anbieten.

Jana warf ein paar Sachen in eine Tasche und lief zum Bahnhof.

18

In Berlin angekommen, machte Jana sich sofort zum Plänterwald auf. Von der S-Bahn-Station zum Riesenrad waren es zu Fuß fünfzehn Minuten.

Sie setzte sich auf eine Bank und wartete. Weit und breit kein einziger Punk.

Leute gingen vorbei und beschimpften sie.

»Ey, die Gespensterbahn ist da drüben – zurück an die Arbeit!«

Jemand sagte ihr, dass sich die Punks nur an zwei Tagen in der Woche hier trafen. An zwei *anderen* Tagen. In der *Bravo* hatte davon nichts gestanden.

Scheiße.

Sie ging zur S-Bahn zurück und fuhr zum Alexanderplatz. Das musste das Zentrum der Stadt sein. Vielleicht hatte sie dort Glück.

Als sie über den Betonplatz wanderte, entdeckte sie zwei Punks. Die beiden hatten offenbar den gleichen Gedanken wie sie.

Aha, eine von uns!

Die beiden zeigten ihr die Stadt und stellten sie weiteren Leuten vor.

Wieder in Halle dachte Jana nicht daran, bei ihren Eltern anzuklopfen, sondern beschloss, eine Wohnung in der Altstadt zu besetzen. Sie fand ein leer stehendes, dreigeschossiges Haus. Es gab weder Strom noch Wasser, aber sie zog trotzdem ein – ganz alleine.

Eine Zeit lang ging sie weiter zur Arbeit im Kinderkrankenhaus, allerdings musste sie ihre Haare, seitlich abrasiert, in der Mitte schrill gefärbt, sorgfältig verstecken. Sie band sich ein Kopftuch um und verzichtete auf das auffällige Augen-Make-up, das sie sonst trug.

Eines Tages zog ein Kind an Janas Kopftuch. Der Knoten löste sich, das Tuch fiel runter.

Ui!

Die Kinder wichen zurück, einige rissen die Augen auf, andere kicherten.

»Was hast du mit deinen Haaren gemacht?«, wollten sie wissen.

Jana sagte, sie hätte was mit der Kopfhaut.

Doch ihre Tage im Krankenhaus waren gezählt.

An einem Wochenende besuchte sie ein Volksfest und entdeckte ihre Eltern, die den Hund dabeihatten. Der Hund zog an der Leine und wollte zu Jana laufen, aber die Eltern taten, als wäre sie Luft, und gingen wortlos an ihr vorbei.

Ein anderes Mal sah sie zwei Punks auf der Straße. Jana kannte jeden aus der kleinen halleschen Punkclique. Die beiden gehörten nicht dazu. Natürlich ging sie hin und quatschte mit ihnen. Wie sich herausstellte, kamen sie aus Berlin und waren aus einem Jugendwerkhof ausgebrochen. Sie waren auf der Flucht.

»Ich hab ein ganzes Haus besetzt«, sagte Jana. »Ihr könnt bei mir pennen.«

Die beiden kamen sofort mit. Zu dritt erforschten sie das Haus und entdeckten im überwucherten Garten einen Apfelbaum. Sie machten ein Lagerfeuer und brieten Äpfel an einem Stock. An eine Mauer sprühten sie:

MACHT KAPUTT, WAS EUCH KAPUTT MACHT!

Aber die Polizei suchte nach den Berliner Ausreißern. Und Jana geriet nun ebenfalls ins Blickfeld. Eines Tages sahen die drei einige Polizisten, die in der Nähe herumschnüffelten, und beschlossen, sofort abzuhauen. Sie kletterten über eine Mauer hinter dem Haus. Im angrenzenden Hof wohnte ein Theologiestudent. Er versteckte sie.

Das Haus war für Jana kein sicherer Ort mehr – dort konnte sie nicht länger bleiben.

Und sie wusste, dass die Polizei nun auch nach ihr suchte.

Zeit, aus Halle abzuhauen.

Zu ihren Eltern zurückzukehren, kam nicht infrage. Jana wollte tun, wozu sie Lust hatte.

Ich will nicht mehr unter der Decke Radio hören.

Sie schlich sich heimlich in die Wohnung ihrer Eltern, holte ein paar Sachen und stieg in den nächsten Zug nach Berlin. Als der Schaffner kam, versteckte sie sich auf der Toilette. Ob er sie erwischte, war ihr letztlich egal. Auf ihrem Ausweis stand die Adresse der Eltern, falls sie eine Anzeige bekam, würde die Post dorthin gehen.

Sollen die doch blechen.

Wieder in Berlin, ging sie endlich zu der Adresse in der Schönfließer Straße, die Moritz ihr gegeben hatte.

Sie klopfte an die Tür.

Ein Mädchen in ihrem Alter machte auf. Sie war zierlich und dünn, irgendwie jungenhaft, und hatte dunkle Locken. Dazu trug sie einen schwarzen, mit Aufnähern übersäten Overall und merkwürdige Boxerstiefel, die schon halb auseinanderfielen.

Sie stellte sich als Mita vor. In die Wohnung war sie erst vor Kurzem gezogen. »Komm rein«, sagte sie, während sie geistesabwesend einen Rhythmus auf ihrem Oberschenkel klopfte.

19

Mita Schamal war in einem Dorf in der Nähe von Berlin aufgewachsen. Ihre Mutter war Baukeramikerin, der Stiefvater Töpfer. Im Grunde stammte Mita aus einer richtigen Töpferfamilie, all ihre Onkel und Tanten arbeiteten ebenfalls in dem Beruf.

Mita schloss die Schule im Sommer 1982 mit der zehnten Klasse ab. Sie war sechzehn und wusste nicht, was sie beruflich machen sollte.

Am liebsten würde ich Mechanikerin werden.

Allerdings stellte sie es sich schwer vor, sich als Frau in diesem Beruf zu behaupten.

Am vernünftigsten war es, ebenfalls eine Töpferausbildung zu machen.

Da Künstler und Kunsthandwerker nicht bei den volkseigenen Betrieben beschäftigt waren, genossen sie ein gewisses Maß an Freiheit. Als Leiterin ihres eigenen Meisterbetriebs durfte Mitas Mutter beispielsweise Lehrlinge ausbilden. Außerdem konnte sie Mitas Ausbildung nach eigenen Vorstellungen gestalten, ohne dass die Behörden sich groß einmischten. Mita stellte eine Bedingung: Sie wollte nicht die ganze Lehrzeit in dem trostlosen Kaff verbringen. Die Mutter gab ihr Einverständnis. Mita durfte jeden Monat für drei Wochen im Keramikatelier einer Tante in Prenzlauer Berg als Gastlehrling arbeiten; in der vierten Woche sollte sie zu Hause von der Mutter unterrichtet werden.

Im September 1982 zog Mita offiziell zu ihrer Tante in die Schönfließer Straße. Sie bekam ein winziges Zimmer, eher eine Abstellkammer, und schlief in einem Hochbett, das fast die gesamte Fläche einnahm. Ihre Siebensachen – darunter ein rudimentäres Schlagzeug – verstaute sie unter dem Bett. Tatsächlich befand sich das Zimmer in dem Teil der Wohnung, in dem der Mann ihrer Tante lebte; die beiden hatten sich vor Kurzem getrennt. Zu beiden Seiten der Werkstatt befanden sich separate Wohnräume: Der Exmann wohnte auf der einen Seite, während die Tante mit ihrem neuen Freund, dem Dissidentendichter Sascha Anderson, der auch bei der Avantgarde-Punkband Zwitschermaschine war, auf die andere Seite gezogen war.

Kurz nach dem Umzug stand Mita eines Tages auf dem Bahnsteig der U-Bahn-Station Schönhauser Allee, als eine Horde Punks die Treppe rauflief. Einer von ihnen kam auf sie zu. Er gefiel ihr sofort.

»Ey, kleene Schnecke«, sagte er. »Willste nich mitkommen?«

»Ja, klar will ich!«

Es war Colonel.

Mita stieg mit ihm und seiner Punkclique in die U-Bahn und fuhr zum Alex. Sie konnte ihr Glück kaum fassen. Eben erst war sie aus dem verschlafenen Nest nach Berlin gekommen, und jetzt erkundete sie mit echten Punks die Stadt.

Mita war bereits mit ein paar Jugendlichen aus der alternativen Szene befreundet. Obwohl sie sich als eher unpolitischen Menschen sah, hatte sie mit ihrer Familie an kirchlich organisierten Aktionen teilgenommen und war sogar nach Dresden gefahren, um gegen die Stationierung der nuklearen Mittelstreckenraketen SS-20 zu demonstrieren. Auch kannte sie in Berlin einen Pfarrerssohn, der in der Friedensbewegung aktiv war. In der DDR gab es nur zwei Institutionen, die sich um junge Leute kümmerten: die kommunistischen Jugendorganisationen und die Kirche. Wer wie Mita aus einer Familie mit eher staatskritischer Einstellung stammte, fand sich in der Kirche wieder und lernte dort andere Jugendliche mit ähnlichem Hintergrund kennen.

In der neunten Klasse hatte Mita an einem Kurs für Tiefdruckgrafik teilgenommen. Eben da hatte sie sich mit Moritz angefreundet, der damals in Halle in einer Schülerband spielte. Die beiden stellten fest, dass sich ihre Familien über das inoffizielle Netzwerk ostdeutscher Künstler und Kunsthandwerker längst kannten: Moritz' Vater, ein Maler, war nicht nur mit Mitas Mutter, sondern auch mit ihren Großeltern befreundet.

Danach fuhr Mita häufig mit dem Zug nach Halle und hing dort mit Moritz und seinen Freunden ab. Mitas Eltern hatten nichts dagegen: Moritz gehörte ohnehin fast zur Familie, und in der DDR war es nicht unüblich, dass Kinder allein verreisten, denn vieles, worüber man sich im Westen Sorgen machte, existierte in der DDR nicht.

Moritz war gerade dabei, seine Band etwas größer aufzuziehen, und hatte erste Konzerte in kirchlichen Einrichtungen gegeben. Mita lernte die anderen Bandmitglieder kennen und verkuckte sich ein wenig in den Schlagzeuger, Mike. Das Schlagzeug faszinierte sie, und Mike brachte ihr ein paar Grundrhythmen bei. Zurück in ihrem Kaff übte sie auf allem, was ihr in die Finger kam – Kochtöpfe, ein alter Koffer –, selbst im Schulbus trommelte sie auf ihren Knien weiter. Bald wurde das Schlagzeugspielen zu ihrer Obsession, sie suchte ständig nach neuen Fills, mit denen sie den jeweiligen Grundrhythmus ausschmücken konnte.

Um Weihnachten 1981 entdeckte sie in einem Laden ein Kinderschlagzeug – mit hundert Ostmark selbst für DDR-Verhältnisse billig – und wünschte es sich von den Eltern. Sie bekam es: eine winzige Kick-Drum, Snare und ein billig schepperndes Hi-Hat. Nun übte Mita erst recht ununterbrochen. Zum Glück wohnte der nächste Nachbar einige hundert Meter entfernt. Als sie im September 1982 zu ihrer Tante zog, nahm sie das Schlagzeug natürlich mit und baute es unter dem Hochbett auf.

20

Mita führte Jana in ihr winziges Zimmer und sagte ihr, sie könne dort ebenfalls pennen. Die beiden verstanden sich sofort. Schon bald gingen sie gemeinsam zu den Punktreffs und lernten nach und nach die Berliner Szene kennen. Es gab viel mehr Punks, als Jana es sich erträumt hatte. Hunderte von Leuten.

Hunderte von Leuten wie ich.

Einen wollte sie unbedingt kennenlernen. Pankow. Sie hatte viel von ihm gehört: groß, dünn, eigenwilliger Gang, blond gefärbte, hochgestellte Haare, Sänger in einer Band namens Planlos. Sie fand heraus, dass er die Frühschicht in einer Zigarettenfabrik hatte. Eines Nachmittags wartete sie um vierzehn Uhr vor der Fabrik auf das Schichtende.

Pankow trat vors Tor und sah eine Frau mit gigantischem Iro und völlig zerfetztem, mit weißer Farbe beschmiertem Trenchcoat. Einer wie ihr war er noch nie begegnet. Mit einem Mal hatte er das Gefühl, vielleicht doch nicht der härteste Punk im ganzen Land zu sein.

Was zum Geier will die hier?

Sie kam schnurstracks auf ihn zu.

Hä?

»Du bist doch Pankow, oder?«, fragte sie.

»Ja.«

»Na ja, ich find dich gut.«

Sie wurden ein Paar.

Unzertrennlich.

Na schön, dass alle Leute nur Jana anstarrten, wenn sie irgendwo zusammen hingingen, wurmte Pankow ab und an. Er war es gewohnt, alle Blicke auf sich zu ziehen. Aber Jana übertrumpfen? Vergiss es. Wenn es darum ging, die Leute nur durch die Aufmachung zu schocken, konnte niemand mit ihr mithalten.

Mita lief dem Paar wie ein Welpe hinterher. Bald verbrachten die drei jeden Tag, jede Nacht miteinander. Während Jana schon sexuelle Erfahrungen gesammelt hatte, war Mita noch Jungfrau und dazu äußerst naiv und unschuldig. Sie hatte keine Bedenken, das fünfte Rad am Wagen zu sein. Selbst dann nicht, wenn sie sich zu dritt das Hochbett in ihrem winzigen Zimmer teilten. Manchmal hatten Jana und Pankow Sex und bemerkten, dass Mita sie aus großen Augen anstarrte.

»Ey, Mita«, sagte Pankow, »wir ficken hier gerade.«

»Ja, ich will ooch mitmachen!«

»Nein, ey, Mita!«

Für die beiden war sie wie eine kleine Schwester.

An den Wochenenden fuhren sie durchs Land und suchten nach anderen Punks. In Halle gab es inzwischen eine richtige Szene, in den besetzten Häusern in der Wolfstraße, Spiegelstraße und Wallstraße fanden regelmäßig Feiern statt. Mit dem Zug besuchten sie Leipzig, Magdeburg, verschiedene Ostseestädte. Sie fuhren nach Erfurt, liefen durch die Innenstadt, trafen einen Punk, dann noch einen und schließlich einen riesigen Typen, der sich als Otze vorstellte, in der Band Schleim-Keim spielte und schon in verschiedenen Kirchen aufgetreten war. Die Erfurter Punks behandelten Otze wie einen Gott – auch wenn dieser Gott viel zu viel trank und sich gerne prügelte. Jana, Mita und Pankow entdeckten etliche besetzte Häuser, in denen Leute illegal wohnten. Offenbar gab es überall Punk-Enklaven.

Ohne es zu wissen, bauten die drei ein DDR-weites Netzwerk auf.

Ein paar Wochen lang lebten sie so, als gäbe es keine Regeln, keine Normen. Sie fuhren ohne Fahrschein, klauten den Leuten in den Gaststätten das Essen vom Tisch, versteckten sich in Müllcontainern und sprangen raus, um Passanten zu erschrecken. In Leipzig hingen sie mit Leuten wie Chaos ab und knüpften Freundschaften, die ein Leben lang halten sollten. Zum Leipziger Freundeskreis gehörte auch die neue Band HAU, Abkürzung für Halbgewalkte Anarchistische Untergrundbewegung, die der Wutanfall-Gitarrist Imad gegründet hatte. Eine Zeit lang bestanden beide Bands aus fast denselben Leuten. Stracke, der Sänger von HAU, war bei der ersten Probe von Wutanfall dabei gewesen und sprang dort als Sänger ein, wenn Chaos nicht zur Probe kommen konnte. Bei HAU spielte außerdem der Bassist Ratte mit, der sich mit Jana, Mita und Pankow anfreundete.

Jana war fest entschlossen, für immer in Berlin zu bleiben – im Zentrum des Punk-Universums. Die Sache hatte nur einen Haken: In der DDR durfte man nicht nach Belieben den Wohnort wechseln. Das verstieß gegen das Gesetz. In den Augen der Justiz galt Jana als flüchtig.

Um in Berlin leben zu dürfen, brauchte sie eine Arbeit und musste sich bei der örtlichen Polizei registrieren lassen. In einer Kirche bot man ihr eine Stelle als Reinigungskraft an. So wie Jana aussah, war das der einzige Ort, an dem man sie arbeiten ließ. Aber das erste Problem war immerhin gelöst. Um sich vorschriftsmäßig anmelden zu können, brauchte Jana einen Mietvertrag. Mita stellte ihr einen gefälschten Untermietvertrag aus.

Jana ging damit zum Revier.

Für die Bullen sah Jana aus wie eine Außerirdische: Irokesenschnitt, Ketten, Ohrringe, zerrissene, mit Farbe beschmierte Klamotten, überall Sicherheitsnadeln.

»Sie sind überhaupt nicht zu identifizieren. Sie sehen gar nicht so aus wie in Ihrem Ausweis«, sagten sie. »Kommen Sie mal mit.«

Sie stießen Jana in ein Auto und fuhren sie zum nächsten Revier. Dort machten sie Fotos aus verschiedenen Aufnahmewinkeln und verhörten Jana bis tief in die Nacht. Bevor man sie freiließ, musste Jana versprechen, innerhalb einer Woche nach Halle zurückzukehren.

Vollkommen aufgewühlt, ging sie zurück in Mitas Wohnung.

Ich will hierbleiben.

Das lasse ich mir von denen nicht vermasseln.

Dann überlegte sie fieberhaft.

Gut, die suchen jetzt nach mir. Aber die suchen eine Punkerin.

Die Lösung lag auf der Hand.

Zieh dich fürs Erste nicht mehr wie ein Punk an.

Mit Verkleiden kannte Jana sich aus. Im Kinderkrankenhaus hatte sie das schon gemacht. Von nun an band sie sich ein Kopftuch um, trug lange Kleider und setzte sich eine brave Brille mit Metallgestell auf.

Dann machte sie die Probe und ging an einem Polizeirevier vorbei. Null Reaktion.

Eines Tages trafen Mita und die verkleidete Jana einen Punk, den Mita flüchtig kannte. Der Typ hatte schon häufig Ärger mit der Polizei gehabt, seine beste Freundin saß gerade ihre zweite Haftstrafe ab. Er wirkte wie ein Intellektueller – *extrem* politisch. Jana hatte noch niemanden solche Sachen sagen hören.

Es war A-Micha.

A-Michas Zeit als Totengräber war vorbei. Er und seine Kollegen hatten weiterhin versucht, ihren Vorarbeiter – den mit den Nazi-Sprüchen – loszuwerden. Vergeblich. Stattdessen hatten mehrere Arbeiter, darunter A-Micha, ihren Job verloren. Zum Glück hatte er kurz vorher die Sozialdiakone Uwe Kulisch und Lorenz Postler kennengelernt. Den beiden war sofort klar, dass A-Micha ins Gefängnis wandern würde, falls er nicht schnell eine neue Arbeit vorweisen konnte. Sie besorgten ihm eine Stelle als Handlanger in einem Kirchenkomplex in der Göhrener Straße in Prenzlauer Berg – tatsächlich handelte es sich um den Gemeindesaal und das Pfarrhaus der nahe gelegenen Eliaskirche, wo Pankow kurzzeitig gewohnt hatte, nachdem er bei seinen Eltern rausgeflogen war. Postler, dessen Vater ebenfalls bei der evangelischen Kirche gearbeitet hatte, war praktisch in der Eliaskirche aufgewachsen. Als Jana und A-Micha sich kennenlernten, hatte der von der Polizei die Auflage erhalten, sich an keinem anderen Ort als seinem Wohnsitz oder Arbeitsplatz aufzuhalten; sobald er nicht auf direktem Weg von der Arbeit nach Hause ging, konnte er verhaftet und vernommen werden. A-Micha kannte das schon. Er wurde sowieso ständig verhaftet.

Auch A-Micha hatte eine Band. Na ja, mehr oder weniger. Er spielte Gitarre bei Alternative 13. Der Drummer wohnte in Rostock, ein paar Stunden mit dem Zug entfernt. Das machte regelmäßiges Proben so gut wie unmöglich.

Mita war von A-Micha immer schwer beeindruckt gewesen – er kannte sich nicht nur mit Musik aus, sondern interessierte sich auch für Archäologie. Und er war wahnsinnig witzig. Im Moment beachtete er Jana, mit Brille, Kleid und Kopftuch, nicht weiter. Aber Jana war ebenfalls schwer beeindruckt.

Die Verkleidung erfüllte ihren Zweck. Jana ging noch mal zum Polizeirevier und legte den Untermietvertrag vor. Zum Glück hatten die Polizisten vergessen, ihren Namen beim letzten Besuch zu notieren – sie hatten es allzu eilig gehabt, sie zur Vernehmung ins andere Revier zu schaffen.

Dieses Mal lief es wie am Schnürchen. Man drückte ihr den nötigen Stempel in den Ausweis. Jetzt war Jana ganz offiziell Einwohnerin der Hauptstadt der DDR.

Sie verschwendete keine Zeit und richtete sich in ihrem neuen Zuhause so ein, wie sie es am besten konnte – indem sie Chaos verbreitete. Eines Abends trieb sie sich mit Mita in Prenzlauer Berg rum, als ihnen die Streichhölzer ausgingen. In einer Kneipe baten sie um eine neue Schachtel.

»Zeigt uns erst mal eure Ausweise«, sagte der Mann hinter dem Tresen.

»Spinnst du?«, gab Jana zurück. »Wir wollen nur Streichhölzer kaufen!«

»Ihr bekommt hier gar nichts!«

Die Arschlöcher behandeln uns wie Scheiße, weil sie sich von anderen unterdrückt fühlen. Die Leute geben den Schmerz immer an die weiter, die sie für schwächer halten.

So was passierte Jana, Mita und den anderen ständig.

Die Leute beschimpften sie auf der Straße, in der S-Bahn, sie riefen ihnen »Adolf hat euch wohl vergessen« hinterher, drohten mit Schlägen oder prügelten gleich los.

Jana und Mita zogen ohne Streichhölzer ab. Sie waren stinksauer.

Immer dieselbe Scheiße.

Sie klaubten Steine vom Boden auf und schmissen das Fenster der Kneipe ein.

Dann liefen sie, so schnell sie konnten.

21

Jana hatte immer aufgeschrieben, was ihr so durch den Kopf ging. Manchmal wurde ein Gedicht daraus.

Jetzt trug sie ihre Gedichte vor, wenn Mita auf dem Schlagzeug und allem, was ihr bei den gemeinsamen Streifzügen in die Hände fiel, einen Beat trommelte.

Bald waren Mita und Jana von einer Idee besessen: Wir gründen eine Band.

Jana und Mita lernten Lade kennen, den Drummer von Planlos. Bei ihm tauschte Mita ihre einzige Punkplatte – eine Compilation aus Westdeutschland – gegen zwei Tomtoms ein. Ihr Schlagzeug hatte nun wesentlich mehr Druck.

Irgendwann trafen die beiden auch A-Micha wieder. Jana war zu ihrer alten Aufmachung zurückgekehrt – sprich: Sie sah aus wie der härteste Punk der DDR. *Nun* war A-Micha sofort begeistert. Er erzählte ihr von seiner Band, von den Proben in einer Garage in der Nähe eines Rostocker Plattenbaus und den Schwierigkeiten, in Rostock proben zu müssen.

Dann landete er bei seinen Texten. Es gab niemanden, der so leidenschaftlich über Anarchie redete. Inzwischen war er etliche Male von der Polizei vernommen worden; er musste sich nur auf der Straße blicken lassen, schon wurde er verhaftet. Jana teilte einige seiner radikal-politischen Ansichten, hätte diese aber anders formuliert. Was ihr im Unterschied zu Halle besonders aufgefallen war: In Berlin sah sie sich einer wesentlich härteren Behandlung durch die Polizei ausgesetzt. Sie wurde ständig auf der Straße angehalten, nach dem Ausweis gefragt, zur Vernehmung aufs Revier gebracht, zu ihrem Bekanntenkreis ausgehorcht, zur Identifizierung von Personen auf Fotos gedrängt, beschimpft und bedroht ... Aber obwohl es ihr Angst einjagte, im Fadenkreuz der Polizei zu stehen, hätte sie ihre Angst niemals zugegeben, vielleicht nicht einmal sich selbst gegenüber. Und wer wusste schon, ob sie wirklich ernste Konsequenzen zu befürchten hatte? Trotzdem tat sie alles, um sich niemals allein in der Öffentlichkeit zu zeigen. Als die Transportpolizei – sozusagen die Bahnpolizei – sie einmal mitnehmen wollte, war sie einfach sitzen geblieben. *Was sie jetzt wohl tun? Ob irgendwer den Mund aufmacht?* Die Polizisten forderten Verstärkung an. Nur einer der Umstehenden setzte sich für Jana ein. Er wurde von den Bullen brutal zur Seite geschubst. Jana selbst brachte die Aufsässigkeit eine zusätzliche Stunde Vernehmung ein; zu allem Überfluss nahm man ihr auch noch das Nietenarmband weg. Und das alles machte sie stinksauer.

»Ich schreibe auch«, sagte sie nun zu A-Micha.

Sie sprachen über Texte, tauschten Sätze und Ideen aus.

In seinen Texten versuchte A-Micha, das System auseinanderzunehmen – alles wegzureißen und den faulen Kern freizulegen. Er nahm kein Blatt vor den Mund, hatte konkrete politische Vorstellungen. Auch Jana berührte in ihren Texten politische Themen, versuchte aber eher, die Auswirkungen des Systems auf das Individuum aufzuzeigen. Natürlich lief das zwangsläufig auf eine Kritik am System raus, nur eben in anderer Form. Dennoch: *Beide* schrieben Texte, bei denen die meisten Leute erst mal geschluckt und über die Schulter geschaut hätten, ob auch niemand mithörte – denn auch jeder, der sich so etwas nur anhörte, machte sich verdächtig. Doch für Jana und A-Micha war das, was sie sagten und schrieben, ein Protest gegen das System, eine Reaktion auf die Versuche des Systems, den Geist der Punks zu brechen – jede Beschimpfung, jede Verhaftung, jede Vernehmung ließ die Texte der beiden nur noch härter und entschlossener werden. Und jede Beschimpfung, jede Verhaftung, jede Vernehmung machte das Weitermachen umso aufregender und befriedigender. Obwohl der Staat in jedem Menschen gezielt Ängste schürte und die meisten sich einer Selbstzensur unterzogen, um mögliche, unabsehbare Konsequenzen von vornherein abzuwehren, wollten Jana und A-Micha um jeden Preis den Mund aufmachen, gegen die Regeln verstoßen und so reden und schreiben, als drohten ihnen keine Konsequenzen oder wenigstens keine ernsten Konsequenzen. Schweigen kam für sie nicht infrage. Sie mussten reden, schreiben, singen, schreien. Sie mussten ihre Wut nach außen richten, wie die Stacheln an ihren Armbändern.

Jana und A-Micha hatten sich gesucht und gefunden. Und Jana erinnerte ihn daran, dass Mita Schlagzeug spielte. Mit A-Micha an der Gitarre und seinem Kumpel Frank Masch am Bass – seit sie zusammen die Kneipen abgeklappert und die Leute in politische Gespräche verwickelt hatten, waren sie beste Freunde und hatten schon bei Alternative 13 zusammen gespielt – war die Band komplett. Eine Berliner Band. Eine Berliner *Punk*band. Jana hatte sich von der zielgerichteten Energie der Sex Pistols sofort angesprochen gefühlt. Und nun, als Sängerin einer Band, konnte sie ihre Wut rauslassen und vielleicht eine ähnlich zielgerichtete Energie rüberbringen.

Unter der Werkstatt von Mitas Tante befand sich ein leerer Keller.

Die neue Band begann, einen der Räume schalldicht zu isolieren, indem sie Wände und Decke mit Eierkartons, Lumpen, Pappen und allem, was sie sonst noch auftreiben konnten, verkleideten. Sie wickelten Teppichreste um die Rohre, die durch den Keller liefen; die Holztür wurde mit Stoffresten einigermaßen schalldicht gemacht. Leider waren Mitas Verwandte und Sascha Anderson nicht die Einzigen, die im Haus wohnten. Dort lebten auch ganz normale Menschen, die kein lautes Schlagzeug hören wollten, egal für welche Band es den Takt vorgab. Um unerwünschte Aufmerksamkeit zu vermeiden, probte die Band nur ein, zwei Stunden am frühen Nachmittag.

Stücke zu schreiben war wie ein Rausch. Jeder von ihnen war heiß darauf, ein Stück fertigzustellen, die verschiedenen Instrumentenparts zusammenzubringen – *ey, versuchen wir's mal so* – und am Refrain zu basteln – *heftig, klingt echt geil.* Die eigene Musik zu machen, den Protest gegen die Kellerwände zu brüllen, gab ihnen ein Gefühl von Freiheit! Ein Refrain ging so:

Aufgepasst, du wirst bewacht vom MfS.

Doch das reichte der Band noch nicht. Also änderten sie den letzten Refrain in:

Aufgepasst, du wirst bewacht vom MfMfS-SS!

Damit setzten sie das hinter der Stasi stehende Ministerium mit Hitlers SS gleich. Für ein Regime, das sich den antifaschistischen Kampf auf die Fahnen geschrieben hatte, war das natürlich der größte Affront.

Ein anderes Stück hieß gleich »Nazis wieder in Ost-Berlin«.

Nachdem ein Pfarrer der Eliaskirche zu A-Micha gesagt hatte, er befürchte ein extrem hartes Durchgreifen gegen Punks, schrieb die Band das Stück »Der Exzess«. Der dazugehörige Text klang wie ein Manifest:

Lohnt es sich, für den zu marschieren, der dich doch nicht liebt?
Lohnt es sich, für den zu marschieren, der dich doch nur tritt?
Lohnt es sich, für den zu marschieren, der dich doch nur hasst?
Lohnt es sich, für den zu marschieren, der dich sperrt in den Knast?

Sprich es, sag es, schrei es hinaus, die Wahrheit ist so fern!
Sprich es, sag es, schrei es hinaus, und Spitzel hört gut zu.

Wenn wir dafür ins Gefängnis gehen, so seid euch ganz gewiss,
einmal kommen wir wieder raus, und dann sind wir Terrorist!

Zusammen bastelten Jana und A-Micha zweiminütige Molotow-Cocktails aus Wörtern, die die Band in die Welt hinausschleuderte. Scheiß auf sogenannte Reformen. Hier ging es nicht darum, am System herumzuflicken oder das Regime zu beschwatzen, den Wehrunterricht an den Schulen abzuschaffen oder die offiziell nicht existierende Umweltverschmutzung einzudämmen. Hier ging es um nackte Wut. Scheiß aufs System, scheiß auf jeden Einzelnen von ihnen.

Sie nannten die Band Namenlos.

Jeder Zettel, auf dem sie auch nur eine Textzeile notiert hatten, musste sorgfältig versteckt werden. In der Werkstatt von Mitas Tante stand ein Regal mit Töpfen und Vasen. Sie steckten jeden noch so kleinen Papierschnipsel in einen Topf mit Deckel. Nicht eine Zeile durfte in die falschen Hände geraten.

Leute aus dem Umfeld von Mitas Familie bekamen trotzdem Wind davon, welche Art von Texten die neue Band da verfasste. Viele Künstler standen in Opposition zum Staat; etliche fanden es aufregend, eine Party mit dem Auftritt einer Punkband aufzupeppen. Allerdings sahen sich die Künstler und Schriftsteller auch keinen öffentlichen Anfeindungen oder Polizeischikanen ausgesetzt, sobald sie sich auf der Straße blicken ließen.

Eines Tages wurde Mita von einer Künstlerfreundin ihrer Tante beiseitegenommen. »Ey, Mita, ist dir eigentlich klar, wie gefährlich das ist, was ihr da macht? Überleg dir das gut.«

»Ich hab keine andere Wahl«, gab Mita zurück. »Ich *muss* das machen.«

In Gedanken fügte sie hinzu: *Wenn ihr das nicht macht, dann müssen wir es sagen.*

Mita war niemand, der sich mit einem Transparent stundenlang in den Regen stellte und hoffte, so die Welt zu verändern. Obwohl sie gegen solche Aktionen prinzipiell nichts hatte. Allerdings glaubte sie nicht daran, die Sowjets dadurch überzeugen zu können, ihre SS-20-Raketen abzuziehen. Nein, sie stand auf Protest, *aktiven* Protest. Und ein Stück wie »Der Exzess« zu spielen, war für sie zur wirksamsten Form von Protest geworden. Sie konnte nicht mehr anders.

Sprich es, sag es, schrei es hinaus.
Spitzel hört gut zu.

Mita, Jana, A-Micha und Frank ahnten zwar, dass es gefährlich werden konnte, laut zu sagen, was sie in ihren Texten ausdrückten. Aber noch ahnte keiner von ihnen, wie gefährlich es tatsächlich werden würde.

22

Berlin war die unangefochtene Hauptstadt des ostdeutschen Punkrocks, gefolgt von Leipzig. Aber der einzige echte Star der DDR-Punkszene war ein trinkfester Junge vom Land: Otze, dessen Musik sich in einem Schweinestall, weit entfernt von den beiden urbanen Zentren, entwickelt hatte. Das Frühjahr 1983 markierte auch für ihn einen Wendepunkt.

Er hieß eigentlich Dieter Ehrlich und war 1963 im verschlafenen Thüringer Nest Stotternheim zur Welt gekommen. Er hatte drei Brüder und eine jüngere Schwester und lebte mit seinen Eltern und Großeltern auf einem Bauernhof. Sein Vater war Schlachter. Mit elf war Dieter Ehrlich zum ersten Mal mit dem Gesetz in Konflikt geraten, weil er eine Flasche Korn geklaut hatte. Als Schüler war er nicht gerade Klassenbester, und nach Ende der sechsten Klasse – zwei hatte er bereits wiederholen müssen – wies man ihm eine Lehrstelle bei einem Stahlbaubetrieb zu, der Geräte für den Tagebau herstellte.

»Der E. ist kaum in der Lage, seinen eigenen Namen zu schreiben«, urteilte sein Vorgesetzter in einem Bericht für die Kriminalpolizei. »Er ist sehr labil und zum Teil arbeitsscheu ... Im Betrieb versucht der E. aus Draht Sicherheitsnadeln in der Größe von ca. 50 cm Länge herzustellen, worüber die übrigen Arbeitskollegen nur noch mit dem Kopf schütteln und der Meinung sind, E. wäre doch nicht normal, derartige Dinge herzustellen.«

Zum Punk Otze wurde Dieter Ehrlich im Lauf des Jahres 1978: Er hatte »If the Kids Are United« von Sham 69 gehört, den sein Bruder Klaus aus dem Westradio aufgenommen hatte. Wochenlang hörten die beiden nichts anderes mehr.

Das isses.

Bald fing Otze an, sich punkmäßig anzuziehen. Er stach sich eine Sicherheitsnadel durchs Ohrläppchen, eine andere durch die Backe. Mit einer Stopfnadel tätowierte er sich »Punk« in den Arm. Bei der Arbeit bastelte er ein riesiges Medaillon mit Totenschädel, das er an einer dicken Kette trug. Mit seinen Freunden suchte er die Müllhalden nach Lederjacken ab. Es dauerte Tage, bis die halb verrotteten Jacken wieder einigermaßen weich waren und man sie anziehen konnte. Aber die Jungs stanken selbst dann noch wie die Schweine. Was aber genau der Punkt war – sogar das *Ideal.*

In den nächsten Jahren hing Otze mit den Leuten ab, die er im nahe gelegenen Erfurt kennenlernte. Die Punks trafen sich dort im Café Angereck, dem größten Café in der Innenstadt, auf öffentlichen Plätzen, bei Kirchenveranstaltungen oder in den baufälligen Häusern, die einige von ihnen besetzt hatten. Sie hatten keinerlei Hemmungen, sich in der Öffentlichkeit zu präsentieren.

Otze war groß und kräftig und wurde zum Ein-Mann-Abrisskommando, sobald er oder andere Punks beschimpft oder angegriffen wurden. Weigerte sich ein Wirt, ihnen Alkohol auszuschenken, zerrte Otze ihn hinter dem Tresen hervor und schmiss ihn hochkant aus dem Laden. Sein Geschick im Umgang war dabei ganz nützlich: Er bewaffnete sich mit handgefertigten Schlagringen oder rüstete seine Kumpels mit Metallrohren aus, die er bei der Arbeit geklaut hatte.

Die Punks aus der Erfurter Gegend hatten bald den Ruf von besonders brutalen Schlägern. Ihnen war das scheißegal. Diesen

Provinzpunks ging es um Konfrontation; darum, die offenen Wunden des Staates aufzudecken. Unablässig zwangen sie die Bullen dazu, diese Wunden zu verstecken – was bei der Polizei darauf hinauslief, Otze und seine Freunde zu verjagen, zu verprügeln, zu verhaften.

Lange bevor sich Otzes Ruf im Arbeiter- und Bauernstaat herumsprach, hatte er in seinem Dorf für Aufsehen gesorgt. Die Nachbarn störten sich an seinem Aussehen und Benehmen. Eines Nachts gingen sein Bruder Klaus und er nach Hause und kickten dabei eine Bierdose hin und her. In der DDR wurde Bier in Flaschen verkauft; wenn man eine Dose wollte, musste man sie sich im Intershop für teures Westgeld besorgen. Das allein reichte wahrscheinlich schon aus, um die Leute aus dem Fenster spähen zu lassen.

Da rennen die extra in den Intershop und geben das gute Westgeld für Bierdosen aus, um damit Fußball zu spielen. Die haben sie nicht alle.

Als einer der Brüder wieder nach der Dose treten wollte, verfehlte er sie und traf stattdessen das Kellerfenster eines Hauses. Die Scheibe ging kaputt. Sie liefen einfach weiter.

Am nächsten Morgen klopfte der Mann, der in dem Haus wohnte – Bernhard hieß er –, bei Otzes Familie an. Otze und sein Bruder lagen verkatert im Bett, aber Klaus machte schließlich auf.

»Spinnt ihr, mir mein Kellerfenster einzutreten?«, schimpfte Bernhard. »Bis ich an ein neues rankomme, hab ich die ganze Bude voller Mäuse.«

Klaus winkte ab und torkelte ins Haus zurück. Dann erschien Otze an der Tür. Er schob den wütenden Nachbarn zur Seite und ging auf die Straße.

Bernhard hinterher.

Vor dem Nachbarhaus döste eine Katze auf dem Briefkasten. Otze schnappte sie sich, ging die Straße runter, bis er das kaputte Kellerfenster erreicht hatte, und warf die Katze hinein.

»So. Jetzt haste keine Mäuse mehr.«

Auf der Suche nach Seelenverwandten fuhr Otze im Herbst 1980 mit einem Freund nach Berlin. Sie gingen schnurstracks in den Plänterwald und trafen zwei Punks, die sie mit in eine besetzte Wohnung in Mitte nahmen. Die Tür sprang auf, und Otze traute seinen Augen nicht: In dem dreckigen, mit Graffitis übersäten Loch lagen bestimmt fünfzehn Punks rum.

Wieder zu Hause, ohne Zugang zu Punkplatten oder -konzerten, beschloss Otze, seine eigene Musik zu machen. Er brachte sich verschiedene Instrumente bei, angefangen beim Schlagzeug – das war am leichtesten zu organisieren, denn er konnte sich aus Kübeln, Eimern und Bottichen vom Bauernhof etwas bauen. Seine erste Bassdrum bestand aus einer alten Schublade. Glaubt man den Punks, die ihn auf dem Dachboden auf die improvisierte Schießbude eindreschen hörten, entlockte er ihr einen geradezu wunderbaren Krach. Otzes Bruder Klaus spielte Gitarre – vorher musste er das Instrument aber erst mal bauen. Außerdem rissen sie Kopfhörer aus Panzerfahrerhelmen und benutzten sie als Mikrofone, bauten ein Radio zum Verstärker um und probierten so erste Stücke. Später holten sie einen Kumpel als Bassisten hinzu. In Anlehnung an die westdeutsche Punkband Slime nannten sie sich Schleim-Keim.

Als Otzes Vater das Schlagzeug zum ersten Mal sah, wäre er vor Schreck beinahe die Treppe runtergefallen. Es dauerte nicht lange, da tauchten die ersten Leute aus Weimar, Mitglieder der Bands Creepers und Madmans, bei Otze auf. Seine Eltern und die Geschwister hatten noch nie so viele schräge Typen auf einem Haufen gesehen.

Otze schrieb alle Texte von Schleim-Keim, spielte Schlagzeug und sang. 1981 hatte er das Geld für ein Schlagzeug aus der Tschechoslowakei zusammen, weil er sich im Kleinen als Waffenschieber betätigt hatte: Falls er sich überhaupt mal bei der Arbeit blicken ließ, stellte er dort heimlich Schlagringe her, die er an Fußball-Hooligans verkaufte.

Im selben Jahr nahm er einen der Jungs aus der Band beiseite: »Ey, wir haben jetzt 'nen echt geilen Proberaum. Ich zeig ihn dir. Wir müssen nur abwarten, bis es dunkel ist.«

Der Raum befand sich im Keller der Stotternheimer Post, Licht und Strom für lau. Zutritt verschaffte man sich durch ein Gitterfenster. Sie verfrachteten ihre Instrumente und selbst gebastelten Verstärker rein und konnten dort fast ein halbes Jahr lang ungestört proben. Dann kam eine Schlechtwetterphase, und der Keller lief voller Wasser; außerdem entdeckte jemand das Versteck und klaute eine Gitarre. Schleim-Keim zogen in den Schweinestall auf dem Hof von Otzes Eltern um: Einen der Verschläge hatten Otze und sein Bruder Klaus mit Eierpappen und Zeitungen schalldicht gemacht.

Im Dezember 1981 gaben Schleim-Keim im kirchlichen Johannes-Lang-Haus das erste Punkkonzert in Erfurt. Otze hatte für den Anlass ein T-Shirt beschriftet: FRESST SCHEISSE. Jemanden wie ihn hatte man noch nicht gesehen. Das Konzert zog jeden Punk in der Region an, darunter sechs Jugendliche aus Weimar, die ein paar Jahre später allesamt in den Knast wanderten, weil sie regimekritische Graffitis gesprayt hatten.

So klingt Freiheit, dachten die Punks. *Freiheit.*

Obwohl der Gig einschlug wie eine Bombe, war es schwierig, an weitere Auftrittsmöglichkeiten zu gelangen. Die Kirchenleitung hatte Otze und die anderen Punks, die in immer größerer Zahl zu den Jugendprogrammen strömten, zunächst skeptisch betrachtet.

Allein dieser Pogo-Tanz – so was hat man noch nicht gesehen.

Doch als Otze dann regelmäßig bei den Offenen Abenden vorbeischaute, um Freunde zu treffen und mit ihnen zu trinken – keine harten Sachen, aber Bier war immer vorhanden –, kam er mit Pfarrer Wolfgang Musigmann, der das Konzert im Johannes-Lang-Haus organisiert hatte, ins Gespräch. Die beiden verstanden sich gut, obwohl das Gerücht kursierte, Otze hätte einem anderen Pfarrer eine

Ohrfeige verpasst. Sie verstanden sich sogar so gut, dass Otze den Pfarrer bat, ihn mit dem Wagen zu fahren, wenn er irgendwo schwere Anlagenteile abholen musste. Er kannte sonst nämlich niemanden mit Auto.

Im Sommer 1982 organisierte Musigmann im Johannes-Lang-Haus ein zweites Punkkonzert: Neben den Lokalmatadoren Schleim-Keim standen Wutanfall aus Leipzig und Paranoia aus Dresden auf dem Programm. Otze konnte die Typen von Paranoia auf Anhieb nicht leiden. Sie trugen ordentliche Lederjacken und Hosen. Für ihn rochen sie nicht wie echte Punks.

Die haben bestimmt reiche Wessi-Verwandte.

Wutanfall, die schnellste Band im ganzen Land, spielte als Erstes. Während Chaos die Texte hinrotzte und die Band die Stücke runterdrosch, rastete die Menge aus und pogte durch den Gemeindesaal.

Wie Gummibälle, dachte Otze.

Danach waren Paranoia dran, denen es beim Auftritt gelang, Otzes selbst gebastelten Verstärker zu zerstören, sodass Schleim-Keim gar nicht mehr spielen konnten. Noch schlimmer: Die Jungs entschuldigten sich nicht mal. Otze war stinksauer. Er verteilte ein paar Schläge. Konzert vorbei.

In derselben Nacht – es war Juni und noch immer hell – fand im Hinterhof eines Hauses, in dem ein paar Künstler wohnten, eine Party statt. Die Dresdner Band Zwitschermaschine trat auf; die Mitglieder waren etwas älter als die Punks und verstanden ihre Musik als Kunst. Einige der anwesenden Punks waren auch im Johannes-Lang-Haus gewesen, so auch Otze und seine Band. Nach Zwitschermaschine spielten noch mal Wutanfall. Aber ihr Auftritt begann nach wenigen Stücken zu zerfasern. Otze und Schleim-Keim ließen sich die Chance nicht entgehen. Sie schubsten Wutanfall von der Bühne und spielten ihre Stücke auf einer Anlage, die wesentlich besser klang als die in der Kirche.

Der Auftritt, den Schleim-Keim in jener Nacht hinlegten, in der ihnen nur ein paar bröckelnde Mauern und der Himmel Grenzen setzten, war nicht weniger beeindruckend als das erste Konzert sechs Monate zuvor.

Die klingen, als würden sie ein Schwein schlachten, dachte Conny Schleime, Sängerin bei Zwitschermaschine. *Als würde Otze mit seinem Gedresche den ganzen Scheißhaufen DDR zerlegen.*

Zehn Minuten nach dem Auftritt ging Ralf Kerbach, Gitarrist von Zwitschermaschine, zu Otze und fragte ihn, ob er Telefon hatte. *Natürlich nicht.* Aber Otze gab ihm eine Nummer, unter der er jemanden kannte, der ihn erreichen konnte.

Der Kopf hinter Zwitschermaschine war Sascha Anderson, der Dissidentendichter, der in der Berliner Töpferwerkstatt wohnte, in die Mita kurze Zeit später ziehen sollte. Auch Anderson war von Schleim-Keim schwer beeindruckt. Sechs Monate später rief er die Nummer an, die Ralf von Otze bekommen hatte. Anderson ließ Otze ans Telefon holen und fragte, ob er mit seiner Band bei einem streng geheimen Projekt mitmachen wollte: Er plante, in West-Berlin ein Album mit ostdeutscher Punkmusik rauszubringen. Das Album sollte *DDR von unten* heißen und beim West-Berliner Label Aggressive Rockproduktionen erscheinen. Otze war begeistert, nicht zuletzt, weil Anderson versprach, die Band mit harter Währung, sprich: *West*mark, zu bezahlen. Und Westmark hieß, man konnte sich richtige Verstärker und Instrumente kaufen.

Die Idee, im Osten ein Album aufzunehmen und es im Westen rauszubringen, geisterte schon länger herum. Anfang 1982 hatte der West-Berliner Dimitri Hegemann auf einer Party im Ostteil der Stadt die Mitglieder von Rosa Extra kennengelernt. Hegemann, der selbst Musik machte, war bald besessen von der Idee, eine Platte mit DDR-Punk zu machen. Die Frage war nur, wo die Bands ihre Stücke aufnehmen sollten: Jedes Ost-Berliner Musikstudio stand unter staatlicher Aufsicht, und an Sachen für ein illegales Aufnahmestudio ranzukommen, war extrem schwierig. Hegemann blieb mit Rosa Extra in Kontakt, aber von der anderen Seite der Mauer aus konnte er kaum praktische Hilfe leisten. Rosa Extra wandten sich schließlich an Sascha Anderson, der als einer der wichtigsten Protagonisten der alternativen Szene Kontakte zu Künstlern, Dichtern und Musikern in Dresden, Weimar und Berlin hatte. Anderson war sofort begeistert. Im Gegenzug dafür, dass seine eigene Band am Projekt beteiligt sein durfte, nannte er Rosa Extra den Namen eines Dresdners, der bekannt war für seine wilden Partys. Sören Naumann arbeitete außerdem für verschiedene, staatlich zugelassene Bands als Roadie und Fahrer. Und Naumann hatte die Schlüssel zu einem Haus in der Nähe von Dresden, wo er ohne Angst vor den Beschwerden und Schnüffeleien der Nachbarn Schlagzeug, Mikrofone, Tonbandgerät und ein uraltes Ost-Mischpult aufbauen konnte.

Das Einzige, was dem Projekt in Andersons Augen noch fehlte, war eine brachiale Punkband, eine Band, wie sie sich die Wessis hinter dem Eisernen Vorhang nicht vorstellen konnten. Rosa Extra und seine eigene Band Zwitschermaschine waren ja eher Kunst, aber ... *da gibt es doch diese Band in Erfurt. Die wie ein Schwein auf der Schlachtbank geklungen hatte! Schleim-Keim!*

Kurz darauf rief er Otze an.

An einem Wochenende im Januar 1983 fuhren Otze und Schleim-Keim nach Dresden, um mit Rosa Extra und Zwitschermaschine in dem illegalen Tonstudio Aufnahmen zu machen. Anderson versicherte Schleim-Keim, falls etwas schiefginge, würde er es auf seine Kappe nehmen, aber das Trio war skeptisch. Sie beschlossen, ein Pseudonym zu verwenden: *Sau-Kerle*. Ein cleverer Schachzug – doch im Endeffekt völlig sinnlos, *denn in ihrer Mitte befand sich ein IM*. Geheime Aufnahmen? Von wegen! Kurze Zeit später stattete die Stasi dem Rosa-Extra-Sänger Günther Spalda einen Besuch ab. Sie erzählten ihm eine Geschichte, die ihnen zu Ohren gekommen war: irgendein Plattenlabel aus dem Westen, ein paar Ost-Punks, ein Album.

»Für so etwas kann man fünf Jahre ins Gefängnis wandern«, erklärten sie, »vielleicht sogar zehn.« *Wollten wir nur mal gesagt haben.*

Rosa Extra zogen sich aus dem Projekt zurück.

Sascha Anderson, der überall Kontakte zu haben schien, fand einen westdeutschen Diplomaten, der die Tonbänder von Zwitschermaschine und Schleim-Keim auf die andere Seite der Berliner Mauer schmuggelte. Die Platte wurde schnell gepresst. *DDR von unten* erschien in einer Auflage von tausendfünfhundert Stück, nur wenige Exemplare gelangten zurück in den Osten – doch bald kursierten überall Kassettenkopien. Dass es ein solches Album überhaupt gab, schlug bei den Machthabern im Osten ein wie eine Atombombe.

Das Geld, das Anderson versprochen hatte, tauchte zwar nie bei Otze auf, dafür aber die Stasi – und zwar noch vor Veröffentlichung der LP. Wie sich herausstellte, war Anderson selbst ein IM. Woher hätte er auch sonst so gute Kontakte haben können, dass er sogar Tonaufnahmen außer Landes schmuggeln konnte? Aber in dem Rausch, endlich was auf die Beine zu stellen, hatte sich niemand, am allerwenigsten Otze, darüber gewundert.

Dank Anderson war die Stasi Otze schon seit Dezember 1982 auf den Fersen. Sie hatte sogar bei Otzes Eltern vorgefühlt, aber die hatten die Zusammenarbeit verweigert. Otzes Mutter hatte für das Regime nicht mehr übrig als der Sohn; die Punks bewunderten sie, weil sie mal aus dem Fenster geschrien hatte: »Wenn die Scheiß-Stasi sagt, wir wären Assis, dann können wir uns ooch so benehmen!« Auch Nachbarn, Bandkollegen und Freunde waren von der Stasi angesprochen worden. Und man hatte Überwachungskameras aufgestellt, um das Haus der Familie rund um die Uhr zu beobachten.

Nachdem die Stasi im März 1983 Wind bekommen hatte, dass Otze sich einige Tage nicht zu Hause aufhielt, wurden ein paar Mitarbeiter in Zivil zum Bauernhof geschickt. Sie kämen vom Amt für Arbeit, behaupteten sie. Otze ließ sich nur selten bei der Arbeit blicken, das verstieß gegen das Gesetz. Die Stasi-Typen sagten, sie müssten alles durchsuchen. Vor dem Haus wurden bewaffnete Wachposten aufgestellt. Otzes Mutter, die das sogenannte exzentrische Benehmen und den »feindlich-negativen« Freundeskreis ihres Sohns toleriert hatte, war sofort klar, dass es sich um eine Stasi-Durchsuchung handelte. Und sie wusste, was ihn am stärksten belasten würde. Das Beweisstück musste sofort aus dem Haus verschwinden. Sie rief nach Otzes kleiner Schwester Heidi, drückte ihr einen Korb in die Hand und schickte sie zum Einkaufen. Was diese nicht wusste: Unter einem Tuch im Korb lag Otzes einziges Exemplar von *DDR von unten*.

»Solange die Autos vor der Tür stehen, kommst du nicht nach Hause«, flüsterte die Mutter Heidi zu.

Die Agenten durchsuchten Otzes Zimmer, den Proberaum im Stall, einfach alles. Sie machten Fotos von seinen Postern, Buttons, Aufklebern, Zeichnungen, Notizen und selbst gemachten T-Shirts, auch dem mit der FRESST SCHEISSE-Aufschrift, das er beim ersten Auftritt von Schleim-Keim getragen hatte. Und sie machten Kopien von sämtlichen Kassetten und Demobändern.

Die Zettel mit den Texten, die er sorgfältig hinter einem Rauchfang versteckt hatte, fanden sie nicht.

Aber die Stasi ließ nicht locker. Ende März 1983 wurde Otze verhaftet. Auch wenn sich ihm sonst nichts nachweisen ließ, konnte man ihm immerhin einen Strick daraus drehen, dass er seit Oktober nicht mehr bei der Arbeit erschienen war. Otze kam in Untersuchungshaft, wo ihn die üblichen Demütigungen erwarteten: nackt ausziehen, Leibesvisitation. Bei den Vernehmungen ließen die Stasi-Mitarbeiter durchblicken, dass sie die Texte einiger seiner feindlich-negativen Stücke kannten. Sie warfen ihm vor, er habe das internationale Ansehen der DDR schädigen wollen, indem er eine Verschwörung angezettelt habe, um Tonaufnahmen nach West-Berlin zu schmuggeln.

»Sie kriegen zehn Jahre«, erklärten sie ihm. »Staatsfeindliche Hetze und Kontaktaufnahme zu feindlichen Kräften.«

Nach der Erstvernehmung wurde Otze für zwei Wochen in Einzelhaft gesteckt.

Zehn Jahre.

Zehn beschissene Jahre.

Otze starrte die Wände an. Er durfte sich nicht auf die harte Holzpritsche legen. Er durfte keine Liegestütze machen. Alles war verboten. Er konnte nur die Wände anstarren. Bei vielen Menschen hätte allein das für einen Sinneswandel gesorgt.

Nach zwei Wochen wurde er von vier Männern vernommen.

Er war froh, mit jemandem reden zu können.

Das änderte sich, als sich die Vernehmung über vierzehn Stunden hinzog.

Wie aus den schriftlichen Stasi-Protokollen hervorgeht, beantwortete Otze die Fragen zur Band wahrheitsgemäß.

Stasi: »Ist Ihnen eine Punkrock-Musikgruppe mit der Bezeichnung ›Schleim-Keim‹ bekannt?«

Otze: »Ja. Eine derartige Gruppe wurde von mir und meinem Bruder im Herbst 1981 gegründet. ... Die Gruppe haben wir damals gegründet, weil wir am Musikmachen Spaß hatten und auch der Meinung waren, dass es in der DDR viel zu wenig Punkgruppen gibt. Nach meiner Meinung wollen die Jugendlichen jedoch etwas anderes hören als die ewige Discomusik und alten Blues.«

Stasi: »Ist die von Ihnen gegründete Punkrock-Gruppe mit der Bezeichnung ›Schleim-Keim‹ amtlich registriert beziehungsweise zugelassen?«

Otze: »Wir gingen davon aus, dass wir für unsere Punkmusik doch keine Lizenz als Musikgruppe erhalten würden.« Wie er weiter erklärte, hatten sie geglaubt, keine staatliche Genehmigung zu benötigen. Außerdem seien sie nur ein einziges Mal öffentlich aufgetreten.

Als er gefragt wurde, ob die Band jemals einen anderen Namen verwendet hätte – natürlich waren die Sau-Kerle von *DDR von unten* gemeint –, leugnete Otze das. Und auf die Frage, ob er und seine Bandkollegen jemals versucht hätten, ihre Musik zu veröffentlichen, auf einer Schallplatte beispielsweise, erwiderte er: Nein, nie.

Zum Schluss spielten sie ihm die Tonbänder vor, die man im Haus seiner Eltern beschlagnahmt hatte. Sie ritten auf den Texten rum, die ihrer Meinung nach »sehr primitiv gestaltete Entäußerungen einer pessimistischen Lebenshaltung mit anarchistischen Zügen, allgemeiner Unzufriedenheit und einer grundsätzlichen Opposition gegenüber der staatlichen Ordnung« enthielten.

Zehn Jahre.

Otze gab nicht zu, dass es in den regierungskritischen Texten um die DDR ging.

»Die beziehen sich auf Südafrika«, sagte er.

»Dann schreiben Sie das doch hin!«, schrie der Vernehmer und schlug mit der Faust auf den Tisch.

Ohne ausreichende Beweise oder Schuldgeständnis mussten sie Otze nach vier Wochen U-Haft wieder freilassen. Eine Klage wurde nicht erhoben – trotz der staatskritischen Inhalte seiner Texte, trotz der offensichtlichen West-Kontakte, trotz der nicht genehmigten Auftritte.

Otze wusste nun, dass Sascha Anderson ein Spitzel war, und trug über Jahre eine gärende Wut in sich, bis er 1985 zusammen mit dem Ur-Punk Colonel den verhassten Anderson in dessen Berliner Wohnung überfiel. Otze und Colonel fesselten ihn und stellten die Wohnung auf den Kopf, bis sie Westgeld fanden, etwa vierhundert D-Mark. Sie nahmen es mit – als Entschädigung für das Geld, das er Otze 1983 versprochen, aber nie gegeben hatte.

»Das ist jetzt hier für die ganze Scheiße, die du mir eingebrockt hast«, rief Otze zum Abschied.

Anderson meldete den Überfall nicht.

Vielleicht war Otze von Anderson beschissen worden, aber er hatte die Grenzen verschoben: Jeder schien zu wissen, dass eine DDR-Band – *welche von uns* – auf einer richtigen Schallplatte, und dazu noch im Westen, Musik veröffentlicht hatte. Otze wurde zum Helden des Untergrunds.

Dank ihm und Schleim-Keim war man auch im Ausland auf die Ost-Punkszene aufmerksam geworden. Weil sich der Staat aber durch die West-Veröffentlichung von Otzes Musik in ein schlechtes Licht gerückt sah und die Punkszene im Frühjahr 1983 alarmierende Ausmaße erreichte, war es nur noch eine Frage der Zeit, bis die Kacke richtig am Dampfen war.

23

Anfang 1983 trat Moritz Götze, der platonische Freund von Mita und Exfreund von Jana, mit einer Bitte an Siegfried Neher heran, den Pfarrer der Christuskirche in Halle. Die Kirche richtete einmal wöchentlich einen Offenen Abend aus, an dem die Punks sich treffen, Bier trinken und reden konnten – obwohl Neher nicht den Eindruck hatte, sie würden besonders ergiebige Gespräche führen. Für ihn klang es eher nach urtümlichen Lauten, und das meiste, was sie zu sagen hatten, hatten sie ohnehin auf ihre Klamotten gekritzelt. Moritz plante ein Punkfestival und fragte Neher nun, ob die Kirche ihre Räumlichkeiten zur Verfügung stellen würde.

Neher, Anfang dreißig, lange Haare, großes Herz, betrachtete Aufgeschlossenheit als seine Pflicht. Die Teenager aus den kirchlichen Jugendgruppen nannten ihn Siggi. Während seines Wehrersatzdienstes bei den Bausoldaten hatte er Gitarrespielen gelernt, nach der Entlassung im Jahr 1972 hatte er in einem Dorf in der Nähe von Erfurt als Pfarrer gearbeitet, Kirchenbands organisiert und dort die Gitarre gezupft. 1979 war er nach Halle gezogen, wo sich um Diakon Lothar Rochau – der im Juni 1983 wegen Umweltaktivismus verhaftet wurde – eine pulsierende alternative Szene geschart hatte. Siggi bewunderte Rochau für dessen Entschlossenheit, junge Leute in die Kirche zu holen, und für dessen saloppe Sprache. Sah er eine Gruppe Jugendlicher, ging Rochau hin und beschwatzte sie: »Wir machen hier was, wir meckern nicht nur rum und kippen uns zu, sondern überlegen uns, was wir hier in diesem Scheißland machen können!«

Die meisten der etwa vierzig Mitglieder aus Rochaus Kirchengruppe waren bereits Ende zwanzig, Anfang dreißig, Rockmusik war für den Zusammenhalt der Gruppe immens wichtig, und Frank Zappa stellte eine Art Prüfstein für Neulinge dar. Wer ihn kannte, wurde sofort in den Kreis aufgenommen. Als die ersten Punks eines Abends auftauchten, wurden sie gefragt, ob sie Zappa kannten. Sie zuckten die Schultern. »Nie gehört.«

Punks und Hippies, das passte nicht zusammen.

Siegfried Nehers Christuskirche befand sich allerdings in einem Viertel, in dem überwiegend Arbeiter aus den beiden nahe gelegenen petrochemischen Fabriken wohnten. Die Leute dort interessierten sich weder für Zappa noch für Umweltaktivismus. Siggi meinte bald zu erkennen, dass ihn etwas mit den gelegentlich zu seinen Veranstaltungen kommenden Punks verband. Auch wenn es auf den ersten Blick merkwürdig erschien, verband ihn eine Art Seelenverwandtschaft mit ihnen. In seinen Augen benahmen sich die Hippies ein wenig überheblich. Die Punks waren viel offener. Aber da war noch etwas anderes, etwas, das mit seiner religiösen Überzeugung und seinem Pflichtgefühl als Pfarrer zusammenhing: Er empfand Punk als eine Art Schrei, im Sinne einer auch in der Bibel bezeugten Art und Weise, mit dem in Kontakt zu treten, der sonst nicht reagiert. Bei den Punks musste er unweigerlich an eine Passage aus der Bibel denken. Psalm 22: *Mein Gott, mein Gott, warum hast du mich verlassen? Warum bist du so weit weg? Du hörst mein Schreien nicht.*

Siggi hatte die Übersetzungen des Alten Testaments schon immer für viel zu milde gehalten, geschrieben von »feinen Leuten«, wie er sagte. Seiner Meinung nach hätte die Sprache ruppiger sein müssen, mit abgerissenen, rohen Worten – ohne Grammatik und Ordnung, wie ein Schrei eben. In ihrer Not hätten die Leute damals genauso gesprochen wie die Punks heute.

Denn mich umlauert die Meute der Hunde. Übles Gesindel hat mich umringt.

Das, dachte Siggi, *könnte eigentlich ein richtiger Punk-Psalm sein.*

Wutanfall oder Schleim-Keim, die er bei verschiedenen Veranstaltungen in der Kirche hatte spielen sehen, hätten so etwas singen können. Müllstation, die ab und an im Keller der Christuskirche probten, hätten so etwas singen können.

Siggi machte Moritz eine Zusage.

Am Samstag, dem 30. April 1983, am Vorabend der landesweiten Feierlichkeiten und Paraden zum 1. Mai, würde die DDR ihr erstes großes Punkfestival erleben.

24

Moritz Götze erwies sich als wahrer Meister der Organisation: Obwohl die Verbreitung von staatlich nicht abgesegneter Information in einem Land mit gleichgeschalteten Medien fast unmöglich war, gelang es ihm durch Mundpropaganda, eine Reihe von Bands für das Festival zu gewinnen und unter den Punks Propaganda zu machen. Er kontaktierte Jana und Mita in Berlin, die mit ihrer Band Namenlos auftreten wollten und von sich aus Pankows Band Planlos mit ins Boot holten. Für Namenlos würde es der erste öffentliche Auftritt werden. Zusagen bekam Moritz außerdem von Wutanfall aus Leipzig und Restbestand aus Magdeburg. Die Bands erzählten Freunden vom Festival, und diese gaben wiederum ihren Freunden Bescheid. Ende April hatte auch der letzte Punk vom Festival erfahren. Hunderte von Leuten aus dem ganzen Land wollten nach Halle kommen.

Anfang März 1983 war es dem Staat schließlich doch noch gelungen, die Punks aus der Ost-Berliner Pfingstkirche zu vertreiben, obwohl der Diakon Lorenz Postler bis zuletzt dafür gekämpft hatte, ihnen auch weiterhin eine Begegnungsstätte zu bieten – er wusste, dass sie der Polizei auf der Straße schutzlos ausgeliefert waren. Nachdem der erste Versuch im Vorjahr vor dem Kirchengericht gescheitert war, hatten die Behörden nach einem anderen Weg gesucht, die Punks aus dem Kirchturm zu vertreiben. Ihre Lösung: Sie behaupteten, der Schornstein sei reparaturbedürftig. Daraufhin mussten alle Räume der Offenen Arbeit geschlossen werden. Die Kirchenführer, die sich für die Punks einsetzten, wurden erst einen Tag vor Schließung des Turms informiert; andere Mitarbeiter der Kirche hatten ohnehin gegen die Punks intrigiert; sie hatten die Stasi heimlich in den Turm eingelassen, damit diese das Chaos und die staatsfeindlichen Graffitis fotografieren konnten.

Am 11. März, dem ersten Freitag nach der Schließung, hätten sich die Punks normalerweise in der Kirche getroffen. Viele von ihnen hatten noch nicht von den neuesten Entwicklungen gehört und machten sich wie gewohnt auf den Weg: Sie wurden von Sicherheitskräften in Uniform oder Zivil vor der Kirche abgefangen; ihre Ausweise wurden kontrolliert. Ein mit Teleobjektiven ausgerüstetes Überwachungsfahrzeug parkte auf der gegenüberliegenden Straßenseite. In der näheren Umgebung standen mehrere voll besetzte Mannschaftswagen. In einem Lebensmittelgeschäft war eine mobile Einsatzzentrale eingerichtet worden. Die Polizei verjagte an die hundert Punks, die vor der Kirche stehen geblieben waren, in der Hoffnung, die Tür würde wie durch ein Wunder doch noch aufgehen. Im Vorjahr war es schließlich so gewesen. Aber dieses Mal hofften sie vergeblich.

Tatsächlich hatte die angespannte Situation zwei positive Auswirkungen. Zum einen gründeten die Punks im Frühjahr 1983 eine Art Interessengemeinschaft: den Punkrat. Davor waren organisatorische Fragen von Vertretern der Kirche, wie dem Sozialdiakon Postler, geregelt worden. Jetzt kümmerten sich die Punks selbst um ihre Angelegenheiten, indem sie in kleinen Gruppen nach Lösungen suchten oder Ideen entwickelten. Eine der ersten Handlungen des neuen Punkrats war die Veröffentlichung eines Pamphlets, in dem unter anderem festgestellt wurde: »Wir haben mehr und mehr den erschreckenden Eindruck, dass fast die gesamte junge Generation, und nicht nur diese, bewusst oder unbewusst, tief enttäuscht ist von der Gesellschaft.« Der Punkrat traf sich einen Tag nachdem die Schließung des Turms bekannt gegeben worden war. Die Punkvertreter sprachen von einem »Tränenabend«, gelobten aber, weiterhin aktiv zu bleiben.

Und die zweite positive Auswirkung? Weil den Berliner Punks nun ein Treffpunkt fehlte, würde ein riesiger Trupp von ihnen zum Festival nach Halle reisen.

In Vorbereitung ihres ersten Auftritts hatten Namenlos wie besessen geprobt. Doch je näher der große Tag rückte, umso mehr sorgte sich Jana, Polizei und Stasi könnten versuchen, Bands und Besucher am Erreichen des Festivalgeländes zu hindern. Vermutlich würden die Sicherheitskräfte am Samstag alle Punks aus den Zügen zerren und den Bahnhof in Halle absperren, damit niemand zur Christuskirche gelangte. Jana trommelte ihre Freunde zusammen und schlug vor, schon am Freitag hinzufahren.

»Wir hauen abends auf die Kacke und sind auf jeden Fall am Samstag in Halle. Ich kenne ein besetztes Haus, da können wir pennen.«

Gute Idee.

Der Plan ging auf. Wenigstens sah es zunächst so aus. Am Freitag feierten sie bis tief in die Nacht und schliefen in dem besetzten Haus. Aber eine Horde Punks konnte nicht einfach in die Stadt einfallen und in ein besetztes Haus marschieren, ohne dass etliche Leute auf sie aufmerksam wurden und mit ihrem Wissen sofort zur Polizei liefen. Am Samstagmorgen, die Punks schliefen noch ihren Rausch aus, stürmten die Bullen ins Haus und nahmen jeden mit, bis auf einen, der sich im Schrank versteckt hatte.

Die Polizei brachte die Berliner Punks zum Bahnhof und schickte sie in separaten Zügen in die Hauptstadt zurück. Nur Jana behielten sie da. Von einem IM hatten sie erfahren, dass Jana den Kontakt zu den Berliner Bands hergestellt hatte. Nun versuchten sie, Jana auszuquetschen. Außerdem hatten sie herausgefunden, dass Jana aus Halle abgehauen war. Ihre Eltern seien informiert, und ihre Mutter habe sich bereit erklärt, mit Wechselkleidung zum Bahnhof zu kommen. Angezogen wie ein normaler Mensch, dürfe Jana dann in der Stadt bleiben. Sie weigerte sich. Die Polizei steckte sie in den nächsten Zug nach Berlin.

Ich lasse mir das Konzert auf keinen Fall entgehen.

Der erste Auftritt ihrer Band, und Jana saß im Zug und fuhr in die falsche Richtung. Zwar sollte Mita von ihrer Mutter und ihrem Bruder mit dem Auto nach Halle gebracht werden, aber Jana hatte natürlich keine Möglichkeit, sie zu kontaktieren.

Als der Zug zum Lokomotivenwechsel auf halber Strecke in Jüterbog anhielt, schlich Jana sich heimlich raus und wartete auf den nächsten Zug in Richtung Halle. Noch hatte sie keinen Plan, was sie dort bei der Ankunft machen sollte, denn die Bullen hielten immer noch nach Punks Ausschau. Aber sie musste es wenigstens versuchen.

In Halle waren tatsächlich etliche Polizisten im Bahnhof postiert. Die Stasi hatte einen IM auf Siggi Neher angesetzt und Spitzel in die hallesche Punkszene eingeschleust. Sie wusste von den Verbindungen mit den Punks aus Berlin, Leipzig und anderen Städten; sie erhielt Berichte über die Feiern in den besetzten Häusern; sie hatte am 11. Februar 1983 von dem geplanten Fest in der Christuskirche erfahren: Ein Punkspitzel war Zeuge eines Gesprächs zwischen Siggi und anderen Organisatoren geworden. Aber die Stasi hatte die Zahl der Punks, die in die Stadt einfielen, schlicht unterschätzt und nicht genügend Sicherheitskräfte abgestellt, um die Situation unter Kontrolle zu bringen. Einzelne Punks und kleinere Gruppen wurden verhaftet oder in Züge gedrängt, die sie zu ihrem Abfahrtsort zurückbrachten. Aber die Polizei schien nicht zu wissen, wie sie mit größeren Gruppen verfahren sollte. Und die meisten Punks *waren* in großen Gruppen eingetroffen – schließlich hatten sie in jeder Stadt die Erfahrung gemacht, dass es besser war, sich niemals allein zu zeigen. Die Polizei hatte zwar in der Nähe des Ausgangs einen Kordon gebildet, doch gegen diesen Ansturm kam sie nicht an. Sobald die Punks es aus dem Bahnhof geschafft hatten, machten sich Massen von ihnen zu Fuß oder mit der Straßenbahn zur Kirche auf. Kurz davor mussten sie eine letzte Polizeiblockade überwinden. Doch versuchte die Polizei lediglich, die Punks von der Straße auf das umzäunte Gelände zu treiben.

Auf der anderen Straßenseite stand ein prächtiges altes Schulgebäude mit hochaufragenden Schweifgiebeln aus Fachwerk. Die Polizei befürchtete schon länger, die subversiven Aktivitäten in der Kirche könnten quasi per Osmose auf die Schule übergreifen. Der Raum für den Geografie-Unterricht im obersten Stockwerk war eine Woche vor dem Punkfest geschlossen worden, damit die Stasi Überwachungskameras aufbauen konnte. Außerdem hatte man die Schüler gewarnt, bei dem Pfarrer auf der anderen Straßenseite – sprich: Siggi – handele es sich um einen Staatsfeind. Am Samstagnachmittag war es in der Schule menschenleer, abgesehen von dem Stasi-Team, das mit Teleobjektiven bewaffnet aus dem Fenster spähte, das Kirchengelände observierte und fleißig Fotos von den Festivalgästen schoss.

Die Kirche öffnete um sechzehn Uhr ihre Pforten. Das Festivalende war für zwanzig Uhr geplant. Siggi hatte eine ungefähre Vorstellung, was ihn erwartete. Punks benutzten nun mal eine deutlich derbere Sprache als die üblichen Kirchenbesucher und sahen zum Teil recht abenteuerlich aus. Aber das war noch mal was anderes! Vor ihm standen *Hunderte* von schwarz gekleideten Jugendlichen, einige mit hochgestelltem Irokesenkamm – und außer »Bier?« wechselten sie kaum ein Wort mit ihm. Sie kamen aus Berlin, Leipzig, Dresden – aus allen Teilen des Landes. Selbst wenn jeder Punk aus Halle sich im Altarraum aufgehalten hätte, wäre er in dem Getümmel nicht weiter aufgefallen.

Das Konzert begann: Moritz betrat mit Größenwahn die Bühne – die einfach aus dem Podest vor dem Altar bestand. Wie Siggi von Moritz erfahren hatte, würden sich die Bands in Sachen »Wer spielt schlechter?« gegenseitig übertrumpfen wollen. Umso mehr überraschte es ihn, dass das Publikum mit Rufen wie »Holt die Arschlöcher von der Bühne!« auf Größenwahn reagierte.

Als die Bands aus den anderen Städten an die Reihe kamen, brach in der Kirche die Hölle los. Die dicht gedrängt stehenden Punks fingen alle auf einmal an zu pogen und verwandelten sich in eine zuckende schwarze Masse. Siggi saß hinter dem Mischpult und versuchte, der behelfsmäßigen PA halbwegs etwas zu entlocken – keine leichte Aufgabe angesichts der kaum nennenswerten Wattleistung, der blechernen Mikros und des minderwertigen Krams, der sonst noch auf der Bühne stand. Die Stücke kamen Schlag auf Schlag – zweiminütige Wutausbrüche, abruptes Ende, EINS-ZWEI-DREI-VIER, nächstes Stück, bevor das Publikum auch nur Luft holen konnte.

Als Janas Zug endlich in Halle eintraf, stand das Glück auf ihrer Seite. An jenem Tag fand nämlich ein wichtiges Fußballspiel statt, und im Bahnhof wimmelte es von betrunkenen Hooligans – die normalerweise nicht gerade freundlichen Umgang mit den Punks pflegten. Doch dieses Mal kamen sie Jana unbewusst zur Hilfe, denn eine Horde von ihnen umringte sie und machte sie blöd an.

Und mit diesen Fußballfans als Deckung gelang es Jana, unbemerkt aus dem Bahnhof zu flüchten. Dann rannte sie zur Kirche.

Als sie dort ankam, standen Namenlos bereits auf der Bühne. Sie hatten ein, zwei Stücke gespielt, mit Gesang von A-Micha. Jana stieg aufs Podest und übernahm das Mikro.

Auf der Bühne zu stehen war ein unbeschreibliches Gefühl: Jana schaute über das aufgewühlte Meer aus pogenden, tanzenden, jubelnden Punks und ließ sich von der Euphorie und Ausgelassenheit der Menge anstecken. Sie hatte das Gefühl, sich die Seele aus dem Leib zu singen, endlich konnte sie herausschreien, was sie schon immer hatte sagen wollen. Ihre Wut war noch mal angefacht durch die

Festnahme und die Stunden, in denen sie versucht hatte, es auf diese Bühne zu schaffen. Das war es, wofür sie gekämpft hatte: Sie und die Band wollten ihre Sichtweise, ihre Haltung, ihre Art zu denken zum Ausdruck bringen, wollten ihre Musik spielen, schnell, hart, laut. Ihr Bedürfnis, die Meinung frei äußern zu dürfen, war derart stark – und jetzt stand sie hier, in einem Saal voller Gleichgesinnter, die zu ihrer Musik ausflippten, und fühlte sich ... *verstanden*. Die Hippies, die stundenlang rumsaßen und diskutierten, waren ihr immer zu langweilig gewesen. Ihr Stil war das nicht. Sie wollte Bomben werfen; und an diesem Aprilabend sprengte sie die Kirche in die Luft!

Sprich es, sag es, schrei es hinaus!

Spitzel hört gut zu!

Vor der Kirche warteten die Einsatzwagen der Polizei. Das war nichts Neues. Wenn sich Siggis Jugendgruppen trafen, standen sie häufig in der Nähe. Aber inzwischen hatte die Polizei es aufgegeben, die Leute am Betreten oder Verlassen der Kirche zu hindern.

Die Anwohner schauten entsetzt auf den Strom junger Leute mit schmutziger, zerrissener Kleidung, unmöglichen Frisuren und politisch anstößigen Parolen auf den Jacken.

Das ist unsere Kirche!

Nein, so was!

Das hätte es früher bei Pastor Becker nicht gegeben!

Unerhört!

Ein Punk ließ die Hose runter und stolzierte mit nacktem Hintern über den Friedhof. Die Ost-Punks beherrschten die Kunst der Provokation inzwischen perfekt.

Einige Festivalbesucher – vor allem die Hippies aus den OA-Gruppen – fielen fast in Ohnmacht. Hunderte von Menschen, die wie die Verrückten auf und ab hüpfen, alle rauchen und schmeißen ihre Kippen auf den Boden; einer pinkelt sogar in die Ecke! Und das im Allerheiligsten der Kirche! Die Bands spielen praktisch auf dem Altar! Siggi hingegen war von einer ganz anderen Sache schwer beeindruckt: Er hatte seine wild aussehenden Mitorganisatoren gebeten, dafür zu sorgen, dass Kirchenorgel und Klavier unbeschädigt blieben, und sie hielten tatsächlich Wort. Als der Abend zu Ende ging, hatten Orgel und Klavier nicht einen Kratzer abbekommen.

Für viele nicht Eingeweihte klang das alles, als wären Außerirdische gelandet. Aber Siggi und einigen anderen anwesenden Kirchenvertretern ging sofort auf: Auch wenn diese Sätze grob vereinfacht waren, brachten sie doch eine radikale Gesellschaftskritik zum Ausdruck, die unterstützenswert war. Gut, wenn man an den Protest der Umweltaktivisten dachte, klang das fast schon banal, aber dennoch handelte es sich um eine Kritik an der Kultur und den Lebensbedingungen in der DDR, um einen markerschütternden Aufschrei, weil dort alles schieflief.

Und dann brüllte Jana plötzlich: *MfMfS...SS!*

Dass es nach dem Konzert Proteste hagelte, war kein Wunder. Das Einwohnerkomitee startete eine Briefkampagne. Schlimmer noch: Der Vorsitzende des Rates des Bezirkes, der von den Umständen des Konzerts erfuhr, war außer sich vor Wut und stattete Siggi einen Besuch ab.

»Wenn Sie hier in meinem Viertel die Arbeiter angehen, dann können Sie aber was erleben! Das kann ich Ihnen sagen, das ist keine leere Drohung!«, warnte er ihn.

Er hielt Wort. Siggi und seine Familie wurden schon bald massiv eingeschüchtert. Jeden Abend stand ein Streifenwagen mit laufendem Motor vor dem Pfarrhaus, und der Zweitakt-Motor des Wartburgs schnurrte nicht etwa leise vor sich hin. Siggis achtjähriger Sohn war von den Einschüchterungsversuchen derart traumatisiert, dass er in psychologische Behandlung musste.

Auch der Kirchenleitung wurde die Hölle heißgemacht. Allerdings hatte niemand von ihnen eine Idee, wie man vorgehen sollte. Einen Vorfall dieser Größenordnung hatte es noch nie gegeben. Natürlich waren die Punks keine Kirchengänger, ihre Musik hatte nichts mit Religion zu tun, und die meisten von ihnen waren Atheisten. Andererseits verkörperten die jungen Leute eine Gruppe von Menschen in Not. Man hatte sie verfolgt und unterdrückt, sie waren aus dem sozialistischen Himmelreich verstoßen worden; dass sie auf die Unterdrückung nahezu gewaltfrei reagierten, erinnerte in gewisser Weise an die Selbstkasteiungen von Mönchen, die das Leiden Christi nachahmten. *Denn sie umlauert die Meute der Hunde. Übles Gesindel hat sie umringt* – wenn jemand kirchlichen Beistand nötig hatte, dann diese Kinder, oder?

Siggi fand sich im Zentrum desselben Kampfes wieder, in den die Berliner Diakone verwickelt waren, weil sie sich für die Punks einsetzten. Die Kirche war gespalten: Auf der einen Seite standen diejenigen, die es wie Siggi als ihre Aufgabe betrachteten, sich um Außenseiter, Aktivisten und Unterdrückte zu kümmern, auf der anderen diejenigen, die ein konfliktfreieres Verhältnis zum Regime anstrebten – was in der positivsten Auslegung bedeutete, an einer streng religiösen Interpretation der Rolle der Kirche festzuhalten. »Die Kirche ist für alle da, aber nicht für alles«, wie ein regierungsfreundlicher Kirchenfunktionär es formulierte.

Doch ganz so einfach war es nicht. Bei den evangelischen Kirchen in Deutschland handelte es sich um demokratische Institutionen. Auslöser der Demokratisierung war die Reformation gewesen. Die Autorität der Kirchen über die Gläubigen wurde dadurch – wenn auch zunächst nur teilweise – aufgebrochen, das hierarchische System der Vermittlung zwischen Gemeindemitglied und Gott abgeschafft. Weitere Schritte führten unter anderem zum Kongregationalismus, der eine übergeordnete Kirchenstruktur ablehnte. Drei Personen konnten zusammen eine Kirche bilden, jeder durfte predigen, einzelne Gemeinden waren autonom. Selbst in den etwas starreren Strukturen der evangelischen Staatskirche bestand für die Kirchenleitung kaum eine Möglichkeit, den ihnen unterstellten Kirchen oder Geistlichen orthodoxes Gedankengut aufzuzwingen.

Während Bischöfe wie Werner Krusche, Werner Leich oder Manfred Stolpe vom Bund der Evangelischen Kirchen in der DDR beteuerten, die Kirche stehe nicht in Opposition zur Regierung, bei den Kirchen handele es sich keinesfalls um »Oppositionslokale«, konnten einzelne Mitarbeiter sich relativ straffrei über diese Behauptungen hinwegsetzen.

Dennoch wurde der Druck auf Siggi immer stärker. Um seine Position in der Kirche zu schwächen, streute die Stasi sogar das Gerücht, er würde heimlich trinken. Am Ende fand die Kirchenleitung einen Mittelweg. Der Propst ließ Siggi wissen, dass die Kirche im Zusammenhang mit seiner Arbeit keine weiteren Beschwerden über Lärmbelästigung und Alkoholmissbrauch hören wollte. Bei letzterem Punkt kam Siggi ihnen entgegen. Er willigte ein, bei den Punktreffen und Konzerten kein Bier mehr bereitzustellen. Fortan war in der Christuskirche Selbstversorgung angesagt.

Was jedoch die Lärmbelästigung betraf, plante Siggi für Samstag, den 22. Oktober 1983, schon das nächste große Konzert. Dass die Bands, die beim ersten Festival aufgetreten waren, bis dahin zerschlagen werden sollten, konnte er natürlich nicht ahnen. Auch würde die Stasi die Dinge ein zweites Mal bestimmt nicht auf die leichte Schulter nehmen. Das Fest im April 1983 hatte die Punkszene aus dem ganzen Land zusammengeführt; für die Stasi war das vielleicht noch besorgniserregender als die Tatsache, dass die Musik von Schleim-Keim im Westen veröffentlicht worden war. Otze und Schleim-Keim warfen ein schlechtes Licht auf den Staat, aber ein landesweites Punk-Netzwerk mit Verbindungen zu den aufmüpfigsten Kirchen stellte eine echte Bedrohung dar, vor allem für ein paranoides Regime wie das von Honecker.

Als der Sommer 1983 begann, erreichte die Punk-Hysterie die höchsten Regierungskreise.

Wutanfall im Proberaum in Leipzig

TEIL III

Combat Rock

25

Wutanfall waren die Ersten, auf die sie es abgesehen hatten. Der Sänger Chaos stand unter intensiver Beobachtung der Stasi-Hauptabteilung XX. Schon im Juli 1982 hatte es einen Bericht über den Besuch einer Gruppe Berliner Punks – darunter Colonel, Keule, Special und Herne – in Leipzig gegeben, wo sie unter anderem Chaos getroffen hatten. In weiteren Berichten vom November 1982 wurde eine Berlinreise von Chaos und dem Wutanfall-Bassisten Zappa detailliert wiedergegeben: Unter anderem hatten sie Colonel und weiteren Punks von einem bevorstehenden Gig in Jena erzählt. Außerdem fanden sich in den Berichten Hinweise auf zwei Konzerte, die Wutanfall in der dritten Novemberwoche in Leipzig gegeben hatten. Und das MfS war auf Kassetten aufmerksam geworden, die Wutanfall aufgenommen, vervielfältigt und weitergegeben hatten, um ihre Musik im ganzen Land zu verbreiten.

Aus verschiedenen Stasi-Berichten aus dem Frühjahr 1983 ging hervor, dass Chaos mit dem Wutanfall-Drummer Rotz und dem HAU-Bassisten Ratte im Februar für drei Tage in Berlin gewesen war. Die Leipziger hatten für den Mai 1983 einen Berliner Wutanfall-Gig organisiert – also nicht gerade etwas, was man in der DDR übers Telefon regeln konnte. Außerdem waren sie im Proberaum von Planlos in der Metzer Straße gewesen, aber die Stasi hatte nicht herausfinden können, worüber man geredet hatte.

Der Druck auf Chaos wurde kontinuierlich verstärkt. Aus Stasi-Unterlagen geht hervor, dass Wutanfall bereits Ende 1982 als bekannteste und beliebteste Punkgruppe der DDR ausgemacht worden war. Als deren Sänger galt Chaos natürlich als Staatsfeind Nummer eins, dabei sah er sich selbst nicht mal als Kopf der Band, denn Musik und Texte wurden von allen zusammen geschrieben. Aber die Stasi hatte es noch aus einem anderen Grund auf Chaos abgesehen. Allerdings wäre er zu diesem Zeitpunkt nicht darauf gekommen, dass ihn jemand aus seiner eigenen Clique bespitzelte.

Wenn er mal wieder mit aufs Revier musste, wunderte er sich dennoch oft über die detaillierten Informationen, die die Stasi über ihn zusammengetragen hatte. Er vermutete damals noch, dass sie einfach überall ihre Wanzen angebracht hatten.

Der Meister aus seiner Tischlerlehre bespitzelte ihn ebenfalls. Regelmäßig wurde Chaos in der Werkstatt abgeholt und zur sogenannten Klärung eines Sachverhaltes aufs Revier gebracht.

Bei Chaos setzte man von Anfang an auf körperliche Gewalt und Einschüchterung. Doch das bestärkte ihn nur in seiner Überzeugung. Welche Regierung wendete Gewalt gegen einen Jugendlichen an, der sich nur schrill anziehen und zu lauter Musik irgendeinen Blödsinn singen wollte? Ein Unrechtsregime.

Dann fing die Stasi an, ihn auch psychisch unter Druck zu setzen. Sie wollten ihn dazu verleiten, in den Vernehmungen einen Fehler zu begehen und ihnen ein Beweismittel zu liefern, damit sie ihn endlich in den Knast stecken konnten. Manchmal zerrten sie ihn zum Fenster, zeigten zu dem Trakt, in dem die Häftlinge einsaßen, und erklärten: »Hier, kuck mal da rüber, die Zelle da ist schon für dich reserviert!«

Ab Anfang 1983 wurde er zweimal wöchentlich aufgefordert, sich zur Klärung irgendwelcher Sachverhalte auf dem Revier einzufinden. Versäumte er einen Termin, holten sie ihn ab. Meistens bei der Arbeit.

Während eines Berlinbesuchs wurde er auf dem Alexanderplatz aufgegriffen, in ein Auto gestoßen und nach Leipzig zurückverfrachtet. In der U-Haft wurde er siebzehn Stunden lang verhört, ohne Pause, ohne Essen. Dann legten sie ihm ein zwanzigseitiges Vernehmungsprotokoll vor und befahlen ihm, zur Bestätigung der Richtigkeit jede einzelne Seite zu unterschreiben. Er folgte der Aufforderung, ohne zu zögern – es stand sowieso nur Mist drin.

Als er fertig war, nahmen sie den Stapel Papier und zerrissen ihn vor seinen Augen.

»Jetzt fangen wir noch einmal von vorne an.«

Nach dem zweiten Marathonverhör konnte er nicht mal mehr seinen Namen schreiben. Der Essens-, Wasser- und Schlafmangel hatte ihn so erschöpft, dass seine Hände zitterten.

Sie nahmen ihm den Personalausweis ab und stellten ihm das Ersatzdokument PM 12 aus. Dem Inhaber eines PM 12 war es verboten, den Wohnort zu verlassen. Und selbst wenn es einem vielleicht gelang, der Polizei im eigenen Land zu entwischen, konnte man damit unmöglich die Grenze zu den sozialistischen Bruderstaaten überwinden. Für Chaos, der sich mit ungarischen Punks angefreundet hatte, war das ein schwerer Schlag. Er war einige Male in Budapest gewesen, wo die Punks größere Freiheit genossen als in der DDR – sie wurden auf den Straßen geduldet und hatten sogar Läden, in denen Bands auftreten durften. Ungarn war für ihn ein echter Zufluchtsort gewesen.

Chaos war am Ende seiner Kraft. Eines Nachmittags, er saß auf der Rückbank eines Zivilfahrzeugs der Marke Lada und wurde von einem der vorne sitzenden Polizisten unablässig beschimpft, brach es aus ihm heraus.

»Halt die Fresse, du scheiß Bulle!«

Die Stimmung im Auto kippte sofort.

Sie zogen Chaos einen Sack über den Kopf und fuhren eine Zeit lang herum. Dann zerrten sie ihn aus dem Wagen und schleiften ihn in einen Wald – er spürte den weichen Waldboden, hörte Blätter rascheln, Zweige knacken.

Sie traten und schlugen brutal auf ihn ein. Er war schon etliche Male auf Polizeirevieren verprügelt worden, aber nicht so. Hinterher war er blutüberströmt und mit blauen Flecken übersät.

In diesem Zustand brachten sie ihn zum Stasi-Revier, wo er unterschreiben musste, dass er von der Polizei gut behandelt worden war. Er zitterte so stark, dass sie ihm die Hand führen mussten.

Am nächsten Tag erschien Chaos, verschrammt und mit heftigen Blutergüssen übersät, bei der Arbeit. Jeder konnte eins und eins zusammenzählen: Er war von der Polizei abgeholt, praktisch vor aller Augen durch die Werkstatt geführt worden; jetzt kehrte er übel zugerichtet zurück.

Nach dieser besonders schlimmen Misshandlung zeigten seine Eltern mehr Verständnis für ihn – vielleicht war gar nicht er das Problem, vielleicht war er doch kein Rowdy. Aber sie dachten immer noch, dass er den ganzen Ärger nicht haben würde, wenn er den Unsinn lassen und diese blöde Punksache aufgeben würde.

»Ich mach doch nichts!«, erklärte er ihnen. »Ich will nur machen, was mir Spaß macht! Scheiße! Ich spiel in einer Band, und ich mach mir Rasierschaum in die Haare, okay? Das ist doch kein Grund, mich halbtot zu prügeln!«

Auch andere Nicht-Punks wurden durch Chaos' Zustand mit der hässlichen Realität konfrontiert. Einige zum ersten Mal in ihrem Leben. Das konnte also passieren, wenn man vom vorgeschriebenen Weg abwich. Bei vielen Punks hatte die Polizeigewalt schon vorher für eine härtere Haltung und radikalisierte Denkweise gesorgt – nun erschraken auch andere. Man konnte nicht mehr wegsehen. Obwohl vor allem einige von Chaos' Kollegen sich größte Mühe gaben. *Mir tun sie ja nichts! Nicht mein Problem!* Ihr Schweigen wurmte ihn. Aber nicht alle schwiegen. Staatliche Gewalt erzeugt immer Widerstand.

Nur, für Chaos selbst war das nicht mehr wichtig. Er war geschlagen. Körperlich. Geistig. Die Polizei startete eine richtige Terrorkampagne. Drei bis vier Mal die Woche traten sie mitten in der Nacht seine Tür ein und stürmten in die Wohnung. Übernachtete jemand bei ihm, beschuldigten sie Chaos, einem entflohenen Sträfling Unterschlupf gewährt zu haben. Grund genug, ihn eine Nacht lang auf dem Revier festzuhalten und zu vernehmen.

Und sie fingen an, ihn vor jedem geplanten Wutanfall-Konzert einzukassieren. Manchmal sprang Stracke, der Sänger von HAU, für ihn ein – er hatte praktisch seit der ersten Probe zur Band gehört und das Mikro übernommen, wenn Chaos mal nicht konnte.

Für Chaos war nichts mehr wie früher.

Alles hatte immer so viel Spaß gemacht – die kleine Punktruppe gegen die Vollidioten da oben. Die Schikanen hatten sie nur noch fester zusammengeschweißt. Jetzt fühlte er sich überwältigt. Geschlagen. Besiegt. Die Erniedrigungsstrategie der Stasi war aufgegangen.

Langsam wurde ihm alles zu viel. Er wollte nur noch seine Ruhe haben. Seine Wohnung war ein Treffpunkt für Punks aus dem ganzen Land, ständig klingelten Leute und pennten bei ihm; dann die Durchsuchungen ... er brauchte dringend *Ruhe.*

Er bastelte sich ein Anschlagbrett mit den Öffnungszeiten und hängte es vor die Tür. Er verhängte Ruhetage. Mittwoch, zum Beispiel. Da ließ er niemanden rein.

»Tut mir leid, ich hab heute Ruhetag.«

Auch als die Bullen das nächste Mal auftauchten: »Entschuldigen Sie, aber ich habe heute Ruhetag.«

Sie wurden nur noch brutaler.

Er war erledigt.

Chaos war erledigt.

Der beste Frontmann in der DDR war erledigt.

26

Im Frühjahr 1983 besetzten Jana und Mita von Namenlos eine Wohnung in der Nähe der Erlöserkirche im Ost-Berliner Stadtteil Lichtenberg. Es gab kein Bad, sie mussten in einen Eimer scheißen. Oft kamen sie nach Hause und stellten fest, dass einige Sachen woanders standen oder ganz fehlten – sie hatten den Verdacht, die Stasi würde sie wegen der Band überwachen und Beweismittel konfiszieren. Andererseits konnte auch sonst wer in die Wohnung eingebrochen sein und was geklaut haben.

Offiziell hatte Jana immer noch ihren Job als Reinigungskraft bei der Kirche. Eigentlich hätte sie um sieben Uhr morgens anfangen sollen. Da sie mit ihren Freunden aber gern bis spät in die Nacht abhing, schwänzte sie regelmäßig die Arbeit. Das war gefährlich. Sie konnte in den Knast wandern. Jana und A-Micha, die sowieso schon ein Paar waren, hatten *die Idee.* Wenn sie heiraten würden, wäre Jana gesetzlich nicht länger zur Arbeit verpflichtet – A-Micha wäre dann offiziell der Brotverdiener. Also feierten Jana und A-Micha Verlobung und legten für den Herbst einen Hochzeitstermin fest.

Bald besetzten Jana und Mita eine andere Wohnung in der Stargarder Straße in Prenzlauer Berg. Die Wohnung hatte einem Freund gehört – er war verhaftet und mit Berlin-Verbot belegt worden.

Strom gab es nicht, aber immerhin eine Toilette im Treppenhaus. Die Wohnungstür ließ sich nicht abschließen. Aber die Bude war ohnehin so gut wie leer, auch war es inzwischen Sommer, daher scherten Jana und Mita sich nicht weiter darum. Noch dazu hatten sie sich einen Hund zugelegt – einen Schäferhund, den sie Wotan tauften und als Wachposten einsetzten.

Der Sommer 1983 wurde zum Sommer des Punk – überhaupt zum Sommer des Widerstands. Nachdem die Punks im März ja doch noch aus dem Turm der Pfingstkirche geflogen waren, war es dem Punkrat gelungen, mehrere »Chaotenwanderungen« zu organisieren. Die Hoffnung der Sicherheitsorgane, die Bewegung durch den Ausschluss aus der Pfingstkirche zerschlagen zu können, hatte sich als illusorisch erwiesen. Fast hundert Punks nahmen an zwei Ausflügen ins Umland von Berlin teil. Später mussten sie sich zur Klärung eines Sachverhaltes auf dem Revier einfinden. Die Vernehmer schien eine Frage besonders zu interessieren: Hatte es bei den Ausflügen paramilitärische Übungen gegeben, um sie auf den Kampf mit der Polizei vorzubereiten?

Als am 21. Mai in Berlin das Pfingsttreffen der FDJ stattfand, machten sich etwa dreißig Punks, darunter fast alle Mitglieder von Planlos und Namenlos, mit der S-Bahn nach Oranienburg in der Nähe des ehemaligen KZ Sachsenhausen auf, um dort einen Kranz niederzulegen. Auf die Schleife hatten sie geschrieben: *Nie wieder Faschismus – Punk aus Ost-Berlin.* Und sie hatten Lorenz Postler, den Diakon der Pfingstkirche, der sich noch immer für sie einsetzte, gebeten, sie nach Sachsenhausen zu begleiten.

Mit der Kranzniederlegung wollten die Punks auf eine neue Stasi-Taktik reagieren: Um den Kampf gegen die »negativ-dekadenten« Punks ideologisch aufzuheizen, versuchte der Staat, sie als Neonazis hinzustellen. Immerhin sangen Namenlos über Nazis, und das Regime konnte Recherchen zu West-Punks – insbesondere zur Skinheadszene – zur Untermauerung der Behauptung heranziehen. Tatsächlich waren auch in der Ost-Berliner Punkszene erste Skinheads aufgetaucht.

Öffentliche Aktionen wie die geplante Kranzniederlegung versetzten das Regime daher in Angst und Schrecken. Dass es sich zudem um eine politisch aufgeladene Aktion handelte, machte die Sache noch gefährlicher.

Als die Punks in den S-Bahnhof Oranienburg einfuhren, erwartete sie dort ein massives Polizeiaufgebot – ihr Plan war offenbar verraten worden oder anderweitig durchgesickert. Es kam zu einer absurden Szene: Jugendliche lieferten sich eine Schlacht mit einer Eingreiftruppe, weil sie gegen den Faschismus demonstrieren wollten, der als erklärter Erzfeind des Staates galt, dessen Eingreiftruppe auf sie einknüppelte. Im Handgemenge griff A-Micha einem Bullen an die Gurgel. Ihm ging es immer um Gerechtigkeit, und wenn die Polizei einen Kampf anzettelte, um ein Unrecht durchzusetzen, dann schlug er ohne zu zögern zurück.

Der Polizei gelang es schließlich, die Punks in eine S-Bahn zurückzudrängen, die sie wieder ins Zentrum von Ost-Berlin bringen sollte.

Die Punks glaubten, die Bullen überlisten zu können. An der nächsten Haltestelle stiegen sie aus und versuchten, zu Fuß zum ehemaligen Konzentrationslager zu gelangen. Keine Chance – die Sicherheitskräfte trafen in dem Moment ein, als die Punks gerade über einen Acker losmarschieren wollten. Die Polizisten trieben sie zusammen, ließen sich die Ausweise zeigen und notierten sämtliche Namen. Dann zwangen sie die Punks erneut, in die S-Bahn zu steigen.

Eine letzte Hoffnung gab es noch. Sie konnten versuchen, den Kranz vor der ewigen Flamme für die Opfer des Faschismus niederzulegen. Das Mahnmal befand sich auf dem Prachtboulevard Unter den Linden, dem Paradestück von Ost-Berlin, auf dem immer unzählige Touristen flanierten. Würde die Polizei es wagen, eine

Gruppe Jugendlicher zu verhaften, die vor den Augen der Touristen – vermutlich aus dem Westen – einen Kranz für die Opfer des Faschismus niederlegen wollten? Bestimmt nicht, oder? Aber erst mal mussten sie dorthin gelangen.

In der S-Bahn-Station Marx-Engels-Platz (heute: Hackescher Markt) teilten sie sich in Gruppen auf, schlichen von Hauseingang zu Hauseingang und arbeiteten sich so bis zur Rückseite des Mahnmals vor. Dort richteten sie die Stacheln ihrer Haare auf, bevor sie zum Eingang liefen. Ein Brautpaar, das Blumen vor der Ewigen Flamme niedergelegt hatte, trat heraus. Der Bräutigam war irgendein Sicherheitsoffizier in Galauniform. Ungläubig starrte er auf die struppigen Punks mit den zerrissenen Klamotten und den wilden Haarkämmen. Die in der Nähe postierten Polizisten sahen hilflos zu, während die Punks vor den Augen der Passanten ihren Kranz niederlegten und für einige Sekunden schweigend vor der Ewigen Flamme verharrten. Eine äußerst peinliche Situation für das Regime. Als die Punks das Gebäude verließen, wurden sie von einem Dutzend Polizisten in Zivil umringt und verhaftet. Doch dank anderer Punks und Kirchenaktivisten verbreitete sich die Nachricht von der geglückten Aktion rasch im ganzen Land.

Leute aus der Kirche versuchten auch weiterhin, Freiräume für Punks zu schaffen. Pfarrer Gerhard Cyrus von der Galiläakirche erklärte sich bereit, Offene Abende zu veranstalten, stellte aber strenge Bedingungen: keine laute Musik, keinen Tropfen Alkohol. Immerhin erlaubte er es einer Band, an einem Sonntag in der Kirche aufzutreten. Zur Gemeinde sagte er: »Wenn ich Kummer habe, setze ich mich in die Kirche und klage leise. Diese jungen Leute hier klagen laut.« Sobald die Band die ersten Akkorde angeschlagen hatte, verließen die Gemeindemitglieder fluchtartig die Kirche. Der Pfarrer hatte ihnen offensichtlich zu viel zugemutet.

Auch mit Vertretern der Auferstehungskirche führte man Gespräche. Dort gab es allerdings ein organisatorisches Problem: Der infrage kommende Raum war nur über den Friedhof zugänglich; obwohl die Kirche Beschwerden über Lärmbelästigung und öffentliches Urinieren vielleicht hätte abwiegeln können, war nicht auszumalen, wie die Nachbarn reagieren würden, falls die Punks die Gräber schändeten. Trotzdem veranstaltete die Auferstehungskirche am 27. und 28. Mai 1983 eine zweitägige Werkstatt der Offenen Arbeit, die Dutzende Punks besuchten. Vertreter der Abteilung Inneres des Stadtbezirksrates Friedrichshain empörten sich: »Die Auflösung der Punkszene in der Pfingstkirche war der Ausgangspunkt dafür, gemeinsam diese Erscheinung zu überwinden! Als Ersatz für derartige Zusammenrottungen war z.B. die Auferstehungskirche nicht gedacht!« Außerdem drohten sie, künftige Veranstaltungen, die von Personen ohne offiziellen Wohnsitz in Friedrichshain besucht wurden, mit allen zur Verfügung stehenden Mitteln zu unterbinden.

Am 5. Juni organisierte Lothar Rochau, der Jugenddiakon aus Halle, eine Fahrraddemo gegen Umweltverschmutzung. Fast zweihundert Teilnehmer, einige mit Gasmasken oder Tüchern vermummt, fuhren mit Transparenten durch Halle und versammelten sich vor einer petrochemischen Fabrik am Stadtrand. Die Polizei setzte Wasserwerfer ein. Vierzig Personen mussten die Nacht in Polizeigewahrsam verbringen. Rochau selbst wurde kurz darauf verhaftet; die Kirchenleitung legte keinen Widerspruch ein, als man ihn wegen staatsfeindlicher Hetze, ungesetzlicher Verbindungsaufnahme in den Westen und öffentlicher Herabwürdigung der staatlichen Ordnung zu drei Jahren Freiheitsstrafe verurteilte. Am Ende wurde Rochau von der BRD freigekauft.

Bevor die Versammlung an jenem Juni-Tag aufgelöst wurde, schwenkten die Demonstranten für ein paar Stunden Transparente, stellten ihre Gasmasken zur Schau – und das war's dann. Ähnlich wie die Künstler und Schriftsteller konnten auch »normale« politische Aktivisten nach einer Demo wieder in die Anonymität abtauchen. Obwohl diese Gruppierungen auf den ersten Blick eine stärkere Bedrohung für das Regime darstellten, beschränkte sich ihr Protest lediglich auf einzelne Aktionen, von denen ihr sonstiges Leben unberührt blieb. Die Punks verkörperten dagegen schon allein durch ihr auffälliges Äußeres die permanente aktive Opposition, dafür mussten sie gar nicht erst an einer Demo teilnehmen. Um ihre Form von Protest zu unterbinden, reichte es nicht aus, mit Wasserwerfern auf sie loszugehen und sie über Nacht einzusperren. Am nächsten Tag liefen sie schon wieder durch die Stadt; quasi als wandelnder Protest. Aus Sicht der Stasi handelte es sich bei Punk um einen bedrohlichen Außenseiterkult, der immer mehr Jugendliche dazu verführte, vom vorgeschriebenen Weg abzuweichen.

Am 11. Juni 1983 fand in der St.-Michaelis-Kirche in Karl-Marx-Stadt das nächste Punkfestival statt. Spielen sollten Namenlos und Planlos aus Berlin sowie Wutanfall aus Leipzig, nun mit Stracke statt Chaos am Mikro. In der sächsischen Stadt war es das erste Punkkonzert in einer Kirche. Otze und Schleim-Keim, die ebenfalls auf dem Programm standen, kamen gerade an, als Planlos ihre Anlage aufbauten. Otze hatte ein Riesengefolge dabei, beinharte, besoffene Erfurt-Punks, die wie eine Rotte Wildschweine auf dem Kirchengelände einfielen. Planlos schauten sich an. Sie waren schon einige Male mit Schleim-Keim aufgetreten und kannten Otze von seinen Berlinbesuchen; sie wussten, dass über den Köpfen der Erfurter oft eine dunkle Wolke aus Gewalt hing, aus der es jederzeit Schläge hageln konnte. In einer Ecke des Geländes lag schon ein Haufen Scherben; die Punks hatten dort gleich mal ihre leeren Bierflaschen entsorgt. Einer der Erfurt-Punks, er wurde Dreckmüller genannt, marschierte hin.

»Ey, pass auf, du tust dir noch weh«, sagte einer.

»Mir doch scheißegal!«

Dreckmüller schmiss sich in die Scherben. Als er wieder aufstand, waren seine Klamotten zerrissen, und das Blut lief ihm hinten die Beine runter. In diesem Zustand pogte er los, als die erste Band anfing.

Pankow trug beim Auftritt ein T-Shirt, das seine Freundin Nase mit dem Satz »Wenn Unrecht zu Recht wird, wird Widerstand zur Pflicht« bemalt hatte, ein Zitat der 1919 von rechtsgerichteten Freikorps-Soldaten ermordeten Kommunistin Rosa Luxemburg. Obwohl die DDR jedes Jahr am Todestag von Luxemburg Massendemonstrationen veranstaltete, hatte der Rest der Band Pankow gewarnt: »Du bringst dich in den Knast.« Er hatte nur die Schultern gezuckt.

> Bist du denn geboren worden,
> um dich allem unterzuordnen?

Karl-Marx-Stadt, das heute Chemnitz heißt, hatte damals zwar eine Viertelmillion Einwohner, aber keine einzige Punkband. Das sollte sich nach dem Konzert rasch ändern.

> Bist du denn geboren worden,
> um dich allem unterzuordnen?

Während der Sommer ins Land zog, fanden überall in den Kirchen Punkkonzerte statt. In der Kleinstadt Eisleben im Harzvorland schaffte es die Band Müllstation am 18. Juni, Leute aus dem gesamten Umland zu ihrem Auftritt in die Petrikirche zu locken. Oder als ein Punk aus Naumburg – ein Stasi-Bericht aus dem Jahr 1983 bezifferte die dort lebenden Punks auf acht – seinen Geburtstag feierte, listete der dazugehörige Bericht als Gäste drei Dutzend Punks aus *zehn* verschiedenen Städten auf. Eine neue Generation – ein paar Jahre jünger als die Punks der ersten Stunde – fand Zugang zur Musik und Haltung des Punk. In vielen Fällen gab Punk den Jüngeren etwas, woran sie bis zum Zusammenbruch des Regimes festhalten konnten, das sie durch die Endphase des DDR-Regimes begleitete – oder vielleicht besser: Dieses Etwas *führte* erst zum Ende des Regimes.

Bist du denn geboren worden,
um dich allem unterzuordnen?

Es ging hier nicht allein darum, dass Punks herausschrien, wie kaputt die Welt war. Mit den Auftritten, den Hausbesetzungen, dem Netzwerk aus Kontakten trug man etwas Konstruktives zum Leben in der DDR bei – die Punks hatten sich einen Freiraum erobert und schufen eine alternative Realität, ihre eigene Welt. *Die Welt ist kaputt.* Ja, darauf konnten sie sich einigen. Aber sie begnügten sich nicht mit der Feststellung, sondern setzten etwas weit Größeres und Bedeutenderes in Gang. Vielleicht brachte es besagtes Graffiti aus den besetzten Häusern in Ost-Berlin auf den Punkt: STIRB NICHT IM WARTERAUM DER ZUKUNFT. Das war ein Aufruf zum Handeln. *Die Welt ist kaputt ... was können wir dagegen tun?*

Das war der Schlüssel.

Was können wir tun?

Too Much Future bereitete dem Regime nicht nur Kopfschmerzen, sondern weitete sich zu einer existenziellen Bedrohung aus.

27

Pankow wurde immer häufiger verhaftet.

Zuerst war ihm gar nicht klar gewesen, dass die Stasi dahintersteckte – er hielt die Vernehmer für normale Polizisten. Aber er kam bald dahinter. Die Stasi glaubte, ihn leicht als Spitzel anwerben zu können – er war offen und gesprächsbereit. Sie hatten eine Akte über ihn angelegt, in der sie jeden Versuch, ihn zur Mitarbeit zu überreden, akribisch festhielten. Bis zu einem gewissen Grad lagen sie mit ihrer Einschätzung richtig: Er war tatsächlich gesprächsbereit. Allerdings nur solange er glaubte, andere von der Notwendigkeit von Veränderungen überzeugen zu können. Pankow glaubte, die Stasi bekehren zu können.

»Es ist ein toller Staat«, sagte er zu den Vernehmern, »aber wir müssen was verbessern.«

Der Westen war Pankow immer scheißegal gewesen. Seitdem er Punk war, hatte ihn die West-Szene nicht die Bohne interessiert. Er war überzeugter Ost-Punk mit einer klaren Mission: *Wir können die Dinge hier anders angehen.*

Die Stasi beschattete ihn beinahe rund um die Uhr. Viele seiner Nachbarn aus der Marienburger Straße waren als IM verpflichtet und auf ihn angesetzt worden. Sie stürzten sich mit Feuereifer in die Aufgabe. Verschiedene Male ertappte Pankow die unter ihm wohnende Bäckersfrau dabei, wie sie, einen Notizblock in der Hand, an seiner Tür horchte. Bei ihrem Führungsoffizier lieferte sie Berichte ab, in denen sie die Besuche von Leipziger oder Dresdner Punks auflistete, belauschte Gespräche über geplante Reisen wiedergab und sich zu der persönlichen Einschätzung verleiten ließ: »Boehlke scheint mir noch einer der Vernünftigsten von allen zu sein.«

Tatsächlich war Pankow bei der Stasi so gut bekannt, dass er eines Abends, er hatte sich mit seiner Freundin Nase in der Nähe des Alex in die Büsche verzogen, die Aufforderung hörte: »Herr Boehlke, kommse mal raus!« Sie hatten ihn an seinen *Schuhen* erkannt. Und wieder hieß es: ab aufs Revier.

Nachdem er zwei Jahre lang regelmäßig verhaftet und vernommen worden war, wurde er im Frühjahr 1983 zum ersten Mal direkt gefragt, ob er als IM tätig werden wolle. Pankow war von dem plötzlichen Strategiewechsel vollkommen überrascht.

»Wie mitarbeiten? Was soll das bedeuten?«

Der Stasi-Offizier versuchte, die Tätigkeit als Dienst an der Gesellschaft hinzustellen. In der Szene gebe es kriminelle Elemente, Pankow könne doch melden, sobald eine Straftat geplant sei. Mehr nicht.

»Jemanden anscheißen? Nee, das mach ich nicht.«

Niemals.

NIEMALS. Das war seine tiefste Überzeugung.

Sobald der Stasi klar geworden war, dass er ihnen keine guten Dienste leisten würde, suchten sie nach einem Mittel, ihn loszuwerden. Jedes Mittel war ihnen recht. Sie hielten ihn für eine wichtige Figur. Wie bei Chaos ging die Stasi auch bei Pankow davon aus, als Sänger hätte er das alleinige Sagen in der Band. Als Frontmann musste er der Kopf der Band sein, und da Planlos die bekannteste Band aus Berlin, vielleicht sogar aus der gesamten DDR war, musste es sich bei ihm um einen der Drahtzieher der zersetzenden Bewegung handeln. Aber so lief das nicht. Nicht in einer Band wie Planlos – tatsächlich stammten die meisten Stücke von Kobs und Lade –, nicht in der Punkszene, in der es keine Hierarchie gab, sondern alle gleichberechtigt waren. Fast alle Punks waren zumindest angehende Anarchisten, Entscheidungen wurden prinzipiell im Kollektiv getroffen. Es ging um Politik von unten – ganz gleich, ob dies die Organisation einer Band oder eines Staates betraf.

Am Ende machte Pankow es ihnen leicht.

Jeden Sommer veranstalteten mehrere regimetreue Zeitungen in verschiedenen Städten sogenannte Pressefeste. An dem Tag, als Planlos, Namenlos und Wutanfall in Karl-Marx-Stadt auftraten, eröffnete die Tageszeitung *Neues Deutschland,* das Zentralorgan der SED, ihr jährliches Fest im Friedrichshainer Volkspark, nur einen Katzensprung vom ehemaligen Punktreff in der Pfingstkirche entfernt. Über mehrere Tage wurden Ausstellungen sowie Sport- und Musikveranstaltungen geboten. Im Vorjahr hatte Dean Reed, ein etwas in die Jahre gekommener, aber im Ostblock äußerst beliebter US-Emigrant, als musikalischer Höhepunkt auf dem Programm gestanden. Reed, der auch der »Rote Elvis« genannt wurde, war 1973 in die DDR übergesiedelt und hatte dort nicht nur eine erfolgreiche Karriere als Musiker und Filmschauspieler hingelegt, sondern sich darüber hinaus mit Erich Honecker angefreundet. Neben den staatlich abgesegneten Musikdarbietungen fanden im Rahmen des Pressefests auch Paraden mit Schülern statt, die unter anderem in Kinderpanzern herumfuhren, um die Erfolge des Ende der 1970er-Jahre als Pflichtfach eingeführten Wehrunterrichts zu demonstrieren.

Am Tag seiner Rückkehr aus Karl-Marx-Stadt beschloss Pankow, zum *ND*-Fest zu gehen. Er zog sein T-Shirt mit dem Rosa-Luxemburg-Zitat an: *WENN UNRECHT ZU RECHT WIRD, WIRD WIDERSTAND ZUR PFLICHT.*

Man wusste nie, wer sich auf den Pressefesten rumtrieb, vielleicht bot sich ihm dort eine Gelegenheit, das Punk-Evangelium zu verkünden. Doch dazu kam es nicht.

Auf dem Weg zum Volkspark hielt ein Streifenwagen neben ihm an. »Ein Riesenvieh« von einem Mann sprang raus – Pankow erkannte ihn sofort. Seine Größe prägte sich einem ins Gedächtnis ein, außerdem war Pankow auf dem Alex schon oft mit ihm aneinandergeraten. Der Mann kam auf Pankow zu, packte ihn und warf ihn auf die Rückbank des Wagens.

Auf der Fahrt zum Untersuchungsgefängnis in der Keibelstraße verlangsamte der Riesenbulle das Tempo und zeigte auf einen Mann, der den Bürgersteig entlangging.

»Den Typen hab ich auch in den Knast gebracht!«, sagte er. »Der is wieder frei, und jetzt bist du dran!«

»Wie bitte?«

»Na ja, für die T-Shirt-Aktion? Drei Jahre.«

Blödsinn, dachte Pankow. *Ich bin so oft verhaftet worden.*

Quatsch.

Im Gefängnis nahmen sie ihm das T-Shirt ab und verhörten ihn bis spät in die Nacht. Zur selben Zeit durchsuchten sie seine Wohnung und den Proberaum der Band. Obwohl Planlos höllisch achtgaben, dass ihre Texte nicht in falsche Hände gerieten – Pankow verbrannte sämtliche Zettel –, lag im Proberaum tatsächlich ein Blatt mit dem Text zu Kobs' Stück »Smog & Ruß« rum. Zum Glück war ein Freund im Probekeller, hörte die Schritte auf der Treppe und stopfte den Zettel in letzter Sekunde in die Hosentasche. Die Polizei fand keine schriftlichen Beweise.

Pankow musste dennoch die Nacht in einer Zelle verbringen.

Noch glaubte er fest daran, am nächsten Tag wieder freigelassen zu werden. Ohne ordentlichen Haftbefehl durften sie ihn nicht lange festhalten. Denn auch wenn in der DDR vieles als strafbar galt, was im Westen nicht strafrechtlich verfolgt werden durfte, hielt sich das System streng an die Buchstaben des Gesetzes. Prinzipiell konnte man niemanden einfach so ins Gefängnis werfen und dort auf unbestimmte Zeit festhalten.

Doch Pankow wurde am nächsten Morgen nicht freigelassen. Die Wärter legten ihm Handschellen an, brachten ihn zu einem Auto und fuhren zum Hintereingang eines Krankenhauses. Sie zerrten ihn aus dem Wagen und befahlen ihm, sich mit dem Gesicht zur Wand hinzustellen.

Ein Arzt kam. Er ballte eine Faust und klopfte Pankow einmal kurz auf den Kopf. Eine Szene wie aus einem Cartoon. Man konnte den Klangeffekt fast hören: *Boing!*

Pankow hätte beinahe gelacht.

»Hafttauglich«, verkündete der Arzt.

Scheiße, das war eine Untersuchung?

Der Arzt unterschrieb ein Formular. Pankow musste wieder ins Auto einsteigen.

Hafttauglich.

Vielleicht ist das doch kein Scherz.

Im Gefängnis gab sich Pankow zuerst rotzfrech und führte sich so auf, wie sich ein Aufmüpfiger seiner Meinung nach zu verhalten hatte. Als aber immer mehr Zeit verstrich, bekam er Angst. Einige seiner besten Freunde, darunter Colonel und Schulle, waren schon im Gefängnis gewesen.

Das könnte ernst werden.

Irgendwann zeigten sie Pankow einen Haftbefehl: öffentlicher Aufruhr, staatsfeindliche Hetze, Widerstand gegen die Staatsgewalt ... Das geforderte Strafmaß: drei Jahre und acht Monate.

Ich wander in den Knast.

»Und wir stecken Sie nach Brandenburg, zu den LLern, den Lebenslänglichen.«

Pankow, jung und nicht besonders kräftig, würde unter Mördern nicht lange durchhalten. Das war klar.

Die Stasi meinte es verdammt ernst.

»Gut, letzte Chance: Entweder Sie arbeiten mit oder Sie kriegen drei Jahre und acht Monate.«

Ich arbeite nicht für euch. Niemals.

In dieser Nacht weinte er in seiner Zelle.

Aber seine Haltung änderte er nicht.

Ich wander in den Knast.

Am nächsten Morgen ließen sie ihn frei.

Die haben die ganze Zeit nur geblufft!

Dass etwas anderes hinter der Freilassung steckte, erfuhr Pankow erst später.

Ohne T-Shirt, mit zerrissener, bemalter Hose marschierte Pankow aus dem Gefängnis. Er ging über den Alex, und der Fernsehturm blickte auf seinen nackten, schmächtigen Oberkörper herunter. Er ging die Prenzlauer Allee hoch, zur Wohnung in der Marienburger Straße, die er sich mit Nase teilte. Es war Hochsommer. Er war frei.

Zu Hause das totale Chaos. Sie hatten die ganze Wohnung auf den Kopf gestellt. Sie hatten die Fotos von seinen Freunden mitgenommen, sie hatten die Poster aus den verbotenen West-Musikzeitschriften mitgenommen. Aber – aufatmen! – seine Platten und Kassetten hatten sie nicht konfisziert. Sie waren alle noch da und liefen einwandfrei.

Aber der Albtraum war noch nicht vorbei.

28

Ein paar Tage später hörte Pankow ein lautes Klopfen an der Tür.

Nase machte auf.

Die Stasi.

»Ist Herr Boehlke zu sprechen?«, sagte einer der Männer.

»Nö, der ist nicht da«, log sie.

Da die Männer keinen Durchsuchungsbefehl dabeihatten, konnten sie ihr nicht das Gegenteil beweisen. Aber vielleicht hatten sie ihre Meinung geändert und wollten Pankow doch noch einkassieren – sie konnten von dem für nächste Woche geplanten Auftritt der Band erfahren haben. Pankow wusste, dass er sich auf dünnem Eis bewegte: Vor Kurzem war er wieder mal bei einem Job rausgeflogen und hatte bisher noch keine feste Zusage für einen neuen. Laut Gesetz galt er damit als *asozial*. Es bestand also die Gefahr, dass er unter einem Vorwand im Gefängnis landete, der nichts mit der Band zu tun hatte.

Zum Glück hatte er einen neuen Job in Aussicht – er musste nur bis Montag durchhalten. Er sollte in der Charité die Müllpresse bedienen, der schlimmste Job, den er sich vorstellen konnte, aber immerhin besser als Knast.

Als er aus dem Fenster spähte, sah er im Hinterhof verdächtig normale Leute. Sie rauchten und machten keinerlei Anstalten zu gehen.

Stasi.

Kurze Zeit später schaute er wieder aus dem Fenster, sie waren immer noch da.

Scheiße.

Wahrscheinlich hatten sich die anderen vor dem Haus postiert.

Die warten darauf, dass ich rauskomme. Ich bin umzingelt.

Pankow ging vom Fenster weg und hockte sich in eine Ecke. Alle paar Minuten klopfte es an der Tür, jedes Mal machte Nase auf. Nein, ich habe Herrn Boehlke nicht gesehen, nein, er ist nicht da, nein, ich weiß nicht, wo er ist, nein, Sie können nicht reinkommen.

Dann stand seine Mutter vor der Tür. Sie hatte rot verquollene Augen.

»Was ist denn los?«, fragte Pankow, nachdem Nase sie in die Wohnung gelassen hatte.

»Vati hat sich umgebracht«, schluchzte die Mutter.

Sie bat Pankow inständig, am Sonntag zur Beerdigung zu kommen.

Nachdem Pankow im Herbst 1980 von zu Hause ausgezogen war, hatte er seinen Vater ganze zwei Mal gesehen. Bei der ersten Begegnung war Pankow in vollem Punkornat, Klamotten voller Buttons und Anarcho-As, Haare bis zum Himmel, durch die Stadt gelaufen, als er seinen Vater in einer vorbeifahrenden Straßenbahn entdeckt hatte. Der orangefarbene Waggon ratterte vorbei, Pankow rannte nebenher, hämmerte gegen die Scheibe und schrie: »Komm raus, du Arsch!« Alle Fahrgäste sahen entgeistert zu – alle, bis auf Pankows Vater, der unbeteiligt wegschaute und so tat, als würde er den Sohn nicht kennen.

Die zweite – und letzte – Begegnung fand in der Nähe der U-Bahn-Station Spittelmarkt statt. Pankow war mit Kaiser unterwegs, stieß ihn an und sagte: »Ey, kuck mal, mein Alter.«

Kaiser wollte es nicht glauben.

»Doch«, sagte Pankow.

Pankow und sein Vater gingen wortlos aneinander vorbei.

Jetzt stand seine Mutter weinend vor ihm und flehte ihn an, zur Beerdigung zu kommen.

Aber die Stasi hatte mit Sicherheit ebenfalls vom Tod seines Vaters erfahren. Sobald er das Haus verließ, um zur Beerdigung zu fahren, würden sie ihm auflauern. Pankow spürte, wie sich die Schlinge um seinen Hals zuzog.

Nachdem die Mutter gegangen war, dachten er und Nase angestrengt nach. Der Plan, den sie am Ende ausheckten, war überraschend einfach – fast schon wieder witzig. Nase ging zu einer Freundin, die im Theater arbeitete, und kehrte mit einer Perücke und Frauenkleidern zurück.

Am Sonntagmorgen legte Pankow seine Verkleidung an: Kleid, hochhackige Schuhe, Perücke, ja, sogar Lippenstift. Er ging durch den Keller, der mit dem Nachbarhaus verbunden war, und versteckte sich nebenan hinter der Haustür. Währenddessen ging Nase mit einer Schachtel Zigaretten auf die Straße und erkundete die Lage. Pankow spähte durchs Schlüsselloch. Nase postierte sich auf der anderen Straßenseite. Falls die Luft rein wäre, würde sie sich an der Nase kratzen. Falls sie sich aber eine Zigarette anzündete, musste Pankow zurück in den Keller und sich verstecken. Er wartete. Sie kratzte sich an der Nase. Pankow trat in seiner Verkleidung vor die Tür und ging zum nahe gelegenen S-Bahnhof Prenzlauer Allee. Von dort aus fuhr er zu dem Haus in Pankow, in dem er aufgewachsen war.

Im Näherkommen sah er die Stasi-Typen, die sich in unmittelbarer Nachbarschaft des Hauses postiert hatten. Aber sie schienen ihn tatsächlich nicht – oder zu spät – zu erkennen. Pankow schlüpfte ins Haus und lief zur Wohnung seiner Mutter. Dort brach die Hölle los: dass Pankow aus der Beerdigung seines verhassten Vaters eine Farce machen würde, war der Albtraum seiner Mutter.

Natürlich hatte Pankow sie nicht mehr in seinen Plan einweihen können. Jetzt war sie in Tränen aufgelöst. Alle Verwandten waren anwesend, und Pankow stand vor ihnen – im Fummel.

»Oh Gott! Wieso tust du mir das an? Bist du völlig übergeschnappt?«

Pankow erklärte, wieso er sich verkleidet hatte. Er nahm die Tasche, die er mitgebracht hatte, und zog sich normale Sachen an – normal hieß: die Punkkluft, die auf die meisten Familienmitglieder nicht weniger provozierend wirkte.

Sobald die Familie das Haus verließ, stürzten sich die Stasi-Agenten auf Pankow und erklärten ihn für verhaftet.

Pankows Mutter ging auf die Knie und flehte die Männer an, ihren Sohn wenigstens noch an der Beerdigung teilnehmen zu lassen.

Sie hatte tatsächlich Erfolg: Die Agenten ließen sich erweichen und erlaubten Pankow, an der Beerdigung teilzunehmen. Im Anschluss wollten sie ihn dann in Gewahrsam nehmen.

Als die Trauernden nach der Zeremonie zu ihren Autos zurückkehrten, stahl sich Pankow im Schutz der Grabsteine davon. Außer Sichtweite der Stasi-Späher sprang er über die Friedhofsmauer und schlich sich unter den Bäumen der angrenzenden Schönower Heide davon. Wenn es ihm gelang, der Stasi bis zum Montagmorgen zu entwischen, konnte er direkt bei der neuen Stelle in der Charité antanzen und so vielleicht der Verhaftung entgehen.

Am Montagmorgen, Punkt acht Uhr, ging Pankow in das in Mitte gelegene Krankenhaus und meldete sich zum Dienst. In der Vorwoche hatte man ihm bereits gezeigt, was er zu tun hatte. Die Müllpresse war in einem kleinen Raum untergebracht, umgeben von Tüten mit Müll und medizinischen Abfällen. Pankow musste das stinkende Zeug in einen Behälter füllen und zusammenpressen. Im Anschluss öffnete er die Luke einer Laderampe, ein LKW fuhr heran und transportierte den Müllwürfel ab. Danach belud Pankow die Presse aufs Neue.

An seinem ersten Arbeitstag brauchte Pankow etwa eine halbe Stunde, um den angefallenen Abfall zu entsorgen; seine Schicht dauerte allerdings bis sechzehn Uhr. Pankow saß Stunde um Stunde in dem stinkenden Raum und wartete auf neue Tüten.

Das Telefon an der Wand klingelte.

»Ja?«, sagte Pankow.

»Hier ist Breuer«, sagte eine Männerstimme. Der Personalchef. »Komm mal hoch.«

Scheiße.

Pankow ging die Treppe hoch. Ins Büro des Chefs.

»Weeßte, wer gerade da war?«, fragte Breuer.

»Nö.«

»Stasi war da.«

»Aha.«

»Weeßte, was die wollen?«

»Nö, keine Ahnung.«

»Na ja, du scheinst ja irgendwie politisch zu sein, sieht man dir auch an.«

»Na ja, ich bin nicht ganz einverstanden mit dem, was die über mich sagen«, sagte Pankow. »Aber gut, das war's dann wohl.«

»Du, ich bin auch nicht einverstanden«, unterbrach ihn der Chef. »Ich hab denen gesagt, sie können wieder abziehen.«

Er schob Pankow einen unterschriebenen Vertrag hin. Mit diesem Stück Papier galt Pankow wieder als werktätig und konnte nicht länger wegen Arbeitslosigkeit verhaftet werden.

29

Eine Woche später, am 24. Juni, sollten Planlos und Namenlos bei der Bluesmesse in der Berliner Erlöserkirche auftreten. Drei Monate nach der Vertreibung aus der Pfingstkirche waren die Berliner Punks, zumindest für ein Konzert, wieder im Spiel.

Die in unregelmäßigen Abständen stattfindenden Bluesmessen hatten 1979 in der Samariterkirche ihren Anfang genommen. Der Musiker Günter Holwas hatte Pfarrer Rainer Eppelmann damals gefragt, ob die Kirche ihre Räumlichkeiten für ein Konzert zur Verfügung stellen würde. Eppelmann war ein leidenschaftlicher Friedensaktivist, der vor allem für die Entmilitarisierung von Schulen und anderen Jugendeinrichtungen kämpfte. Holwas traf bei ihm ins Schwarze: Er versprach, unangepasste Jugendliche, die sonst niemals an kirchlichen Aktivitäten teilgenommen hätten, in die Kirche zu holen. Eppelmann war von der Idee begeistert; Bluesrock aus dem Ostblock lieferte schon seit Jahren den Soundtrack zur Friedensbewegung der DDR, die Bezeichnung »Blueser« diente quasi als Synonym für Pazifisten. Es waren Leute nach Eppelmanns Geschmack. Aus strategischen Gründen entschied er, die Musikdarbietungen in einen gottesdienstähnlichen Rahmen zu stellen. Dadurch konnte er das Regime ausschalten und umging die staatliche Genehmigung, die er ohnehin nie bekommen hätte.

Die erste Bluesmesse fand am 1. Juni 1979 statt, am selben Tag wie ein Berliner FDJ-Fest. Zur Veranstaltung kamen mehrere hundert Besucher, was Eppelmann als großen Erfolg wertete. Ende 1979 stieg die Besucherzahl auf tausend, 1980 zogen die Bluesmessen zigtausend Menschen aus verschiedenen Städten an. Holwas war inzwischen mit einem Auftrittsverbot belegt worden und wurde Ende 1981 nach Westdeutschland abgeschoben. Der Staat versuchte, die Bluesmessen wegen nicht eingehaltener Sicherheitsauflagen zu verbieten – die Veranstaltungen seien restlos überfüllt, hieß es –, daher verlegte Eppelmann sie kurzerhand von der Samariterkirche in die wesentlich größere Erlöserkirche, die zudem über ein weitläufiges Grundstück verfügte, sodass man Tische und Stände mit Informationsmaterial zu verschiedenen Themen und Diskussionsgruppen aufstellen konnte. Das große Freigelände der Erlöserkirche befand sich in unmittelbarer Nachbarschaft des S-Bahnhofs Rummelsburg, einer reichlich trostlosen Ecke von Lichtenberg, umgeben von Industriebrachen. Hinter dem S-Bahnhof zogen sich Bahnanlagen und ein Heizkraftwerk bis zur Spree hin. Zur ersten Bluesmesse in der Erlöserkirche kamen im November 1980 fünftausend Besucher.

Als die Punkbands im Sommer 1983 zur Bluesmesse stießen, stand Rainer Eppelmann bereits im Fokus des Staatssicherheitsapparats. 1982 hatte er in einem öffentlichen Appell zur Abrüstung und zur Abschaffung des Wehrunterrichts aufgerufen; es war ihm sogar gelungen, den Appell in westdeutschen Zeitungen zu veröffentlichen. Außerdem war er eine der Schlüsselfiguren in der Kampagne, mit der Pazifisten dazu gebracht werden sollten, sich Aufnäher mit dem Bibelspruch *Schwerter zu Pflugscharen* anzuheften. Diese Kampagne hatte das Regime extrem aufgebracht und den Zorn von Honecker persönlich erregt. Die Stasi hatte die

Bespitzelung von Eppelmann daraufhin intensiviert: Seine Wohnräume wurden verwanzt, weitere IM auf ihn angesetzt und sämtliche von ihm organisierten Veranstaltungen, darunter die Bluesmesse, unterwandert. Das MfS plante sogar seine Ermordung, doch wegen seiner West-Verbindungen befürchtete man einen peinlichen Aufruhr, der die von Honecker heiß ersehnte internationale Anerkennung der DDR gefährdet hätte. Wie bei anderen abtrünnigen Geistlichen hatte das Regime darüber hinaus versucht, die Kirchenleitung zu Disziplinarmaßnahmen zu bewegen. Auch hier stieß es auf das bekannte Problem: Im Gegensatz zur eigenen vertikalen Hierarchiestruktur war die Kirche horizontal strukturiert. Auch wenn Honeckers Speichellecker dies noch immer nicht zu begreifen schienen, besaßen selbst ranghohe Kirchenvertreter nicht die Macht, einzelne Pfarrer oder Gemeinden auf Linie zu bringen.

Doch die unverhohlenen Drohungen, anonymen Briefe, Buttersäure-Anschläge auf Veranstaltungen und eine kurze Inhaftierung im Jahr 1982 hatten Eppelmann erheblich zugesetzt. Inzwischen stand er in dem Ruf, nur so lange bei Demonstrationen mitzumarschieren, bis die Fotos im Kasten waren, und schnell wieder zu verschwinden, bevor es zu unschönen Szenen mit der Polizei kam. Jugendliche, darunter viele Punks, nahmen es ihm übel, dass sie sich großen Ärger einhandelten, wenn sie eine seiner Petitionen unterschrieben, während er selbst durch seine West-Verbindungen geschützt war. Jetzt schien er den Schwanz ganz einzukneifen. Bei Konzerten riss er Musikern das Mikrofon aus der Hand, sobald sie etwas Provozierendes gesagt hatten. Er hatte sich dem Druck des Regimes gebeugt und bei den Bluesmessen die Erwähnung des Namens Solidarność verboten. Außerdem fanden die Bluesmessen nur noch zwei Mal im Jahr statt.

Die Veranstaltungen hatten ihren Biss verloren.

Das war der Grund, warum der Diakon Lorenz Postler, der die Pfingstkirche für Punks geöffnet hatte, die Punkbands in die

Bluesmessen integrieren wollte. Er sah darin eine Möglichkeit, frischen Wind in die Veranstaltungen zu bringen. Schluss mit der Hippie-Passivität: Die Punks waren laut, aggressiv und wesentlich radikaler – sie gingen keine Kompromisse ein. Eppelmann war entschieden dagegen. Aber Postler – der wegen seines Einsatzes für die Punks mit seiner Frau und den drei Kindern noch immer in einer Einraumwohung hauste – setzte sich am Ende durch. Obwohl die Pfingstkirche ihre Türen für die Punks hatte schließen müssen, stand es der wenige Kilometer entfernten Erlöserkirche nun frei, sie für ein Konzert zurückzuholen.

Der Unterschied zwischen dem Konzert vom 24. Juni 1983 und dem ersten großen Punkfestival in Halle hätte kaum krasser sein können. Auch damals war der Auftrittsort eine Kirche gewesen, aber alles andere war reinster Punk gewesen. Bei der Bluesmesse bestand das Publikum aus Tausenden von Freaks und Hippies, die Bühne befand sich draußen, auf dem Freigelände. Jana beobachtete, wie die Hippies ihre Matten zur Musik der Bluesband schüttelten, die vor Namenlos auf dem Programm stand. Ihr Ding war das nicht, aber sie war viel zu aufgeregt, um sich Sorgen zu machen.

Als Namenlos auf die Bühne stürmte und Jana das erste Stück herausschrie – Mf...MfS...SS! –, stürzten die Punks nach vorne und fingen an zu pogen. Viele Freunde der Band waren gekommen und grölten den Text mit.

Die Punks waren gegenüber den Hippies in der Unterzahl, und bald breitete sich Unruhe im Publikum aus. Sachen flogen auf die Bühne: Steine, Flaschen, andere Geschosse.

A-Micha wurde immer wieder von einer klebrigen Masse getroffen und dachte zuerst, es wären Tomaten. Aber, nein, es waren Bockwürste, die aufplatzten und ihre fettige Pampe über Bühne und Bandmitglieder verteilten.

»Was ist denn das für eine Scheiße?«, wurden Rufe im Publikum laut.

Die meisten Punks befanden sich auf der rechten Seite der Bühne, ein wilder Wirbel aus bunten Haaren. Sie pogten, rempelten, hatten ihren Spaß. Auf der linken Seite standen die älteren Blueser, alle in grünen Parkas, ihrer Uniform. In der Mitte kam es zu kleineren Handgemengen.

Jana schrie:

Minenfeld und Stacheldraht, damit sich niemand rüberwagt.
Mauern und Elektrozaun, die tun uns hier die Freiheit klaun.
Selbstschuss und ein Minenfeld, damit es uns hier gut gefällt,
in unserem schönen Staat, in unserem schönen Staat.

Weitere Wurfgeschosse, Zwischenrufe, Schlägereien.

Was Mita betraf, sie war begeistert, genoss das Chaos. Ihr Schlagzeug rutschte weg, sie spielte weiter. Jana brüllte die Texte, die Band drosch auf die Instrumente ein. Ein Punk kletterte auf die Bühne und pogte vor den Bandmitgliedern, um sie zu unterstützen – und die Geschosse abzufangen, die auf die Band zuflogen.

Namenlos spielten ihr »Umweltlied«, in dem es hieß:

Saurer Regen toter Wald,
die Industrie vergast uns bald.

Nach vier, fünf Stücken kletterte ein Hippie auf die Bühne und wandte sich an die Menge.

»Na, nun hört doch alle mal richtig zu, was die hier für Texte machen! Die sagen doch das Gleiche wie wir! Hört mal zu und seid nicht so!«

Danach beruhigte sich das Publikum ein wenig, es flogen nicht mehr ganz so viele Steine, Flaschen und Bockwürste auf die Bühne. Trotzdem war der Auftritt ein hartes Stück Arbeit. Als alles vorbei war, drückte Jana die Schultern durch und bahnte sich schnell einen Weg durch die Menge, damit niemand ihre Enttäuschung bemerkte.

Als die nächste Band, Planlos, zu spielen begann, kam ein Mädchen auf Jana zu.

»Ach, das fand ich aber toll, wie du da weitergemacht hast!«, sagte sie. »Das war mutig!«

»Danke«, sagte Jana.

Die Band hatte zum ersten Mal miterlebt, dass Zuhörer aggressiv auf ihre Stücke reagierten. Bisher hatten sie geglaubt, ihre Musik würde bei allen gleich gut ankommen. Trotzdem war es ein tolles Konzert gewesen – sie hatten *vor Tausenden von Leuten* gespielt.

Für A-Micha war es gerade wegen der Feindseligkeit, die ihnen aus dem Publikum entgegengeschlagen war, das bisher beste Konzert gewesen.

Tatsächlich markierte das Konzert für viele Zuschauer einen Wendepunkt. Vor allem jüngere Besucher nahmen den Bluesern die Reaktion auf die Punks übel und gingen nie wieder zu einer Bluesmesse; etliche schlossen sich den Punks an.

Manchmal dachte und schrieb Jana in Bildern. In diesem Sommer des Punk sah sie den Kommunismus als ein Haus, in dem es sich einige wenige behaglich eingerichtet hatten. Das waren die Leute von der Stasi. Die Texte ihrer Band stellte sie sich als gezielte Angriffe auf das Fundament dieses Hauses vor.

Wir erschüttern das Fundament.

Wir stellen eine Bedrohung dar.

Jana lag mit ihrer Einschätzung nicht ganz falsch. Erich Mielke, der langjährige Minister für Staatssicherheit, schäumte bereits vor Wut. Tatsächlich gab er einen Befehl aus, der einer Kriegserklärung glich: »Härte gegen Punk, um Eskalation dieser Bewegung zu unterbinden.« Mielkes erklärte Ziele: »Suche strafrechtlich relevanter Handlungen, um Inhaftierungen vornehmen zu können; Identifizierung der Texter und Komponisten der Punk-›Musikgruppen‹

mit der Zielstellung, gegen diese Maßnahmen einleiten zu können; Verbindungen der Punker zur Kirche, ›unabhängiger Friedensbewegung‹ und anderem Abfall prüfen, einschließlich ›Grünen‹. Eventuelle internationale Verbindungen sachlich angehen.« Sein Fazit: »Samthandschuhe ausziehen – wir haben keinen Anlass, mit diesen Figuren zart umzugehen.«

Vielleicht hatte Mielke von den Punks inzwischen genug, aber A-Micha war längst noch nicht fertig. Im Verlauf des Sommer des Punk organisierte er zwei weitere öffentliche Aktionen. Im Juli fuhr er mit einer größeren Gruppe erneut nach Oranienburg, um dort wenigstens ein paar Blümchen niederzulegen. Sie legten einen Strauß aufs Grab des anarchistischen Schriftstellers Erich Mühsam, der am 10. Juli 1934 im nahen KZ Sachsenhausen ermordet worden war. Die Punks wurden von anderen Teilnehmern der Offenen Arbeit begleitet. A-Micha hatte etliche Umweltaktivisten kennengelernt, die ebenfalls ein Haus in Prenzlauer Berg besetzt hatten. Die Blumenniederlegung führte den verschiedenen Gruppierungen die gemeinsamen Ziele noch einmal vor Augen. Dass die Punks politisch durchaus ernst zu nehmen waren, war vielen älteren Aktivisten inzwischen klar geworden.

Am 6. August 1983, dem achtunddreißigsten Jahrestag des Abwurfs der Atombombe über Hiroshima, organisierte A-Micha eine Demo mit über einhundertfünfzig Teilnehmern. *Punks für den Frieden.* Die Demonstranten trugen Gummikleidung, Plastetüten über dem Kopf und Atemschutzmasken. Zum Abschluss der nicht genehmigten Demo brachten die Teilnehmer in der Sophienkirche in Mitte eine Gedenktafel an. Etliche Punks wurden beim Verlassen des Kirchengeländes von der Polizei angehalten.

Wieder hieß es: ab aufs Revier.

Jana, Mita, A-Micha – und sogar der Hund Wotan – wurden an diesem Tag ebenfalls einkassiert. Ihnen gelang es zwar, vom Gelände der Sophienkirche zu entwischen, aber um zehn vor sechs wurden sie am Alex aufgegriffen. Man hielt sie mehrere Stunden lang fest.

»Die Personen waren dem Äußeren nach als ›Punker‹ gekleidet«, meldete der Diensthabende. »Aufgrund ihres dekadenten Aussehens wurde eine Personenkontrolle vorgenommen. Die Personen hatten mit den Passbildern in ihren Personalausweisen keinerlei Ähnlichkeit.«

Die Gefangenen hätten sich »frech« und »provozierend« aufgeführt, hieß es weiter.

Nach der x-ten Verhaftung und Vernehmung verloren die Punks allmählich ihre Angst; sie wussten genau, welches demütigende Prozedere sie auf dem Revier erwartete. Und die Tatsache, dass der Staat sie als Bedrohung wahrnahm, ließ sie immer mutiger werden.

Langsam machte die Sache richtig Spaß.

30

Am Morgen des 11. August 1983 hörte Jana im Halbschlaf ein Klopfen an der Tür ihrer besetzten Wohnung in Prenzlauer Berg.

Es dauerte einen Augenblick, bis sie das Geräusch zuordnen konnte. Sie und Mita waren lange unterwegs gewesen und hatten nur wenige Stunden geschlafen.

Mita hatte sich den Tag freigenommen. Jana schwänzte mal wieder die Arbeit.

Später wollten sich die Bandmitglieder treffen und besprechen, wie sie sich verhalten sollten, falls die Stasi vor der Tür stand – oder besser: *wenn* die Stasi vor der Tür stand, denn das war nur noch eine Frage der Zeit.

MfS...SS.

»Kommt einfach rein«, rief Jana schlaftrunken. Wotan fing an zu bellen.

Die Tür war nie verschlossen. Alle Freunde kamen ohne anzuklopfen rein.

»Die Tür ist offen.«

Das Klopfen ging weiter.

»Es ist offen«, wiederholte sie genervt.

Jana hatte keine Lust aufzustehen. Mita und sie schliefen auf zwei Matratzen, dazwischen stand eine alte Kommode, als Raumteiler. Mita rührte sich nicht.

Jana wollte einfach nur weiterpennen.

Wotan, der Schäferhund, lief knurrend und bellend zur Tür.

Jana stand auf. Der Gummizug ihrer Schlafanzughose war kaputt, deshalb musste sie die Hosenbeine hochziehen und festhalten, während sie zur Tür torkelte. Der Hund kam zu ihr gelaufen und sprang aufgeregt neben ihr her. Jana machte auf.

Draußen zwei Männer, eine Frau.

»Kriminalpolizei.«

Aha, die Bullen. Kripo.

Jana wusste, dass sie die Polizei nicht reinlassen musste. Aber Wotan riss sich los, und sie bückte sich, um ihn zu halten. Bevor sie nach einem Durchsuchungsbefehl fragen konnte, standen die Bullen in der Wohnung.

»Sie müssen mit aufs Revier. Klärung eines Sachverhalts.«

Inzwischen war auch Mita aufgewacht. Sie hatte Farbe im Gesicht – auf der Feier gestern hatte jemand bunte Muster darauf gemalt.

Klärung eines Sachverhalts? *Moment mal, hier stimmt doch was nicht.* Normalerweise bekam man einen Brief mit Datum und Uhrzeit, wann man sich auf dem Revier einzufinden hatte.

Hier ist was faul.

Dann dämmerte es ihnen.

Es wird kritisch.

Die Band!

Sie überlegten kurz, dann fragten sie, ob sie den Hund vorher zu einem Freund bringen durften. Wenn es wirklich nur darum ging, irgendwas aufzuklären, dann – tja, sie wurden offenbar nicht verhaftet, also sollte die Polizei nichts dagegen haben. Das hofften sie wenigstens.

Die Bullen zeigten auf Mita. Sie sollte den Hund wegbringen.

Die Polizistin und einer ihrer Kollegen brachten Jana zu einem Zivilfahrzeug und fuhren mit ihr zum Untersuchungsgefängnis in der Keibelstraße.

Dort musste sie sich bis spät in die Nacht vernehmen lassen.

Der Polizist, der in der Wohnung geblieben war, sagte Mita, dass sie sich das Gesicht waschen sollte.

Dann musste sie mit Wotan in einen Trabant steigen. Der Polizist fuhr sie zum Pfarrhaus der Eliaskirche in der Göhrener Straße, A-Michas Arbeitsstelle.

Mita blieb vor dem Gebäude stehen und rief laut nach A-Micha, damit möglichst viele das Gespräch mitbekamen.

»Jana und ich müssen zur Keibelstraße, Klärung eines Sachverhalts! Nimmst du so lange den Hund?«

Mita wusste, dass in ihrer Wohnung Texte, Tonbandaufnahmen der Band und anderes belastendes Material rumlagen. Sie hoffte, ein Freund würde hingehen und die Beweise verstecken. Vielleicht sogar A-Micha – falls er nicht bereits verhaftet worden war.

A-Micha kam raus und nahm Wotans Leine.

»Tschüss, viel Spaß!«, sagte A-Micha.

Mita stieg wieder in den Trabant. Der Polizist ließ den Motor an. Der Auspuff stieß ein dunkles Wölkchen aus, dann ratterte das Vehikel die Prenzlauer Allee runter.

Präg dir alles gut ein, vielleicht siehst du es zum letzten Mal.

In der Keibelstraße wurde Mita rasch aus ihren Gedanken gerissen. Als Erstes musste sie Fotos von sich machen lassen – von vorne, von links, von rechts.

Dann bekam sie ein kleines Tuch in die Hand gedrückt, musste es in die Hose führen und über ihren Schambereich wischen. Das Tuch wurde ihr mit einer Zange abgenommen und in einen Glasbehälter gesteckt.

»Wir nehmen von Ihnen eine Geruchsprobe.«

Merkwürdig.

Danach: Fingerabdrücke.

Als Mita auf die Toilette musste, wurde sie von einem Polizisten begleitet, der sie nicht aus den Augen ließ.

Mita war zwar schon etliche Male in Gewahrsam genommen worden, aber diese Prozedur kannte sie noch nicht.

Dann: Vernehmung.

A-Micha versuchte inzwischen zu ergründen, warum Jana und Mita ohne vorherige schriftliche Aufforderung abgeholt worden waren. Auch Frank, der Bassist von Namenlos, war verhaftet worden, und Kaiser von Planlos, den die Stasi irrtümlicherweise für ein Mitglied von Namenlos hielt. In zwei Tagen war ein Staatsfeiertag: Am 13. August jährte sich der Bau des »Antifaschistischen Schutzwalls«, wieder hatte man ein Jahr lang den »kapitalistischen Aggressoren« getrotzt. Vor Großveranstaltungen nahm die Polizei gern Punks in Gewahrsam, um sie und ihre Buttons mit den beschämenden Parolen aus dem Straßenbild zu entfernen.

In der Mittagspause ging A-Micha mit Wotan zu seiner Wohnung in der Schliemannstraße, nicht weit von der Eliaskirche entfernt. Ein paar Punks aus Erfurt übernachteten bei ihm, und er musste sie dringend warnen, damit sie sich in Sicherheit brachten. Außerdem durften sie nicht mitbekommen, wo er seine Sachen versteckte. A-Micha hatte Angst, sie könnten ebenfalls verhaftet und in der Vernehmung dazu gezwungen werden, ihn zu verraten. Sobald sie weg waren, versteckte er das belastende Material. Viel war es nicht – und A-Micha wusste, wie man Sachen versteckte. Sein bester Freund aus der Grundschule – mit dem er sogar mal eine DDR-Fahne geklaut und verbrannt hatte – war von seinen Eltern zur Stasi-Mitarbeit gezwungen worden. Er arbeitete in einer Abteilung, die Spionagegeräte herstellte, zum Beispiel Bücher mit Geheimfächern, um Mikrofilme ins Ausland zu schmuggeln. A-Micha vertraute ihm immer noch und hatte tolle Tricks von ihm gelernt:

Er wusste, wie man Teile des Türrahmens entfernte und ein Wandversteck baute und an welcher Stelle man unter den Kellerfliesen ein Loch graben konnte. Sofern man den Boden hinterher mit Kohlenstaub und Sand bedeckte, fiel das Versteck kaum auf.

Nachdem er zu Hause alle Spuren beseitigt hatte, kehrte A-Micha zum Pfarrhaus zurück, um im obersten Stock alte Farbe von den Fensterbänken zu kratzen. Der Pfarrer Georg Katzorke hatte A-Micha gesagt, dass er mit Razzien rechnete – tatsächlich befürchtete er, viele Punks könnten in psychiatrische Einrichtungen oder ins Gefängnis gesteckt oder zum Militärdienst eingezogen werden. Aber A-Micha glaubte immer noch an eine Fünfzig-zu-fünfzig-Chance, dass es sich nur um die übliche Schikane, eine folgenlose Routinevernehmung handelte.

Kurz nach fünfzehn Uhr, die Augusthitze hatte ihren Höhepunkt erreicht, schaute A-Micha zufällig aus dem Fenster. Ein Lada hielt vor der Kirche, zwei Männer sprangen raus. A-Micha legte den Spachtel beiseite, nahm Wotan an die Leine und ging mit ihm die Treppe runter.

»Horschig, Michael?«, fragte einer der Männer, sobald A-Micha aus der Tür trat.

»Ja.«

»Sie müssen mit aufs Revier kommen.«

Die Männer ließen ihn und Wotan hinten im Auto einsteigen.

Sie fuhren zum Untersuchungsgefängnis in der Keibelstraße. Fotos, Fingerabdrücke. Wie Mita bekam auch er ein Tuch in die Hand gedrückt, musste es in die Hose führen und über seinen Intimbereich wischen. Das war für A-Micha ebenfalls neu. Wie Jana und Mita begann auch er zu ahnen, dass es nun kritisch wurde.

Kurz vor siebzehn Uhr fing die Vernehmung an.

Es handelte sich um einen operativen Vorgang der Hauptabteilung XX: die Zerschlagung der illegalen Punk-»Musikgruppe« Namenlos, wie es in den Stasi-Unterlagen hieß.

Die Großoffensive im Stasi-Krieg gegen die Punks hatte begonnen.

Der Sommer des Punk war zu Ende.

31

A-Micha saß in einem winzigen Raum auf einem Stuhl. Der Stasi-Offizier, ein Leutnant, stand mit dem Rücken zum Fenster. Im Gegenlicht konnte A-Micha sein Gesicht kaum erkennen.

»Im Rahmen einer Verdachtsprüfungshandlung wird mit Ihnen eine Befragung durchgeführt«, erklärte der Leutnant.

A-Micha nickte.

»Dem Untersuchungsorgan des Ministeriums für Staatssicherheit ist bekannt, dass Sie am 24. Juni 1983 auf dem Freigelände der Erlöserkirche in Berlin-Rummelsburg öffentlich in Erscheinung traten. Äußern Sie sich zu den Umständen Ihrer dort durchgeführten Handlungen.«

A-Micha schwieg einen Moment, dann sagte er: »Ich bin nicht bereit, darüber Aussagen zu machen, was ich auf dem Gelände der Erlöserkirche gemacht habe.«

Bevor er weitersprach, schaute er den Stasi-Mann an. Keine Regung.

»Meiner Meinung nach sind Sie erst einmal verpflichtet, mir mitzuteilen, warum ich überhaupt hier verhört werde. Weitere Aussagen mache ich nicht.«

Der Stasi-Mann schlug mit der Faust auf den Tisch, bevor er sie bedrohlich nah an A-Michas Gesicht führte. A-Micha glaubte, der Mann würde ihn nun verprügeln. Diese Angst sollte ihn während der gesamten Vernehmung nicht verlassen.

»So, jetzt fangen wir noch einmal von vorne an«, brüllte der Mann.

So ging es weiter, bis etwa zwanzig Uhr. Dann sagte A-Micha schließlich: »Ja, ich war dort. Aber ich kann mich nicht erinnern, dort irgendwelche Straftaten begangen zu haben.«

Stasi-Leutnant: »Welche Lieder haben Sie dort gespielt? Überlegen Sie!«

Er ging kurz aus dem Zimmer. A-Micha beugte sich über den Tisch und schlug einen hellgrünen Hefter auf. Darin standen, fein säuberlich getippt, die Texte seiner Stücke.

Scheiße.

Der Leutnant kehrte zurück und setzte die Vernehmung fort.

»Welche Lieder trugen Sie gemeinsam mit Ihren Freunden auf dem Podest im Freigelände der Erlöser-Kirche vor? Antworten Sie dem Untersuchungsorgan!«

Der Stasi-Mann behauptete, die Gruppe hätte sieben Lieder gespielt. A-Micha entgegnete, es wären nur zwei gewesen.

»Das Untersuchungsorgan fordert Sie nochmals auf, wahrheitsgemäße Aussagen zu machen! Welche weiteren Lieder trugen Sie und Ihre Freunde auf dem Podest der Erlöserkirche vor?«

Die Vernehmung zog sich bis tief in die Nacht hin. Insgesamt sprachen sie über fünf Stücke, zuletzt kam das *MfS*-Lied an die Reihe ... *SS.*

»Sie sagen, die Schutz- und Sicherheitsorgane der DDR würden die Bevölkerung überwachen. Auf welcher Grundlage stellen Sie diese Behauptung auf?«

Jetzt oder nie, dachte A-Micha. Auf diesen Moment war er seit Majors Verhaftung im Jahr 1981 zugesteuert.

»Ich bin der Meinung, dass die Bevölkerung der DDR durch die Staatssicherheit an ihrer freien Meinungsäußerung gehindert wird. So wie ich. Ich bin verhaftet worden, obwohl ich nur meine freie Meinung geäußert habe.«

Der Stasi-Mann lachte höhnisch. »Was verstehen Sie unter einer sogenannten freien Meinungsäußerung?«

»Unter einer freien Meinungsäußerung verstehe ich die Darstellung meiner eigenen Haltung. Ob sie für oder gegen die Interessen der DDR ist, interessiert mich dabei nicht.«

4.30 Uhr.

A-Micha wurde zu einer Zelle geführt und auf eine Holzpritsche gestoßen.

Etwa drei Stunden später wurde er geweckt. Zwei Polizisten traten ein.

Endlich darf ich nach Hause.

Wenn sie ihn länger festhalten wollten, brauchten sie einen Haftbefehl und die Unterschrift eines Richters. Das wusste A-Micha.

»Sie werden verlegt«, sagte einer der Männer. »In Untersuchungshaft.«

Sie zeigten ihm den Haftbefehl, den ein Richter in den frühen Morgenstunden unterschrieben hatte: *Gemeinsam mit drei weiteren Personen trug der Horschig bei einem Auftritt als »Punkmusikgruppe« Texte vor, in denen die gesellschaftlichen Verhältnisse in der DDR als unfrei und das Ministerium für Staatssicherheit als Überwachungsdienst herabgewürdigt wurden.*

Am 12. August 1983, um neun Uhr, wurde A-Micha in die Untersuchungshaftanstalt der Staatssicherheit in Berlin-Pankow überführt. Abgesehen von seiner Kleidung befanden sich in seinem Besitz: ein Stoffbeutel, vier Zigaretten Karo, sechs Sicherheitsnadeln, ein Anstecker »Macht kaputt, was euch kaputt macht«.

Die nächsten sechs Monate verbrachte er in Zelle 59R. Er wurde täglich vernommen.

32

Mita wurde im Untersuchungsgefängnis in der Keibelstraße herumkommandiert.

Gehnse hier lang, da lang, Hände bleiben auf dem Rücken, halt!

Irgendwann saß sie in einem Vernehmungszimmer. Auch ihr Stasi-Offizier stand mit dem Rücken zum Fenster, sodass er kaum zu erkennen war. Im geschriebenen Protokoll findet sich folgender Austausch:

Stasi: »Schildern Sie den Verlauf Ihrer bisherigen Persönlichkeitsentwicklung.«

Mita: »Ich verstehe nicht, was diese Frage mit der Klärung eines Sachverhalts zu tun haben soll, und werde sie deshalb nicht beantworten.«

Stasi: »Sie werden darauf hingewiesen, dass für die Prüfung eines Sachverhalts entsprechend den strafprozessualen Bestimmungen der DDR auch Angaben zur Persönlichkeitsentwicklung erarbeitet werden müssen. In diesem Zusammenhang werden Sie nochmals aufgefordert, die gestellte Frage zu beantworten.«

Mita: »Ich werde diese Frage trotz der Aufforderung nicht beantworten.«

Ich bin Schlagzeugerin, keine Freiheitskämpferin.

Die Vernehmung ging weiter.

Stasi: »Welche musikalischen Interessen besitzen Sie?«

Mita: »Ich spiele gern Schlagzeug, was ich mir auch selbst beigebracht habe. Ich besitze auch ein Schlagzeug.«

Stasi: »In welcher Form üben Sie das Spiel auf dem Schlagzeug?«

Mita: »Ich spiele meistens alleine oder mit irgendwelchen Leuten zusammen. Zu anderen Leuten mache ich aber keine Angaben.«

Stasi: »Mit welchen öffentlichen Darbietungen sind Sie bisher in Erscheinung getreten?«

Mita: »Ich bin bisher nur auf kirchlichem Territorium in Erscheinung getreten, wo die Freiheit gegeben ist, spontan etwas auf die Beine zu stellen.«

Sie gab an, bei der Bluesmesse aufgetreten zu sein.

Stasi: »Welche Titel wurden durch Sie und andere Personen bei Bluesmessen vorgetragen?«

Mita: »Zu Titeln sage ich nichts, dazu mache ich keine Aussage. Ich habe doch das Recht, die Aussage zu verweigern.«

Stasi: »Sie werden darauf hingewiesen, dass Sie neben dem Recht, die Aussage zu verweigern, auch die staatsbürgerliche Pflicht haben, an der Aufklärung möglicher Straftaten mitzuwirken. Sie werden deshalb nochmals aufgefordert, sich zu der gestellten Frage zu äußern!«

Mita: »Ich mache zu der gestellten Frage aber keine Aussage.«

Am ersten Tag, dem 11. August 1983, wurde Mita von 10.40 Uhr bis 13.30 Uhr, von 14.30 Uhr bis 20 Uhr und von 21.30 Uhr bis 0.20 Uhr verhört.

Weil die anderen Bandmitglieder zur selben Zeit vernommen und ihre Wohnungen durchsucht wurden, förderte die Stasi immer mehr Einzelheiten zutage, mit denen sie Mita und die anderen während der Vernehmungen konfrontierte. Der Stasi-Offizier kam wieder und wieder auf dieselben Fragen zurück, wobei er zusätzliche

Informationen hinzufügte, um Mita zu zeigen, wie viele Einzelheiten sie in Erfahrung gebracht hatten. Mita ging auf, dass die Stasi bei der Bluesmesse in der Erlöserkirche Spitzel eingesetzt hatte.

In einer Situation zitierte ihr Vernehmer aus dem *MfS*-Lied, das Namenlos dort gespielt hatten.

Stasi: »Weshalb haben Sie sich am Vortrag des vorgenannten Titels durch Ihren eigenen Beitrag beteiligt?«

Mita: »Weil ich gern Musik mache und bei der Bluesmesse die Möglichkeit dazu hatte. Außerdem entspricht der vorgetragene Text doch der Wahrheit.«

Zu den meisten Fragen verweigerte Mita die Aussage.

Stasi: »Dem Untersuchungsorgan ist weiterhin bekannt, dass Sie gemeinsam mit anderen Personen auf einer Bluesmesse Lieder mit den Titeln ›Albtraum‹ und ›Friedenslied‹ vorgetragen haben. Äußern Sie sich hierzu!«

Mita: »Dazu verweigere ich die Aussage.«

Stasi: »Warum verweigern Sie die Aussage?«

Mita: »Dazu verweigere ich die Aussage. Ich sage zu den Fragen nichts mehr.«

Stasi: »An welchen weiteren öffentlichen Darbietungen waren Sie beteiligt?«

Mita: »Dazu sage ich nichts.«

Stasi: »Warum sagen Sie dazu nichts?«

Mita: »Dazu sage ich nichts.«

Stasi: »Durch welche Personen wurden die Texte der von Ihnen und anderen Personen vorgetragenen Titel erstellt?«

Mita: »Dazu sage ich nichts.«

Stasi: »Auf welche Weise kam der von Ihnen getragene Haarschnitt zustande?«

Mita: »Dazu sage ich nichts.«

Stasi: »Seit wann halten Sie sich in der Wohnung Stargarder Straße 57 auf?«

Mita: »Dazu sage ich nichts. Ich bin jetzt müde.«

Stasi: »Weshalb beantworten Sie selbst einfache Fragen zur Person nicht?«

Mita: »Dazu sage ich nichts.«

Nach der Marathon-Vernehmung musste Mita ein maschinenschriftliches Protokoll unterschreiben, bevor sie in eine Zelle gebracht wurde, wo man sie ein paar Stunden schlafen ließ. Mitas achtzehnter Geburtstag war noch sieben Monate hin – sie war minderjährig.

33

Am nächsten Tag, dem 12. August, wurde auch Mita in die Untersuchungshaftanstalt in Pankow überführt. Abgesehen von ihrer Kleidung, die als »zerrissen« beschrieben wurde, befanden sich bei Einlieferung in ihrem Besitz: vier Mark, einundfünfzig Pfennig und zwei Lederarmbänder.

Man führte sie eine Treppe hinauf. Hier lang, da lang, Hände auf den Rücken, halt! Mita verlor die Orientierung und versuchte sich in Erinnerung zu rufen, was ihr die Mutter für den Fall einer Verhaftung mit auf den Weg gegeben hatte.

»Da lang, halt!«

Eine Tür.

»Reinkommen.«

Der Vernehmer reichte Mita zur Begrüßung die Hand.

»Ihnen wird mitgeteilt, dass gegen Sie durch das Ministerium für Staatssicherheit ein Ermittlungsverfahren wegen des dringenden Tatverdachts strafbarer Handlungen gemäß Paragraph 220 StGB eingeleitet wurde«, betete der Stasi-Offizier zu Beginn der Vernehmung herunter.

Tatsächlich war Paragraph 220 des Strafgesetzbuchs der DDR ein Überbleibsel aus der NS-Zeit. Er wurde bei Staatsverleumdung angewendet und recht großzügig ausgelegt: Jede noch so vage Verächtlichmachung eines staatlichen Organs konnte mit einer Freiheitsstrafe von bis zu zwei Jahren bestraft werden.

Mita musste wiederholen: »Mir wurde mitgeteilt, dass gegen mich …«

Plötzlich fiel ihr wieder ein, was ihre Mutter gesagt hatte: »Ich wollte wissen, wie das ist – wen haben Sie benachrichtigt?«

Stasi: »Ihre Mutter.«

Mita: »Und wer darf zu Besuch kommen?«

Stasi: »Auch Ihre Mutter, aber das dauert noch.«

Arschloch.

Dann fing es mal wieder an.

Stasi: »Aus welchen Gründen haben Sie gemeinsam mit anderen Personen auf einer Bluesmesse einen Titel öffentlich dargeboten, in dessen Inhalt dem anwesenden Publikum mitgeteilt wurde, sich vor dem MfS vorzusehen?«

Mita: »Der Vortrag des vorgenannten Liedes ist aus meiner Sicht lediglich eine Feststellung und keine Herabwürdigung.«

Stasi: »Weshalb fordern Sie und die anderen am Vortrag des genannten Titels beteiligten Personen öffentlich dazu auf, sich vor dem MfS vorzusehen?«

Mita: »Weil man meiner Auffassung nach schon allein dafür, dass man es ausspricht, festgenommen werden kann. Nur dadurch, dass man Fakten nennt, wird nun zum Beispiel mein ganzes Leben verändert. Das ist für mich keine ideologische Freiheit.«

Stasi: »Welche anderen Personen waren am Vortrag von Titeln auf der Bluesmesse beteiligt?«

Mita: »Dazu mache ich keine Aussagen.«

So ging es weiter. Die Vernehmungen folgten keinem bestimmten Muster, an das Mita sich hätte gewöhnen können. Manchmal wurde sie mehrere Tage hintereinander vernommen, dann wieder eine Woche lang nicht aus der Zelle geholt. Sie sollte in einem Zustand ständiger Angst und Unsicherheit gehalten werden.

In der Zelle spielten sich jeden Abend die gleichen Szenen ab: Ungenießbares Essen wurde durch die Türklappe geschoben, die Schritte der Wärter hallten durch die Gänge, den Insassinnen wurden Befehle entgegengebrüllt, nie wurden sie mit ihrem Namen, stets nur mit »links« oder »rechts« angeredet – das war die Position ihres jeweiligen Betts.

Mita verbrachte drei Tage in Einzelhaft, danach teilte sie sich mit wechselnden Frauen eine Zelle. Eine der Frauen, Luisa, hatte an einer Friedensmahnwache vor der amerikanischen Botschaft teilgenommen; sie war nur eine Woche im Gefängnis, weinte aber ununterbrochen – sie hatte kleine Kinder und wusste nicht, wer sich in ihrer Abwesenheit um sie kümmerte. Die zweite, Christa, war verhaftet worden, weil sie mit dem Schild ICH WILL IN DEN WESTEN auf dem Alexanderplatz gestanden hatte. Mita kam mit ihr überhaupt nicht zurecht und hatte den Verdacht, dass Christa nur deswegen in ihre Zelle gesteckt worden war, um sie zu nerven.

Als ihre Mutter endlich eine Besuchserlaubnis bekam, hatte Mita Angst vor der Begegnung. In dem turbulenten Jahr seit ihrem Umzug nach Berlin hatten sich die beiden nicht oft gesehen. Obwohl ihre Mutter immer Verständnis gezeigt und sogar einige ihrer Punkfreunde kennengelernt hatte, war ihr nie klar gewesen, welche Konsequenzen Mita im Zweifel zu erwarten hatte. Vermutlich hatte sie nicht damit gerechnet, dass sie eines Tages *tatsächlich* im Gefängnis landen würde.

Mita befürchtete auch, ihre Mutter könnte versuchen, sich beim Gefängnispersonal einzuschleimen. *Um ihr Kind zu schützen.* Gerade Töpferwaren waren in der DDR äußerst beliebt. Mit solch kleinen Geschenken konnte man Beziehungen knüpfen und sich Vorteile verschaffen. Prompt tauchte ihre Mutter mit einer handgetöpferten Blumenvase auf, und Mita hatte Angst, sie würde sie der Wärterin schenken wollen, die bei jedem Besuch mit im Zimmer saß.

»Die Vase nimmste aber schön wieder mit, Mutti«, sagte Mita.

Die Mutter hatte heimlich Beruhigungstabletten genommen. Es gab nicht viele Themen, die man vor der Wärterin ansprechen konnte, daher erzählte sie von Mitas Geschwistern. Dabei brach sie fast in Tränen aus.

»Komm, erzähl weiter! Ist ja gut! Erzähl, erzähl, halte durch!«, tröstete Mita. »Ich brauch das alles.«

Ende August begann die Stasi, Mitas familiären Hintergrund zu durchleuchten. Zu ihrer Kindheit befragt, erklärte Mita, sie habe nie verstanden, warum die Gruppenleiter der FDJ sie gleich als »Staatsfeindin« bezeichnet hatten, wenn sie einmal offen ihre Meinung gesagt hatte. Weiter erklärte sie, sie wolle frei sein und nach ihren eigenen Vorstellungen leben und nicht so, wie es der vorgeschriebene Weg von ihr forderte. Außerdem wolle sie sich so anziehen und die Haare so tragen, wie es ihr gefalle.

Man fragte sie über ihre Verbindungen innerhalb der Kirche aus, man fragte sie über Veranstaltungen aus, die sie im letzten Jahr besucht hatte, man fragte sie über Leute aus, die sie dort getroffen hatte, man fragte sie darüber aus, wer die Konzerte von Namenlos organisiert hatte und woher die Instrumente stammten. Fragen über Fragen, aber Mita antwortete immer ausweichend und gab nie mehr Informationen preis, als in der Frage des Vernehmers gesteckt hatten.

Erstaunlich war es trotzdem, was die alles wussten: Sie zeigten ihr Fotos von den Namenlos-Auftritten in Halle und Karl-Marx-Stadt; sie fragten gezielt nach einzelnen Treffen mit Lorenz Postler und Pfarrern der Eliaskirche, in der A-Micha arbeitete. Sie schienen alles über Mita und die Band zu wissen.

Schließlich entschied die Stasi, die minderjährige Mita von einem Psychologen auf ihre Schuldfähigkeit hin untersuchen zu lassen. Man brachte sie in einem geschlossenen Gefangenentransporter zu einem Krankenhaus am Stadtrand, wo ein Arzt den ganzen Tag Gespräche mit ihr führte und sie verschiedenen psychologischen Tests unterzog. Er stellte fest, dass Mita in ihrer Familie ein besonders hohes Maß an individueller Freiheit erlebt hatte, beschrieb ihr Wesen als »ziemlich kindhaft« und erklärte, sie sei außerstande, die Tragweite ihres Handelns zu erfassen. Bei einem Intelligenztest wurde sie dennoch als hochbegabt eingestuft. Der Arzt erklärte das damit, dass ihre »Intelligenzanlage« ausgezeichnet sei, bezeichnete ihre Intelligenz aber als »wenig entwickelt und ungeübt«. Aus verschiedenen Gründen, darunter die extrem anti-autoritäre Erziehung, sei ihre geistige Entwicklung »retardiert« und hinke etwa vier Jahre hinter der für ihre Altersstufe normalen Reife her.

Mita ließe sich bestenfalls als »Babypunk« klassifizieren, wie der Arzt in seinem Stasi-Bericht festhielt. Sein Fazit: Mita sei nicht schuldfähig und könne für ihr Verhalten vor Gericht nicht zur Verantwortung gezogen werden.

Mita und ihre Mutter legten keinen Widerspruch ein.

Nach siebenwöchiger Haft wurde sie freigelassen. Im Dezember beschloss die Stasi, aufgrund des psychologischen Gutachtens das Verfahren gegen die Siebzehnjährige einzustellen; der Tatbestand – sie hatte mit einer Punk-Musikgruppe den Staat und das Vorgehen der Staatsorgane verächtlich gemacht – wurde in ihrer Akte vermerkt.

Die Stasi setzte die Vernehmung der anderen drei Bandmitglieder fort und brachte sie am Ende vor Gericht.

Sie würden sie für Mita mitbezahlen lassen.

Härte gegen Punk!

34

Auch Jana hatte sich zuerst keine allzu großen Sorgen gemacht, als die Polizei sie an jenem Morgen des 11. August 1983 in die Keibelstraße brachte. Dass dieser Tag kommen würde, hatten sie alle gewusst – sie hatten extra ein Bandtreffen vereinbart gehabt, um sich eine Strategie zu überlegen, falls *die Firma,* so wurde die Stasi auch genannt, sie zum Gespräch abholte.

Als der Vernehmer mit seinen Fragen begann, wurde Jana klar, dass es sinnlos war, die reinen Fakten abzustreiten. Im Gegensatz zu A-Micha, dem es immer um die Sache ging, verspürte sie nicht den Drang, die Wahrheit zu sagen. Allerdings ging sie davon aus, dass die Stasi überall, also auch in der Kirche, ihre Spitzel hatte und ohnehin schon alles über das Konzert wusste. Ja, gab sie deshalb zu, die Band hatte in der Erlöserkirche ein paar Lieder gespielt ... *Friedenslieder.*

Wenn sie ein paar Fragen wahrheitsgemäß beantwortete, musste sie sich vielleicht nicht den ganzen Tag anhören: »Wir wissen, dass Sie lügen! Wir wissen, dass Sie dort waren!« Und da kein Haftbefehl gegen sie vorlag, würde man sie bestimmt bald wieder freilassen.

Wie ihre Freunde wurde auch Jana bis spät in die Nacht vernommen.

Stasi: »Welche gegenteilige Meinung haben Sie zu den Lebensverhältnissen Ihrer Eltern?«

Jana: »Ich würde meine Eltern einfach als Stubenhocker bezeichnen. Obwohl die noch relativ jung sind, gehen sie nie weg, sondern sitzen Abend für Abend vor dem Fernseher. Sie haben einfach nichts unternommen, um was aus ihrem Leben zu machen.«

Während einer kurzen Pause vernahm sie hinter der Tür eine vertraute Stimme. War das Kaiser, der Bassist von Planlos? Richtig, im nächsten Moment hörte sie ihn auch schon einen begeisterten Vortrag über England und die Geschichte des Punk halten. *Kaiser ist eben ein echter Musik-Fan,* dachte Jana. Sie versuchte, die Abwesenheit des Vernehmers zu nutzen und einen Blick auf die offen auf dem Tisch liegende Akte zu werfen. Plötzlich ging ihr auf: *Die haben den falschen Bassisten! Die denken, der ist bei Namenlos.*

Einige Zeit später hörte sie ein lautes Husten – *vor dem Fenster? Auf dem Flur?* – und wusste sofort: A-Micha. Ihn hatten sie also auch einkassiert.

Stasi: « Aus welchen Gründen integrierten Sie sich in die ›Punkszene‹ der DDR?«

Jana: »Dazu möchte ich sagen, dass ich mich als ›Punker‹ wohl fühle. Ich trage die Kleidung der ›Punker‹, weil es mir Spaß macht ... Da ich durch mein Äußeres meiner Meinung nach von den staatlichen Organen der DDR diskriminiert werde, staute sich im Lauf der Zeit in mir eine gewisse Aggression. Um Luft abzulassen, sang ich dann derartige Lieder ... Ich hatte einfach die Schnauze voll von den Belästigungen der Polizei und des MfS.«

Nach stundenlanger Vernehmung brachten sie Jana in eine Zelle, nahmen ihr die Schnürsenkel weg und verriegelten die Tür. Sie hatten sich einen besonderen Ohrenschmaus ausgedacht: Die ganze Nacht spielten sie vor ihrer Zelle in Endlosschleife »Punker Maria«: In dieser Parodie auf Roland Kaisers »Santa Maria« machte sich der Komiker Didi Hallervorden über die Punks lustig.

Als man sie am nächsten Morgen holen kam, war Jana fix und fertig. Zu ihrer Überraschung zeigte man ihr einen Haftbefehl und brachte sie zu einem Gefangenentransporter mit sechs winzigen Zellen. Beim Einsteigen sah Jana die anderen Mitglieder der Band – offenbar hatten sie den richtigen Bassisten, Frank Masch, doch noch ausfindig gemacht. Der Wagen fuhr zur Untersuchungshaftanstalt in Pankow. Die Fahrt dauerte etwa zwanzig Minuten – in der dunklen Zelle ließ sich das schwer einschätzen. Außerdem war es darin so eng, dass Jana sich die Knie stieß und noch Tage später Schmerzen hatte.

Angst und Panik stiegen in ihr hoch.

Als die Vernehmungen im neuen Gefängnis von vorne begannen, machte sie sich allmählich Sorgen um Wotan. Eigentlich hätte A-Micha auf den Hund aufpassen sollen, aber er saß nun im selben Gefängnis wie sie.

»Was ist mit dem Hund?«, fragte sie den Vernehmer. »Hat jemand den Hund? Wo ist er?«

Aha, dachte der, *sie hängt also an dem Tier.*

»Also, wenn du hier schön mitarbeitest, dann könntest du bald wieder raus zu deinem Hund«, sagte er.

Jana dachte gar nicht daran, mit der Stasi zusammenzuarbeiten, aber der Vernehmer setzte den Hund immer häufiger als Druckmittel ein. Die Stasi hatte den wunden Punkt der unbeugsamen Achtzehnjährigen gefunden und nutzte das aus. Woche für Woche, Monat für Monat.

Ein Freund von Jana war wegen Rowdytums zu sechs Monaten Freiheitsstrafe verurteilt worden – mehr würde man ihr bestimmt nicht aufbrummen, schließlich hatte sie nur ein paar blöde Lieder gesungen. Aber dann zog sich die U-Haft hin: drei, vier, fünf Monate. Vielleicht war die jahrelange Haftstrafe, mit der ihr die Vernehmer immer wieder drohten, kein leeres Geschwätz. Vielleicht würde man sie wirklich *jahrelang* wegsperren.

Die Vernehmungen drehten sich vor allem um die Texte. Was hatte Jana gesungen, wer hatte welche Zeile geschrieben, wer hatte sonst noch gesungen? Bei jeder Sitzung hatten sie neue Details in Erfahrung gebracht. Jana, die versucht hatte, die Texte so umzuformulieren, dass harmlose Friedenslieder daraus wurden, fragte sich, wie sie an die Informationen gelangt waren. Hatten sie Tonaufnahmen in die Hände bekommen und die Texte abgeschrieben? Hatten die anderen etwas verraten?

Die Zeit im Gefängnis war extrem zermürbend. Es gab nichts zu tun, um sich von der trostlosen Umgebung abzulenken. Manchmal rief Jana durch die Lüftungsgitter und hörte A-Michas Stimme aus dem Trakt darunter – ab und an gelang es ihnen, sich ein *Gute Nacht* oder *Ich hab dich lieb* zuzuflüstern. Das war natürlich strengstens verboten. Wurde Jana erwischt, musste sie die Nacht in einer Isolationszelle im feuchten Keller verbringen.

Als feste Kontaktperson hatte sie sich den Diakon Lorenz Postler gewünscht. Die Bitte wurde jedoch abgelehnt. Da sie direkte Angehörige hatte, musste folglich auch sie jemanden aus diesem Umfeld wählen. Sie fand sich mit monatlichen Besuchen ihrer Mutter ab.

Alle acht Wochen wurde Jana in eine neue Zelle gebracht. Ihre zweite Zellengenossin hatte gerade versucht, sich mit der scharfen Kante einer Zahnpastatube die Pulsadern aufzuschlitzen. Die Frau weinte ununterbrochen.

Ich halte das nicht mehr aus.

Ich dreh hier noch durch.

Eines Tages verlor Jana die Beherrschung. Sie warf Sachen an die Wand, feuerte einen Stuhl gegen die Tür und schrie: »Lasst mich raus, ihr Schweine!«

Wieder hieß es: ab in den Keller. Egal, wie unerträglich ihre Situation war, es gab immer etwas, das noch schlimmer war. So wie die kalte, feuchte Isolationszelle.

Die einzigen Unterbrechungen im trostlosen Gefängnisalltag waren die Vernehmungen. Weil der Vernehmer sie nicht anschrie oder schlug, betrachtete Jana ihn irgendwann sogar als menschliches Wesen. An ihrer Strategie änderte das nichts. So pervers es auch war, manchmal freute sie sich über die Abwechslung – zum Vernehmungsraum marschieren, Gesicht zur Wand, Hände hinter den Rücken, reinkommen, ein anderes Zimmer, ein anderes Gesicht, endlich reden, auch wenn es zermürbend und riskant war.

Und immer wieder erwähnten sie den Hund.

Möchtest du deinen Wotan nicht endlich wiedersehen?

Irgendwann hatte die Stasi tatsächlich die Texte von sechs Stücken in Erfahrung gebracht, die Namenlos bei der Bluesmesse in der Erlöserkirche gespielt hatten, darunter das MfS-Lied und »Nazis wieder in Ost-Berlin«.

Ohne in die Pläne des anderen eingeweiht zu sein, behaupteten sowohl Jana als auch A-Micha, alle Stücke alleine geschrieben zu haben – so wollten sie den anderen schützen.

»Jetzt reicht's uns aber hier«, sagten Janas Vernehmer.

Dennoch weigerten sich Jana und A-Micha, ihre Aussagen zurückzunehmen. Die Stasi hatte eine neue Idee: Sie führte die beiden zu einer gemeinsamen Vernehmung zusammen. Dort erklärten sich Jana und A-Micha schließlich bereit, wahrheitsgemäß anzugeben, wer welche Zeilen geschrieben hatte.

Am 9. November 1983 zauberte die Stasi ein neues Beweismittel aus dem Ärmel. Irgendwie war es ihnen gelungen, den vollständigen Text eines siebten Stücks in Erfahrung zu bringen. Volltreffer. Es war das »Lied über die Staatsgrenze«:

Minenfeld und Stacheldraht, damit sich niemand rüberwagt.
Mauern und Elektrozaun, die tun uns hier die Freiheit klaun.
Selbstschuss und ein Minenfeld, damit es uns hier gut gefällt,
in unserem schönen Staat, in unserem schönen Staat.

Scheiße, woher haben die das bloß?, dachte Jana. Es war hochbrisantes Material. Die Stasi wusste das. Jana wusste das.

Wie sich herausstellte, war ihr Bassist Frank Masch mit dem Text rausgerückt. Er hatte ein Gesuch eingereicht, in den Westen ausreisen zu dürfen – vielleicht glaubte er, sich mit dem Beweismaterial das Ticket über die Grenze zu sichern. Falls ja, hatte er sich verrechnet. Als der Prozess am 2. Februar 1984 begann, bekam Frank – genau wie Jana und A-Micha – Handschellen angelegt und wurde zum Gericht gefahren.

Was Jana zu diesem Zeitpunkt noch nicht ahnte: Ihren Hund sollte sie nie wiedersehen. Kurz nachdem Wotan mit A-Micha ins Gefängnis eingeliefert worden war, hatte die Stasi ihn eingeschläfert.

35

Am Morgen des nicht öffentlichen Prozesses wartete Mita vor dem Stadtbezirksgericht Berlin-Pankow. Ihr gelang es, Janas Hand zu berühren, bevor die Freundin mit den beiden anderen ins Gebäude geführt wurde. Mehrere Bekannte hatten sich vor dem Gericht eingefunden. Sie winkten und riefen Jana, A-Micha und Frank zu.

In den Monaten nach der Freilassung hatte Mita furchtbar gelitten. Tatsächlich wünschte sie sich oft, sie wäre niemals aus der Haft entlassen worden. Wochenlang verfiel sie in tiefe Depressionen und weinte nur noch; sie hatte Angst, die anderen würden sie für eine Verräterin halten, die nun mit der Stasi zusammenarbeitete.

Warum bin ich vor den anderen aus dem Gefängnis freigekommen?

Hinter den verschlossenen Türen des Gerichtssaals ging der Prozess zügig voran – obwohl der punkfreundliche Pfarrer Georg Katzorke, einer der wenigen zugelassenen Zuschauer, mit Zwischenrufen störte. Der Richter ordnete an, Katzorke aus dem Saal zu entfernen. Der Pfarrer protestierte lautstark und musste von mehreren Polizisten rausgetragen werden.

Die Band hatte Glück: Die Stasi konnte nicht eindeutig beweisen, dass Jana im »MfS-Lied« das anstößige »SS« tatsächlich gesungen hatte; der Rest des Textes war belastend genug, aber die Band entging so wenigstens der Anklage, die Sicherheitstruppen von Honecker mit der Schutzstaffel von Hitler verglichen zu haben. Außerdem hatten sie die Vernehmer überzeugen können, mit dem Lied »Nazis wieder in Ost-Berlin« habe man den Rechtsextremismus unter Jugendlichen anprangern und nicht etwa die SED mit der NSDAP gleichsetzen wollen. Doch der Text des Stücks barg weiteren ideologischen Sprengstoff: Der Begriff »Ost-Berlin« existierte in der offiziellen Sprache nicht: Es war die »Hauptstadt der DDR«, nicht nur Teil einer wesentlich größeren Stadt.

Der Prozess dauerte nur einen Tag.

Der Anwalt der Band verwies in seiner Verteidigung lediglich auf die jugendliche Impulsivität und politische Unreife von Jana, A-Micha und Frank. *Sie hatten es einfach nicht besser gewusst.* A-Micha hätte natürlich völlig anders argumentiert. Er *wusste* es besser – und sah es als sein Recht an, die Meinung offen sagen zu dürfen.

Wir sind das Volk, dachte er. *Darum geht's hier doch.*

Jana stand auf, um sich selbst zu verteidigen. Aber sie kam nicht zu Wort und setzte sich nach einer Weile wieder hin. Es war nichts als ein Schwall von bedeutungslosen Wörtern, den sie nun über sich ergehen ließ; nur ein Wort hörte sie immer wieder: dekadent.

Das Ganze wirkte wie ein schlechter Scherz. Irgendwann konnten sich die drei das höhnische Grinsen nicht mehr verkneifen. A-Micha lachte sogar laut auf.

Die Urteilsverkündung wurde auf den nächsten Tag verschoben. Jana, A-Micha und Frank wurden in ihre Zellen zurückgebracht. Am anderen Morgen forderte der Richter die drei auf, sich zu erheben, damit er das Urteil verlesen konnte. Sie lachten. Der Verteidiger tippte A-Micha auf den Rücken und flüsterte: »Hören Sie auf zu lachen! Sofort!«

Das Urteil: *schuldig.*

Dann wurde das Strafmaß verkündet.

Der Angeklagte Masch, Frank: ein Jahr Freiheitsstrafe.

Wie der Richter erklärte, hatte es sich strafmildernd ausgewirkt, dass der Angeklagte bei den »sogenannten Liedern« nicht gesungen, sondern nur die Bassgitarre gespielt hatte.

Die Angeklagte Schloßer, Jana: ein Jahr und sechs Monate Freiheitsstrafe.

Der Angeklagte Horschig, Michael: ein Jahr und sechs Monate Freiheitsstrafe.

Zum Vergleich: Die Friedensaktivisten Reinhard Schult und Hansjörg Weigel wurden 1979 beziehungsweise 1980 zu acht Monaten beziehungsweise achtzehn Monaten Freiheitsstrafe *auf Bewährung* verurteilt. Bärbel Bohley und Ulrike Poppe, Gründerinnen der Initiative »Frauen für den Frieden«, wurden am 25. Januar 1984 nach sechswöchiger Inhaftierung freigelassen – zu dem Zeitpunkt saßen Jana, A-Micha und Frank seit fünf Monaten in U-Haft und warteten auf ihren Prozess.

Was, noch so lange?, dachte Jana. *Das halte ich nicht aus.*

Dabei hatte sie die Vollzugsanstalt noch gar nicht gesehen: das berüchtigte Frauenzuchthaus Hoheneck im sächsischen Stollberg. In dem auf den Grundmauern eines Jagdschlosses aus dem sechzehnten Jahrhundert errichteten Gefängnis saßen hauptsächlich politische Gefangene ein.

Die U-Haft war schon hart gewesen, *aber Hoheneck?* Jana kannte den Namen vom Hörensagen und bekam Angst. *Wird es dort noch schlimmer?*

Und ob.

Für die Hoheneckerinnen bestand Arbeitspflicht. Die finanzschwache DDR setzte zur Devisenbeschaffung auf Gefangenenarbeit und zwang Inhaftierte – ob politische Häftlinge wie Jana oder gewöhnliche Kriminelle –, Möbel für Ikea, und im konkreten Fall von Hoheneck, Strumpfhosen für Aldi herzustellen. Auch

Volkswagen erhielt Waren und Teile aus dem DDR-Gefängnissystem, so wie auch weitere westdeutsche Firmen. Am Anfang freute Jana sich noch, wenn sie zur Arbeit die Zelle verlassen durfte. Dann teilte man sie für die Nachtschicht ein: Sie musste bis 6.30 Uhr arbeiten und danach noch eine Stunde auf den Zählappell warten. Eines Morgens beim Frühstück, das im Anschluss an die Nachtschicht in der Gefängniskantine ausgegeben wurde, beschwerte sich eine Wärterin.

»Kommando 1, es ist zu laut hier!«

Die Gefangenen mussten in ihre Zellen zurückkehren und dort stehend auf den Appell warten.

Leckt mich.

Jana legte sich aufs Bett. Ein paar andere Frauen auch.

Sollen die doch kommen und mich im Bett zählen.

Als die Wärterinnen zum Zählappell aufriefen, gingen die meisten nach draußen. Jana und die anderen Frauen aus ihrer Zelle ignorierten den Aufruf. Die Wärterinnen schlossen die übrigen Insassinnen in den Duschräumen ein, bevor sie Jana und ihre Zellenkolleginnen mit Gummiknüppeln aus den Betten trieben. Sie beschuldigten Jana, eine Meuterei angezettelt zu haben. Aber die anderen Frauen erklärten, aus freien Stücken gehandelt zu haben.

Trotzdem musste Jana für einundzwanzig Tage in die Isolationszelle.

Hoheneck übertraf Janas schlimmste Befürchtungen. Ein nicht enden wollender Albtraum, jeden Tag antreten, marschieren, arbeiten. Es war ihr unbegreiflich, warum die Gefangenen das System freiwillig aufrechterhielten. Wenn sich niemand an die Befehle gehalten hätte, wäre es sicherlich zusammengebrochen.

Warum machen immer alle, was man ihnen sagt?

36

Da die offiziellen Medien nicht über das »Punk-Problem« berichteten und die Szene selbst kaum über Kommunikationsmittel verfügte, konnte das Regime einzelne Personen oder, wie im Fall von Namenlos, ganze Musikgruppen verschwinden lassen, ohne dass es viele mitbekommen hätten.

Im Spätsommer 1983 reisten ein paar Leipziger aus dem Wutanfall-Umfeld nach Berlin und hörten dort von der Inhaftierung der Namenlos-Mitglieder. Einer von ihnen war Chaos' Kumpel Ratte, der bei HAU spielte, der damaligen Hauptband des Ex-Wutanfall-Gitarristen Imad. Ratte und die anderen Leipziger waren gut mit Pankow und den Ost-Berliner Punks der ersten Generation befreundet und erfuhren die Geschichte von ihnen.

Weil Kaiser, der Bassist von Planlos, irrtümlicherweise als Mitglied von Namenlos festgenommen worden war, konnte er Details aus den Vernehmungen berichten, die sonst vielleicht gar nicht ans Licht gekommen wären. Ihm war aufgefallen, dass sich die Stasi vor allem am Namenlos-Stück »Nazis wieder in Ost-Berlin« störte.

Die Leipziger Punks waren geschockt von dem, was sie hörten.

Aber die Leute sagen doch wirklich, Adolf hätte mit uns kurzen Prozess gemacht.

Wie die Berliner wurden auch die Leipziger Punks ständig mit Nazisprüchen konfrontiert. Und für sie waren Leute, die ihnen ins Gesicht sagten, dass man sie *vergasen* sollte, nichts anderes als Nazis.

Wie kann es angehen, dass Namenlos in den Knast wandern, wenn sie doch nur die Wahrheit gesagt haben?

Wieso ist eine Regierung, die sich antifaschistisch nennt, nicht auf unserer Seite?

Nach der Rückkehr aus Berlin ließ die Verhaftung von Jana, Mita und A-Micha den Leipzigern keine Ruhe.

Wir müssen was dagegen unternehmen!

Kurz darauf fand in der Leipziger Siedlung Grünau eine Privatparty statt. Grünau war ein gottverlassener Flecken mit ein paar hingeworfenen Plattenbauten. Weit und breit kein Baum in Sicht. Der aus dem Boden gestampfte Stadtteil war als sozialistische Modellsiedlung von schwindelerregendem Ausmaß geplant worden: hunderttausend Menschen sollten dort Wohnraum finden. 1976 hatte man das Areal planiert und mit dem Bau begonnen. Nach Errichtung der ersten Wohnkomplexe war die Arbeit allerdings zum Stillstand gekommen, sodass sich Tausende von Menschen in die wenigen Plattenbauten quetschten, die von halbfertigen Straßen und Dauerbaustellen umgeben waren. Freizeitmöglichkeiten gab es kaum. Die geplanten Kneipen, Geschäfte, Kinos, Schwimmbäder und Sportplätze waren nie fertiggestellt worden.

Die siebzehnjährige Connie, die Jana und Mita für ihren Mut bewunderte, war mit in Berlin gewesen. Seit sie von der Verhaftung erfahren hatte, war ihre Wut von Tag zu Tag gestiegen. Bei der Feier in Grünau diskutierte sie den Vorfall mit ihren Freunden, darunter Ratte.

Connie und Ratte hatten schon länger vorgehabt, Graffitis zu sprühen – das gehörte zum Punksein schließlich irgendwie dazu. Bisher hatten sie allerdings noch keine richtig gute Idee gehabt. Ein paar Male hatte einer von ihnen zwar einen Versuch starten wollen, aber dann hatten sie keine Farbe auftreiben können oder es nicht geschafft, sich fest zu verabreden.

Während sie nun auf der Feier standen und tranken – und zwar nicht gerade wenig –, sprachen sie wieder mal über das Schicksal von Namenlos.

Wir müssen was dagegen unternehmen.

»Wir könnten ein Graffiti für sie sprühen«, sagte einer.

»Hört auf, das ist Scheiße. Ihr seid viel zu voll.«

Aber Connie und drei andere waren schon auf dem Weg: Ratte, Krützner, der zufällig eine Dose Farbe dabeihatte, und Fleischer, der sich zwar nicht besonders für Politik interessierte, aber immer auf *Action* aus war. Was Verrücktes anstellen, das war genau sein Ding.

Sie suchten sich eine schöne nackte Wand und sprühten los: FREIHEIT FÜR JANA, MITA UND A-MICHA!

Connie war im Rausch.

Das ist gefährlich.

Aber sie konnte nicht mehr aufhören. Dose schütteln, das Klackern der Mischkugel hören, auf den Knopf drücken und *sssssssssssss* – wieder hatte ein Strahl Farbe eine Wand entweiht. Connie und die anderen liefen durch die Straßen und besprühten Fassaden mit dem Anarcho-Zeichen, dem Wutanfall-Logo und politischen Parolen wie »Eigentum ist Diebstahl« oder »Bullenstaat«.

Seit sie vierzehn war, hatte Connie sich für alternative Politik interessiert. Damals hatte sie miterlebt, wie Polizisten einen langhaarigen Hippie am helllichten Tag mit Schlagstöcken traktiert und anschließend weggeschleift hatten. Dass sie zu den Außenseitern gehörte, zu denen, die anders aussehen und sich nicht anpassen wollten, war ihr seitdem klar. Sie hatte die Nähe dieser Menschen gesucht und war nicht enttäuscht worden – sie fühlte sich gut aufgehoben bei Leuten, die von Anarchie sprachen und der

Meinung waren, in der DDR sei alles *sinnlos* und *ungerecht* und man müsse sich *wehren.*

FREIHEIT FÜR JANA, MITA UND A-MICHA!

Connie war nicht mehr zu stoppen. Sie sprühte Stromkästen und Autos voll.

Ich will Autos umkippen.

Ich will sie anzünden.

Grünau soll brennen.

Ratte hörte auf zu sprayen. Krützner blieb stehen.

Allmählich beruhigten Connie und Fleischer sich wieder und kehrten zur Erde zurück.

Alle fingen an zu lachen. Sie sprühten Farbe unter ihre Achseln.

Sie waren betrunken.

Ihnen war alles scheißegal.

37

Am nächsten Tag rief die Polizei bei Connies Arbeitsstelle an und fragte nach einer gewissen Cornelia.

Weil sie noch minderjährig war, glaubte Connie, relativ ungeschoren davonzukommen. Trotzdem versuchte sie, sich schnell noch ein Alibi zu verschaffen, bevor die Polizei bei der Arbeit auftauchte.

Verzweifelt rief sie ein paar Leute an. Ihre Mutter lehnte ab. Ihre Freunde hatten Bedenken.

Polizisten kamen und nahmen sie mit.

Sie fuhren Connie zum Gefängnis in der Beethovenstraße und begannen mit der Vernehmung.

Als Siebzehnjährige würde man sie schlimmstenfalls ein, zwei Tage festhalten und sie mit unangenehmen Fragen löchern. Wegen einer kleinen Sachbeschädigung würde man sie schon nicht ins Gefängnis stecken. Das hoffte Connie wenigstens.

Die anderen hatten alles gestanden, behauptete der Vernehmer. Außerdem klebte noch Farbe an Connies Händen, und sie hatte kein Alibi. Er wollte nur wissen, wer was gesprüht hatte.

In der Zwischenzeit wurde Connies Zimmer in der Wohnung ihrer Eltern durchsucht. Nach mehreren Stunden in Gewahrsam legte man ihr verschiedene Gegenstände vor, die bei ihr zu Hause konfisziert worden waren: Poster, Schallplatten, T-Shirts mit Aufschriften wie »Brot für die Welt«, aber auch ihr Tagebuch und selbst geschriebene Gedichte.

»Ich krieg euch alle in den Knast«, höhnte der Polizist, der sie verhaftet hatte.

Um zehn Uhr abends kehrte er nach kurzer Pause ins Vernehmungszimmer zurück und wedelte mit einem Zettel. Ein Haftbefehl.

»Jetzt geht's in den Knast!«

Er führte Connie, Ratte, Fleischer und Krützner zu einem Gefangenentransporter. Zur Bestätigung des Haftbefehls mussten sie einer Untersuchungsrichterin vorgeführt werden.

»Prägt euch den Himmel gut ein, ihr seht ihn für lange Zeit zum letzten Mal«, sagte der Polizist.

Connie glaubte immer noch an ein gutes Ende.

Kurz darauf stand sie vor der Richterin, die erklärte, sie habe alles geprüft und halte die Untersuchungshaft für dringend erforderlich. Dann wurden die Anklagepunkte verlesen: Staatshetze, Sachbeschädigung, Rowdytum, öffentliche Herabwürdigung ...

Alles wurde von Anfang an als politisch motivierte Straftat hingestellt.

Jetzt geht's uns an den Kragen.

Die folgenden drei Monate verbrachten Connie, Ratte, Fleischer und Krützner in U-Haft. Pro Tag war ihnen eine halbe Stunde Hofgang gestattet, ansonsten mussten sie in ihren Zellen sitzen. Auf dem Bett liegen war verboten.

Wer sind die Leute auf diesen Fotos?

»Keine Ahnung.«

Klatsch.

Wollen Sie nun mit uns zusammenarbeiten?

»Nein.«

Klatsch.

Anfang November 1983 dann endlich der Prozess. Die Anwälte erklärten vorab, dass die vier keine Chance hätten. Sie behielten recht. Zwei Wochen später, am 15. November, bekamen Connie, Ratte, Fleischer und Krützner Handschellen angelegt, dann stieß man sie in die engen Zellen eines Gefangenentransporters und fuhr sie zur Urteilsverkündung.

Den Weg ins Gerichtsgebäude mussten sie im Eilschritt zurücklegen. Dennoch erkannten sie einige Punks – darunter Stracke, den Sänger von HAU und Aushilfssänger von Wutanfall –, die schweigend, aber mit gereckten Fäusten vor dem Gebäude standen. Tatsächlich handelte es sich um eine größere Gruppe. Nicht nur Punks, auch ältere Hippies und Friedensaktivisten waren gekommen, um ihre Solidarität zu bekunden. Aber aus Angst vor einer gewaltsamen Auflösung der Versammlung wagten sie es nicht, laut zu werden.

Im Gerichtssaal entdeckte Connie ihren Vater. Er trug zerrissene Jeans und eine alte Kutte. Um der Tochter seine Unterstützung zu zeigen, hatte er sich Mühe gegeben, möglichst punkig auszusehen. Als er sie sah, reckte er ebenfalls die Faust.

Dann ging alles sehr schnell. So schnell, dass die Worte des Richters kaum zu Connie durchdrangen. Schuldig, ja, dann das Strafmaß: zehn Monate Freiheitsstrafe für Fleischer, sieben für Ratte, acht für Krützner, neun für Connie. Als man Connie im Laufschritt hinausführte, rief ihr Vater etwas, das sie nicht verstehen konnte.

Die Polizisten brachten sie durch einen anderen Korridor zu einem Hinterausgang. Im Innenhof wartete bereits der Gefangenentransporter. Connie wurde klar, dass die Polizei unter gar keinen Umständen an den vor dem Haupteingang wartenden Punks vorbeifahren wollte.

Die haben Schiss.

Die haben Schiss vor UNS.

Einen kurzen Moment lang verspürte sie Genugtuung.

Das Gefühl verflog rasch.

Sie und ihre Freunde wurden in verschiedene Gefängnisse gebracht, wo sie drei Tage warten mussten, bis man sie in die jeweilige Vollzugsanstalt überführte. Connie wusste zwar, dass sie in ein Jugendgefängnis für Frauen kommen würde, aber Ratte, Krützner und Fleischer hatten bisher nur erfahren, dass sie nicht zusammen einsitzen würden.

Connie erlebte drei entsetzliche Tage. Einmal wurde sie von einer Wärterin an den Haaren aus dem Etagenbett gezerrt und knallte auf den Betonboden. Dann wurde sie allein in der Dusche eingeschlossen, wo sie in kaltem, knöcheltiefem Wasser stehen musste. Ihre Hände und Füße liefen blau an. Erst nach Stunden wurde sie geholt und in ein Handtuch gehüllt, bis sie Arme und Beine wieder bewegen konnte. Man brachte sie zu einem Gefangenentransporter und überführte sie in die Vollzugsanstalt. Die Zellengenossinnen begrüßten sie mit »Heil Hitler«.

Was Connie zu der Zeit nicht wusste: Nachdem sie und die anderen im Eilschritt an den vor dem Gerichtsgebäude versammelten Punks vorbeigeführt worden waren, hatten diese sich entschlossen, ihre Unterstützung noch deutlicher zu demonstrieren. Die vier sollten wissen, dass ihre Freunde noch da waren, an sie dachten, zu ihnen hielten.

Wir haben euch nicht vergessen.

Als die Polizei ihnen den Zutritt zum Gerichtsgebäude verwehrt und sie auf die Straße zurückgedrängt hatte, stieg ihre Wut. Sie wurden sich schnell einig, dass sie anderweitig in Aktion treten mussten. Am Tag des Prozesses fanden mehrere Veranstaltungen in Leipzig statt, darunter die sogenannte Friedensdekade der Kirche und ein Dokumentarfilmfest. Da sich zahlreiche Medienvertreter – darunter etliche aus dem Ausland – in der Stadt aufhielten, ergab sich eine gute Gelegenheit, öffentlichkeitswirksam zu protestieren.

Nach dem Friedensgebet in der Nikolaikirche versammelten sich Stracke und eine große Gruppe Punks und Friedensaktivisten vor dem Rathaus, um dort eine Mahnwache abzuhalten – eine halbe Stunde vor Eröffnung des Filmfests. Der Plan ging auf: Die internationalen Medienvertreter wurden tatsächlich auf den Protest aufmerksam. Die Demonstranten traten in drei Schichten an, nacheinander hielten sie schweigend ihre Kerzen, bis sie von der Polizei abgeführt wurden. Stracke gehörte zur letzten Schicht, gegen die die Polizei besonders hart durchgriff. Die Punks waren die Misshandlungen gewöhnt, aber die Friedensaktivisten reagierten mit Entsetzen auf die körperliche Gewalt.

Vierzig Demonstranten wurden vorübergehend festgenommen und bis in die frühen Morgenstunden verhört. Am nächsten Tag blieben siebzehn in Gewahrsam. Einige willigten ein, sich in den Westen abschieben zu lassen. Stracke weigerte sich. Er saß über einen Monat in U-Haft und wurde in den täglichen Vernehmungen immer wieder mit denselben Fragen konfrontiert: »Woher hatten Sie die Kerzen? Wer hat den Aufstand angezettelt?«

Stracke erklärte schließlich, er sei für alles verantwortlich. Wie sich herausstellte, hatten die anderen dasselbe behauptet. Die Polizei hatte den Schuldigen also immer noch nicht gefunden.

Stracke wurde um die Weihnachtszeit 1983 freigelassen. Ratte, Connie und die anderen blieben weiter in Haft.

38

Planlos, eine der letzten wichtigen Punkbands, die noch aktiv waren, stürzte quasi in sich selbst zusammen.

Die Bandmitglieder fühlten sich umzingelt, verfolgt. Der Druck von außen wurde immer stärker. Freunde verschwanden im Gefängnis, wurden zum Wehrdienst eingezogen oder nach Westdeutschland abgeschoben. In der Punkszene waren alle überzeugt, dass die Stasi einen gewissen Schmitti ermordet hatte – er wurde an seinem achtzehnten Geburtstag von einem hellen Wartburg überfahren. Wie er Freunden erzählt hatte, hatten ihn seine Eltern, die beide für die Stasi arbeiteten, vorgewarnt: Falls er nicht endlich mit der Punksache aufhörte, würde er seinen achtzehnten Geburtstag nicht erleben. Der Fahrer des Wagens wurde nie gefasst.

Während einer vorübergehenden Festnahme hörte Kobs zum ersten Mal von den Plänen des MfS, die Punkszene zu zerschlagen. *Härte gegen Punk.* Befehl von ganz oben.

Nach einer Stasi-Durchsuchung im Proberaum in der Metzer Straße wurde es Planlos dort zu brenzlig. Um belastendes Material zusammenzutragen, hatte die Stasi den Raum vermutlich verwanzt – dort konnten sie nicht länger an Stücken mit derart heiklen Texten arbeiten.

Teile ihrer Anlage schleppten sie in ein besetztes Haus in der nahe gelegenen Fehrbelliner Straße. In dem Gebäude wohnten vor allem Kirchenaktivisten. Die Anlage landete in der Wohnung eines Typen namens Aljoscha, der neben dem DDR-Personalausweis auch einen Schweizer Pass besaß und eine feste Größe in den Boheme-Zirkeln in Prenzlauer Berg war. In seiner Wohnung fanden regelmäßig Partys statt, die von vielen Musikern und Punks besucht wurden.

Weit schwerer als der Verlust des Proberaums wogen die Spannungen zwischen den Bandmitgliedern. Kurz nachdem Pankow im Juni mal wieder vorübergehend festgenommen worden war, hatte ihm seine Freundin Nase gebeichtet, dass sie sich zur Zusammenarbeit mit der Stasi bereit erklärt hatte. Man hatte sie abgeholt, stundenlang vernommen und ihr gedroht, Pankow würde für drei Jahre ins Gefängnis wandern, falls sie die Zusammenarbeit verweigerte. Sie hatte sich als IM verpflichtet.

Nur deshalb bin ich nicht im Knast gelandet!

Pankow konnte ihre Entscheidung nachvollziehen.

Er war ihr zutiefst dankbar. Außerdem hatte Nase natürlich nicht vor, ihren Freund oder andere Punks zu bespitzeln. Sie war nicht wie die neugierigen Nachbarn von Pankow, sondern hatte sich nur aus einem Grund verpflichtet: um ihm den Knast zu ersparen. An ihrer Einstellung hatte sich nichts geändert. Und sie gehörte auch nicht zu den Leuten, die glaubten, das System von innen verändern oder die Stasi manipulieren zu können. Nein, so naiv war sie nicht. Wenn sie allen Leuten erzählte, dass sie als IM tätig war, so ihr Plan, würde niemand in ihrer Nähe heikle Themen ansprechen. Und wenn der Führungsoffizier sie bei einem Treffen unter Druck setzte, konnte sie keine belastenden Informationen preisgeben. Sie wäre für die Stasi ein nutzloser Spitzel.

Weil das MfS inzwischen aber mit voller Härte gegen Punks vorging, war es wichtig, das absolute Vertrauen der eigenen Leute zu gewinnen. Sonst nahmen sie es einem nicht ab, dass man keine Informationen weitergeben würde. Pankow vertraute Nase zu diesem Zeitpunkt sein Leben an – schließlich hatte sie seine Haut gerettet –, aber die anderen Bandmitglieder waren skeptisch. Dass Nase der Stasi nicht helfen wollte, hatten sie begriffen, aber es stand einfach zu viel auf dem Spiel. Einerseits musste sie genügend Informationen liefern, damit der Führungsoffizier zufriedengestellt war; andererseits musste man aufpassen, dass sie nicht in der Nähe war, wenn man Gigs organisierte oder logistische Fragen klärte, die andere belasten konnten.

Die übrigen Bandmitglieder drängten Pankow, mit Nase Schluss zu machen. »Sie ist bei der Stasi!«

Pankow weigerte sich. »Sie hat mir den Arsch gerettet!«

Die Spannungen in der Band stiegen.

Und sie förderten andere Probleme zutage. Pankow hatte schon oft den Verdacht gehabt, dass Lade eigentlich immer noch Sänger der Band sein wollte. Jetzt lagen die Nerven blank, und Pankow befürchtete, Lade wolle die anderen Bandmitglieder überreden, ihn loszuwerden.

Während sich die Wolke aus Paranoia und gegenseitigem Misstrauen über der Band zusammenzog, kam Pankow noch ein anderer Verdacht. Vielleicht ging es Lade nicht nur um die Position des Sängers? Als sie zusammen eine Wohnung besetzt hatten, hatten sie sich mal über die Zukunft der Band unterhalten. In der Bruchbude hatte es nur eine alte Matratze gegeben, auf der sie beide schliefen. Im Dunkeln hatten sie ernste Gespräche geführt, aber auch versucht, sich gegenseitig zum Lachen zu bringen. Eines Nachts, fiel Pankow nun wieder ein, hatte Lade vorgeschlagen, mit der Band zur Einstufung zu gehen – dadurch erhielten Amateurmusiker die staatliche Erlaubnis, in bestimmten Lokalen aufzutreten.

Damals hatte Pankow die Idee, mit dem Feind zusammenzuarbeiten, für einen Witz gehalten.

»Geil, geil, wir machen 'ne Einstufung!«, hatte er gesagt und sich schlapp gelacht.

»Pankow, ich meine das ernst«, erwiderte Lade.

»Ha, ha«, sagte Pankow. »Ist gut, reicht, ich kann nicht mehr.«

»Nee, doch, ich meine das ernst, Pankow.« Lade fing mit einem Vortrag an. Man müsse das System von innen unterwandern und so weiter.

»Bist du bescheuert?« Pankow wurde langsam sauer. »Ich geh doch nicht zur Einstufung. Niemals!«

Der letzte Satz, den Lade an jenem Abend zu ihm gesagt hatte, hatte Pankow damals schwer zu denken gegeben.

»Du wirst noch mal in der Gosse landen.«

Pankow glaubte Lades Beweggründe zu kennen. Bei Lade zu Hause war es vielleicht noch wesentlich schlimmer zugegangen als in seiner eigenen Familie. Er wollte einfach nur raus und was aus sich machen. Und nun, im Herbst 1983, geisterte das Gespräch immer wieder in Pankows Kopf rum. In seiner Paranoia fragte er sich, ob Lade ihn vor allem deswegen loswerden wollte, um die Band zur Einstufung zu überreden. Die Jungs aus der Band waren Pankows beste Freunde, aber nun stellte er die Grundlage ihrer Freundschaft infrage.

Die Stasi hatte bereits gewonnen.

Als die gegenseitigen Anfeindungen zu eskalieren drohten und die Band am toten Punkt angekommen zu sein schien, berief Lade ein Bandtreffen in dem von Künstlern frequentierten Café Mosaik in Prenzlauer Berg ein. Lade war der Einzige, der den Mund aufmachte. Er stellte Pankow ein Ultimatum: Entweder du machst Schluss mit Nase, oder du bist raus aus der Band.

Leckt mich.

Pankow sprang auf und stürmte aus dem Café. Es sollte viel Zeit vergehen, bis er mit den anderen wieder ein Wort wechselte.

Planlos waren am Ende.

Die Stasi-Taktik ging fast immer auf. So oder so. Manchmal reichte es, Misstrauen zu säen und Paranoia zu schüren. Manchmal war das sogar effektiver, als einen IM auf die Leute anzusetzen. Indem man sich Gerüchte oder Fehlinformationen zunutze machte, indem man die Menschen in dem Glauben ließ, es bestehe eine echte oder eingebildete Bedrohung, konnte man Misstrauen oder Paranoia hervorrufen.

Die Auflösung der Band war sowieso egal. Im November 1983 wurden Lade und Kobs zum Wehrdienst eingezogen. Pankow erhielt seinen Einberufungsbescheid ein paar Monate später. Kaiser wurde aus medizinischen Gründen zurückgestellt.

Lade erklärte seiner Mutter, er wolle sich nicht zum Dienst melden. Sie weinte und redete auf ihn ein.

Du schadest der ganzen Familie.

Irgendwann gab Lade nach und ging doch hin.

Auch Kobs trat seinen Dienst in einer NVA-Kaserne im Norden von Berlin an.

Am Tor wurde er von einem Major mit einem Grinsen begrüßt: »Schön, dass Sie nun bei uns sind, Herr Kobs.«

Der kennt meinen Namen?

Es war der Verbindungsoffizier der Stasi.

Kobs wurde einem Baubataillon zugeordnet, in dem politische Abweichler resozialisiert werden sollten – etwa die Hälfte war bei der versuchten Republikflucht erwischt worden. Auch ein paar Punks waren dabei.

Kobs' Erfahrungen in der NVA bestätigten sein Vorurteil, die Gesellschaft in der DDR sei durch und durch scheinheilig und verlogen. Seine Einheit wurde an die Ostsee verlegt. Offiziell sollten sie in Saßnitz einen neuen Hafen bauen. Aber die Offiziere hätten zu gern ein paar Datschen für den Eigenbedarf gehabt. Daher wurden an den Wochenenden Baumaterialien abgezweigt und schwere Baufahrzeuge ausgeliehen, um Ferienhäuschen für die hohen Tiere zu errichten.

Dann bekam Kobs einen Brief von Lade.

Er berichtete von den schlimmen Zuständen in der Kaserne und bat Kobs, ihm eins zu versprechen: Sobald sie den Wehrdienst hinter sich hatten, sollte alles wieder so werden wie früher.

Kobs versprach es in seiner Antwort.

Aber so wie früher sollte es nie wieder werden.

39

Trotz der Verhaftung von Namenlos und den Leipziger Sprayern, trotz der Auflösung von Wutanfall und nun auch Planlos, trotz der brutalen Polizeieinsätze gegen Punks stieg die Vorfreude auf das zweite große Punkfestival, das am 22. Oktober 1983 in der Christuskirche in Halle stattfinden sollte. In der gesamten DDR hatte sich herumgesprochen, wie legendär das Festival im April gewesen war.

Die örtlichen Sicherheitskräfte waren fest entschlossen, sich nicht noch einmal vorführen zu lassen. Pfarrer Siggi – der immer noch als *Staatsfeind* galt – war nahegelegt worden, die Veranstaltung abzublasen. Andere Kirchenvertreter wurden gebeten, sich einzuschalten. Alles half nichts. Siggi machte keinen Rückzieher, und seine Gemeinde konnte ihn nicht dazu zwingen.

Was Siggi nicht wusste: Der Hausmeister der Christuskirche war als Spitzel auf ihn angesetzt worden. Daher war die Stasi relativ gut über die Pläne für das zweite Festival informiert. Allerdings hatte es nicht am Informationsmangel gelegen, dass man das erste Musikfest nicht hatte verhindern können. Die Stasi hatte nur die Größenordnung der Veranstaltung unterschätzt – allerdings hatten auch die Organisatoren nicht geahnt, wie viele Besucher das Fest anziehen würde. Dieses Mal rechnete Siggi mit erheblich mehr Leuten. Mindestens fünf-, sechshundert, vielleicht sogar tausend – genau ließ sich das nicht vorhersagen.

Das MfS hatte extra einen Major und sechs Untergebene abkommandiert, die die Operation in Zusammenarbeit mit Volkspolizei und Transportpolizei durchführen sollten. Die dreiseitige Dienstanweisung enthielt einen Neun-Punkte-Plan: Unter anderem wurden die Straßen und Tunnel aufgelistet, die am Tag des Festivals gesperrt werden sollten, damit niemand das Kirchengelände erreichte, und die Standorte angegeben, an denen die Punks unter dem Vorwand von Geschwindigkeitskontrollen auf der Autobahn abgefangen werden sollten.

Lange vor dem 22. Oktober lief die »Aktion Dekadenz« bereits auf Hochtouren.

In der Schule gegenüber der Christuskirche blieb der Raum für den Geografie-Unterricht wieder die ganze Woche über geschlossen. Die Schüler sahen Männer, die dort rein- und rausschlichen, aber wie Handwerker wirkten die nicht. Die Schüler wurden auch erneut vor den Staatsfeinden gewarnt, die sich im Inneren der Kirche zusammenrotteten. Tatsächlich hatte man sämtliche Jugendliche in Halle gewarnt. Doch viele empfanden alles, was den Respektspersonen Unbehagen bereitete, als besonders aufregend. Was immer in der Christuskirche geschehen würde, es klang auf jeden Fall abenteuerlich und heizte das Interesse der Jugendlichen an Punk weiter an. Daher planten bereits ganze Horden von Teenagern aus Halle und anderswo einen Besuch des Festivals. Sie wollten dazugehören – und sich vielleicht auch einmal außerhalb der Gesellschaft bewegen.

Am Donnerstag vor dem Festival wurden alle polizeibekannten Punks aus Halle zur Volkspolizei vorgeladen. Diejenigen, die der Aufforderung nicht folgten, holte man mit dem Auto ab. Nach der Vernehmung mussten über hundert Punks unterschreiben, dass sie nicht an der »kriminellen Veranstaltung« in der Christuskirche teilnehmen würden. Außerdem hatte sich der verantwortliche Major an die Stasi-Offiziere in den umliegenden Städten wie Erfurt und Eisleben gewandt, damit sie ähnliche Maßnahmen gegen die örtlichen Punks ergriffen und sie an der Fahrt nach Halle hinderten.

Otze und die anderen von Schleim-Keim waren der Stasi sogar ein eigenes Telegramm an die Erfurter Polizei wert.

Einige Leute waren schlau gewesen und schon ein, zwei Tage vor dem Konzert angereist. Denn richtig: Am Samstagmorgen wimmelte es auf allen Bahnhöfen der DDR von zusätzlichen Mitarbeitern der Transportpolizei. In Berlin, Leipzig, Magdeburg und anderen Städten wurden Punks auf den Bahnhöfen verhaftet und so lange festgehalten und vernommen, bis der Zug nach Halle fort war. Andere wurden von den Bahnsteigen verjagt.

Dennoch huschten in Halle etliche Punks aus den Zügen. Ein derart massives Polizeiaufgebot hatten sie noch nie gesehen. Die Transportpolizei hatte den gesamten Bereich abgesperrt. Sobald eine Gruppe Punks aus der Bahn stieg, wurde sie eingekreist und in den Waggon zurückgedrängt, bis der Zug wieder abfahrbereit war. Einige Gruppen wurden auf der Rückfahrt von einem Polizisten begleitet, der die Ausweise einkassierte und erst am Zielbahnhof wieder herausrückte.

Aber es kam noch schlimmer.

Für jene Punks, denen es geglückt war, aus dem Bahnhof zu entwischen, hatte die Polizei Kontrollpunkte auf dem Weg zur Christuskirche errichtet. Nebenstraßen waren mit Einsatzbussen für Massenverhaftungen zugestellt. Einige Straßen waren von knüppelschwingenden Polizisten gesäumt; jeder, der die Absperrung zu durchbrechen versuchte, wurde brutal zusammengeschlagen.

Ortsansässige Punks hatten es nicht leichter. Polizisten standen auf allen öffentlichen Plätzen und umzingelten Tram- und Bushaltestellen. Am frühen Morgen war es einigen »normal« gekleideten

Jugendlichen noch gelungen, die Kirche zu erreichen. Einige Punks hatten sich mit Overalls und Mützen verkleidet, um als Arbeiter durchzugehen. Andere fuhren mit dem Taxi zur Kirche und entkamen so der Polizei. Doch die meisten wurden davongejagt, niedergeknüppelt, festgenommen.

Als der für dreizehn Uhr geplante Festival-Beginn näher rückte, wurde auch »normal« gekleideten Jugendlichen der Zutritt zum Kirchengelände verwehrt. An den umliegenden Tramhaltestellen hatten sich Polizisten postiert, die jeden jüngeren Menschen beim Verlassen der Straßenbahn umzingelten – *die Papiere, bitte!* Jeder, der keine Adresse in der näheren Umgebung vorweisen konnte, hatte die Wahl: sofort abhauen oder mit aufs Revier.

Einzelne Punks erreichten dennoch das Kirchengelände. Einige hatten blaue Flecken, andere bluteten. Einer hatte die Kappe eines Polizisten beim Durchbrechen der Absperrung ergattert und trug sie wie eine Trophäe mit sich herum.

Die sehen ja aus wie Tiere im Schlachthof, dachte Siggi, als er die misshandelten Jugendlichen sah, die es in die Kirche geschafft hatten.

Aber ihr Verhalten überraschte ihn. Auch wenn sich die Jugendlichen beim ersten Festival einigermaßen respektvoll benommen und die Kirchenorgel nicht beschädigt hatten, befürchtete Siggi, dass sie als Reaktion auf die neuen Polizeischikanen erst mal etwas kaputtschlagen müssten. Aber die Jugendlichen wollten nur Pogo tanzen und ihre Aggressionen auf der Tanzfläche abreagieren, während alle, die in einer Band spielten und es in die Kirche geschafft hatten, sich spontan zusammentaten und in halsbrecherischem Tempo ein paar Akkorde runterdroschen.

Letztendlich gelangten lediglich hundertfünfzig Festivalgäste auf das Gelände.

Eine Gruppe Berliner Punks hatte ein Theaterstück über die Situation in der DDR verfasst. Nicht alle Schauspieler kamen in Halle an, daher rief Siggi auf der Bühne zum Mitmachen auf. Freiwillige sprangen ein, sodass das Stück doch noch aufgeführt werden konnte.

In der ersten Szene reden zwei Punks über den Ärger mit den Eltern.

Der erste: »Aber was willst du machen?«

Der zweite: »Na, ich bin von zu Hause abgehauen, hab mich einfach in 'ne Bude reingesetzt.«

Dann beklagen die beiden, dass andere über ihr Leben bestimmen. *Too Much Future.*

»Du bist ja nur noch 'ne Marionette!«

»Ich will endlich mal so leben, wie ich will, und nicht so, wie andere das vorschreiben.«

In einer anderen Szene, die in einer besetzten Wohnung spielt, beschreibt ein Punk seine letzte Vernehmung: »Wie immer. Haben wieder nach Typen gefragt, die ich kennen soll ... Irgendein Punk soll Nazisprüche an eine Mauer gesprüht haben.«

Ein anderer, genervt: »Die müssen 'ne totale Panne haben. Erst dürfen wir in Sachsenhausen keinen Kranz niederlegen, und dann sollen wir Nazis sein.«

In einer weiteren Szene wird ein Punk von der Polizei angehalten, nach seinen Papieren gefragt und niedergeknüppelt. Die Bullen erklären, er müsse ins Gefängnis. Als er sich beschwert, er habe nichts verbrochen, sie könnten ihn nicht so ohne weiteres verhaften, erwidern sie: »Du wirst schon sehen, was wir alles können.«

Was die Bullen alles konnten, das hatten die Punks an diesem Tag einmal mehr am eigenen Leib erfahren.

Das zweite Punkfestival war ein Blutbad. Aber die Stasi-Gewalt hatte einen Bumerangeffekt. Viele Jugendliche, die mit dem Gedanken spielten, sich der Punkbewegung anzuschließen, waren zum ersten Mal in ihrem Leben massiv von der Polizei eingeschüchtert worden. Und sie hatten zum ersten Mal mit eigenen Augen gesehen, wie andere Jugendliche brutal von der Polizei zusammengeschlagen wurden. Es war schlimm gewesen. Und es brachte sie dazu, die Gesellschaft, in der sie lebten, grundsätzlich infrage zu stellen.

Ein Vierzehnjähriger aus Halle konnte nicht fassen, was sich vor seinen Augen abgespielt hatte. *Das ist doch vollkommen überdreht, mit so einem Aufwand Musik zu verhindern, völlig absurd.*

Aber eins wusste er nun mit Sicherheit: *Ich werde Punk.*

Und er war nicht der Einzige.

Verbrecherfotos ostdeutscher Punks

TEIL IV

Schlagt zurück

40

In den frühen 1980er-Jahren war Weimar ein verschlafenes, graues Nest. Dennoch galt es als kulturelle Hochburg – ein Erbe Johann Wolfgang von Goethes, der dort die letzten vierzig Jahre seine Lebens verbrachte. Auch der Fürstenhof zog viele Persönlichkeiten des Kunst- und Geisteslebens an, darunter Schiller, Bach, Liszt und Strauss. Nach Ende des Ersten Weltkriegs und der Novemberrevolution traf sich die Nationalversammlung zur Ratifizierung einer neuen Verfassung in Weimar – vielleicht hatte man der Stadt gegenüber Berlin auch nur den Vorzug gegeben, weil in der Hauptstadt Freikorps durch die Straßen zogen und politisch unliebsame Gegner ermordeten. Zur gleichen Zeit gründete Walter Gropius in Weimar die Bauhaus-Bewegung. Aber vor allem architektonisch hatte die Stadt auch schon vorher einiges zu bieten: barocke Schlösser, Herrenhäuser und andere Prachtbauten, wie sie im Dunstkreis eines Fürstenhofs entstehen, dazu etliche Schulen und Institute, errichtet, um Goethes Nachruhm zu nutzen.

Trotz des beeindruckenden kulturellen Erbes befand sich Weimar in den 1980er-Jahren eindeutig auf dem absteigenden Ast. Zwar zogen Goethes Wohnhaus, Goethes Grab oder die Herzogin Anna Amalia Bibliothek noch immer viele Besucher aus Ost und West an.

Doch die Touristen, die das Pech hatten, länger in der Stadt zu verweilen, mussten sich mit Ersatzkaffee oder dünnem Ost-Bier begnügen, das ihnen in Lokalen wie dem zweigeschossigen Residenz-Café serviert wurde, wo Chromsessel mit roten Kunstlederbezügen den Glanz der Weimarer Republik heraufbeschwören sollten.

Aber auch wenn Weimar zu einem Provinznest verkommen war, infizierten sich dort in den frühen 1980er-Jahren etliche Jugendliche mit dem Punkvirus. Irgendjemand hatte von einem Verwandtenbesuch in Berlin Kassettenkopien von *Never Mind the Bollocks* oder Mitschnitte der auf dem britischen Militärsender ausgestrahlten Radiosendungen von John Peel mitgebracht und Freunden vorgespielt. Auf diesem Weg gelangte Punk etwa 1980 nach Weimar, also etwas später als nach Berlin oder Leipzig; aber innerhalb weniger Jahre begeisterten sich auch dort immer mehr Jugendliche für die neue Musik.

Für die Weimarer Kids klang Punk wie drei Rebellionen auf einmal. Eine Rebellion gegen die Eltern, die sich naturgemäß über den Krach aufregten, eine Rebellion, die etwas Verschwörerisches an sich hatte, wenn die Jugendlichen Kassetten und Kopien von Kassetten an ihre Freunde weitergaben und so den Punkkanon verbreiteten: Sex Pistols, Clash, X-Ray Spex, und eine Rebellion, die sich irgendwie gut anhörte, weil man wusste, dass in Berlin punkmäßig schon viel los war.

Provokation machte Spaß.

Thomas Onißeit gehörte in Weimar zu den ersten Punks. So was wie diese Musik hatte er noch nie gehört, schon gar nicht in dieser zerbröselnden Stadt.

Seine Mutter war Lehrerin und somit berufsbedingt Teil des Staatsapparats. Allerdings hatte sein Vater während des Arbeiteraufstands vom 17. Juni 1953 einen Republikfluchtversuch gewagt. Zu Hause wurde, teilweise aus Rücksicht auf die berufliche Position der Mutter, nie über diesen Teil der Familiengeschichte geredet.

Doch der Vater hegte noch immer regimekritische Gedanken, die er hinter verschlossener Tür gelegentlich auch äußerte. Er wusste, dass Thomas und der ältere Sohn Jürgen seine Ansichten auf keinen Fall weitertragen würden. Jürgen hatte wegen Wehrdienstverweigerung im Gefängnis gesessen und war nur auf Bewährung draußen. Thomas wusste also, dass er sich vorsehen musste.

Im Gegensatz zu Berlin, wo man amerikanische und britische Militärsender problemlos im Radio empfangen konnte, waren die Jugendlichen in Weimar froh, wenn sie einen bayerischen Sender reinbekamen. In München gab es einen Sender, der zweimal wöchentlich eine einstündige Punksendung ausstrahlte. Durch sie lernten die Weimarer Teenager Musik kennen, die sich erheblich von der üblichen Radiokost, aber auch von den britischen Punkbands auf ihren Kassetten unterschied: Punk mit deutschen Texten. Die Texte der westdeutschen Bands waren geradeheraus und aggressiv – Kritik wie eine Ohrfeige, roh und unverblümt.

Bald wurden in Weimar die ersten Punkbands gegründet. Die Madmans, geschrieben mit zwei Anarcho-As, und die Creepers. Die Creepers fanden einen feuchten Kellerraum und genügend Eierkartons, um die Decke schalldicht zu isolieren. Sie tauften ihre illegale Höhle auf den Namen Punk Club Weimar. Die Neuigkeit sprach sich schnell rum, und bald schauten die Punks der Stadt regelmäßig im Proberaum der Creepers vorbei. Solange man ein paar Flaschen Bier mitbrachte, war jeder willkommen, allerdings konnten sich nicht mehr als zehn Leute in den kleinen Raum zwängen.

Thomas Onißeit und seine Freunde Ulrich Jadke und Jörn Luther waren fünfzehn, als sie zum Punk kamen. Thomas frisierte die dunklen Locken zum Vokuhila, Ulrich schnitt sich das Haar an den Seiten ab, ließ es vorne aber lang, sodass es ihm übers linke Auge fiel. Weimar war nicht Berlin – in der Goethestadt mit einem Irokesenkamm rumzulaufen, war einfach undenkbar. Aber sie gaben ihr Bestes, indem sie sich Sicherheitsnadeln durch die Ohrläppchen zogen, die Klamotten schwarz färbten und sie mit selbst gemachten Buttons verzierten: Sie nahmen Anstecker, die eigentlich für das FDJ-Abzeichen gedacht waren, und befestigten daran alle möglichen Fotos, die sie aus den verbotenen *Bravo*-Heften ausschnitten: von Bands wie UK Subs, PIL oder Östro 430, einer Frauenband aus Düsseldorf. Und obwohl keiner von ihnen mit Stachelfrisur oder bunt bemalter Lederjacke rumlief, wechselten die Leute dennoch die Straßenseite, wenn sie ihnen begegneten.

In einer Stadt wie Weimar Punk zu sein war brandgefährlich. In Kleinstädten kannte die Polizei in der Regel die Eltern der Jugendlichen, und wer sich auffällig kleidete oder benahm, konnte nicht einfach in der Menge untertauchen wie in Berlin oder Leipzig. Auch wenn sich das Klima in der DDR in den 1980er-Jahren leicht gebessert hatte, herrschte immer noch eine Atmosphäre der Angst vor – insbesondere in kleineren Städten. Die Leute hatten Angst vor der Polizei. Sie hatten Angst vor dem MfS. In den Köpfen der Leute hatte sich festgesetzt, dass die Stasi allmächtig und omnipräsent war.

Die Leute wurden fast zwangsläufig auf die frischgebackenen Punks aufmerksam; auch wenn die ihre Sicherheitsnadeln und Buttons vor dem Schulbesuch entfernten. Die drei gingen auf die erweiterte Oberschule, in der Führungskader herangezüchtet wurden. Nur ein geringer Prozentsatz aller Kinder schaffte es auf diese Schulen; die meisten mussten eine Lehrstelle antreten oder eine Ausbildung machen. Die wenigen Oberschüler wurden auf Erfolg getrimmt und standen unter ständiger Beobachtung. An den Lehranstalten, die sich damit rühmten, Jahr für Jahr soundso viele NVA-Offiziere hervorzubringen, gab es immer einen, dem die geringste Abweichung vom vorgeschriebenen Weg auffiel.

Sobald die drei punkmäßig unterwegs waren, tickte für sie eine Zeitbombe. Mit dreizehn hatten Thomas und Ulrich eine Verpflichtungserklärung als Berufsoffiziersbewerber unterschrieben, weil sie – berechtigterweise – hofften, auf eine Schule gehen zu dürfen, die ihnen den Weg an die Universität ebnete; ihr Notendurchschnitt hätte allenfalls für die polytechnische Oberschule gereicht. Sie wollten unbedingt studieren und der monotonen Fabrikarbeit entgehen, die normalerweise das Ende der Fahnenstange war. In den ersten Jahren verlangte man von den Offiziersanwärtern lediglich, an Geländeübungen teilzunehmen und sich in der Gruppe sowjetische Heldenfilme anzusehen. Den Rest der Zeit schmiedeten Thomas und Ulrich Pläne, wie sie dem ungleich schwierigeren Wehrdienst entkommen konnten, der ihnen nach Ende der Schulzeit drohte.

Auch Jörn hatte zu einem Trick gegriffen, um einen Platz an der erweiterten Oberschule zu ergattern: Er hatte angegeben, Lehrer werden zu wollen. Lehrer waren wichtige Räder im Getriebe des kommunistischen Staatsapparats: Sie waren nicht nur für die Erziehung von Kindern zuständig, sondern auch für deren ideologische Indoktrination.

Ab 1981, kurz nachdem sie angefangen hatten, Punk zu hören, gingen die drei Freunde regelmäßig ins Residenz-Café. In den frühen 1980er-Jahren verkehrte dort neben Touristen ein bunter Querschnitt der Weimarer Bevölkerung. Die Schüler und Lehrer der nahegelegenen Musikhochschule schlugen dort die Zeit zwischen den Unterrichtsstunden tot. Literarische Zirkel und Diskussionsgruppen hatten ihren Stammtisch. Gelangweilte Teenager hielten sich an einem Glas Bier zu achtzig Pfennig fest und lästerten über die schnapsbefeuerten, älteren Hippietypen, die das Residenz-Café vor allem frequentierten, weil sich dort in den 1920er-Jahren die Künstlerszene getroffen hatte. Und natürlich saßen im ganzen Café Stasi-Spitzel, die genau aufpassten, welcher DDR-Bürger Kontakt zu einem Wessi aufnahm, und fleißig Material für die Akten zusammentrugen.

Nach dem Residenz zogen sich Thomas, Ulrich und Jörn zu etwas verschwiegeneren Orten zurück, um verbotene Bücher zu lesen. Thomas' Bruder Jürgen, der als Hilfskraft im Magazin der Bibliothek arbeitete, hatte die heiße Ware heimlich aus dem »nur zum internen Gebrauch« bestimmten Regal entwendet. Der Anarcho-Stern und das Kreis-A, die Lieblingssymbole der britischen und westdeutschen Punkbands, übten eine besondere Faszination auf die Freunde aus. Durch ihre Verbindung zur Bibliothek konnten sie nun recherchieren, was es mit den Symbolen auf sich hatte. Denkstoff lieferten ihnen die verbotenen Schriften von Pjotr Kropotkin, Michail Bakunin, Gustav Landauer und Pierre-Joseph Proudhon.

Bald gingen die drei auch regelmäßig zu einer kirchlichen Jugendgruppe. Der Sohn des Pfarrers – sie kannten ihn aus der Schule – half seinem Vater beim Aufbau einer Jungen Gemeinde, indem er Freunde und Bekannte mitbrachte. In der Kirche freundeten sich die drei mit Holm Kirsten und Andreas Tillmans an. Keiner von ihnen war religiös, aber in der Kirche konnten sie wenigstens für einen Moment der elterlichen Kontrolle entkommen – vor allem aber der staatlichen Kontrolle, verkörpert durch die allgegenwärtigen IM, die im Residenz die Ohren spitzten. Außerdem gab es bei den Versammlungen im Keller der Kirche vom ersten Tag an Musik, Zigaretten und ausreichend Billigwein, um sich einen Rausch anzutrinken.

Kurze Zeit später planten Mitschüler von Thomas und Ulrich, den Unterricht an einem bestimmten Tag geschlossen zu schwänzen. Am Ende folgten nur wenige dem Aufruf, fast alle landeten im Residenz. Am Nachbartisch von Thomas und Ulrich saß Grit Ferber. Sie war eine Klasse über ihnen, kannte sie aber vom Sehen. Jeder, der sich anders anzog, fiel in der Schule sofort auf.

Grit hatte knallrot gefärbte Haare und schwarz lackierte Fingernägel. Auf Punk war sie gekommen, weil sie demonstrieren wollte, dass eine andere Denkweise möglich war. Außerdem lernte sie bei den Punks schnell Leute kennen, die ähnliche Gedanken hatten wie sie. Auch wenn sie keine übermäßig radikalen Ansichten vertrat, redete sie doch gern über Anarchie und ähnliche Themen.

Grit war extrem schlank und schlagfertig, sie lachte gern, gab aber auch gern schlaue Kommentare ab. Mit dreizehn hatte sie sich zum ersten Mal Ärger eingehandelt, weil sie es gewagt hatte, die obligatorische Mitgliedschaft in der Gesellschaft für deutsch-sowjetische Freundschaft infrage zu stellen. Bis zu dem Zeitpunkt war sie ein braves Mädchen gewesen, das in der Schule sogar offiziell zur Klassensprecherin ernannt worden war. Ihr Notendurchschnitt hatte sich sehen lassen können: Von den neunzig Schülern und Schülerinnen ihrer Jahrgangsstufe wurden nur die besten drei zur erweiterten Oberschule zugelassen. Grit war darunter. Aber auch dort hatte sie nicht aufgehört, unbequeme Fragen zu stellen. Ihre Eltern – die Mutter war Krankenschwester, der Vater Ingenieur – hatten sie dazu erzogen, immer offen die Meinung zu sagen. Leider stimmte diese Meinung nun nicht mehr mit der vorgeschriebenen überein. Weil Grit trotzdem den Mund aufmachte, ging der Ärger erst richtig los. Ungefähr zu der Zeit hatte der Pfarrerssohn sie angesprochen. Er erzählte ihr von der Jungen Gemeinde. Und obwohl Grit überzeugte Atheistin war, ging sie hin. Die meisten Leute dort gefielen ihr: Punks, Hippies und andere unangepasste Jugendliche. Als Holm, Andreas, Jörn, Thomas und Ulrich dazustießen, zählte Grit bereits zu den regelmäßigen Teilnehmerinnen der Gruppe. Da sie aber eine Klasse über ihnen war, hatte Grit die Jungs bisher kaum beachtet.

Im Residenz saß sie nun mit Freundinnen am Nachbartisch und nippte an einem Kirsch-Whisky. Auch Thomas und Ulrich hatten sich für das klebrig süße Getränk entschieden und langten kräftig zu – sie hatten eine eigene Flasche dabei und gossen unter dem Tisch nach, sobald die Kellnerin nicht hinschaute. Grit beugte sich zu ihnen.

»Ey, gebt mir was ab«, flüsterte sie.

Sie füllten Grits Glas.

Die drei begannen ein Gespräch und hingen den Rest des Tages zusammen rum. Grit war bald festes Mitglied der jüngeren Clique, obwohl sie sich eigentlich mit einer anderen Gruppe angefreundet hatte, zu der auch Thomas' Bruder Jürgen gehörte, der erste Punk aus Weimar. Außerdem kannte Grit die Leute von den Madmans.

Im Dezember 1981 besuchten fast alle Jugendlichen aus der Kirchengruppe das erste Punkkonzert in Thüringen: Drei Bands traten im Gemeindesaal des Johannes-Lang-Hauses in Erfurt auf. Erfurt war von Weimar aus gut zu erreichen, allerdings hatten die Weimarer keine Ahnung, ob und wo das Konzert stattfinden würde. Sie hatten zwar durch Mundpropaganda davon erfahren, aber bisher hatte niemand den Veranstaltungsort genannt. Am Ende tauchten Hunderte von Punks aus der ganzen Gegend in Erfurt auf und fragten sich zum Gemeindesaal durch, wo das geheimnisvolle Konzert konkrete Formen annahm. Zwischen den Sets der Creepers und Madmans trat eine Gruppe aus irgendeinem Dorf auf – Schleim-Keim. Die Leute aus Weimar trauten ihren Augen kaum: Das Schlagzeug bestand aus alten Töpfen, eine der Gitarren war aus verschiedenen Fahrradteilen gebastelt worden. Dennoch brachten Schleim-Keim den Saal fast zum Einsturz. Aus Angst, die Decke könnte runterkommen, flehte der Pfarrer die Menge an, mit dem Pogotanzen aufzuhören. Ulrich, Thomas und der Rest der Clique hatten noch nie so viele Punks auf einem Haufen gesehen – einige trugen Iros, alle hüpften wie wild auf und ab und rempelten sich gegenseitig an. Und jemanden wie Otze hatte sowieso noch keiner gesehen oder gehört. Er saß am Schlagzeug, trug ein T-Shirt mit der Aufschrift FRESST SCHEISSE, rotzte und brüllte todesmutig staatsfeindliche Texte über Spitzel und Bullen. Es war sein glühend heißer Zorn, der den Saal zum Kochen brachte.

Danach fuhr die Clique aus dem Residenz jedes Mal hin, wenn sie von einem Punkgig in einer anderen Stadt Wind bekam. Manchmal erfuhr eine Band erst durch das geheime Netzwerk von ihrem Auftritt, gelegentlich wussten sie nicht mal, dass sie irgendwo spielen sollten, oder erschienen am falschen Tag oder am falschen Ort.

An manchen Tagen wurde jeder, der ein wenig anders aussah als die graue Masse – wie die sechs Stammgäste aus dem Residenz –, von der Polizei am Betreten des Weimarer Bahnhofs oder am Verlassen des Zielbahnhofs gehindert. Wenn die sechs durch die Stadt liefen, konnte es passieren, dass die Polizei quasi aus dem Nichts auftauchte und nach ihren Ausweisen verlangte.

Thomas gründete mit einigen Mitschülern ebenfalls eine Band: Otze. Thomas sang und spielte Bass. Otze traten sogar ein paar Mal in der Kirche oder bei privaten Feiern auf.

An einem Wochenende fuhr Grit mit einigen Freunden nach Ost-Berlin. Sie nahmen den Zug, kamen morgens an und fuhren mit der S-Bahn zum Alexanderplatz, wo angeblich Punks rumhingen. Die Weimarer hatten in Leipzig und Halle Konzerte von Berliner Bands besucht und dort Punks aus Berlin kennengelernt, die ihnen den Tipp gegeben hatten. Allerdings war es noch früh am Morgen. Die Clique latschte über den ausgestorbenen Platz zu einem Café, in dem bereits Frühstück serviert wurde. Sie beschlossen, sich erst mal zu stärken, bevor sie sich auf die Suche nach den Punks machten. Sobald sie das Café wieder verließen, wurden sie von der Polizei angehalten, auf ein nahe gelegenes Revier gebracht und vernommen. Danach wurden sie zum Bahnhof gefahren und in den nächsten Zug nach Weimar gesteckt. Grit versuchte mehrmals, nach Berlin zu reisen, wurde dort aber jedes Mal angehalten und nach Hause zurückgeschickt.

Die haben Schiss vor uns, vor den eigenen Bürgern, dachte Thomas, als sich solche Vorfälle häuften. *Als wären wir eine richtige Widerstandsbewegung.*

In der Schule wurde Grit eines Tages mit mehreren Mitschülern ins Büro des Schulleiters zitiert. Am Vorabend war beim Treffen der Kirchengruppe ein Sketch aufgeführt worden, in dem leichte Kritik am Regime geübt worden war. Im Büro des Schulleiters saßen verschiedene Lehrer und Stasi-Mitarbeiter, die die Schüler mit Fragen löcherten und anschließend ermahnten, sich in Zukunft von den Versammlungen in der Kirche fernzuhalten.

Pfff, dachte Grit, *in meiner Freizeit kann ich hingehen, wohin ich will – das hat doch nichts mit der Schule zu tun.*

Viele ihrer Mitschüler blieben den Versammlungen danach fern, aber Grit war umso wilder entschlossen, auch weiterhin hinzugehen. Die Gruppe, die regelmäßig an den Treffen teilnahm – darunter Thomas, Grit, Ulrich, Holm, Jörn und Andreas –, schweißte das noch fester zusammen. Bald gingen sie auch zum Montagskreis, der 1982 in der Jakobskirche ins Leben gerufen worden war. In der Schule wurden sie weiter schikaniert. Jörn und Ulrich wurden 1982 schließlich wegen ihres »negativ-dekadenten« Verhaltens von der Schule geschmissen.

Im selben Jahr wurde Grit aufgefordert, an einem Treffen mit ihrem Schuldirektor teilzunehmen. Als sie in den Konferenzraum marschierte, saßen dort nur Mitarbeiter der Stasi. Wieder wurde sie befragt und eingeschüchtert.

»Wenn Sie sich weiter so aufführen …«, sagte einer. *… dann fliegen Sie von der Schule,* ergänzte Grit den Satz in Gedanken. Aber der Stasi-Mann sagte: »… dann wandern Sie ins Gefängnis!«

Thomas durfte die Schule noch etwas länger besuchen als Jörn und Ulrich, aber er wurde während des Schuljahrs 1982/83 etliche Male aus dem Unterricht geholt und von der Stasi vernommen. Jedes Mal danach warnten sie ihn: *Wir haben Sie im Auge, Thomas Onißeit.* Gegen Ende des Schuljahrs, im Frühjahr 1983, flog auch Thomas von der Schule.

Grit sollte im Frühjahr 1983 ihren Abschluss machen und hoffte, danach zum Studium zugelassen zu werden. Stattdessen bekam sie bei der Abschlussfeier »politische Unreife« attestiert: Sie wurde als Letzte zum Podium gerufen und vor allen Anwesenden gerügt. Sie hätte die Hochschulreife nicht erlangt, hieß es. Im Herbst 1983 begann sie eine Ausbildung zur Friedhofsgärtnerin – ihr blieb keine andere Wahl. Thomas wurde gezwungen, eine Ausbildung als Pflegehelfer zu machen.

Grit wohnte ein wenig außerhalb des Zentrums. 1983 konnte es passieren, dass sie auf dem Weg in die Stadt bis zu vier Mal von der Polizei angehalten wurde.

»Frau Ferber, die Papiere, bitte.«

»Wieso?«, erwiderte sie. »Sie wissen doch genau, wer ich bin.«

Irgendwann nahm man ihr den Personalausweis ab und ersetzte ihn durch einen PM 12, der ihr weder Reisen in andere Städte noch den Aufenthalt auf öffentlichen Plätzen gestattete.

Dass alte Säcke sie auf der Straße anzischten, damit konnte Grit leben, sie fand es sogar witzig. Ständig aufs Polizeirevier geschleppt zu werden und sich nicht mehr frei bewegen zu dürfen, war eine wesentlich schmerzhaftere Erfahrung. Bis zu diesem Zeitpunkt hatten Grit und ihre Freunde sich nicht für besonders politisch gehalten. Nun ging ihnen auf, dass in ihrer Gesellschaft einiges völlig falsch lief, und daraus entwickelte sich mit der Zeit eine politische Haltung, die die meisten Menschen niemals laut zugegeben hätten. Thomas, Ulrich, Grit, Holm, Jörn und Andreas schauten sich zum Beispiel den Intershop an, in dem man »Luxuswaren« gegen Devisen kaufen konnte, und fragten sich: *Wo bleibt denn die viel beschworene Gleichheit der Massen, wenn solche Läden nur einem Teil der DDR-Bürger zugänglich sind, die das System umgehen müssen, um an harte Währung zu kommen?*

Und während der kalte Herbst 1983 in Weimar Einzug hielt, saßen die schwarz gekleideten Jugendlichen – Thomas, Ulrich und Grit waren inzwischen achtzehn, Jörn, Holm und Andreas noch siebzehn – in ihrem Stammcafé und überlegten, wie sie politisch aktiv werden konnten.

In der Kirchengruppe sitzen wir bloß rum und diskutieren über Umweltthemen oder reden über irgendeinen Aufsatz, den ein »Held«

der Friedensbewegung geschrieben hat. Wir wollen nicht länger rumsitzen und labern. Wir wollen was auf die Beine stellen, uns von den anderen abheben.

Dass in der Kirchengruppe zu wenig passierte, darüber waren sie sich einig.

Wir müssen etwas tun, das die Öffentlichkeit wachrüttelt.

Wir müssen in die Offensive gehen.

Zwar besuchten sie auch weiterhin die Konzerte in der Kirche und gaben dort auch selbst mal eins, aber irgendwann wurde ihnen klar, dass ihnen das kirchliche Jugendprogramm, außer Freiraum und einem gelegentlichen »Abenteuer« in Form eines Fahrradausflugs oder einer Übernachtung in einer anderen Kirche, nichts mehr zu bieten hatte. Wenn sich der Montagskreis traf, versammelte sich die kleine Punkclique zwar immer noch vor der Jakobskirche. Aber statt hineinzugehen, zogen sie lieber ins Residenz, in einen illegalen Proberaum oder in die Wohnung eines Freundes weiter, dessen Eltern nicht zu Hause waren.

Ein paar Bekannte hatten einen Buttersäureanschlag auf eine Schule verübt. Aber das bedeutete lediglich, dass die Schüler einen Tag unterrichtsfrei hatten. Thomas, Ulrich, Grit, Jörn, Andreas und Holm wollten mehr erreichen, als den Unterricht zu stören oder Lehrer gegen sich aufzubringen.

Wir müssen etwas tun, das die Öffentlichkeit wachrüttelt.

Wir müssen in die Offensive gehen.

Sie schmiedeten große Pläne und gaben ihrer »Widerstandsgruppe« den Namen »Komitee für kulturrevolutionären Katastrophenschutz«. Sie hatten Hunderte von Ideen, einige waren ziemlich abgefahren: So wollten sie beispielsweise die Übertragungskabel der Funkhäuser durchtrennen, damit die Leute nicht mehr fernsehen konnten und sich dermaßen langweilten, dass es zu einem Volksaufstand kam. Außerdem überlegten sie, wie man Betriebe durch Sabotageakte stören konnte.

Ihnen ging es gar nicht darum, den Staat im Alleingang kaputtzumachen; sie wollten eher als Brandbeschleuniger fungieren. Es machte sie wütend, dass sich die Leute ständig über alles Mögliche aufregten, ihrem Ärger aber nie öffentlich Luft machten. Sie hatten von der Verlogenheit der Gesellschaft schlicht und ergreifend die Schnauze voll.

Wir müssen etwas tun, das die Öffentlichkeit wachrüttelt.

Wir müssen in die Offensive gehen.

Grit war sozusagen fürs Risikomanagement zuständig. Wenn die Clique zusammensaß und Ideen sammelte, überlegte sie, welche Strafe ihnen im Zweifel drohte.

Tja, wenn wir das machen, kriegen wir fünf Jahre. Vielleicht doch keine so gute Idee, oder? Denken wir uns lieber was anderes aus.

Im September 1983 hatte Thomas ein Buch mitgebracht, das er in der staatlichen Buchhandlung gekauft hatte. *Zürich, Anfang September* des Schweizer Autors Reto Hänny war im Westen bereits 1981 erschienen. Thomas' Ausgabe war beim DDR-Verlag *Volk und Welt* herausgekommen. Hänny schildert darin die Proteste, Ausschreitungen und Polizeiübergriffe, zu denen es in Zürich gekommen war, nachdem der Stadtrat die Zusage, das ehemalige Opernhaus in ein autonomes Jugendzentrum zu verwandeln, wieder zurückgezogen hatte, und die unter dem Begriff »Züri brännt« für großes Aufsehen sorgten.

Dass die DDR-Zensurbehörde die Geschichte nur als Aufhänger nahm, die sozialen Missstände im Westen aufzuzeigen, war Thomas sofort klar. Offensichtlich wollte man mit dem Buch die staatliche Unterdrückung der Jugendlichen im Westen demonstrieren.

Die sehen nicht die Parallelen zur Situation hier.

Auch die anderen aus der Clique waren von dem Buch begeistert. Immer wieder zitierten sie die Sprüche, die Jugendliche in Zürich an Wände gesprüht hatten. Dann kam ihnen die Idee: *Das können wir hier auch.*

Sie hatten vorgehabt, in anderen Teilen des Landes Verbündete zu gewinnen, um gemeinsame Aktionen auf die Beine zu stellen. Ohne sicheres Kommunikationsmittel war der Plan aber kaum durchführbar. Die Weimarer Clique wusste nicht, dass Namenlos und andere Berliner Punks von der Stasi einkassiert worden waren; sie hatten nicht von Esther Friedemann gehört, die ins Gefängnis gewandert war, weil sie am zwanzigsten Jahrestag der Errichtung des Antifaschistischen Schutzwalls ihren Frust mit Sprühfarbe an einer Mauer ausgelassen hatte. Da Informationen fast nur mündlich weitergegeben werden konnten, war es praktisch unmöglich, sich gezielt auf eine Aktion vorzubereiten. Wem konnte man vertrauen? Nun hatten die vier etwas gefunden, das sich in ihrer Stadt leicht nachmachen ließ. Sie wollten Stellung beziehen, wollten sich vorwagen, wollten es den zaghaften Leuten aus der Kirche zeigen, die immer nur rumsaßen und laberten, laberten, laberten.

Jetzt wussten sie, was sie tun konnten.

Das ist es.

Wir machen endlich was.

Eine öffentliche Aktion.

Im Schutz der Dunkelheit durch Weimar zu schleichen, daran waren sie gewöhnt. Ein Freund arbeitete nachts in einem Hotel, dort trafen sie sich manchmal zum Trinken und Reden. Nachts waren die Straßen menschenleer. Die paar Kneipen, in denen sich alte Männer das Gehirn wegsoffen, machten spätestens um zehn oder elf Uhr abends zu. Außerdem gab es kaum Straßenbeleuchtung: Sobald die Sonne unterging, versank die triste Stadt in Dunkelheit.

Natürlich brauchten sie erst einmal Farbe. Das war gar nicht so leicht. Sie durchwühlten die Keller ihrer Häuser und fanden ein paar alte Farbdosen. Später mussten sie neue hinzukaufen – im Osten kein leichtes Unterfangen. Irgendwann wurde es sogar richtig gefährlich, wenn man beim Kauf einer Sprühdose von den falschen Leuten erwischt wurde.

Noch im September 1983 fingen sie an. Mitten in der Nacht zogen sie Handschuhe an und machten sich zu dritt oder viert auf den Weg. Zuerst begnügten sie sich damit, hier und da ein Anarcho-A hinzusprühen, während einer von ihnen Wache schob. Einen konkreten Plan hatten sie nicht – sie liefen ziellos durch die dunklen, menschenleeren Straßen. Gefährlich wurde es erst, wenn ein Streifenwagen vorbeifuhr. Aber meistens machte die Polizei früh Feierabend. Sobald die Sprayer ihr Werk vollbracht hatten, entsorgten sie die leeren Farbdosen in der Kanalisation, um ja kein Beweismittel mit nach Hause zu nehmen.

In den ersten Wochen wollten sie mit ihren Sprühereien nur eins demonstrieren: *Wir sind da, ihr Scheißer. Wir sind präsent.*

In der Nacht von Montag, dem 3. Oktober, zogen sie erneut die Handschuhe an und sprühten die ersten Wörter an Mauern. Vielleicht reichten sie damit noch nicht an ihre großen Ziele heran, aber es machte immerhin wahnsinnigen Spaß. Obwohl sie von echten Revolutionären weit entfernt waren, hatte ihr Werk doch einen politischen Inhalt.

Außerdem kamen sie sich ziemlich verwegen vor.

So verwegen, dass sie ihren Freunden von der Sprühaktion erzählten.

Drei Nächte später, am Donnerstag, dem 6. Oktober, es war der Vorabend des vierunddreißigsten Jahrestages der Gründung der DDR, der im ganzen Land mit Paraden und Reden gefeiert wurde, machten sich die sechs erneut auf, um die Fassaden der Goethe-Stadt mit Sprüchen zu schmücken, die *ihnen* am nächsten Tag einen Grund zum Feiern geben würden. Es waren Protestschreie, Kriegsschreie – wenn auch ein wenig krakelig und verschmiert.

Sie hatten schwarze Farbe benutzen wollen, aber leider nur ein paar Dosen mit oranger Farbe auftreiben können. Die hatte zwar nicht den gewünschten Effekt, aber was sollten sie machen? Sie trafen sich zuerst zu fünft: Thomas, Ulrich, Grit, Holm, Jörn. Aber

Andreas lief ihnen zufällig über den Weg, als er nach einem Café-Besuch nach Hause wollte.

»Habt ihr noch was vor?«, fragte er.

»Wir gehen wieder sprühen – los, komm mit!«

Die sechs verschwanden im Dunkel der Nacht, auf der Suche nach Wänden, auf denen sie ihr Zeichen hinterlassen konnten. Sie schlichen durch die Stadt, schrieben Botschaften auf die Mauern des Schlosses, auf die Fassaden der Häuser, auf die Eingangstüren verschiedener Schulen. Irgendwann teilten sie sich in zwei Gruppen auf: Thomas, Ulrich und Holm zogen los, um die Hochschule für Architektur und Bauwesen zu verschönern. Ulrich und Holm stellten sich rechts neben den Eingang und zielten mit den Sprühdosen auf die hellgelbe Betonverkleidung, deren Farbe an die ehrwürdigen Barockbauten der Stadt erinnerte. Bald stand dort ein Spruch, den sie in *Zürich, Anfang September* gelesen hatten: *Macht aus dem Staat Gurkensalat.* Thomas nahm sich die Mauer rechts neben dem Eingang vor und sprühte die Forderung nach einem Regierungswechsel in der DDR hin: NEUE MÄNNER BRAUCHT DAS LAND.

Vor dem Traditionsrestaurant Alt-Weimar standen Grit und Jörn Schmiere, während Andreas das Logo einer polnischen Gewerkschaft an die Wand sprühte, deren Schriftzug im gesamten Ostblock zur Ikone geworden war und einem politischen Schlachtruf gleichkam:

Solidarność

Irgendwann sprühte Grit FUCK FOR PEACE an eine Wand; jemand anderes schrieb die Losung der kirchlichen Friedensgruppen hin, mit der der Abbau der sowjetischen Raketenabschussrampen gefordert wurde:

SS-20 NEIN DANKE

Weiterhin aufgeteilt in zwei Gruppen, hörten die sechs nicht auf zu sprühen. Sie schüttelten die Dosen, hörten das Klackern der Kugel, zielten auf eine Wand, drückten den Knopf. Sssssssss zischte die Farbe, während sie auf die rußig-braune Fläche zuraste.

Danach standen ihre krakeligen Parolen in grellem Orange auf den Mauern der kleinen Stadt mit dem großen Namen.

SCHLAGT ZURÜCK

SEID REALISTISCH, FORDERT DAS UNMÖGLICHE

WEHR DICH

FRESST SCHEISSE

WACHT AUF, VERDUMMTE DIESER ERDE

AKTIVER WIDERSTAND

In einer Woche waren sie zweimal losgezogen und hatten Graffitis gesprüht. Dennoch hatten sie bisher nicht den leisesten Ärger mit den Bullen oder der Stasi bekommen. Selbst wenn man sie eines Nachts auf frischer Tat ertappte, glaubten sie zu wissen, was ihnen im Ernstfall drohte. Ulrich war ein paar Jahre zuvor beim Demolieren eines Verkehrsschilds erwischt worden und mit einer geringfügigen Geldstrafe davongekommen. Gut, wenn die Sprühereien in ihren Akten vermerkt wurden, würden die Bullen sie vermutlich noch häufiger schikanieren; aber mussten sie sich nicht sowieso schon täglich mit denen auseinandersetzen, nur weil sie sich schräg anzogen?

Der Abend war richtig geil gewesen, richtig riskanter Spaß, Punkrock-*Action* und echte Rebellion statt immer nur Blabla. Und sie waren ganz schön stolz auf ihr Werk. Bevor sie die Farbdosen in den Gully warfen, sprühte Jörn noch eine letzte Botschaft hin:

DAS KRIEGT IHR NIE RAUS, WER DAS WAR

41

Die sechs Freunde hatten sich für den nächsten Tag, Freitag, 7. Oktober 1983, den vierunddreißigsten Jahrestag der Gründung der DDR, in einem Studentenklub verabredet. Alle Studentenklubs in der DDR ähnelten einander: total verrauchte Kellerräume, billiges Bier. Am Tag der Republik waren sie immer brechend voll, und der Alkohol floss in Strömen.

Als Ulrich wach wurde, stellte er erst mal fest, dass er sich dringend waschen musste. In den letzten Wochen waren sie zu beschäftigt gewesen, um darauf zu achten. An seinen Fingern klebte orange Farbe. Schnell ließ er sich ein Bad ein.

Nachdem er sich gewaschen und angezogen hatte, ging er in die Küche. Seine Eltern saßen am Frühstückstisch. Seit er Punk war, hatten sie kaum noch mit ihm geredet. Er musste sich also keine Geschichte einfallen lassen, wo er die ganze Nacht gesteckt hatte oder wohin er nun gehen wollte.

Auf dem Weg zum Klub siegte seine Neugier. Er beschloss, einen kleinen Umweg einzulegen und sich eins der gemeinsamen Meisterwerke anzuschauen. Er ging zu einer Kreuzung und spähte um die Ecke: Die Straße war leer, kein Mensch, kein Streifenwagen. Er bog ein, steuerte auf ein Haus zu und warf einen kurzen Blick auf die Mauer. Jemand hatte das Graffiti mit weißer Farbe übertüncht.

Scheiße, die Einzigen, die jemals was davon mitkriegen, sind wir, die Bullen und die Stasi.

Dabei hatten sie gehofft, das Graffiti würde ein, zwei Tage an der Wand prangen und für Aufsehen sorgen.

Wir müssen noch mal ran.

Vor dem Studentenklub wartete eine Riesenschlange. Erst nach einer halben Stunde kam Ulrich rein. Drinnen entdeckte er den Rest der Clique. Sie hatten nach den anderen Graffitis gesehen. Nicht alle waren übermalt. Tatsächlich schien jeder um sie herum über die Graffitis zu reden.

Vor allem Grit freute sich über den Tumult, den sie verursacht hatten.

Die Freunde klopften sich gegenseitig auf die Schultern.

Noch 'ne Runde Bier!

Im selben Moment kam ihr Freund Willi rein und steuerte schnurstracks auf sie zu. Er wirkte aufgebracht.

»Ihr Idioten, das wart ihr doch heute Nacht«, sagte er laut.

Sie zogen ihn in eine Ecke und holten ihm zur Beruhigung ein Bier. Willi berichtete, dass die Bullen der Kriminalabteilung um sechs Uhr morgens vor seiner Tür gestanden und ihn zur Vernehmung mit aufs Revier genommen hätten. Sie hatten gefragt, wo er in der letzten Nacht gewesen sei und was er über die Sprühereien wisse, die in der ganzen Stadt aufgetaucht waren. Auch andere Bekannte waren abgeholt worden.

Auweia!

Die Kacke ist mächtig am Dampfen.

Sie setzten sich wieder an den Tisch und steckten die Köpfe zusammen. Vermutlich blieben ihnen nur wenige Tage, bis ihnen die Bullen auf die Spur kamen. Heute war Feiertag, danach fing das Wochenende an – die Bullen würden sich bestimmt nicht den Arsch aufreißen. Sie beschlossen, sich ein Alibi zu überlegen. Danach würden sie das Wochenende getrennt verbringen und sich am Sonntagabend wiedertreffen. Je nachdem, wie sich die Situation bis dahin entwickelt hätte, wollten sie sich dann weitere Gedanken machen.

Fünf von ihnen zogen los, um Freunde zu überreden, der Polizei bei der Vernehmung eine Lüge aufzutischen. *Ja, wir waren den ganzen Donnerstagabend zusammen.* Ulrich konnte nicht mit. Er sollte das Wochenende mit seinen Eltern in der familieneigenen Datsche in einer Kleingartenkolonie außerhalb der Stadt verbringen.

Das Wochenende verlief für die sechs ruhig, obwohl die Polizei weiterhin Leute aus der oppositionellen Szene abholte – vor allem Punks, aber auch Jugendliche, die an den kirchlichen Diskussionsgruppen teilnahmen. Bald sickerte durch, dass die Bullen nach Holm und Grit suchten. Am Sonntag gingen Holm und Grit daher aufs Revier und erklärten mit unschuldiger Miene, sie hätten gehört, dass die Polizei mit ihnen reden wollte. Die Polizisten vernahmen sie. Holm und Grit gaben an, den ganzen Abend mit Freunden verbracht zu haben, und durften wieder gehen. Das war's.

Sie hatten die Bullen für dumm verkauft – Grit fühlte sich noch verwegener.

Als Ulrich mit seinen Eltern am späten Sonntagnachmittag aus der Kleingartenkolonie wegfuhr, raste ein Streifenwagen in die andere Richtung. Er schien auf die Datsche zuzusteuern.

Ein Zufall?

Die sieht man hier doch sonst nie.

Ruhig bleiben.

Die machen sich bestimmt nicht die Mühe, an einem Sonntag hier rauszukommen.

Nein.

Am Abend traf sich die Clique in der Kirche, in der sie früher die Jugendgruppe besucht hatte. Obwohl sie zum Montagskreis in der

Jakobskirche übergewechselt waren, hatten sie den Kontakt zum Pfarrer und seinem Sohn nicht abgebrochen. Allmählich verließ sie der Mut, daher zogen sie sich in eine Ecke des Kellers zurück.

»Wir müssen vorsichtiger sein«, stellten sie einstimmig fest.

Die sechs hielten Lagebesprechung. Holm und Grit erzählten von ihrem Ausflug zum Revier. Die anderen lachten, obwohl ihnen der Ernst der Lage durchaus bewusst war. Wie viel Zeit blieb ihnen noch, bis die Polizei sie ebenfalls abholen würde?

Die kommen nie nach zehn Uhr abends.

Überwachungsstaat hin oder her, in diesem Punkt hielt die DDR an den guten Sitten fest: In den Stunden, in denen die Menschen in Frieden schlafen sollten, führte die Polizei in der Regel keine Razzien durch – das gehörte sich einfach nicht.

Im Moment konnten die sechs also nichts weiter tun, als nach Hause zu gehen und den nächsten Morgen abzuwarten.

Kurz nach sechs Uhr hörte Ulrich es an der Tür klingeln. Zwei Polizisten in Uniform baten ihn, zur Klärung eines Sachverhaltes mit aufs Revier zu kommen. Sie hatten kein Auto dabei, sondern brachten ihn zu Fuß zur Wache. Beim Eintreten sah Ulrich etliche Punks. Er musste stundenlang im Flur sitzen und auf die Vernehmung warten. Irgendwann führten sie ihn in ein Zimmer. Er gab an, die Nacht bei seiner Freundin verbracht zu haben, und durfte wieder gehen.

Am späten Nachmittag traf er sich mit den anderen im Residenz. Angeblich waren schon über hundert Leute vernommen worden. Obwohl viele wussten, wer die Graffitis gesprüht hatte, hatte sie offenbar niemand verpfiffen.

Ich hab viele Leute unterschätzt, dachte Grit. *Ich hab geglaubt, die wären nicht so stark wie wir. Aber die halten alle dicht.*

Vielleicht kamen sie doch ungeschoren davon.

Während sie mit gestärktem Optimismus im Café saßen und Alkohol in sich reinkippten, wurde an anderer Stelle über ihr Schicksal entschieden. Aber die Information, die den Graffiti-Fall schließlich löste, wurde nicht etwa aus einem entfernten Bekannten herausgepresst. Tatsächlich stammte sie von Jürgen Onißeit – dem älteren Bruder von Thomas. Und Jürgen war gar nicht auf dem Revier. Er saß an einem Tisch in der Kreisdienststelle der Staatssicherheit, ihm gegenüber einer der verhassten MfS-Offiziere. Jürgen war ebenfalls Punk und spielte mit verschiedenen Creepers-Leuten in der Band Ernst.Fall. Aber Jürgen wurde nicht vernommen. Er kannte den Mann von der Stasi gut, es handelte sich um seinen Führungsoffizier. Jürgen erzählte dem Mann, dass Leute aus Ulrichs Freundeskreis für die Sprühereien verantwortlich waren. Er ließ die Namen von Holm und drei anderen fallen. Obwohl er seinen Bruder nicht extra erwähnte, war von vornherein klar, dass man auch Thomas drankriegen würde – er war einer von Ulrichs besten Freunden. Nach dem Gespräch nahm Jürgen ein Bündel Ost-Geldscheine entgegen und zog ab. Erst viele Jahre später erfuhren die Leute aus der Punkszene – und die Familie Onißeit –, was Jürgen in Wahrheit war: ein bezahlter Stasi-Spitzel.

Nach Verlassen des Cafés stoben Thomas, Ulrich, Holm, Grit, Andreas und Jörn in verschiedene Richtungen davon. Ulrich traf sich mit seinem Freund Frank auf ein Bier, bevor er mit ihm bei Holm vorbeischneite, um ein paar Bücher abzuholen, die Holm im Keller gelagert hatte. Als Ulrich mit den Büchern in der Hand kurz hinter Holm und Frank die Kellertreppe hochkam, erwarteten sie oben zwei Männer in Zivil. Polizei? MfS?

»Wir sind auf der Suche nach Holm Kirsten.«

»Das bin ich«, antwortete Holm.

»Und wer sind Sie?«, wollten die Männer von den anderen beiden wissen.

Sie nannten ihre Namen.

Die Männer grinsten.

Nach Ulrich hatten sie ebenfalls gesucht. Tatsächlich standen zur selben Zeit zwei Wachposten vor der Wohnung seiner Eltern.

Die Männer ließen Frank gehen. Sie schauten sich Ulrichs Bücher an und legten sie zur Seite – zum Glück handelte es sich lediglich um Sachen, die Holm aus dem Müll gerettet hatte, nicht um die Bücher aus dem Giftschrank der Bibliothek. Dann führten sie Ulrich und Holm zu einem braunen Zivilfahrzeug und fuhren mit blechernem Scheppern inmitten einer Wolke öligen Rauchs los.

Ulrich und Holm saßen schweigend auf der Rückbank und wagten es nicht, sich anzusehen, während das Vehikel durch die Straßen tuckerte.

Bluffen die nur?

Oder haben die Beweise?

Hat uns jemand angeschissen?

Der Wagen hielt vor einem Gebäude, das zur Polizei gehörte, nicht zum MfS. Holm und Ulrich atmeten unhörbar auf.

Bloß nichts verraten.

Wir müssen bei unserer Geschichte bleiben.

Die beiden wurden die Treppe hinaufgeführt und mussten vor einer Sicherheitstür warten. Dann wurden sie in verschiedene Vernehmungszimmer gebracht. In jedem Zimmer standen ein Tisch mit Schreibmaschine und grauem Telefon, zwei Stühle und ein graugrüner Kleiderspind. Aus einem gerahmten Foto an der Wand starrte ihnen Erich Honecker entgegen.

Bei Holm setzten sie zuerst auf die Guter-Bulle-Taktik. Wollte Holm die Aussage, die er ein paar Tage zuvor gemacht hatte, nicht vielleicht noch mal überdenken? Er weigerte sich. Aus heiterem Himmel zerknüllte der übergewichtige Vernehmer das Blatt mit der Aussage und warf es auf den Boden. Er griff zum Telefon. Kurz darauf: Auftritt böser Bulle.

»Entweder ich oder er«, sagte Bulle eins. »Noch kann ich ihn wieder fortschicken.«

Holm erklärte, er habe seiner Aussage nichts hinzuzufügen. Der Mann, der den guten Bullen gegeben hatte, verließ das Zimmer.

Der böse Bulle packte Holm, hob ihn hoch und ließ ihn wie eine Puppe hin und her baumeln. »Ich prügel dir die Scheiße aus dem Leib!«, schrie er.

Dann warf er Holm, den Kopf voran, gegen den Spind.

Holm wurde ohnmächtig.

Am anderen Ende des Flurs wurde Ulrich von zwei Männern mit den immer gleichen Fragen gelöchert: »Wo warst du in der Nacht zum 4. Oktober? Welchen Film hast du am Abend des 6. Oktober gesehen? Was hast du nach dem Kino gemacht? Wann hast du Thomas Onißeit in dieser Nacht zuletzt gesehen?«

So ging es stundenlang.

Irgendwann brauchte Ulrich eine Pause. Er bat, auf die Toilette gehen zu dürfen. Die beiden Männer berieten sich. Dann nahm einer Ulrich am Arm und führte ihn aus dem Zimmer. Ulrich sah ein paar Freunde im Flur sitzen. Der Mann brachte ihn zu einer Toilette, trat mit ihm ein und herrschte ihn an, sich zu beeilen. Ulrich bat den Mann, ihn kurz allein zu lassen – er musste unbedingt seine Gedanken sammeln. Der Mann schüttelte den Kopf.

Wenn sie dich nicht mal alleine pissen lassen, sieht es gar nicht gut aus.

Wieder im Vernehmungszimmer änderten die Männer ihre Taktik.

»Wenn du uns nicht in fünf Minuten die Wahrheit erzählst, lassen wir dich mal eine Weile mit unserem Kollegen alleine, und danach erzählst du uns sowieso alles.«

Ulrich war in den letzten Jahren schon x-mal verhört, aber noch nie mit körperlicher Gewalt bedroht worden.

Die Männer verließen das Zimmer. Als die Tür wieder aufging, glaubte Ulrich, nun würde es Prügel setzen.

»Hier haben wir unseren Schriftexperten, der würde mit dir gern ein paar kleine Schreibübungen machen.«

Ach, du Scheiße.

Ulrich wusste, dass er geliefert war. Trotzdem gab er sich größte Mühe, seine Schrift zu verstellen.

»Schreiben Sie fünfmal ein großes A und fünfmal ein großes S.«

Dann sollte er die Sprüche aufschreiben, die er an die Wände gesprüht hatte.

»Schreiben Sie dreimal SCHLAGT ZURÜCK, bitte.«

Der Schriftexperte legte die Proben in eine Mappe und verschwand.

Kurz darauf kehrten die beiden anderen zurück. Sie grinsten übers ganze Gesicht. Sie zogen Fotos von den Graffitis sowie Ulrichs Schriftproben aus der Mappe und breiteten sie auf dem Tisch aus. »Jetzt hören wir mal auf mit den Lügen und erzählen endlich die Wahrheit.«

Ulrich hielt noch eine halbe Stunde durch.

»Hunderte andere können doch genauso schreiben«, sagte er.

Aber das Spiel war vorbei.

Sie haben mich.

»Also, schön«, begann er ...

42

Auch Thomas und Grit waren inzwischen abgeholt worden und warteten im Polizeirevier auf ihre Vernehmung. Thomas hatte Ulrich und Holm kurz gesehen, als sie in der Nacht einzeln zu den Toilettenräumen geführt worden waren.

Sie haben uns.

Nach vierundzwanzigstündiger Vernehmung knickte auch Thomas ein.

»Also schön, ich war's.«

Ist das jetzt nicht auch egal?

Er erwartete, wegen Vandalismus eine Geldstrafe aufgebrummt zu bekommen. Vermutlich würde er auch seinen Ausbildungsplatz als Pflegehelfer verlieren.

Scheiß drauf.

Sobald er gestanden hatte, durfte er eine Zigarette rauchen. Niemand sagte ein Wort. Er glaubte fest daran, jeden Moment freigelassen zu werden. Es war bereits Nachmittag, und bald würde die Polizei nicht mehr um einen ordentlichen Haftbefehl herumkommen, wenn sie ihn länger festhalten wollte.

Plötzlich hörte er Stimmen vor dem Vernehmungszimmer. Ein Mann in Uniform trat ein.

»Schnürsenkel aus den Schuhen! Gürtel abmachen!«, wies er Thomas an.

»Aufstehen. Hände nach vorne!«

Der Mann legte ihm Handschellen an und führte ihn durchs Gebäude. Bevor Thomas wusste, wie ihm geschah, stand er im Innenhof.

Auch Grit war die ganze Nacht vernommen worden. Zuerst schickten sie einen väterlichen Typen rein. Danach einen Schreihals. Sie hatte Angst, aber die Tatsache, dass sie so viel Aufhebens um sie machten, ließ sie innerlich triumphieren. Grit war von Natur aus eine Draufgängerin. Dass die alten Säcke ein solches Spektakel um sie machten, ließ sie mutiger werden.

»Hören Sie mal«, sagte sie frech. »Sie haben mich von der Arbeit abgeholt, und ich hab Hunger.«

Man brachte ihr einen Teller mit Essen, doch Grit bekam keinen Bissen hinunter. Aber je mehr Vernehmer zu ihr ins Zimmer geschickt wurden, umso stärker fühlte sie sich.

Die ganzen Leute machen ein Geschrei um einen kleinen Fisch wie mich.

Schickt doch so viele rein, wie ihr wollt.

Mir doch wurscht.

Ich hab nichts zu verlieren.

Sie hielt an der Geschichte fest, die sie sich mit den anderen ausgedacht hatte. Ja, wir waren zusammen unterwegs. Ja, wir haben dies und das gemacht ...

Um vier Uhr morgens kam jemand rein und legte ihr die Schriftproben von Ulrich und die Geständnisse der anderen vor. Sie hatten die Wahrheit herausgefunden.

Grit nahm ihren Mut zusammen und zuckte nur die Schultern. Daraufhin wurden die Vernehmer wütend. Trotzdem war Grit fest entschlossen, sich ihre Angst nicht anmerken zu lassen.

Ich werde nicht zulassen, dass die mir meine Würde nehmen.

Also redete sie munter weiter und machte blöde Sprüche.

Irgendwann führte man sie in einen anderen Raum und machte Fotos von ihr. Wieder im Vernehmungszimmer, tauchten neue Leute auf – zwei Männer, eine Frau, alle in den grau-grünen Uniformen der Staatssicherheit.

Sie hatten eine Aktentasche dabei. Grit sah die Handschellen darin.

»Schnürsenkel entfernen«, sagte einer.

Das ist nur Panikmache, dachte sie. *Die wollen mir zeigen, wer hier der Chef ist.*

Die Stasi-Leute führten Grit aus dem Zimmer, die Treppe runter, in den Innenhof, wo sie Thomas, Ulrich und Holm entdeckte. Die Jungs trugen Handschellen, sie nicht.

Halten die mich plötzlich für harmlos?

Ich bin bestimmt gefährlicher als der eine oder andere von den Jungs!

Jetzt mal ehrlich!

Was soll der Scheiß?

Thomas, Grit, Ulrich und Holm wurden zu einem Transportwagen geführt. Darin die üblichen sechs Winz-Zellen. Jeder wurde in eine gestoßen. Sie hatten keinen Blickkontakt und durften nicht miteinander sprechen.

Der Motor ging an, der Transporter fuhr los – wie lange? Sie wussten es nicht. Nach den ersten Kurven verloren sie in dem schwarzen Loch die Orientierung.

Irgendwann ruckelte es. Offenbar wendeten sie und blieben dann stehen.

Sie waren angekommen. *Irgendwo.*

Uniformierte holten sie einzeln aus den Zellen. Grit bekam noch immer keine Handschellen angelegt.

Sie standen vor dem Hintereingang eines Gebäudes, das von einer hohen Mauer umgeben war. Das Tor war zu, sodass sie nicht erkennen konnten, was sich dahinter befand.

Die vier wurden durch eine Seitentür ins Gebäude geführt und drinnen getrennt.

Grit musste sich nackt ausziehen. Umringt von männlichen und weiblichen Wärtern musste sie sich einer Leibesvisitation unterziehen lassen.

»Nach vorne beugen«, wies man sie an.

»Beine auseinander.«

Man nahm ihr sämtliche Kleidungsstücke und alle Habseligkeiten ab.

Sie bekam ein Formular vorgelegt, das sie unterschreiben sollte. Unter anderem stand dort, dass sie verpflichtet war, Gefängniskleidung anzulegen.

»Das unterschreibe ich nicht«, erklärte sie. »Ich will meine Sachen zurück.«

»Wir haben Zeit«, höhnte einer der Wärter.

Demütigung und Kontrolle.

Grit hatte Angst, sie könnte in Tränen ausbrechen, wenn sie noch länger nackt vor fremden Leuten stehen musste. Auf gar keinen Fall durften die sie weinen sehen. Sie unterschrieb und bekam nach längerem Warten eine Art Trainingsanzug und eine viel zu große Unterhose ausgehändigt. Sie zog die Sachen an. Man brachte sie in eine winzige Zelle. Als Erstes fiel ihr das Fenster auf. Ein paar milchige Glasbausteine, durch die zwar ein schwacher Lichtschein reinfiel, durch die Grit aber nicht rausschauen konnte.

Die drei anderen mussten ebenfalls blaue Trainingsanzüge anziehen, bevor man sie in winzige Einzelzellen führte. Fenster gab es nicht, nur zwei Glasbausteine und ein kleines Lüftungsgitter. Nach ein paar Stunden Einzelhaft brachte man sie jeweils in eine Zehn-Quadratmeter-Zelle, in der noch zwei andere Häftlinge saßen.

Als Ulrich in seine Zelle kam, wollten die anderen Insassen wissen, weswegen man ihn eingebuchtet hatte.

»Ist was Politisches«, erklärte er.

»*Politische* sind wir hier alle«, erwiderte einer der Zellenkollegen in einem Ton, der nichts anderes bedeutete als *du Vollidiot.* »Du bist nun mal im Stasi-Knast.«

Tatsächlich waren sie in der zentralen Untersuchungshaftanstalt des MfS in Erfurt gelandet. Der einzige Kontakt, den Ulrich und die anderen in den nächsten fünf Monaten zur Außenwelt haben sollten, war das sonntägliche Läuten der Kirchenglocken am Erfurter Dom.

Die Polizei setzte einem mit Schlägen zu, die Stasi machte sich damit nicht die Hände schmutzig. Ihre Masche hieß Psychofolter. Alle vier wurden unter Druck gesetzt. Morgens, mittags, abends: Vernehmungen.

Am Anfang erklärte Grit ihren Vernehmern noch, dass sie nicht reden würde.

»Du hast zu viel West-Fernsehen gekuckt«, sagte einer und lachte ihr ins Gesicht.

Obwohl die Stasi bereits wusste, was geschehen war, versuchte sie, sich ein genaues Bild zu machen – wer hatte was geschrieben, wer hatte die Farbe besorgt und so weiter und so fort.

Außer zur Schlafenszeit durften sie nicht in ihren Betten liegen. Wenn sie nicht vernommen wurden, schlugen sie die Zeit damit tot, auf einem Stuhl zu sitzen und die graue Wand anzustarren. Die Wärter redeten keinen mit Namen an, sondern benutzten ausschließlich die Gefangenennummern. Die Graffiti-Sprüher aus Weimar fanden kaum etwas, worüber sie mit ihren Zellenkollegen reden konnten, die zum überwiegenden Teil bei der versuchten Republikflucht erwischt worden waren. Thomas, Ulrich, Grit und Holm sowie die meisten ihrer Freunde wollten das Land gar nicht verlassen, sondern *im Land* selbst etwas verändern.

Die Stasi bot an, sie sofort in den Westen abzuschieben.

Alle lehnten ab.

Obwohl sie die Freunde nie zu Gesicht bekam, fühlte Grit sich nicht alleine. Die Tatsache, dass sie als Gruppe inhaftiert worden waren, machte ihr Mut. Wenn sie sich die anderen Insassinnen anschaute, denen man zum Teil die Kinder weggenommen und zur Adoption freigegeben hatte, wurde ihr klar, dass es vielen noch schlechter ging.

Nach der U-Haft fand im Februar 1984 endlich der Prozess statt. Am Tag der Verhandlung befand sich die Polizei in ganz Thüringen in Alarmbereitschaft; auf den Bahnhöfen und in den Innenstädten von Erfurt, Weimar und anderen Orten patrouillierten uniformierte Sicherheitskräfte. Irgendwie hatte die Öffentlichkeit Wind von dem Gerichtstermin bekommen. Sogar eine westdeutsche Zeitung hatte über den Fall berichtet. Nun befürchtete man, die Punks könnten auf die Straße gehen und gegen die Inhaftierung protestieren.

Es ging zu wie in einem Terrorprozess. Als man die vier Punks durch das Gerichtsgebäude führte, standen mit Maschinenpistolen bewaffnete Wachmänner Spalier. Selbst im Gerichtssaal waren Männer mit Maschinenpistolen im Anschlag postiert. Und der ganze Aufwand wegen vier Jugendlichen, deren einzige Waffen ein paar Dosen Sprühfarbe gewesen waren.

Die vier sahen sich zum ersten Mal seit fünf Monaten wieder – und trafen auf ihre Mitverschwörer Jörn und Andreas, die im November 1983, einen Monat nach ihrer eigenen Festnahme, verhaftet worden waren.

Kurz nach Prozessauftakt rief eine Frau von einer Besucherbank dazwischen und forderte für die Angeklagten die Höchststrafe. Die Freunde drehten die Köpfe: Wie sich herausstellte, handelte es sich um Holms ehemalige Deutschlehrerin. Tatsächlich war sie auch Vorsitzende des Weimarer Kulturbundes, dessen Amtssitz die sechs ebenfalls mit Graffitis verschönert hatten. Der Kulturbund trat als Nebenkläger auf. Da die Frau unablässig dazwischenrief, musste sie aus dem Saal gebracht werden, bevor der Prozess weitergeführt werden konnte.

Die Anklage konzentrierte sich auf den politischen Aspekt der Straftat. Vor Gericht wurden einige der »staatsfeindlichen« Parolen verlesen, die die sechs an Mauern gesprüht hatten. Grit wurde vom Staatsanwalt gefragt: »Was haben Sie sich dabei gedacht, als Sie den Satz FUCK FOR PEACE an die Schlossmauer schrieben?«

»Nichts«, antwortete Grit.

Das entsprach durchaus der Wahrheit – wie alle jederzeit zugegeben hätten, waren ihnen im Eifer des Gefechts irgendwelche albernen Parolen eingefallen.

Es war der einzige Spruch, den sie auf Englisch gesprüht hatten.

Grit musste ihn übersetzen.

Der Richter unterdrückte ein Grinsen.

In der U-Haft hatte man ihnen immer wieder gedroht, sie würden nicht unter einer Freiheitsstrafe von achtzehn Monaten davonkommen. Am Ende wurden Thomas und Grit zu sechs Monaten, Ulrich und Holm zu fünf Monaten verurteilt; die U-Haft wurde auf das Urteil angerechnet.

Andreas und Jörn, die einen Monat nach den anderen festgenommen und im Januar bereits aus der Untersuchungshaft entlassen worden waren, erhielten eine geringere Freiheitsstrafe, die mit der U-Haft abgegolten war. Nach dem Prozess plagten sie Schuldgefühle, weil sie scheinbar bevorzugt behandelt worden waren.

Tatsächlich war das eine beliebte Taktik der Stasi: Misstrauen säen, wo immer es ging. Eine milde Strafe stank nach schmutzigem Geschäft, nach Verrat.

Ist Jörn ein Spitzel?

Ein solcher Verdacht reichte in der Regel aus, die besten Freunde auseinanderzubringen.

Sobald Jörn sich wieder in der Szene blicken ließ, machten die anderen Punks einen Bogen um ihn. Auch als seine Freunde in der ersten Aprilwoche 1984 aus dem Gefängnis freikamen, wurde die Situation für ihn nicht besser. Zwar durfte er dabei sein, wenn Ulrich, Holm, Thomas und Grit sich trafen, aber in seiner Anwesenheit waren bestimmte Themen tabu. Sobald einem von ihnen etwas herausrutschte, das ihre Pläne verraten konnte, warfen die anderen sich Blicke zu und kniffen die Lippen zusammen. Jörn verschwand bald vom Radar und zog nach Berlin, wo er mit anderen Punks illegal in einem baufälligen Haus in Prenzlauer Berg wohnte und innerhalb der DDR-Grenzen, aber außerhalb des Systems ein unsichtbares Leben führte.

Auch die anderen waren mehr oder weniger von der Gesellschaft ausgeschlossen. Nachdem sie bereits von der Schule geflogen waren, verloren sie nun auch noch ihre Ausbildungsplätze. Daher konnten sie es auf lange Sicht erst einmal vergessen, einen einigermaßen passablen Job zu bekommen. Arbeiten mussten sie natürlich trotzdem, sonst wären sie sofort wieder ins Gefängnis gewandert.

Der unsichtbare Arm der Stasi verhinderte es, dass Thomas die ihm schon zugesagte Stelle in einem kirchlichen Hospiz antreten konnte.

Am Ende landete er bei einem Uhrenhersteller, wo er mit lauter Alkoholikern zusammenarbeiten musste. Wie es der Zufall wollte, war einer seiner ehemaligen Stasi-Verfolger aus der Schulzeit – *Wir haben Sie im Auge, Thomas Onißeit* – inzwischen in Ungnade gefallen und bediente in derselben Fabrikhalle eine Tischbohrmaschine. Freunde wurden sie nicht.

Thomas' Bruder Jürgen hatte seine Ausreisegenehmigung erhalten und die DDR verlassen. Dass Jürgen ihn und seine Freunde bespitzelt hatte, wusste Thomas immer noch nicht. Er zog in die verwaiste Wohnung seines Bruders, wurde aber von der Stasi aufgespürt und wieder vor die Tür gesetzt. Ihm blieb nichts anderes übrig, als zu den Eltern zurückzuziehen.

ajor, kurz nach ihrer Ausbürgerung

Punks im Plänterwald, ca. 1981

Punks am Leninplatz in Friedrichshain, ca. 1982

unks am Alexanderplatz, ca. 1982

Pankow, der Sänger von Planlos, ca. 1982

Kaiser (links) und Lade (beim Trommeln) im Proberaum, ca. 1981

Rosa Extra in Prenzlauer Berg, 1982

Chaos von Wutanfall, ca. 1982

asi-Überwachungsfoto von Speiche, ohne Datum

Keule, Colonel und Esther Friedemann, ca. 1982

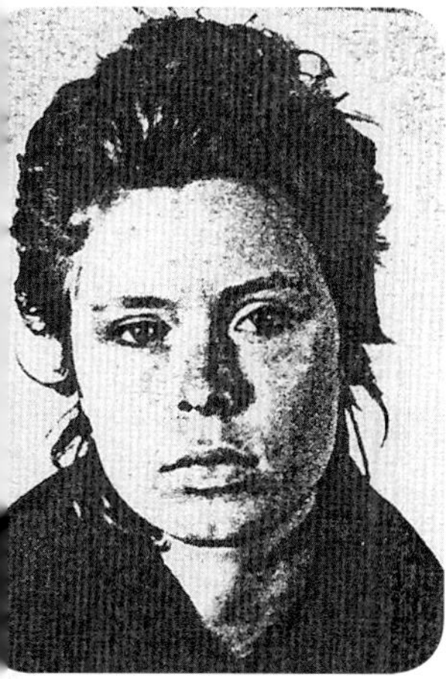

ıtlassungsschein aus Majors
ster Haftzeit, Februar 1982

Die vier Mitglieder von Planlos tanzen auf einer kirchlichen Veranstaltung, ca. 1982

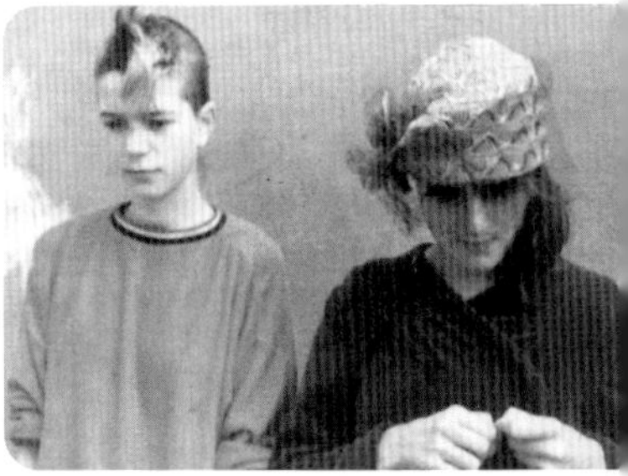

(im Uhrzeigersinn) Mita Schamal (Mitte links) und Jana Schloßer (Mitte rechts) von Namenlos, ca. 1983; Mita (links) und Conny Schleime, ca. 1982; Poster fürs erste überregionale Punkkonzert in der Christusgemeinde, Halle, 1983; Otze von Schleim-Keim, 1983

ta und Jana in einem besetzten Haus, ca. 1983

Planlos (von links nach rechts: Lade, Pankow, Kaiser, Kobs) in Leipzig, 1983

Planlos in Karl-Marx-Stadt, 1983

m Uhrzeigersinn: Namenlos in
Karl-Marx-Stadt, 1983; A-Micha
edet mit Diakon Lorenz Postler,
983; Polizeifoto von A-Micha, 1983;
or der Erlöserkirche während
iner Bluesmesse, 1983

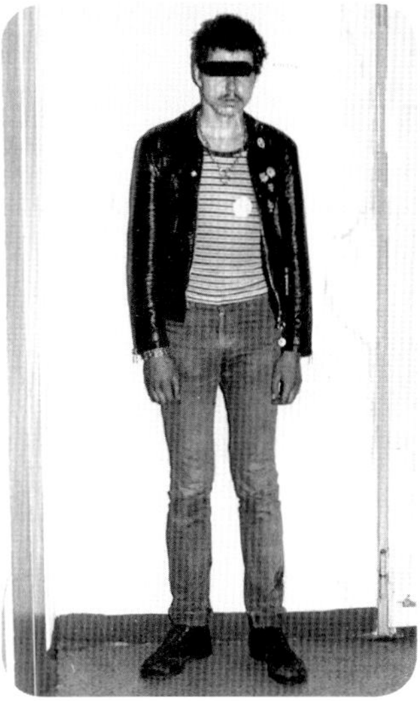

Feeling B, ca. 1984: Paul Landers (links), Aljoscha Rompe (Mitte), Flake Lorenz (rechts)

L'Attentat, ca. 1985

Pankow trommelt bei Fatale, ca. 1985

Die Anderen (Toster: zweite Reihe links), ca. 1986

Stasi-Überwachungsfoto von Punks bei *Jugend 86* in Rudolstadt, 1986

Antitrott (von links nach rechts: Reimo Adler, Björn Schulz, Thomas Kremer, ca. 1986

Das illegale Re-Aktion-Album, über eine offizielle Amiga-Veröffentlichung kopiert

Tatjana Besson von Die Firma mit Kremer (links) und Jörn Schulz von Antitrott, ca. 1986

Punks vor der Pfingstkirche, 1987

Speiche beim Kirchentag von Unten, Juni 1987

uftritt von Antitrott beim Kirchentag von Unten, 1987

Poster für Kirche von Unten, ca. 1988

Wartburgs für Walter (von links nach rechts: Jörn Schulz, Ina Pallas, Bernd Hennig) in Polen, November 1987

Punk-Frühlingsfest in der Erlöserkirche, April 1988

unks beim staatlich genehmigten *Beat Inn* in Weißensee, 1988

In Prenzlauer Berg, Ende der 1980er

Hausbesetzer-Newsletter, 1990

Das Tacheles in den 1980ern, bevor es besetzt wurde.

Organisationstreffen im Eimer, 1990 – am Kopfende sitzt Paul Landers von Feeling B, dahinter steht Tatjana Besson

Die Stadt durfte er ohnehin nicht verlassen.

Sein Personalausweis war einkassiert und durch einen PM 12 ersetzt worden. Reisen waren ihm somit strengstens untersagt. Das Ersatzdokument zog unweigerlich Ärger mit der Polizei nach sich. Wenn man nach dem Ausweis gefragt wurde und einen PM 12 vorzeigte, hieß es sofort: mitkommen zur Vernehmung.

Tatsächlich konnte die Clique in Weimar fast nirgendwo mehr hin. Ihnen war der Zutritt zu den Jugendklubs und Kneipen verboten, sobald sie sich auf einem öffentlichen Platz zeigten, nahm die Polizei sie mit. Wurden sie auf der Straße mit anderen Leuten gesehen, erhielten sie eine Anzeige wegen unerlaubter Versammlung.

Grit, die ihre Ausbildung als Friedhofsgärtnerin nicht beenden durfte, bekam eine Stelle in einer Fabrik zugewiesen. Es hieß, sie müsse dort zwei Jahre arbeiten, bevor man noch einmal überlegen würde, ob sie eine andere Ausbildung beginnen dürfe. Sie stand unter ständiger Beobachtung. Täglich parkte ein Streifenwagen vor ihrem Haus: Jeden Morgen grüßte sie ihre Beschatter, bevor sie sich auf den Weg zur Arbeit machte. Dort angekommen, stand der Wagen bereits da. Jeder bekam es mit. Auch wenn sie ihre Freunde besuchte, fuhr der Wagen im Schritttempo neben ihr her.

Dennoch hatte das Gefängnis die Graffiti-Punks nicht verändert – womit nicht mal sie selbst gerechnet hatten.

Tatenlos herumzusitzen kam für sie nicht infrage.

Das könnt ihr vergessen.

Kaum entlassen, fuhren sie nach Erfurt, wo sie bei einem Prozess für Unruhe sorgen wollten. Im Januar 1984, als sie selbst noch im Gefängnis gesessen hatten, waren vier andere Weimarer Punks verhaftet worden. Ein Spitzel hatte sie angeschwärzt. Nun standen sie vor Gericht, weil sie eine ähnliche Aktion wie Thomas, Ulrich, Grit, Holm, Andreas und Jörn geplant hatten.

Die vier wurden zu zweijährigen Freiheitsstrafen verurteilt.

Thomas und seine Clique kehrten in die Kirche zurück, in der sie sich damals angefreundet hatten. Aber die Gruppe dort wirkte blutleer: Einige Teilnehmer waren ausgebürgert worden, viele befürchteten Repressionen. Die Freunde stellten fest, dass ihnen der Appetit auf Tee und Gelaber endgültig vergangen war. Sie wollten unbedingt etwas auf die Beine stellen und baten den Pfarrer der Jakobskirche, im Rahmen des Montagskreises eine Performance aufführen zu dürfen. Obwohl der Pfarrer sich durch das harte Vorgehen der Stasi massiv unter Druck gesetzt sah, willigte er ein. Die Clique stellte per Linoldruck ein paar Handzettel her; beim ersten Auftritt war die Kirche brechend voll, und die Menge tobte: ein Erfolg auf der ganzen Linie.

Die Veranstaltung rief natürlich die Stasi auf den Plan. Der Pfarrer bekam Ärger mit der Kirchenleitung, und der Montagskreis musste vorübergehend ausgesetzt werden. Das hielt die Clique nicht davon ab, weitere Veranstaltungen zu organisieren: in Künstlerateliers, leeren Kellerräumen, anderen Kirchen – überall, wo man sie auftreten ließ. Holm gründete außerdem eine neue Band.

Sie hatten keine Angst mehr.

Was wollen die machen? Uns wieder in den Knast schicken?

Das kennen wir schon.

Und wir haben's überlebt.

Die Stasi schürte Angst, indem sie die Leute im Unklaren ließ, was mit ihnen geschehen würde. Die Clique hatte erkannt, dass sie gar nicht so viel Angst hätten haben müssen. Jetzt wussten sie, dass sie alles überstehen konnten. Nach sechs Monaten Gefängnis war die Angst verflogen. Ihre Erfahrung und ihre Scheißegal-Haltung sprachen sich bald in Goethes Weimar und anderswo herum.

Indem man über die sechs Sprühlinge hergefallen war – sie aus ihrem unbedeutenden Leben gerissen und in den Stasi-Knast geworfen hatte –, hatte man der oppositionellen Szene in Weimar und anderen Städten eine Botschaft schicken wollen. Die Stasi hatte nur deshalb so viele Leute zur Vernehmung abgeholt und gegen so viele Misstrauen geschürt – *Hatte er klein beigegeben? Hatte sie sich als Informantin anwerben lassen?* –, weil sie sichergehen wollte, dass jeder das Exempel verstand, das sie da statuierte.

Doch die Unbeugsamkeit der sechs Punks sorgte letztlich für den gegenteiligen Effekt.

Die haben's überlebt ...

Schaffen wir das auch?

Bestimmt.

SCHLAGT ZURÜCK.

Jetzt oder nie.

SCHLAGT ZURÜCK.

SCHLAGT ZURÜCK!

Friedfertige Punks

TEIL V

Rise Above

43

Am letzten Abend des Jahres 1983 fand in der Eliaskirche in Prenzlauer Berg eine gedämpfte Silvesterfeier statt. Eigentlich hatten sich die Punks schon im September versammeln wollen, aber wegen des harten Durchgreifens der Stasi hatte sich keine Kirche gefunden, die ihnen Räumlichkeiten zur Verfügung stellen wollte. Am Silvesterabend bauten sie vor dem Altar eine Kiste mit Sand auf und steckten Kerzen für alle Freunde hinein, die nicht mitfeiern konnten, weil sie inhaftiert, zum Wehrdienst eingezogen, aus der Stadt verbannt oder ausgebürgert worden waren.

Die Ost-Berliner Punkszene hatte sich von den Schlägen des Stasi-Chefs Erich Mielke noch nicht erholt. Major war weg. A-Micha, Jana und Frank von Namenlos saßen in U-Haft und hofften verzweifelt, dass ihr Fall bald vor Gericht landen würde. Die Mitglieder von Planlos wurden in speziellen Armee-Einheiten für politisch auffällige Personen resozialisiert.

Auch in anderen größeren Städten war die Szene zerschlagen worden. In Leipzig saßen die vier Punks ein, die »Freiheit für Jana, Mita und A-Micha« an eine Wand gesprüht hatten. Stracke, der sich öffentlich für sie starkgemacht hatte, war erst wenige Tage zuvor aus der U-Haft entlassen worden. Chaos war nach einer besonders schlimmen Prügelattacke der Polizei bei Wutanfall ausgestiegen. Der Versuch, ein zweites Musikfestival in der Christuskirche in Halle zu veranstalten, hatte in einem Blutbad geendet. Otze von Schleim-Keim sollte 1984 weitere vier Monate im Stasi-Knast verbringen.

In größeren Städten hatte man auch zu anderen Maßnahmen gegriffen. Man hatte die Punks gezwungen, in irgendeinem Kaff eine Arbeit aufzunehmen. Man hatte ihnen verboten, in andere Städte zu reisen – Berliner durften nicht mehr nach Leipzig, Leipziger nicht mehr nach Berlin, Dresdner in keine der beiden Städte fahren. Einigen Punks hatte man untersagt, sich im Innenstadtbereich ihres Wohnorts aufzuhalten. Wieder andere waren nach Westdeutschland abgeschoben worden – in Halle hatte sich die Zahl der Ausgebürgerten von 1982 bis 1984 vervierfacht. Das geschlossene Vorgehen gegen Punks in den Jahren 1983 und 1984 übertraf alles, was seit Honeckers Machtantritt im Jahr 1971 gegen oppositionelle Gruppen unternommen worden war.

1983 hatte die Stasi die Zahl der Punks landesweit auf eintausend geschätzt, während die Zahl der »Sympathisanten« die alarmierende Zehntausendermarke erreicht hatte. 1984 hatte die Stasi zumindest die Kerngruppe erheblich dezimiert.

Aber es war bereits zu spät.

Punk war bis in den letzten Winkel des Landes vorgedrungen. Die vielen Veranstaltungen im Jahr 1983 hatten die Zahl der Punks und ihrer Sympathisanten weiter ansteigen lassen. Die Bewegung hatte das Land erschüttert; viele Jugendliche hatten das gespürt und schlossen sich ihr an. Obwohl die erste Welle von Bands in den großen Städten infolge des Stasi-Kriegs – zumindest für den Moment – eliminiert worden war, ließ sich die Bewegung nicht mehr eindämmen. Die Musik der Bands der ersten Generation hatte in jedem noch so kleinen Kaff Jugendliche dazu inspiriert, selbst zu einem Instrument zu greifen.

Man bekam den Eindruck, als würden für jede Band, die die Stasi aus dem Verkehr zog, zehn neue aus dem Boden sprießen. Selbst in Berlin, wo die Stasi am schlimmsten gewütet hatte, hatte sich eine zweite Generation formiert. Es schien der Stasi nicht gelungen zu sein, die Bewegung an sich zu zerschlagen. Da das Regime strikt auf Geheimhaltung setzte und in den offiziellen Medien nicht über die Inhaftierung von Namenlos und anderen berichtet wurde, war es den Berliner Punks, die nicht unmittelbar zur Pfingstkirchengruppe gehörten, oft nicht mal bewusst, dass ihre Gesinnungsgenossen im Gefängnis gelandet waren. Dass Leute irgendwo bei der Volksarmee verschwanden oder das Land verließen – freiwillig oder nicht –, das war ganz normal. Gut, die Polizei führte immer häufiger Razzien in den besetzten Wohnungen durch. Aber das Leben ging weiter. Auch außerhalb von Berlin hatten die Nachwirkungen des Sommer des Punk der Bewegung einen Boom beschert. Jugendliche, die sich bislang am Rand der Szene aufgehalten und zwar die Aufregung um das neue »Ding«, nicht aber die schlimmen Konsequenzen mitbekommen hatten, fühlten sich vom Stinkefinger, den Punk verkörperte, magisch angezogen.

Marcus Hugk war 1983 vierzehn Jahre alt. Er lebte mit seinen Eltern in Berlin-Adlershof, südlich vom Plänterwald, wo er im Vorjahr zum ersten Mal Punks gesehen hatte. Durch Punk fand Marcus ein *neues mentales Gerüst*, und er war fest entschlossen, einen positiven Beitrag zur Szene zu leisten. Seine Idee: *Ich gründe eine Band.* Seine Freunde und er wollten Musik machen, wie sie ihnen in den Kopf kam – zufällig war es genau die Art von Musik, die sie bei den Punkkonzerten in den Berliner Kirchen hörten. Sie wollten Stücke spielen, die frei waren von musikalischen Strukturen und staatlichen Zwängen. Sie wollten Texte singen, die sich gegen die Staatsideologie richteten.

Scheiß Bullen!

Scheiß FDJ!

Too Much Future!

Marcus und sein Freund Bernd Hennig fingen mit einer Kindergitarre und einem selbst gebastelten Verstärker an und benutzten ansonsten alles, was ihnen in die Hände fiel. Dann kam Marcus an ein paar Trommeln ran – sein Vater war als staatlich zugelassener Musiker beim Ministerium des Inneren angestellt.

Hätte er nur eine Ahnung gehabt ...

Die neue Band nahm ein paar Stücke auf einem tragbaren Kassettenrekorder auf und wollte die Kassetten an Freunde weitergeben. Dafür fehlte ihnen nur noch ein Name.

Es musste ein richtig geiler her.

Hm, überlegten sie. Punks wurden in der DDR gern als Abfall bezeichnet. Als Müll.

Außerdem sollten ihre Freunde wissen, dass sie echt was draufhatten.

Wie klingen wir nach 'ner richtig großen Nummer?

'International!

Natürlich machten sie sich damit auch über das Kampflied der Arbeiterbewegung lustig, das jedes Kind schon bei den Jungpionieren lernte.

Wie wäre es mit ... Internationale Müllabfuhr?

Urst geil.

Als Nächstes starteten sie eine Graffiti-Kampagne, damit die ganze Welt von ihrer Band erfuhr.

Beim ersten Mal dauerte es eine halbe Ewigkeit, bis sie den Namen an eine Wand gesprüht hatten – mal ganz abgesehen von der Farbmenge und dem freien Platz, die nötig waren, um »Internationale Müllabfuhr« hinzuschreiben.

Nehmen wir nur die Anfangsbuchstaben.

IM.

Geil.

In den beiden folgenden Wochen zogen sie etliche Male los und sprühten überall dort, wo Punks rumhingen, »IM« an Mauern. Auch an eine Wand in ihrer Schule.

Ein fataler Fehler.

Die beiden Buchstaben ließen bei der Staatssicherheit natürlich die Alarmglocken schrillen. Da die Bevölkerung nicht wusste, dass Spitzel im internen Sprachgebrauch IM genannt wurden, hielt man es bei der Stasi zuerst für möglich, dass einer der eigenen Leute in Treptow und Adlershof die Wände schändete. Der Gedanke war natürlich absurd. Dennoch reagierte der Überwachungsstaat mit der üblichen Paranoia.

Die Kriminalpolizei tauchte in Marcus' Schule auf und holte einzelne Schüler aus dem Unterricht. Solche, die nach Ärger aussahen. Nach Aufwieglern. Natürlich waren einige sofort verdächtig: Punks. Ihre Aufmachung verriet der Schulleitung und der Polizei – und jedem stinknormalen Bürger –, dass diese Jugendlichen sich nicht in die Gesellschaft eingliedern lassen wollten.

Ab aufs Revier mit denen.

Die Polizei nahm Marcus, Bernd und die anderen Bandmitglieder zur Vernehmung mit. Auf dem Revier stießen die Kollegen von der Staatssicherheit dazu.

Die Polizei besaß Fotos. Sie besaß Tonaufnahmen der Band. Sie besaß sogar ein paar Zettel mit handgeschriebenen Texten.

In der Vernehmung erklärte Bernd: »Unsere Texte sind nur Ulk und Blödsinn. Es macht uns einfach Spaß. Wir haben uns nichts dabei gedacht. Und wir wussten nicht, dass es verboten ist, ohne Genehmigung Musik zu machen.«

Die Vernehmer kamen immer wieder auf eine Frage zurück: Wer hatte die Idee, die Abkürzung IM hinzusprühen?

»War es die CIA?«, schrien sie. »Waren es Personen aus der BRD?«

Irgendwann ging den Vernehmern auf, dass die Band mit dem IM-Graffiti tatsächlich nicht auf die interne Abkürzung des MfS angespielt hatte. Sie beschlagnahmten Marcus' Kassetten. Einer aus der Band wurde in einen Jugendwerkhof eingewiesen.

Obwohl das den anderen erspart blieb, lastete die Erinnerung an die Stunden, die sie unter Androhung einer Haftstrafe in engen, schmuddeligen Zellen verbracht hatten, schwer auf ihnen. Marcus und seine Freunde waren vierzehn, fünfzehn! Doch obwohl die Stasi-Offiziere von ihnen verlangt hatten, sich von den Punks loszusagen, dachten sie nicht im Traum daran.

Dennoch löste sich die Band auf. Bei Marcus war die Angsttaktik der Stasi aufgegangen. Und doch: Er und seine Schulfreunde waren nicht die Einzigen, die 1983 und 1984 eine Band gründeten. Es gab Hunderte andere. Einige wie Internationale Müllabfuhr existierten nur kurz; andere wurden zur treibenden Kraft des DDR-Untergrunds, zum Stachel im Fleisch des Regimes, das unterdessen versuchte, das Unbegreifliche in den Griff zu bekommen: Wieso war die Punkszene nach dem harten Durchgreifen der Staatssicherheit so schnell wiedererstarkt? Bands wie Feeling B., Aufruhr zur Liebe, Der Demokratische Konsum, Die Firma, Happy Straps, Klick & Aus, Betonromantik oder Ornament & Verbrechen – sie alle wurden 1983 in Ost-Berlin gegründet und stellten in den nächsten Jahren so etwas wie die Stars des DDR-Untergrunds dar. Und es wurden immer mehr. Bernd von IM wartete zum Beispiel nicht lange und machte bald wieder Musik – obwohl er ein dunkles Geheimnis mit sich herumtrug.

Als Namenlos und Planlos von der Stasi unschädlich gemacht wurden, hatten sich die von ihnen ausgelösten Erschütterungen im ganzen Land ausgebreitet. Unzählige Jugendliche wussten, dass etwas ins Rollen gekommen war, dass das Regime Angst hatte. Vor allem aber eins: *Wir wollen nicht im Warteraum der Zukunft sterben.*

Dass die Punkbewegung innerhalb eines Jahres nicht nur wiedererstarkt war, sondern sich schnell weiter ausbreitete, musste sich wahrscheinlich selbst die Stasi eingestehen. Die Frage war jetzt: Was konnte man dagegen tun?

44

Aljoscha Rompe war 1984 bereits Mitte dreißig. Er hatte einen Abschluss als Diplom-Physiker gemacht. Wer einen der begehrten Studienplätze ergattern wollte, konnte seine ideologische Reife dadurch beweisen, dass er sich über den Grundwehrdienst hinaus bei der NVA verpflichtete. Aljoscha hatte diesen Weg gewählt. In der NVA war er zum ersten Mal ins Visier der Stasi geraten. Anfang 1972 hatte ein Spitzel einige Bemerkungen brühwarm weitergegeben, die Aljoscha bei einer Feier in der Kaserne fallen gelassen hatte – er hatte laut überlegt, wie man die DDR demokratisieren könnte. Außerdem bekam er im selben Jahr Ärger, weil er in Ost-Berlin einen illegalen Klub aufgezogen hatte, in dem er neben Disco-Veranstaltungen auch politische Diskussionen abhielt.

1978 wurde Aljoscha wegen »staatsfeindlicher Hetze« drei Monate in Gewahrsam genommen – er hatte mit einer Gruppe Untergrundkünstler einen subversiven Kalender produziert. Während der U-Haft wurde er achtzehn Mal vernommen; sein Anwalt legte Beschwerde ein, weil die Wärter eines Nachts einen Polizeihund in Aljoschas Zelle gelassen hatten.

In der U-Haft erfuhr er vom Tod seines leiblichen Vaters, zu dem er keinen Kontakt gehabt hatte. Wie man ihm mitteilte, war der

Vater Schweizer Staatsbürger gewesen. Seine Mutter, eine überzeugte Kommunistin, die ihren Mann verlassen hatte und nach Ost-Berlin gezogen war, als Aljoscha ein Jahr alt war, hatte ihm das verschwiegen. Ihr zweiter Mann, Robert Rompe, war Physiker, Funktionär und von 1958 bis zum Zusammenbruch der DDR Mitglied des Zentralkomitees der SED.

Noch während der U-Haft beantragte Aljoscha einen Schweizer Pass. Seiner Mutter und dem Stiefvater erzählte er davon nichts, weil er wusste, dass sie sein Vorhaben nicht gutheißen würden. Nachdem er den Pass 1980 erhalten hatte, konnte er nach Belieben in den Westen reisen. Er nutzte die neue Staatszugehörigkeit und bewarb sich um einen Studienplatz an der Freien Universität in West-Berlin – in Wahrheit hatte er nicht vor, ernsthaft zu studieren, sondern war nur auf das BAföG scharf. Bald finanzierte er mit dem Westgeld das Leben in Ost-Berlin.

Anfang der 1980er-Jahre war Aljoscha in den Ost-Berliner Künstlerkreisen – und Kneipen – bekannt wie ein bunter Hund. Er war ein Energiebündel und quatschte mit jedem. Seine Lebenslust wirkte ansteckend. Außerdem war er von einer Art existentialistischer Ruhelosigkeit getrieben, die ihn an die interessantesten Orte führte.

Die Stasi umgab ihn mit etlichen Informanten und ließ ihn und sein Umfeld bis 1990 beschatten, als das MfS seine Pforten für immer schloss. Sogar sein Stiefvater ließ sich als IM anwerben.

Aljoscha arbeitete beim VEB Studiotechnik und machte über Jahre den Fahrer für zugelassene Bands, die er zu staatlich geförderten Musikfesten und Jugendklubs im ganzen Land kutschierte – das heißt, wenn er nüchtern genug war. Aber allmählich hatte er die Schnauze gestrichen voll.

Dann entdeckte er Punk – und lernte Planlos kennen, als die Band noch in der Metzer Straße 14 probte. Tatsächlich wohnte er eine Zeit lang sogar im selben Haus. Nachdem die Stasi im Sommer

1983 eine Durchsuchung im Proberaum durchgeführt hatte, mussten sie ihre Anlage anderswo unterbringen. Aljoscha hatte gerade eine Wohnung ganz in der Nähe besetzt, in der Fehrbelliner Straße 7. Er bot der Band seine riesige Dachgeschosswohnung als Proberaum an. Die Wohnung war ziemlich runtergekommen, aber Aljoscha hatte sie für seine legendären Partys bereits schalldicht gemacht, indem er alte Matratzen vor die intakten Wände geschoben hatte. Bei jenen Wänden, die im Zweiten Weltkrieg durch Bomben zerstört worden waren, konnte man ohnehin nichts mehr machen. Strom kam über ein Kabel, das Aljoscha zwischen dem Dach seines Hauses und dem Gebäude auf der anderen Straßenseite gespannt hatte, nachdem er dort die Leitung angezapft hatte. In seinem Haus wohnten Leute wie Günther Spalda von Rosa Extra oder Carlo Jordan, der eine Schlüsselrolle in der alternativen DDR-Umweltbewegung übernehmen sollte. Wenn Aljoscha eine Party veranstaltete, kochte er gigantische Mengen Spaghetti, ließ verschiedene Punkbands auftreten und sorgte dafür, dass niemand nüchtern blieb.

Je häufiger er die Bands hörte, die in seiner Wohnung probten oder auf den Partys spielten – neben Planlos nutzte auch Die Firma die Dachetage als Proberaum, weitere Bands folgten –, umso überzeugter war er, etwas Ähnliches auf die Beine stellen zu können. Er hatte mal in einer Bluesrockband gesungen, auch wenn sich daraus nichts entwickelt hatte.

Ihm fehlte nur die passende Band.

45

Die Band fand Aljoscha in zwei Teenagern: Paul Landers, ein wasserstoffblonder achtzehnjähriger Gitarrist, und Flake Lorenz, ein schlaksiger sechzehnjähriger Keyboarder. Mitgebracht hatte sie der Schlagzeuger Alexander Kriening, der schon früher mit Aljoscha Musik gemacht hatte. Kriening trieb sich seit ein paar Jahren in der Punkszene rum und hatte schon 1980, vor der Gründung von Planlos, mit ihrem späteren Bassisten Kaiser gejammt.

Paul und Kriening kannten sich aus dem Plänterwald. Paul wohnte im nahe gelegenen Baumschulenweg-Viertel. Von seinem Zimmer aus konnte er die Mauer sehen und dahinter West-Berlin. Das Viertel lag so nah an der Grenze, dass dort Tag und Nacht Polizeistreifen patrouillierten, oft mit scharfen Hunden. Selbst Kinder, die Freunde in einem Haus in Mauernähe besuchen wollten, brauchten eine Genehmigung.

Paul störte sich nicht an der Mauer, für ihn war sie ein fester Bestandteil des täglichen Lebens. *Wenn ich in der Wüste wohnen würde, würde ich Sand sehen, wenn ich am Südpol wohnen würde, würde ich Eisberge sehen – ich wohne hier, und da sehe ich nun mal die Mauer.* Pauls Vater war Professor für slawische Sprachen, seine Mutter Russischlehrerin. Beide waren Sozialisten mit Leib und

Seele – aber etwas enttäuscht, wie die Dinge in der DDR tatsächlich liefen. Allerdings wussten sie, dass es ihnen vergleichsweise gut ging. Sie hatten ein Jahr in der UdSSR gelebt und Lebensmittelknappheit zu spüren bekommen. Pauls ältere Schwester war streng erzogen worden, aber das Verhältnis zu den Eltern war eher schlecht, sodass Paul in Frieden gelassen wurde, als er anfing, sich auffällig zu kleiden und die Bluesmessen und Punkkonzerte in den Berliner Kirchen zu besuchen. Im Frühjahr 1983 war er in eine besetzte Wohnung in der Invalidenstraße gezogen und hatte seine Ausbildung als Funk- und Fernmeldemechaniker beendet. Er war sehr geschickt, bastelte sich aus einem Radio den ersten Gitarrenverstärker und baute auch die Effektgeräte selbst.

Am Donnerstag, dem 31. März 1983, wurde Paul von Kriening gefragt, ob er sich später mit ihm und Aljoscha treffen wollte. Paul wartete auf dem Senefelderplatz in Prenzlauer Berg und war entsetzt, als Kriening mit einem alten Mann mit beginnender Glatze, Jeans, T-Shirt und Lederweste auftauchte.

Was ist denn das für'n seltsamer Vogel?

Sie gingen in eine Kneipe. Der alte Mann – Aljoscha – erwies sich als echter Schluckspecht. Er wollte für alle Getränke bestellen, aber Paul, der noch nie in einer Kneipe gewesen war, schützte Magenschmerzen vor.

»Aha, dir ist schlecht«, entgegnete Aljoscha. »Dann kriegste 'nen Kräuterlikör.«

Er stellte Paul zur Beruhigung seines Magens ein Gläschen Wurzelpeter hin. Zwei Stunden später torkelten die drei fröhlich aus der Kneipe und zogen in Aljoschas Wohnung weiter. Je länger sie zusammen rumhingen, desto weniger störte Paul sich am Altersunterschied. Musikalisch verstanden sie sich auf Anhieb, Aljoscha hatte sofort einen Text parat, als Paul ihm von einer Idee für ein Stück erzählte.

Am nächsten Morgen notierte Paul in seinem Tagebuch:

Gestern war ich in der Unterwelt, zusammen mit Kriening. Wir waren bei einem Musiker, vorne Glatze, Locken, lila Tuch, widerliches, sinnloses Gekreische, Lachen, total im Stoff, hat aber urst starke Wohnung.

Als Paul ein paar Tage später bei Aljoscha vorbeischaute, traf er auf Lade von Planlos, der in der Dachetage Schlagzeug spielte. Paul hörte das Gedresche schon im Treppenhaus. Er war sofort angefixt.

Kriening brachte auch Christian »Flake« Lorenz mit. Sie hatten sich ein paar Jahre zuvor auf einem Konzert in der Schule kennengelernt, die Kriening und Flakes älterer Bruder besuchten. Flake war sechzehn und sah noch jünger aus. Zum Punk war er über seinen Bruder gekommen. Und wie Kriening erfahren hatte, besaß Flake seit Kurzem eine elektrische Orgel. Eines Nachmittags klopfte er bei Flake zu Hause an und fragte, ob er Lust hätte, bei seiner Band mitzumachen.

»Gut, was soll ich denn spielen?«

»Na, Bass, wir haben nämlich keinen Bassisten, und du kannst mit der linken Hand die Basstöne spielen.«

Ja, das konnte Flake mit der Orgel wohl hinbekommen.

Am nächsten Tag tauchte Kriening mit Aljoscha bei ihm auf. Auch Flake wunderte sich über das »hohe« Alter und das merkwürdige Benehmen von Aljoscha, der ununterbrochen kicherte und sich aufführte, als wäre er in der Wohnung von Flakes Eltern zu Hause. Irgendwann ging er in Flakes Zimmer, klemmte sich die Orgel unter den Arm und trug sie die Treppe runter. Flake rannte hinterher.

Die Orgel war zu schwer, daher hielt Aljoscha das nächstbeste Auto an und bequatschte den Fahrer, ihn und das Instrument in die Fehrbelliner Straße zu bringen. Flake musste zu Fuß gehen, und als er in der riesigen Dachgeschosswohnung ankam, stand seine Orgel schon da.

So was wie Aljoschas Wohnung hatte Flake noch nie gesehen – sie erinnerte eher an ein Tonstudio, mal abgesehen davon, dass das Dach kaputt war und man hier und da in den Himmel schauen konnte.

Wahnsinn!

Aljoscha zauberte eine Flasche Aprikosenschnaps hervor. Im Bruchteil von Sekunden hatte er ein Wasserglas Schnaps runtergekippt, während Flake sich an seinem Gläschen festhielt – er hatte noch nie hochprozentigen Alkohol getrunken. Stets der gute Gastgeber, sprang Aljoscha plötzlich auf und bereitete einen Auflauf zu.

Flake saß mit offenem Mund da.

Bei seinem zweiten Besuch lernte er Paul kennen. Jetzt war die Band komplett: Aljoscha, Paul, Flake, Kriening. Bei geöffnetem Fenster jammten sie in brutaler Lautstärke. Flake verstand kein Wort von dem Text, den Aljoscha ohne Luft zu holen brüllte. Ein gequältes, hektisches Schreien war es.

Trotzdem waren sie jetzt eine richtige Band. Mehr oder weniger. In den ersten paar Wochen erinnerten die Proben eher an Partys: Leute kamen und gingen, tranken, schnappten sich ein Instrument, machten Musik und tranken immer weiter.

Sie nannten die Band Feeling Berlin, kürzten den Namen aber bald zu Feeling B ab. Aljoscha schien aus seiner Zeit als Fahrer wirklich jeden zu kennen: Musiker, Betreiber von offiziellen Klubs, Kneipenwirte. Einer seiner Freunde, André, sang in der Bluesrockband Freygang. André war ein langhaariger Haudegen, der gern aneckte: Ihm wurde die Spielerlaubnis entzogen, neu erteilt, wieder entzogen. Als Freygang am 14. Mai 1983 in einem Jugendklub am Stadtrand ein Konzert geben sollten, lud er Aljoscha ein, mit der neuen Band den Pausenfüller zu machen.

Es lief nicht besonders gut.

Feeling B sollten die lange Pause überbrücken, in der Freygang etwas zu essen serviert bekamen. Als sie dran waren, waren sie leider sturzbesoffen – vor allem Flake, Paul und Kriening. Aljoscha hatte eine Runde Bier und Wodka nach der anderen bestellt, aber die Teenager hatten nicht mithalten können. Außerdem waren sie höllisch nervös, weil sie das erste Mal vor richtigem Publikum spielen sollten.

Feeling B klangen saumäßig schlecht. Fast vom ersten Moment ihres Auftritts flogen Bierflaschen auf die Bühne. Trotzdem schafften sie es, eine Viertelstunde durchzuhalten. Zu allem Überfluss wurden Paul und Kriening, als sie mit Krienings Moped nach Hause fahren wollten, von der Polizei angehalten. Man brachte sie auf ein Revier und vernahm sie von elf Uhr abends bis drei Uhr morgens. Kriening bekam außerdem Schläge in den Magen und ins Gesicht verpasst.

Als Paul endlich zu Hause ankam, schrieb er noch in sein Tagebuch; was er immer für Lügen von Leuten gehalten hatte, die sich mit harten Geschichten über ihre Revier-Erfahrungen aufspielen wollten, stimmte tatsächlich.

Der nächste Auftritt von Feeling B fand an einem Nachmittag in einer Irrenanstalt in Lichtenberg statt. Eigentlich war es eher eine öffentliche Probe vor den Insassen. Aljoscha hatte einen Freund angehauen, der dort arbeitete. Feeling B brachten Rosa Extra und Die Firma mit. Den nächsten Auftritt hatten sie mit Rosa Extra und Wutanfall in einer Kirche – kurz bevor die Stasi ihren Krieg gegen die bekannteren Punkbands begann.

Als das passierte, machten Feeling B Ferien. Aljoscha war mit der Band nach Hiddensee gefahren. Seit er als Kind dort mit den Eltern den Sommer verbracht hatte, war die Insel für ihn zu einem Rückzugsort geworden.

Auf Hiddensee wurde Feeling B zu einer richtigen Band.

46

»Hiddensee ist der schönste Ort in der DDR«, erklärte Aljoscha den Jungs. »Die griechischen Inseln sind auch nicht besser.«

Er überredete einen Freund mit Auto, ihn und die drei anderen Bandmitglieder zur Fähre nach Hiddensee zu bringen – die Insel war für den Autoverkehr gesperrt. Auf der Fähre luden sie Gepäck und Instrumente auf einen Handkarren um. Eigentlich musste man vor der Überfahrt die Unterkunft angeben, aber Aljoscha war ein Typ, der fast jeden bequatschen konnte. Obwohl er vorhatte, am Strand zu schlafen, schaffte er es, die Band auf die Insel zu befördern.

Dort angekommen, zogen sie mit dem Handkarren zur Steilküste und entluden das Gepäck. Ihre behelfsmäßige Anlage schlossen sie an eine Autobatterie an. Kriening drehte den Handkarren um – schon hatte er eine Trommel. Dann machten sie ein Lagerfeuer und legten los. Auf Hiddensee wurden die sagenhaftesten Strandpartys gefeiert.

Natürlich besaßen ein paar Bonzen Ferienhäuser auf der Insel, aber Aljoscha wusste, wer für die Stasi arbeitete und wem man vertrauen konnte. Außerdem kannte er die Stellen, wo man ungestört

Krach machen und im Freien unbehelligt schlafen konnte. Die Insel lag mitten im Grenzgebiet: Wer bei einem Gesetzesverstoß ertappt wurde, konnte wegen versuchter Republikflucht angeklagt werden. Aber der einzige Inselpolizist – ein gewisser Gruber, den alle kannten – fuhr auf einer knatternden Schwalbe, die man kilometerweit hören konnte – sonst gab es keine Fahrzeuge. Die Insel war ein beliebter Treffpunkt von Aussteigern und Vergnügungssuchenden. Auf den Campingplätzen, in den Kneipen und Cafés wimmelte es von Leuten aus dem Berliner Untergrund. Hiddensee war der Spielplatz der Unangepassten; Feeling B gaben am späten Nachmittag oder abends am Lagerfeuer spontane Konzerte. Alle waren betrunken und tanzten, während die Band im Grunde genommen nur probte.

Den ganzen Sommer über reisten Feeling B an den Wochenenden nach Hiddensee. Wenn es Paul und Kriening gelang, die Arbeit zu schwänzen, blieb man ein, zwei Tage länger. Flake hatte gerade die Schule beendet und sollte im Herbst eine Ausbildung als Werkzeugmacher beginnen. Befreundete Bands wie Die Firma kamen zu Besuch. Sie staunten nicht schlecht über die vielen Aussteigertypen und die elektrisch verstärkten Konzerte, die Feeling B, durch die steil aufragenden Kreidefelsen vor neugierigen Augen und Ohren geschützt, am Strand oder im Wald gaben.

Jedes Wochenende hieß es feiern, feiern, feiern. Die Jungs machten zusammen Musik oder tranken in den Kneipen und Cafés. Bei Einbruch der Sperrstunde besorgten sie sich ein paar Flaschen Wein oder zwei, drei Kisten Bier und feierten die Nacht durch, bevor sie an irgendeinem versteckten Plätzchen, das Aljoscha ausfindig gemacht hatte, sturzbetrunken in den Schlaf fielen – ohne Zelt, ohne Schlafsack, ohne Wind- oder Regenschutz.

Aber selbst wenn man im Gebüsch schlief, kostete der ganze Spaß jede Menge Kohle.

Wieder hatte Aljoscha die zündende Idee: Ohrringe.

Hä?

Ohrringe.

Aljoscha hatte festgestellt, dass Kreolen in der DDR zwar heiß begehrt, aber nicht überall erhältlich waren. Mit seinem Schweizer Pass ging er nach West-Berlin und kaufte mehrere Spulen versilberten Kupferdrahts. Nach ein paar Versuchen hatten die Bandmitglieder raus, wie man mit Zangen kreisförmige Ringe und einfache Verschlüsse formte. Einige Ohrringe verzierten sie mit bunten Stofffetzen oder Perlen. Bald brauchten sie für ein Paar Ohrringe nur noch vier Minuten. Weil Aljoscha große Mengen Draht kaufte, waren die Materialkosten für ein Paar verschwindend gering, aber verkaufen ließ es sich für zwanzig Ostmark. Die Band setzte sich ohne einen Pfennig in ein Café, aß und trank von morgens bis abends und verkaufte Ohrringe an Touristen. Wenn sie sich abends von den Stühlen erhoben, hatten sie die Taschen voller Geld. Sie nahmen kistenweise Ohrringe mit an den Strand, auf Campingplätze oder zu Konzerten. Das Zeug ging weg wie warme Semmeln.

Das gesammelte Schwarzgeld wurde von Aljoscha verwahrt. Er schlug vor, einen Bandbus zu kaufen. Wenn Flake um Geld für Eis bat, gab Aljoscha ihm einen Fünfziger, verlangte aber das Wechselgeld nicht zurück. Als der Sommer zu Ende ging, wusste niemand, wie viel Geld sich in der schwarzen Kasse befand. Vermutlich waren es Tausende von Mark.

Im September spielten Feeling B und Die Firma auf einer Punkhochzeit in einer Kirche in Johannisthal, in der Nähe des Plänterwalds. Wegen des Lärms befürchteten die Leute von der Kirche Ärger mit der Polizei und drohten mehrfach, die Feier abzubrechen.

Statt aber dem bekannten Weg zu folgen und ab und an ein Konzert in einer Kirche zu geben, legten Feeling B einen größeren Umweg ein, der die gesamte Punkszene nachhaltig verändern sollte.

47

Am 27. Oktober 1983 gingen Feeling B zu einer Einstufung – sie wollten so richtig offiziell auftreten. Öffentlich.

Ein Freund von Aljoscha hatte die Sache in Gang gebracht: Arnfried Schobert spielte bei einer zugelassenen Bluesrock-Combo, die in den 1970er-Jahren als Pink-Floyd-Coverband durchs Land getourt war. Definitiv kein Punkrock. Trotz des rumpelnden Polka-Punk der Band und des Punk-Hintergrunds der jüngeren Bandmitglieder hatte Arnfried auf Aljoscha eingeredet, sich eine Spielerlaubnis zu besorgen. Sonst würden sie niemals weiterkommen, hatte er erklärt.

Wieder einmal zahlte es sich aus, dass Aljoscha in der offiziellen Musikwelt etliche Leute kannte. Ein weiterer Pluspunkt war der einzigartige Sound der Band.

Warum sollen die uns keine Spielerlaubnis geben?

Die Einstufung fand vor einer Kommission aus der Abteilung Kultur statt. Insgesamt gab es fünf verschiedene Ebenen: Unterstufe, Mittelstufe, Oberstufe, Sonderstufe und, als Krönung, die Sonderstufe mit Konzertberechtigung. Natürlich konnte man auch mit Pauken und Trompeten durchfallen. Entscheidend war, wie die Kommission das musikalische Können der Band und die Qualität ihrer Stücke bewertete, darüber hinaus mussten die Mitglieder politische Reife beweisen: Die Musik und vor allem die Texte mussten den staatlichen Vorgaben entsprechen. Alle fünf Stufen bekamen das Gütesiegel des Regimes verliehen; der einzige Unterschied war die Vergütung, die eine Band pro Konzert erhielt. Der Konzertmarkt in der DDR war eine Sache für sich: Ein Musikklub durfte Bands nur engagieren, wenn sie eine Spielerlaubnis und eine Steuernummer vorweisen konnten – ohne Steuernummer keine Gage. Ließ der Betreiber eines Klubs eine Band ohne Spielerlaubnis auftreten, konnte er gefeuert werden oder im schlimmsten Fall sogar ins Gefängnis wandern. Die Bands wurden pro Stunde bezahlt, ein Konzert dauerte etwa fünf Stunden, von sieben Uhr abends bis Mitternacht. Die Gage richtete sich nicht nach der Zahl der Zuschauer, sondern nach der jeweiligen Einstufung. Unterstufe? Vier Mark fünfzig pro Stunde. Sonderstufe? Sieben Mark fünfzig.

Mit der Einstufung konnten Amateurbands etwas Geld hinzuverdienen. Aber um zum Verfahren überhaupt zugelassen zu werden, mussten die Musiker beweisen, dass sie einer *geregelten* Arbeit nachgingen, die nichts mit dem Musikmachen zu tun hatte. Zum Glück standen Feeling B in dieser Hinsicht gut da. Paul arbeitete als Heizer in einer Bibliothek. Flake hatte inzwischen seine Lehre als Werkzeugmacher angefangen. Aljoscha war offiziell als Student eingeschrieben und besaß die doppelte Staatsbürgerschaft. Lediglich Krienings Arbeitssituation stellte ein Problem dar: Er war zwar als Gebäudereiniger beschäftigt, hatte aber vor Kurzem seinen Einberufungsbescheid erhalten und war nicht zur Musterung erschienen. Bevor Musiker zum Vorspielen zugelassen wurden, wurden die Strafregisterauszüge geprüft. Die Band hoffte nun, dass die Kommission sich Krienings NVA-Akte nicht allzu genau anschauen würde.

Am 27. Oktober fuhren Feeling B zum Kulturhaus Karlshorst in Lichtenberg. Sie waren wahnsinnig nervös. Aber als sie die anderen Bands spielen hörten, stieg ihr Selbstvertrauen.

Wir sind besser.

Feeling B überließen nichts dem Zufall. Sie änderten provozierende Textzeilen, nahmen neue Stücke ins Programm auf und inszenierten ein richtiges Spektakel. Sie warfen Super-8-Projektionen ihrer Hiddensee-Abenteuer an die Wand. Sie brachten eine ausrangierte Wäschetrommel mit, legten Trockeneis hinein und stellten sie auf eine Leiter. Beim Auftritt war die Band in Nebel eingehüllt.

Nach dem Vorspielen mussten sich die Jungs vor der Kommission versammeln. Anhand der Notizen wurde der Auftritt kritisch beleuchtet: »Der Sänger sollte noch lernen, deutlicher zu singen, noch mehr Mikrofon-Arbeit machen. Und der Gitarrist darf nicht so oft auf die Knie springen.«

Das Urteil: Die Band Feeling B hatte die Prüfung bestanden und wurde sogar der Sonderstufe zugeordnet, das war das zweitbeste Ergebnis, das man überhaupt erreichen konnte.

Mit der »Pappe« in der Hand wurden sie zu wahren Wegbereitern: Schon bald folgten ihnen viele Punkbands in die neue musikalische Grauzone und holten sich die Spielerlaubnis für Amateurmusiker. Dass das Regime ihnen den Status verlieh, ließ sich doch als Zugeständnis an die Punks interpretieren – oder nicht? Viele, die sich als wahre Punks verstanden, hatten ihre Zweifel. Wollte das Regime mit der neuen Politik nicht eher die Bewegung unschädlich machen, indem man den Bands Legalität in Aussicht stellte und sie dann quasi so lange an sich drückte, bis sie erstickten? War die neue Politik nicht eher die Fortsetzung des Kriegs gegen Punk mit anderen Mitteln? Die Stasi hatte es mit der Peitsche versucht, nun lockte sie mit dem Zuckerbrot.

Oder war es vielleicht doch möglich, sich die Machtstruktur zunutze zu machen und das System von innen zu unterwandern? Der ersten Punk-Generation wäre so was niemals in den Sinn gekommen. Sie lehnten das gesamte System ab. *Macht kaputt, was euch kaputt macht.* Feeling B wagten den Spagat. Trotz Spielerlaubnis lehnten sie es ab, bei FDJ-Veranstaltungen aufzutreten. Allerdings gaben sie nie ausdrücklich zu verstehen, dass sie bei staatlich organisierten Konzerten nicht mitmachen wollten, sondern erklärten lediglich, an dem Termin leider schon eine andere Verpflichtung zu haben. Stattdessen spielten sie in den nicht ganz so hochoffiziellen Konzerthallen des Landes.

Die Zeit der Kirchenkonzerte war für Feeling B vorbei.

Wie sie feststellen mussten, waren sie in den Kirchen ohnehin nicht länger willkommen. Die Punks, die die Härte der Stasi zu spüren bekommen hatten, betrachteten jeden, der sich dem Regime in irgendeiner Form annäherte, als Wendehals.

Verräter!

Doch Feeling B empfanden sich nicht als politisch. Sie sangen keine Texte wie Namenlos – *MfMfS...SS!* Ihnen ging es um Spaß, nicht um politisches Engagement. Vielleicht war das Spaßhaben auch ihre Form von Politik. Polka-Punk, Fun-Punk – wie auch immer man ihre Musik bezeichnen wollte, Polit-Punk war es jedenfalls nicht. Feeling B waren keine Konterrevolutionäre, wenn überhaupt, dann waren sie Spaß-Guerilleros. Ihnen genügte es, ihre Träume – Musik, Schnaps, Partys, Reisen – trotz des rigiden Systems ausleben zu können. Ihnen reichte es, ihre Träume *innerhalb* des Systems auszuleben. Himmel, sie waren der Sonderstufe zugeordnet worden!

Selbst damit verdienten Amateurbands bei den Konzerten nicht viel Geld. Doch Feeling B stellten bald fest, dass ein ordentliches Sümmchen zusammenkam, wenn man die Reisekostenabrechnung, die sich nach den bis zum Veranstaltungsort zurückgelegten Kilometern bemaß, ein wenig frisierte. Trotzdem war die Band finanziell immer noch von den Ohrringen und handgefertigten T-Shirts und Jacken abhängig, die sie bei ihren Konzerten verkauften. Das Nebengeschäft mit den selbst gemachten Sachen blühte mehr und mehr. Feeling B brachten Punk wirklich unter die Leute, indem sie in den letzten Kaschemmen in den hinterletzten Dörfern der DDR spielten.

Und all das gingen sie mit ihrer unschuldigen Art von Spaß an – schließlich hatten sie nie persönlichen Ärger mit dem System gehabt; und es *machte* einfach Spaß, als halboffizieller »fahrender Musikant« zu leben und die Bandkasse immer weiter zu füllen.

Da sie bis zur nächsten Einstufung keinen Beweis erbringen mussten, einer geregelten Tätigkeit nachzugehen, drifteten sie weiter in die wachsende Grauzone der DDR-Ökonomie ab. In finanzieller Hinsicht waren sie immer weniger auf ihre Brotberufe angewiesen, und große Lust, sich an ihrem Arbeitsplatz blicken zu lassen, hatten sie ohnehin nie gehabt.

Tatsächlich fand in der gesamten Gesellschaft ein Wandel statt: Inzwischen war es nicht mehr zwingend erforderlich, einen staatlich anerkannten Arbeitsplatz vorweisen zu können. Die erste Punk-Generation hatte vor der Arbeitslosigkeit vor allem Angst gehabt, weil die Polizei seit 1978 härter gegen asoziales Verhalten vorgegangen war. Die strafrechtliche Verfolgung von Arbeitslosigkeit erreichte in den Jahren 1979 bis 1982 ihren Höhepunkt. Seit 1983 nahm die Zahl der Leute, die sich deswegen vor Gericht verantworten mussten, stetig ab; 1985 machte sie im Vergleich zu 1980 nur noch vierzig Prozent aus. Die Zahl der Jugendlichen, die wegen asozialen Verhaltens angeklagt wurden, sank noch deutlicher und lag 1985 im Vergleich zu 1980 bei fünf Prozent. Die letzte Verhaftung unter dem sogenannten Asozialenparagraphen erfolgte am 24. April 1987. Nach der Hochzeit eines Punkpärchens waren Braut, Bräutigam und Gäste beim Verlassen des Standesamts von der Polizei abgefangen und nach den Papieren gefragt worden. Wie sich herausstellte, wurde der Bräutigam wegen asozialen Verhaltens gesucht. Er wurde auf der Stelle verhaftet. Insgesamt gesehen sank allerdings ab Mitte der 1980er-Jahre die Angst in der Bevölkerung, keiner »ordentlichen« Tätigkeit nachzugehen.

Für die Jungs von Feeling B lief das mit der Spielerlaubnis wie mit dem Führerschein: In der Fahrprüfung achtete man noch genau auf die Verkehrsregeln; hatte man den Lappen aber erst mal in der Tasche, fuhr man, wie man wollte. Die Einstufung bedeutete in erster Linie Unabhängigkeit und Freiheit. Und diese neue Freiheit wollten sie voll auskosten.

Am Tag nach dem Vorspielen nahm Aljoscha die Ersparnisse der Band und kaufte einen gebrauchten Trabi. Weil man in der DDR mehrere Jahre auf einen Neuwagen warten musste, waren auch gebrauchte ziemlich teuer.

Aber sie hatten den Sommer über ja massenweise Ohrringe verkauft.

Aljoscha klapperte seine Kontakte ab und stellte für die Band einen straffen Terminkalender zusammen; in manchen Wochen gaben sie gleich mehrere Konzerte.

So wie Feeling B das sahen, zeigte ihr neuer Status – mit fahrbarem Untersatz und der Lizenz zum Punkrock –, dass selbst in der DDR *alles* möglich war. Man musste die Gelegenheit nur beim Schopf packen.

Wenn wir hier in einer Diktatur leben, dachte Paul, *dann in einer ziemlich dummen. Überall gibt es Lücken, in denen man träumen und leben kann. Und das sogar ziemlich komfortabel.*

Aljoscha, der durch seinen Schweizer Pass den Westen recht gut kannte, war davon mehr und mehr angewidert. Oft schwang er Reden, dass Geld einzig und allein den Charakter versauen würde. Obwohl Paul und Flake nicht dieselbe Erfahrung hatten, so teilten sie doch Aljoschas Ansichten. In diesem Punkt waren sie typische Ost-Punks, die im Westen weder ein Ziel noch ihr Ideal sahen.

Im Osten konnten sie ins Auto steigen und zu einer niemals endenden Party fahren, bei der sie stets im Mittelpunkt standen – wo sie auch aufkreuzten, brannte die Luft.

Im darauffolgenden Jahr brachten sie allerdings kaum einen Auftritt zu Ende. Die fünf Stunden von neunzehn bis null Uhr nüchtern zu bleiben, war einfach zu viel verlangt – vor allem für Aljoscha. Fast jeder Abend endete für ihn damit, dass er von der Bühne fiel, unverständliches Zeug brabbelte oder einfach bewusstlos zu Boden ging. Dann mussten die anderen den Gesangspart übernehmen oder auf den Instrumenten improvisieren. Ein typischer Konzerttag verlief so: Am späten Vormittag traf man sich in der Fehrbelliner Straße 7, ging in einen Laden, um den Kofferraum des Trabi mit Bier, Wein und Schnaps zu füllen, und fuhr los. Unterwegs tranken sie den Kofferraum leer, legten auf der Strecke ein paar Zwischenstopps zur weiteren Flüssigkeitszufuhr ein und mussten bei Ankunft erst mal ein paar Runden zur Begrüßung trinken, bevor es auf die Bühne ging. Auch in den Pausen wurde nachgegossen. Die Band trank und trank und trank – am meisten natürlich Aljoscha.

Die jüngeren Bandmitglieder wussten, dass sie besser gespielt hätten, wenn sie nicht die ganze Zeit sturzbesoffen gewesen wären. Ihnen war auch klar, dass Aljoscha an manchen Abenden eine echte Belastung darstellte. Dennoch dachten sie nicht ein einziges Mal daran, ihren Frontmann aus der Band zu werfen – obwohl etliche Leute ihnen immer wieder dazu rieten. Feeling B waren eine Partyband. Und ohne Aljoscha hätte der Party die Würze gefehlt. Die Band war ihr Leben. Und sie hatten null Interesse daran, sie professioneller aufzuziehen – ihnen genügte es, die Spielerlaubnis für Amateurmusiker zu haben. Auf keinen Fall wollten sie so enden wie die lahmarschigen Profimucker aus der offiziellen DDR-Rockszene.

Punk unter die Leute zu bringen war 1984 nicht immer einfach. Bei den meisten Konzerten tauchten Punks auf – zu diesem Zeitpunkt gab es in jedem Dorf den einen oder anderen, außerdem fuhren Bekannte aus Berlin zu den auswärtigen Gigs und feierten mit der Band. Aber das war nicht immer so. An einem Abend in der Mensa der Ingenieurhochschule in Wismar gab es richtig Stunk mit dem Publikum. Etwa tausend – extrem unpunkige – Studierende hatten zu konventionellen Coversongs tanzen wollen, stattdessen wurden sie mit dem überdrehten Polka-Beat, Aljoschas gequältem Gekreische, Flakes neuem, kindermäßigem Casio-Keyboard und Pauls kantigen Gitarrenriffs konfrontiert. Bald flogen Biergläser auf die Bühne. Am Anfang hielt die Band noch dagegen. Paul und Flake schrien: »Schmeißt mehr! Macht uns fertig!« Doch die Menge steigerte sich in Rage und machte Anstalten, die Jungs von der Bühne zu prügeln. Um die Leute zu besänftigen und die eigene Haut zu retten, blieb ihnen nichts anderes übrig, als ein paar langsame Bluesnummern zu spielen.

Aljoscha ging es bei jedem Konzert darum, den Leuten etwas Außergewöhnliches und Schräges zu bieten, immer mit dem Ziel, die Stimmung anzuheizen und die Party in Gang zu bringen. Einmal trat die Band nackt auf. Ein anderes Mal stellte Aljoscha ein Stroboskop auf die Bühne. Manchmal hatten sie mit Götterspeise gefüllte Luftballons dabei und forderten die Menge auf, sie damit zu bewerfen, falls sie nicht gut genug spielten. Natürlich spielten sie nie gut genug. Ihnen war das scheißegal: Sie wollten feiern. Immer versuchten sie, die Zuschauer miteinzubeziehen und mit ihnen nach Konzertende weiterzufeiern.

»Wo ist denn hier noch was los?«, fragten sie dann. »Zu wem können wir noch gehen?«

Den Sommer 1984 verbrachten Feeling B wieder auf Hiddensee: Sie schliefen am Strand, verkauften Ohrringe und feierten, als sei das der einzige Zweck des Lebens. Was für sie durchaus zutraf. Und das hatten sie selbst möglich gemacht.

In den folgenden fünf Jahren lieferten Feeling B den Soundtrack zur längsten Party der DDR.

48

Seit der Turm in der Pfingstkirche geschlossen worden war und die Stasi mit voller Härte gegen Punks durchgriff, fehlte den Berliner Punks und OA-Gruppen ein fester Raum.

Dem Ur-Punk Herne war es zu verdanken, dass sie gegen Ende 1983 etwas fanden: die Rummelsburger Erlöserkirche, in der Namenlos das letzte Konzert vor ihrer Verhaftung gegeben hatten.

Der neue Raum befand sich nicht in der Kirche, sondern im Keller eines Nebengebäudes, in unmittelbarer Nähe der Hochbahn. Früher war in dem Gebäude ein Krankenhaus untergebracht gewesen, aber davon war nur noch eine Ruine übrig: Eine Treppe und die Grundmauern waren stehen geblieben, alles andere war im Krieg zerstört worden. Nur der Keller war einigermaßen unbeschädigt. Bei den Punks hieß der schimmlig-feuchte Raum bald Leichenkeller oder Profikeller, wegen des Krankenhauses, das nach dem dort tätigen Professor Fischer benannt gewesen war.

Herne war durch Zufall auf den Raum gestoßen. Er hatte nach Proberäumen für Bands gesucht – nach den Stasi-Razzien war es in den meisten Bandräumen zu gefährlich geworden. Am Ende setzte Diakon Lorenz Postler die Kirche so lange unter Druck, bis sie den Punks den Erlöser-Keller als festen Raum überließ. Bald hingen viele der Ur-Punks dort regelmäßig ab, darunter Kaiser von Planlos, der wegen gesundheitlicher Probleme vom Wehrdienst freigestellt worden war.

Herne war dreizehn gewesen, als er 1977 auf Punk aufmerksam geworden war. Er und sein anderthalb Jahre älterer Bruder Mecki hatten in ihrer Köpenicker Schule eine Punkerin gesehen: Sie war etwas älter und hatte blaue Haare! Auch wenn sie sich nicht trauten, sie anzusprechen, waren sie von ihr mächtig beeindruckt. Sie war das aufregendste Mädchen an der ganzen Schule.

Ihr Name: Major.

Bald fingen Herne und Mecki an, Stücke aus dem Radio aufzunehmen. Das erste von The Clash. Es folgten Sicherheitsnadeln an den Klamotten, kurze Haare und schließlich Ausflüge in den Plänterwald, wo sie A-Micha und irgendwann sogar Major kennenlernten. Weil die älteren Punks schon länger dabei waren und Seite an Seite gegen gewaltbereite Mitbürger gekämpft hatten, dauerte es eine Weile, bis sie Herne und Mecki voll akzeptierten. Als Herne 1981 eine Lehre als Autoschlosser begann, erschien er mit Irokesenschnitt in der Werkstatt. Am ersten Tag trug er ein T-Shirt mit der Parole *Spaß ist Widerstand.* Ein anderes Mal trug er ein Armband mit dem Aufruf *Fight War Not Wars* – ein Spruch von der britischen Band Crass. Als er 1983 aus seinem Lehrbetrieb flog und schnell eine neue Arbeit finden musste, landete er als Hilfsarbeiter in einem Betonwerk, wo er über Jahre blieb.

Herne stand in engem Kontakt zu Diakon Postler und den aus der Pfingstkirche vertriebenen OA-Gruppen. Dennoch verbrachte er 1984 ein ziemlich einsames Jahr im Profikeller. Sein Bruder und viele Freunde waren fort. Mecki saß im Knast, andere leisteten ihren Wehrdienst ab. Herne hielt den Profikeller dennoch am Laufen und wartete auf die Rückkehr seiner Freunde. Er ging davon aus, dass sie spätestens im Sommer 1985, wenn sie ihre Zeit im Knast oder in der Kaserne abgesessen hatten, in Scharen zurückkehren würden. Bis dahin wollte er etwas Großes aufziehen. Und das gelang ihm auch.

Er fing an, Briefe an alle möglichen Leute zu schicken, die irgendwie mit Punk zu tun hatten, – und war fest entschlossen, die gemeinsamen Ideale hochzuhalten und das Netzwerk weiter auszubauen. Er schrieb an westdeutsche Labels und an Dischord Records in Washington, DC. Trotz staatlicher Postüberwachung trafen viele Antwortbriefe – häufig enthielten sie Poster oder Aufkleber, manchmal sogar Kassetten – unversehrt bei Herne ein. Irgendwann hörte er im West-Radio eine Sendung über den neuen Kreuzberger Punkschuppen Blockshock; im Interview nannte die Gründerin Sibylle Schmidt eine Telefonnummer. Herne rief an. Plötzlich hatte er Kontakt zu Bands aus West-Berlin.

Doch am wichtigsten waren für ihn die Kontakte, die er mit polnischen Punks knüpfte. Angefangen hatte es auch hier mit Briefen, die er an Warschauer Bands geschickt hatte. Nach Polen zu reisen war den meisten DDR-Bürgern untersagt, aber Herne fand einen Weg, das Verbot zu umgehen. Er ließ einen Punk aus Warschau offiziell als seinen Cousin eintragen – damals hatte der Staat keine Möglichkeit, den Wahrheitsgehalt solcher Behauptungen zu überprüfen. Als nahe Verwandte bekamen die beiden Visa ausgestellt und durften sich gegenseitig besuchen. Bald überredete Herne andere Punks aus der Erlöserkirche, ebenfalls einen polnischen Cousin zu »adoptieren«. In den folgenden Jahren fand ein reger Austausch zwischen beiden Ländern statt. Für die Erlöser-Clique war die Verbindung immens wichtig, denn die polnische Punkszene war ihnen einige Schritte voraus: 1984, nur ein Jahr nach Beendigung des Kriegsrechts, spielte die polnische Punkband Dezerter beim Festival in Jarocin vor 20000 Leuten; im darauffolgenden Jahr stand die Band Karcer auf der Hauptbühne des Festivals. Die Entschlossenheit der polnischen Punks – und die Tatsache, dass man ihnen in ihrem Land einiges durchgehen ließ – machte den Ost-Berlinern Mut und Hoffnung.

Als wirklich immer mehr Ur-Punks aus dem Knast oder der Kaserne zurückkehrten, begann Herne, an den Samstagabenden Konzerte im Profikeller zu veranstalten. Er war fast rund um die Uhr beschäftigt. Sobald er die Zusage einer Band hatte, musste er überlegen, welche Anlagenteile die Bands selbst mitbringen würden – meistens fehlte irgendwas. Herne klapperte die Proberäume ab und lieh sich die benötigten Instrumente und Verstärker aus. Da er kein Auto hatte, musste er alles mit öffentlichen Verkehrsmitteln transportieren – und natürlich zusätzlich kistenweise Bier besorgen. Aber die Konzerte sprachen sich rum, zuerst in Berlin, dann im ganzen Land; bald wurde der Profikeller zu genau dem Treffpunkt, der den Punks seit Schließung der Pfingstkirche gefehlt hatte.

Über eine Sache waren sich alle Besucher des Profikellers einig: Dort würde niemals eine Band auftreten, die an der Einstufung teilgenommen und sich das Gütesiegel des Regimes abgeholt hatte. Einigen Erlöser-Punks ging es dabei um ausgleichende Gerechtigkeit: Bands wie Feeling B konnten schließlich in tausend anderen Läden auftreten. Anderen ging es ums Prinzip: *Kommt überhaupt nicht infrage.* Diese Bands hatten sich von demselben Regime vereinnahmen lassen, das A-Micha, Jana und Mita wegen ihrer Texte in den Knast gesteckt hatte, das Hernes Bruder in den Knast gesteckt hatte.

Kommt überhaupt nicht infrage.

Sobald du zulässt, dass deine Gedanken zensiert werden, gehst du einen Kompromiss ein – und diese Art von Kompromiss muss nicht sein.

Ein anderer Ur-Punk, der das Feuer während der Verbannung der ersten Generation am Brennen hielt, war Speiche – der schmächtige Junge, der damals in Grünau *Revolution gegen die Bullengesellschaft* an die Wand gesprüht hatte. Er schien an allen Orten gleichzeitig zu sein: in der Erlöserkirche und in den OA-Gruppen, außerdem arbeitete er bei der Zionskirche, wo er mit anderen Punks für die Reparatur des Dachs zuständig war. Der Umweltaktivist Carlo Jordan, der als Bauingenieur die Instandsetzung der Kirche beaufsichtigte und im selben Haus wohnte wie Aljoscha Rompe, hatte alle kurzerhand eingestellt.

Speiche kannte buchstäblich jeden und schaffte es, die unterschiedlichsten Leute und Gruppierungen zusammenzubringen. Einige verdächtigten ihn deshalb, als Spitzel für die Stasi zu arbeiten. Natürlich war die Stasi maßgeblich daran beteiligt, diesen Verdacht zu schüren: Da es ihnen nicht gelungen war, ihn zum Spitzel zu machen, versuchten sie nun, Gerüchte über ihn in die Welt zu setzen. Vernahmen sie seine Bekannten, taten sie so, als würde er für sie arbeiten, und sie benutzen echte Spitzel, um dieses Gerücht zu verbreiten.

Speiche besaß die Schlüssel zu sieben leeren Wohnungen, deren Mieter das Land verlassen hatten. Dort unterrichtete er Punks sowie Frauen- oder Schwulengruppen in der Kunst der Selbstverteidigung. Und er wurde bald zu einer Schlüsselfigur in der Antifa-Bewegung, die sich als Antwort auf die zunehmenden Angriffe von rechtsextremen Skinheads formierte.

Allein für das Konzept, die Idee von Freiheit hätte Speiche sein Leben geopfert. Obwohl er immer von einer friedlichen Welt geträumt hatte, in der jeder nach seinen eigenen Vorstellungen leben konnte, hatte er, im Gegensatz zu den älteren Hippies aus den Umweltgruppen, keinerlei Skrupel, Gewalt mit Gegengewalt zu bekämpfen. Vor allem nicht, wenn diese Gewalt von rechten Skins ausging.

Aber 1984 lagen die gewalttätigen Auseinandersetzungen zwischen Skinheads und Punks noch überwiegend in der Zukunft.

49

An einem der ersten Septembertage 1984, etliche Monate bevor A-Micha aus der Haft entlassen werden sollte, holte man ihn aus seiner Zelle und brachte ihn nach Karl-Marx-Stadt.

Man führte ihn in ein Büro. Ein SED-Funktionär lächelte ihm entgegen.

»Horschig, Michael?«

»Ja.«

»Lassen Sie mich mal in Ihre Akte schauen ... Sie wollen also in den Westen ausreisen?«

»Hä?«

Das muss 'ne Falle sein.

Er hatte nie einen Ausreiseantrag gestellt, nie erklärt, auf die Staatsbürgerschaft der DDR verzichten zu wollen. Nein, er wollte hierbleiben und im Land was verändern.

»Nein«, erwiderte er. »Ich will nicht in den Westen ausreisen.«

Der Funktionär änderte die Taktik.

»Was wollen Sie denn noch hier?«, fragte er. »Gehen Sie doch in den Westen.«

A-Micha schüttelte den Kopf.

Am 4. September 1984 wurde er vorzeitig aus der Justizvollzugsanstalt Naumburg entlassen.

Seit er für sich den Zehn-Jahres-Countdown der DDR eingeläutet hatte, waren fünf Jahre vergangen. Er war wieder frei.

Die Hälfte ist geschafft.

Jana saß noch immer im Frauenzuchthaus Hoheneck. Weil ihr Verlobter nun wieder auf freiem Fuß war, ließ sie ihn als feste Kontaktperson einsetzen. Bei seinem Besuch deutete er an, was ihm der SED-Funktionär angeboten hatte.

Jana begriff sofort: *Die wollen dich hier loswerden.*

Zwei Monate vor dem Ende ihrer Haftstrafe wurde auch sie nach Karl-Marx-Stadt gebracht und gefragt, ob sie nicht lieber ausreisen wolle. Jana gelobte stattdessen, in Zukunft eine gute sozialistische Persönlichkeit zu sein, und erklärte, sie wolle A-Micha so schnell wie möglich heiraten und mit ihm Kinder bekommen.

Weder Jana noch A-Micha verspürten den Wunsch, in den Westen zu emigrieren. Sie wollten das Land verändern, nicht verlassen.

Die kriegen mich nicht klein.

Ich lass mich von denen nicht fertigmachen.

Nach ihrer Freilassung zogen die beiden in eine besetzte Wohnung in der Schliemannstraße in Prenzlauer Berg. Sie waren fest entschlossen, auch weiterhin außerhalb des Systems zu leben. Mita wohnte in der Nähe, in einem besetzten Haus in der Gleimstraße.

Der Punkrat – der in der Pfingstkirche gegründet worden war, inzwischen aber in der Erlöserkirche tagte – hatte zusammen mit den OA-Gruppen ein System entwickelt, um Wohnungsbesetzungen, insbesondere in den baufälligen Gründerzeithäusern in Prenzlauer Berg und Friedrichshain, zu erleichtern. Statt zur kommunalen Wohnungsverwaltung zu gehen und sich dort in eine Warteliste einzutragen, konnten sich Leute aus der Szene an die interne »Wohnungsverwaltung« wenden, die ihnen sofort eine leere Wohnung zuweisen konnte, häufig in unmittelbarer Nachbarschaft zu anderen Punks und Aussteigern. In der Lychener, Schliemann- und Dunckerstraße in Prenzlauer Berg oder in der Simon-Dach-Straße in Friedrichshain waren inzwischen ganze Häuser besetzt worden. Das Punk-Netzwerk verfügte über eine Liste von leer stehenden Wohnungen, diente für Besetzer in spe als Informationsbörse und half ihnen, die Wohnungen in Beschlag zu nehmen. Gelegentlich wurden rund um die Uhr Wachposten vor den Häusern abgestellt, die die Bewohner warnen konnten, falls die Polizei anrückte. Die inoffiziellen Wohnungsverwalter kannten sogar ein paar Kniffe, wie man die kommunistische Bürokratie austrickste, damit die neuen Bewohner rechtlich einigermaßen abgesichert waren.

Durch den Verlust der Monopolstellung auf dem Wohnungsmarkt und die um sich greifende Schattenwirtschaft wurde es für das Regime zusehends schwieriger, das Leben und die Zukunft der Bürger zu kontrollieren.

Sobald Jana und A-Micha aus der Haft entlassen worden waren, überlegten sie, wie man die Band reaktivieren konnte. Dass der Bassist Frank Masch in der U-Haft einige Texte von Namenlos preisgegeben hatte, war für sie nicht das größte Problem. Die Band wäre sowieso von der Stasi zerschlagen worden, und wer wusste schon, womit man ihn unter Druck gesetzt hatte. Aber dass Frank im Gefängnis einen Ausreiseantrag gestellt hatte, das konnten A-Micha und Jana ihm nicht verzeihen. Am Ende entschieden sie, nicht noch einmal mit ihm zusammenzuarbeiten – seine Ziele deckten sich nicht mehr mit denen der Band, und im Zweifel konnte er ihnen eines Tages sogar schaden.

Vielleicht hatte Kaiser von Planlos Lust, bei Namenlos einzusteigen? Seine Bandkollegen Pankow, Kobs und Lade rissen immer noch ihren Wehrdienst ab. 1984 hatte er oft mit Mita rumgehangen, und die beiden waren ein Paar geworden. A-Micha und Jana fragten sie, ob sie bei der Band mitspielen wollten. Kaiser sagte sofort zu. Er wollte unbedingt weiter Musik machen, weiter kämpfen. Auch Mita war gleich wieder dabei.

Im besetzten Haus von Jana und A-Micha wohnte nur noch eine »normale« Mieterin: eine Zweiundachtzigjährige, die zum Glück schwerhörig war. Die neue Besetzung von Namenlos benutzte bald eine der leeren Wohnungen als Proberaum. Vorsichtshalber klopften sie bei der alten Frau an.

»Hören Sie unsere Musik? Stört Sie der Krach?«

»Ach, nee, nur so'n bisschen Vibrieren. Das ist doch schön, wenn man merkt, dass jemand da ist«, erklärte die Frau.

Namenlos waren wieder da.

Kaiser merkte bald, dass sich A-Micha im Gefängnis verändert hatte: Er machte zwar immer noch gern Musik in der Band, wirkte aber so, als wäre es ihm letztlich egal, was er tat, solange er damit nur gegen das System ankämpfte. Im Grunde hätte A-Micha auch eine Armee aufstellen können. Vielleicht hätte ihm das sogar besser gefallen. Er führte einen Krieg. Und er würde nicht aufhören zu kämpfen. *Niemals.*

Und er würde niemals auch nur im Traum daran denken, sich dem Regime anzubiedern, wie es Feeling B und bald auch andere Bands seiner Meinung nach taten. In seinen Augen hatte das Regime versucht, die Punkszene durch Repression und Infiltration zu zerschlagen. Als sich das Scheitern der Taktik abgezeichnet hatte – das sah auch er so –, hatte man sich auf eine neue Strategie verlegt. Man wollte sich die Szene einverleiben, indem man innerhalb des Amateurband-Systems ein wenig Spielraum schuf. Aber in der ganzen DDR hätte es niemals genug Spielraum gegeben, um A-Michas Wut aufzufangen.

Nach der Haftentlassung hing er bald regelmäßig in der Erlöserkirche ab. In den Stasi-Berichten, zusammengetragen von etlichen in die Punkszene eingeschleusten Spitzeln, sind zahlreiche

Aktionen dokumentiert, die »Anarchie-Micha« im Profikeller startete: Unter anderem gründete er einen Anarchistenkreis, eine Umweltinitiative und eine Geschichtsgruppe. Außerdem hielt er Vorträge über die Machno-Bewegung, eine von Nestor Machno angeführte anarchistische Bauern- und Partisanenbewegung, die während des russischen Bürgerkriegs von 1917 bis 1922 in der Ukraine aktiv war. Die Machno-Bewegung zählte zu Hochzeiten mehr als hunderttausend Infanteristen und Kavalleristen und führte eine anarchistische Gesellschaft ein, bevor sie von der Roten Armee zerschlagen wurde.

Mit A-Michas Erscheinen fand ein grundlegender Richtungswechsel in der Erlöserkirche statt. Was als loser Verbund von Punks, die hauptsächlich trinken und im Keller rumhängen wollten, begonnen hatte, entwickelte sich zu einer gut organisierten, überaus aktiven Gruppe. Das Regime hielt die Erlöser-Szene für extrem gefährlich: A-Michas Stasi-Akte, die den Namen »Schwarz« trug, wurde von der AG XXII des MfS geführt, die für die Terrorabwehr zuständig war. Wie A-Micha in dem Namenlos-Stück »Der Exzess« vorausgesagt hatte, stufte ihn das Regime nach seiner Haftentlassung als Terroristen ein.

Er war von Unruhe getrieben, er war auf politischen Kampf aus, überall, jederzeit. Wie Kaiser ganz richtig erkannt hatte: A-Micha war im Krieg und hätte eine Armee angeführt, wenn er gekonnt hätte. Aber man kam nun mal leichter an eine Gitarre als an ein Gewehr.

Im Dezember 1984 kehrten Namenlos im Triumphzug in die Christuskirche in Halle zurück und spielten dort, neben Schleim-Keim, Paranoia aus Dresden und der neuen Berliner Band Betonromantik, im Rahmen einer zweitägigen Friedenswerkstatt vor Hunderten von Leuten. Jana hatte Angst, die Texte zu singen, für die sie ins Gefängnis gewandert war – sie musste sich noch zwei Jahre lang an ihre Bewährungsauflagen halten und konnte jederzeit wieder im Knast landen. Zum Glück kannte jeder im Publikum die Texte auswendig, und die Menge grölte und schrie das Lied über die Nazis in Ost-Berlin wie ein wild gewordener Chor mit.

Tatsächlich führte dieses Stück zur ersten Schlägerei zwischen Punks und Skinheads, die einen kleinen Teil des Publikums ausmachten. Die meisten DDR-Skins hatten als Punks angefangen und fühlten sich der Szene noch immer verbunden; diese ultra-gewaltbereiten Streitsucher hatten den Glatzen-Look für sich auserkoren, weil er die Leute noch stärker aufzubringen schien als der Irokesenschnitt. Gegen Ende der 1980er-Jahre sollten sich die glatzköpfigen Schläger zu waschechten Neonazis wandeln. Doch schon beim Konzert im Dezember 1984 trugen einige den »White Power«-Aufnäher. Die Schlägerei in Halle gab einen kleinen Vorgeschmack. Später kam es zum endgültigen Bruch zwischen Punks und Skins, der von brutaler Gewalt und mindestens einem Mord überschattet war.

Namenlos spielten bald regelmäßig bei Veranstaltungen der oppositionellen Gruppen, zu denen nun etliche jüngere Punks gehörten. Ihre Musik brachte die Leute zum Tanzen und Pogen, und jedes Hochhüpfen, jedes Aufstampfen war ein Schlag gegen das Regime und seine vergeblichen Versuche, alle Aspekte des Lebens zu kontrollieren. Ab und an änderte Jana eine besonders provozierende Zeile. Aber wenn die Leute bei einem Konzert richtig mitgingen, sang sie den Text genauso wie damals, als sie dafür in den Knast gewandert war.

Ich lass mich von denen nicht fertigmachen.

Namenlos waren nicht mehr aufzuhalten.

Wenn wir dafür ins Gefängnis gehen, so seid euch ganz gewiss,
einmal kommen wir wieder raus, und dann sind wir Terrorist!

50

In Berlin hatte sich die Offene Arbeit Mitte der 1980er-Jahre zu einer selbstverwalteten, autonomen Einrichtung entwickelt. Die meisten Beteiligten vertraten eine Anarcho-Punk-Philosophie – ob sie nun Iro trugen oder nicht. Obwohl die Offene Arbeit stark vom Punk geprägt war, stand sie auch Leuten offen, die sich in puncto Mode und Musik nicht als Punks empfanden. Trotzdem waren viele waschechte Punks involviert.

Das Problem war nur, dass zwar die Punks inzwischen wieder einen Treff hatten, wo sie rumhängen konnten – den Profikeller –, aber die Offene Arbeit nicht. Mit der Sperrung des Turms der Pfingstkirche hatte die Kirchenleitung zwar in erster Linie die Punks vertreiben wollen, aber letztlich betraf es dann doch alle OA-Gruppen. Eine verlässliche Anlaufstelle war gefragt.

Durch die neuen Strukturen und Energien, die mit der Rückkehr von A-Micha und anderen Ur-Punks einhergingen, bauten die Aktivsten aus der Erlöserkirche Brücken zu anderen alternativen Gruppen aus Berlin – Friedens-, Umwelt- oder Menschenrechtsinitiativen – und schlossen sich mit OA-Gruppen aus anderen Städten zusammen. Und sie verlangten lautstark nach einer festen Anlaufstelle im Zentrum von Ost-Berlin.

Was die Offene Arbeit wollte: ein einigermaßen intaktes kirchliches Gebäude, in dem sie ihrer missionarischen Aufgabe nachkommen konnte, die Außenseiter der Stadt zu betreuen und gegen die gesellschaftlichen Strukturen anzugehen, die ganze Gruppen von Menschen zu Außenseitern machten. Sie wünschten sich ein Haus, das jeden Tag geöffnet haben konnte und zudem Platz für Proberäume, Auftritte und Werkstätten bot.

Was die Offene Arbeit in Berlin hatte: ein sporadisch geöffnetes Café im Punkkeller auf dem Gelände der Erlöserkirche. Das Café wurde Nachtpott getauft: Der Raum war feucht und muffig, die Wände unverputzt, und die S-Bahn ratterte in wenigen Metern Entfernung vorbei. An den Offenen Abenden fanden Lesungen und Ausstellungen statt, und die Organisatoren gaben sich große Mühe, den Raum einigermaßen gemütlich zu gestalten: Sie benutzten umgekehrte Holzfässer als Sitzmöbel, stellten selbst gemachte Lampen auf – tatsächlich waren es umfunktionierte Nachttöpfe – und hängten Poster und Plakate an die Wände. Außerdem stellten sie Essen und Getränke bereit, über die die anwesenden Punks sofort herfielen. Aber die Offenen Abende fanden nur alle sechs bis acht Wochen statt – auf Dauer keine zufriedenstellende Lösung.

Der OA-Mannschaft gelang es, ein paar größere Veranstaltungen auf die Beine zu stellen. Im Oktober 1984 organisierte sie eine zweitägige Werkstatt – in Wahrheit ein zwei Tage dauerndes Punkfestival mit politischen Diskussionen am Rand. Im Januar 1985 veranstaltete sie in der Friedrichshainer Auferstehungskirche einen Theaterabend, bei dem zwei Stücke aufgeführt wurden; das erste von einer Punktruppe aus der Erlöserkirche, die seit dem zweiten Festival in der Christuskirche in Halle existierte; das zweite von einer Offenen Theatergruppe aus dem OA-Umfeld.

Dann, im September 1985, trafen sich Mitglieder aller Berliner OA-Gruppen in einem Saal, den die Organisatoren in der Immanuelkirche in Prenzlauer Berg angemietet hatten – zu ihrer großen

Empörung verlangte die Kirche die exorbitante Saalmiete von neunzig Mark. Bei der Vollversammlung, an der fast zweihundert Personen teilnahmen, keimte die Idee auf, zur Lösung des Raumproblems eine Kirche zu besetzen. *Manchmal muss man tun, was man tun muss.* Allerdings wies ein Teilnehmer auf das Schicksal einer besetzten Kirche in Leipzig hin: Die Polizei hatte die Besetzer aus der Kirche geschleift und das Gebäude gesprengt. Dennoch wurde die Idee einer Kirchenbesetzung in den verschiedenen Arbeitsgruppen lange diskutiert. Hausbesetzungen waren inzwischen so alltäglich geworden, dass es fast schon selbstverständlich erschien, auch dieses akute Problem zu lösen, indem man sich den Raum einfach nahm und zu eigen machte.

Aktiv werden.

Am Anfang sah es allerdings so aus, als wäre eine Besetzung gar nicht nötig. Zum einen gab es in Berlin etliche leer stehende kirchliche Gebäude. Zum anderen nahmen die Organisatoren die große Zahl der Vollversammlungsteilnehmer als Beweis für die Stärke der Offenen Arbeit. Sie glaubten, ein Druckmittel in der Hand zu haben, und traten unverzüglich mit der Berliner Kirchenleitung in Verhandlung.

Beflügelt vom Erfolg der Vollversammlung überlegte die Erlöser-Gruppe, wie man die Leute am besten über den Stand der Verhandlungen auf dem Laufenden halten konnte. Dies führte im Herbst 1985 zur Gründung der ersten Untergrund-Zeitung in der DDR. Tatsächlich erschien sie ein Jahr vor der wesentlich bekannteren Zeitung *Umweltblätter,* die ebenfalls als internes Mitteilungsblatt entstanden war – in diesem Fall für die 1986 in der Zionskirche eingerichtete Umweltbibliothek.

Die Erlöser-Gruppe nannte ihr Infoblatt *mOAning star*. Zu den ersten Mitarbeitern zählten Kaiser und andere Ur-Punks aus dem Südosten Berlins. Der Titel spielte auf die britische Gewerkschaftszeitung *Morning Star* an, die Großbuchstaben OA standen für Offene Arbeit.

Am Ende griff die Offene Arbeit auf eine neue Taktik zurück und beanspruchte für sich den Status einer religiösen Vereinigung – dabei waren die Mitglieder fast ausnahmslos Atheisten, denen es um direkte Demokratie ging, ohne jegliche Strukturen. Obwohl man am Anfang noch optimistisch geglaubt hatte, eine der Berliner Kirchen würde der neuen »Gemeinde« spätestens Ende 1985 einen eigenen Raum zur Verfügung stellen, wies man die Offene Arbeit in vierzehn verschiedenen Kirchen ab. Die Aktivisten ärgerten sich maßlos, als sie erfuhren, dass man der Staatsbibliothek die Stralauer Zwinglikirche für den Zeitraum von neunundneunzig Jahren als Lagerraum überlassen hatte, während für die Offene Arbeit, die ihre Wurzeln in der Kirche hatte, angeblich nirgendwo Platz war. Noch dazu waren die Absagen, die sie auf ihre Anfragen hin von den Kirchenvorstehern erhielten, nicht selten offen feindselig.

Obwohl das Abkommen von 1978 den Kirchen gestattete, als Freiraum zu fungieren, machten die meisten – zumindest in Ost-Berlin – von diesem Privileg keinen Gebrauch; vermutlich hatte man Angst, es wieder zu verlieren. Das Privileg war somit vollkommen wertlos.

Aber die Erlöser-Gruppe gab den Kampf nicht auf.

Das Gute war, dass man nun über eine eigene Zeitung verfügte.

Der *mOAning star* war ursprünglich als internes Mitteilungsblatt konzipiert worden, um über die Fortschritte in den Verhandlungen über den neuen Raum zu berichten; da es zunächst danach aussah, als würde die Kirche bald eine Lösung finden, wollte man die Leser außerdem über bevorstehende Veranstaltungen in den neuen Räumlichkeiten informieren. Als sich die Verhandlungen jedoch hinzogen, entwickelte sich der *mOAning star* allmählich zu einer politischen Satire-Zeitschrift. Die Berichterstattung folgte dem Punkansatz: direkt, provozierend, respektlos.

Der Kopf hinter dem *mOAning star* war der zweiundzwanzigjährige Dirk Moldt, der im Grunde als Herausgeber fungierte – so weit man dies bei einer strikt antihierarchisch organisierten Zeitung behaupten konnte. Auf der dritten Ausgabe prangte die Überschrift KOMMUNITÄT STATT AUTORITÄT. Dirk war auch der politische Karikaturist der Zeitung. Aus einem atheistischen Elternhaus stammend, war er als Teenager zum ersten Mal mit der Kirche in Berührung gekommen, als er die Bluesmesse in der Samariterkirche besucht hatte. Die vielen Aussteigertypen hauten ihn schlicht um. In seinem verschlafenen Viertel im Norden von Berlin bekam er solche Leute nicht oft zu sehen. Doch schon bald störte ihn die Hippie-Atmosphäre der Bluesmessen, und er begann, die Haltung der Blueser zu hinterfragen. Was ihm bei den Langhaarigen fehlte, fand er bei den Punks. Sie waren nicht nur witzig, sondern wurden wirklich *aktiv*. Er ging zu jedem Punkkonzert und fühlte sich der Szene immer stärker verbunden, obwohl er sich äußerlich nie zum Punk verwandelte. Als Namenlos und Planlos bei der Bluesmesse in der Erlöserkirche auftraten und von den Hippietypen ausgebuht und mit Sachen beworfen wurden, war für Dirk die Sache klar. Mit der Bluesszene war er fertig.

Von da an gab es für ihn nur noch Punk. Die Mode und Musik waren für ihn eher zweitrangig. Punk war für ihn in erster Linie eine Haltung, eine Lebensanschauung: Taten statt Worte, Rebellion statt Reform. *Stirb nicht im Warteraum der Zukunft.* Nicht auf den Wandel warten, sondern hier und jetzt aktiv werden.

Schaff dir deine eigene Welt, deine eigene Realität.

Do it yourself.

Revolution von unten.

Der *mOAning star* spiegelte die geistige Haltung ihrer Herausgeber wider. Zum einen setzte sie auf den skurrilen Punk-Humor, der Leute wie Dirk von Anfang an fasziniert hatte. Im Gegensatz zu späteren Untergrund-Zeitungen war der *mOAning star* definitiv nicht auf die Aufmerksamkeit westlicher Medien aus. Die Berliner OA-Aktivisten pflegten keine Kontakte zu den Medien auf der anderen Seite der Mauer – andere Initiativen taten dies durchaus, weshalb sie in der westlichen Berichterstattung über den DDR-Untergrund bis heute im Fokus stehen. Wenn überhaupt, dann blickten die Leute aus der Erlöserkirche – reine Punkgruppen, aber auch heterogenere Gruppen – in Richtung Osten und tauschten sich mit Gleichgesinnten in Polen, Ungarn und der Tschechoslowakei aus.

Obwohl die Zeitung auf dem Gelände der Erlöserkirche produziert wurde, hatte die Kirche auf redaktionelle Entscheidungen keinen Einfluss. Allerdings nutzten die Herausgeber ein Privileg der Kirche: Weil die Zeitung offiziell »nur zum innerkirchlichen Gebrauch« bestimmt war, konnte das Regime rechtlich nicht gegen sie vorgehen. Natürlich war es für die Mitarbeiter nicht ungefährlich, mit einem derartigen Projekt in Verbindung gebracht zu werden. Daher gab es weder ein Impressum, noch wurden Autorennamen genannt. Einerseits genossen die Beteiligten dadurch den Schutz der Anonymität, andererseits spiegelte der Verzicht auf Namensnennung und hierarchische Strukturen den radikaldemokratischen Ansatz der Erlöser-Gruppe wider: Er verringerte das Risiko, dass hier jemand Werbung in eigener Sache betrieb, wie man es bei anderen, die sich an die Spitze einer Bewegung gestellt hatten, durchaus schon erlebt hatte – viele Punks empfanden zum Beispiel Rainer Eppelmann von der Samariterkirche ganz einfach als scheinheiligen Egoisten.

Dank Dirk und Kaiser, dank Beiträgen von anderen Punks und den Diakonen Lorenz Postler und Uwe Kulisch entwickelte sich der *mOAning star* zu einer der wichtigsten Untergrund-Zeitungen und wurde sogar in Dresden, Halle, Jena und Karl-Marx-Stadt vertrieben. Später teilte er sich die Druckerei – und den Karikaturisten Dirk – mit den *Umweltblättern.* Während am Anfang lediglich ein paar Dutzend Exemplare vom *mOAning star* gedruckt wurden, stieg die Auflage innerhalb kurzer Zeit auf tausend Stück.

Im Oktober 1985 trommelte A-Micha ein paar Leute zusammen, darunter Jana, Kaiser und Marlies, eine weitere Punkerin der ersten

Stunde und Freundin von Colonel, und gründete mit ihnen das nächste politische Infoblatt – dessen erste Ausgabe den Namen *die un/freie Gesellschaft* trug. Die Schreibmaschine, die sie benutzten, machte viele Fehler, aber sie hatten keine andere nicht registrierte Maschine auftreiben können. In der DDR wurden die meisten Schreibmaschinen registriert; so ließ sich fast jeder Urheber eines Druckerzeugnisses anhand der individuellen Eigenart des Schriftbildes zurückverfolgen. Etwa zeitgleich gründeten andere Punks aus dem Profikeller das Fanzine *AlösA* – was natürlich Erlöser bedeuten sollte; aber mit zwei Anarcho-As.

Auf dem Gelände der Erlöserkirche entstanden nun drei unzensierte Publikationen, die einen Aufdruck trugen, der sie als »innerkirchliche« Information auswies; damit waren sie vor dem staatlichen Zugriff sicher.

51

Nachdem Pankow von Planlos Ende 1985 seinen Wehrdienst abgeleistet hatte, führte ihn einer seiner ersten Wege in den Profikeller. Er und Kaiser hatten ihren Streit wegen der Auflösung der Band begraben. Kaiser hielt sich rund um die Uhr auf dem Gelände der Erlöserkirche auf; er produzierte die Zeitung, hing mit den Punks rum oder hielt bei den seltenen Nachtpott-Abenden Hof. Und Pankow traf auch den Sozialdiakon Lorenz Postler wieder, mit dem er sich nach wie vor gut verstand.

Er mischte wieder in der Szene mit.

Aber nach dem Wehrdienst passte er nicht mehr so ganz dazu. Er trug keine auffälligen Klamotten mehr und hatte sich auch von seiner Stachelfrisur getrennt. Außerdem stellte er fest, dass in seiner Abwesenheit eine neue Generation von Punks hinzugekommen war. Er kannte keinen von ihnen. Trotzdem stieß er zu A-Micha, Kaiser und Speiche, die den inneren Kreis der Erlöser-Szene bildeten. Und er freundete sich bald auch mit Dirk Moldt an.

Andere Dinge in seinem Leben gingen inzwischen den Bach runter.

Er war noch immer in Nase verliebt, die ihn damals vor dem Knast gerettet hatte, indem sie sich auf dem Papier zur Stasi-

Mitarbeit verpflichtet hatte. Obwohl ihn die Bandkollegen ihretwegen unter Druck gesetzt hatten, hatte er sich nicht von ihr getrennt und war noch mit ihr zusammen gewesen, als er den Wehrdienst antreten musste. Wieder zu Hause erfuhr er nun, dass sie während seiner Abwesenheit andere Partner gehabt hatte. Er war am Boden zerstört. Einen Seitensprung nahm er ihr besonders übel. Nase hatte was mit einem Typen namens Keule gehabt. Pankow und Keule konnten sich auf den Tod nicht ausstehen. Keule, eigentlich ebenfalls erste Punk-Generation, war 1981 der erste Skinhead im ganzen Land geworden. Als Planlos damals bei der Silvesterparty ihren ersten öffentlichen Auftritt gehabt hatten, war er in Bomberjacke und mit Fast-Glatze erschienen. Während des Auftritts hatte er die Unruhe im Publikum, als alle das Mikro an sich reißen wollten, genutzt und Pankow vor aller Augen eine reingehauen. Pankow war völlig verunsichert gewesen und hatte nicht zurückgeschlagen. Aber das beschämende Gefühl, sich nicht gewehrt zu haben, hatte seitdem an ihm genagt. 1985 forderte er Nase nun auf, aus der gemeinsamen Wohnung auszuziehen. Und als er Keule zwei Wochen später zufällig begegnete, brach der seit Jahren angestaute Frust aus ihm heraus, und er gab dem Kontrahenten einfach eins auf sein blödes Maul. Vielleicht war die damals erlittene Kränkung damit wiedergutgemacht. Liebeskummer hatte er trotzdem noch.

Pankow war mit dem Vorsatz vom Wehrdienst nach Hause gekommen, sofort eine neue Band zu gründen. Doch das Ende von Planlos setzte ihm immer noch zu. Er fühlte sich gehemmt. Irgendwie hatte er den Mut verloren, vor einer Band zu stehen und zu singen. Das Ende der Band – die Feindseligkeiten, das Misstrauen, das die Stasi unter ihnen gesät hatte – war für ihn eine traumatisierende Erfahrung gewesen; er hatte sich nie ganz von dem Schock erholt, dass ihn seine besten Freunde aus der Band werfen wollten. Und nun hatte ihn auch noch der Mensch, wegen dem es zum Bruch mit den Freunden gekommen war, im Stich gelassen.

Musik wollte er dennoch unbedingt machen: Sie war sein Mittel, das eigene Leben selbst in die Hand zu nehmen und die eigene Zukunft dem Kontrollgriff des Staates zu entreißen. Er fragte Kaiser und Dirk Moldt, ob sie mitmachen wollten, und gründete mit ihnen die Band Fatale. Singen wollte er nicht mehr. Er setzte sich lieber hinters Schlagzeug. Dirk sollte Gitarre spielen, Kaiser Bass und Gesang übernehmen. Wenn das nicht klappte, wollten sie sich einen anderen Sänger suchen. Pankow kam als Frontmann definitiv nicht mehr infrage.

Obwohl er den Drang verspürte, mit Leuten in Kontakt zu kommen, und die Band ihm die Möglichkeit dazu gab, stellte er fest, dass ihn Musik längst nicht mehr so begeisterte, nicht mehr so erfüllte wie früher. Es reichte ihm nicht mehr, seine Aktivitäten auf die Band zu beschränken. Er wollte Teil von etwas Größerem sein, er wollte etwas tun, das das ganze Land erreichte, vielleicht sogar das Ausland. Alles, was er tat, war ein Mittel zum Zweck, eine Methode, die Dinge voranzutreiben. Nach Gründung der Band beteiligte er sich an verschiedenen anderen Projekten. Er unterstützte die Offene Arbeit bei ihrem Kampf um einen neuen Raum, er schloss sich einer Theatergruppe aus der Erlöserkirche an. Er trat verschiedenen Friedensinitiativen und den Gruppen bei, die in Kontakt mit der polnischen Opposition standen. Bald verwendete er einen Großteil seiner Energie auf politische Aktivitäten.

Fatale fand sogar einen Frontmann: Mecki. Er war der ältere Bruder von Herne, der im Profikeller die Punkkonzerte organisierte.

Auch Mecki war einer der ersten Punks in Ost-Berlin gewesen. Unter anderem war er verhaftet worden, weil er auf dem Alexanderplatz ein Sakko mit der Aufschrift *Heute Norm, morgen Tod* getragen hatte. Kurzzeitig war er Sänger bei einem Projekt des Wutanfall-Gitarristen Imad gewesen und hatte sich mit den Leipziger Punks angefreundet. Natürlich stand er bei der Stasi unter

Dauerbeobachtung. Ein Spitzel berichtete, dass Mecki mit anderen über kommunistische Anarchie und Nestor Machno, über den auch A-Micha mal einen Vortrag gehalten hatte, gesprochen hatte.

Nachdem die Besetzung von Fatale feststand – Pankow am Schlagzeug, Kaiser am Bass, Dirk an der Gitarre, Mecki am Mikro –, arbeitete die Band erst einmal ein paar Monate lang an neuen Stücken. Ihre Texte handelten von den alltäglichen Sorgen und Umweltverschmutzung, sie prangerten Raffgier und eintönige Fließbandarbeit an, hatten aber auch konkret politische Inhalte. In einem Stück hieß es:

Im Iran mordet Chomeini,
in Polen Jaruzelski.

In »Dioxin in Kinderhand« ging es um die Zerstörung der Umwelt, insbesondere um die Katastrophe in der indischen Stadt Bhopal, als bei Union Carbide tonnenweise giftige chemische Stoffe ausgetreten waren.

Ihren ersten Auftritt hatten Fatale im Frühjahr 1986 im Rahmen eines Benefizkonzerts, das die Offene Arbeit im thüringischen Hartroda organisiert hatte, um Geld für eine dortige Kommune zu sammeln.

Die Hartroda-Kommune war 1978 mit dem Ziel gegründet worden, Menschen mit körperlicher oder geistiger Behinderung ein besseres Leben zu ermöglichen. Einer der Mitbegründer, Matthias Vernaldi, war damals neunzehn Jahre alt. Da er an Muskelschwund erkrankt war, hatte er notgedrungen bei seinen Eltern wohnen müssen; zwar hatte er kaum Kontakt zu Gleichaltrigen, teilte aber keineswegs die Ansichten seiner sittenstrengen Eltern. In der DDR gab es zwar Einrichtungen für schulpflichtige Kinder mit Behinderungen, aber die meisten betroffenen Erwachsenen fühlten sich vom Staat im Stich gelassen, denn ihnen blieb nur die Wahl, entweder wieder ins Elternhaus oder in ein Altenheim zu ziehen. Mit ein paar Freunden, darunter auch Menschen ohne Behinderung, ersann Vernaldi ein alternatives Konzept. Die Stasi wurde sofort auf die Gruppe aufmerksam und legte die Akte »Parasit« an. Trotz Dauerüberwachung gelang es der Gruppe, sich im thüringischen Hartroda ein verlassenes Gehöft zu sichern. Sie brauchten Jahre, um das halb verfallene Bauernhaus instand zu setzen. Den Lebensunterhalt verdienten sie sich mit dem Verkauf von Obst, Gemüse, Eiern, Schweinen und handgesponnener Wolle.

Pankow war von der Kommune hellauf begeistert. Die Kommunarden schienen offen auszuleben, was viele Punks in Ost-Berlin und anderen größeren Städten heimlich versuchten. Und sie taten dies ohne irgendeine Unterstützung von Staat oder Kirche. Sie hatten sich von der Gesellschaft gelöst und führten ein selbstbestimmtes Leben, verfolgten gemeinschaftliche Ziele und lebten so, wie es ihnen gefiel. Vernaldi und seine Freunde hatten sich ihre eigene Welt, ihre eigene Realität geschaffen. Do it yourself. Ihre Philosophie deckte sich im Grunde mit der Einstellung der Punks. Wie Vernaldi es ausdrückte: »Man muss doch aus dem, was da ist, was machen und nicht ewig warten, bis alles gut wird.«

Stirb nicht im Warteraum der Zukunft.

Vielleicht konnten solche Kommunen die Bausteine bilden, aus denen sich eine neue Gesellschaft erschaffen ließ, vielleicht waren sie die Zellen, aus denen man einen ganzen Organismus formen konnte? Obwohl viele Punks für einen sozialistischen Anarchismus eintraten, überfielen sie gelegentlich Zweifel, ob sich dieses System auf die gesamte Gesellschaft übertragen lassen würde; für den Moment schien es das vielversprechendste abstrakte Modell zu sein. Aber hier war ein reales Modell, das tatsächlich funktionierte. Nach dem ersten Hartroda-Konzert von Fatale machte Pankow sich für die Kommune stark, indem er Spenden sammelte und weitere Benefizkonzerte organisierte.

52

Pankow, Kaiser, A-Micha, Jana und Mita waren nicht die einzigen Punks der ersten Stunde, die den Kampf fortführten. Nachdem Chaos nach der extremen Prügelattacke der Stasi 1983 bei Wutanfall ausgestiegen war, fusionierte die Gruppe mit HAU. Zur neuen Band gehörten der Gitarrist Imad, der Wutanfall wegen HAU verlassen hatte, der ehemalige HAU-Sänger Stracke, der für Chaos bei Wutanfall eingesprungen war, und, nach seiner Entlassung aus dem Gefängnis, der Bassist Ratte, ebenfalls früher bei HAU. Ratte war derjenige gewesen, der *Freiheit für Jana, Mita und A-Micha* an eine Wand gesprüht hatte. Für das Regime muss er den schlimmsten Albtraum verkörpert haben: Das Gefängnis hatte ihn nicht brechen können; gleich nach seiner Entlassung zog er die alte Lederjacke wieder an und machte da weiter, wo er aufgehört hatte – er stürzte sich in Punk-Aktionen, setzte sich über die Gesetze hinweg, die er als ungerecht empfand, und bekämpfte das Regime, das in seinen Augen rechtswidrig war.

Da Wutanfall-Schlagzeuger Rotz nicht mitmachte, beschloss man, die neue Band L'Attentat zu nennen.

Sie stand Wutanfall in nichts nach. Musik und Texte waren echte Brandsätze. Neben alten Wutanfall-Stücken wie »Leipzig in

Trümmern« oder »Bürgerkrieg« spielten L'Attentat auch neue regimekritische Stücke wie »Friedensstaat«, in dem die offizielle Friedens-Rhetorik aufs Korn genommen wurde. »Kinderkrieg« richtete sich gegen den Wehrunterricht an den Schulen. »Demonstration« enthielt die Zeile: »Meinungsfreiheit ist dir garantiert, doch machst du von ihr Gebrauch, wirst du abgeführt.«

L'Attentat sangen über Tabuthemen – die Mauer, die Partei – und übten so deutlich Systemkritik, wie es die meisten anderen Punkbands wohl nie gewagt hätten. Untermalt wurde das Ganze mit halsbrecherischem, intensivem Hardcore-Punk.

In »Ohne Sinn« hieß es:

Ich bin alt genug, alleine zu gehn.
Ich will die ganze Scheiße nicht mehr sehn.
Wie ihr meine Zukunft raubt.
Und für das kämpft, an das ihr selbst nicht mehr glaubt.

Bevor sich besagte Wutanfall- und HAU-Mitglieder zur neuen Band zusammentaten, beschlossen sie bei einem Treffen: Wir werden sagen, was wir denken, auch wenn wir dafür in den Knast wandern. Ratte, der im Gefängnis gesessen hatte, wusste, wie es dort zuging. Stracke, der einen Monat in U-Haft verbracht hatte, wusste ebenfalls, was ihm blühen konnte. Aber beide standen voll und ganz hinter der Entscheidung, kein Blatt vor den Mund zu nehmen. Für Stracke war es ein befreiendes Gefühl. Wenn man ihn bei einer Vernehmung fragen würde, ob er gegen den Staat eingestellt sei, wollte er mit Ja antworten.

Ihr könnt mich mal.

Außerdem versuchten L'Attentat, ein Netzwerk für ihre Fangemeinde aufzubauen. Die Idee stammte von Imad. Schon bei den beiden früheren Bands hatte er Propaganda gemacht, indem er deren Namen buchstäblich an jede Wand gesprüht hatte. Jetzt entwickelte er eine neue Strategie. Stand ein Feiertag wie der 1. Mai oder Ostern an, stellte die Band Fotocollagen aus witzigen Bildern und Grußbotschaften zusammen, zog sie als Schwarzweiß-Postkarten ab und verschickte sie an Hunderte von Leuten. Sie organisierten Schlafplätze für Auswärtige, die zu Konzerten oder anderen Veranstaltungen in die Stadt kamen. Vor ihren Auftritten stellten sie in einer Dunkelkammer Fotoabzüge ihrer Flugblätter her und verschickten die Einladungen per Post. Dass die Sicherheitsorgane auf die Massensendungen aufmerksam werden würden, wussten sie. Tatsächlich war das Teil ihres Plans.

Wir sind da, wir sind präsent.

In Leipzig gab es inzwischen einen ähnlichen Raum wie den Profikeller in der Berliner Erlöserkirche: den Mockauer Keller, der zu einer Kirche im Nordosten Leipzigs gehörte. Auch der Mockauer Keller entwickelte sich zu einem wichtigen Zentrum; dort konnten die Punks sich austauschen, informieren, organisieren. Im Frühjahr 1985 hatten L'Attentat im Keller einen Auftritt, der das Gemeinschaftsgefühl und den Zusammenhalt der Szene eindrucksvoll belegte. Namenlos reisten aus Berlin an, aus Dresden kamen Paranoia, auch eine Band aus Erfurt war dabei: Fast so, als hätten sich die Punks aus dem ganzen Land zu einem Familientreffen versammelt. Wie sich herausstellen sollte, war es auch das letzte Konzert von L'Attentat in Urbesetzung.

Wieder mal war der Sänger der Erste, auf den sie es abgesehen hatten.

Stracke wurde im Sommer 1985 erneut festgenommen und in U-Haft gesteckt. Dieses Mal landete er nach zwei Monaten vor Gericht. Wegen illegaler Kontakte ins nichtsozialistische Ausland – er hatte für ein westdeutsches Fanzine einen Artikel über Ost-Punk geschrieben – und öffentlicher Herabwürdigung von staatlichen Organen wurde er zu einer Freiheitsstrafe von einem Jahr und sieben Monaten verurteilt.

Stracke wunderte sich, warum Imad, der ebenfalls Artikel für westdeutsche Fanzines geschrieben hatte, nicht auch verhaftet worden war. Den wahren Grund hätte er nicht geglaubt: Imad hatte Stracke an die Stasi verpfiffen. Und das hatte er auch 1983 mit Chaos getan.

Stracke hatte keine Angst vor dem Knast. Strafe hatte auf ihn keine abschreckende Wirkung. Er hätte sich ja an das Gesetz gehalten, wenn er es als gerecht empfunden hätte. Er glaubte, dass alles, was er mit der Band machte, richtig war, und dass die Gesetze, gegen die er verstoßen hatte, falsch waren. Und er sagte vor Gericht, was er den anderen beim Gründungstreffen der Band geschworen hatte. Auf die Frage, ob er gegen den Staat eingestellt sei, antwortete er: Ja.

Am Ende wurde er von der BRD freigekauft. Seit Mitte der 1980er-Jahre dienten politische Gefangene dem Honecker-Regime als wichtige Devisenquelle: Sie waren ein Exportprodukt wie Blutkonserven – oftmals abgezapft von Gefangenen – oder durch Gefangenenarbeit hergestellte Ikea-Möbel.

L'Attentat machten mit dem neuen Sänger Perry weiter. Immer noch ahnte keiner von ihnen, dass sie mit Imad einen Spitzel in den eigenen Reihen hatten.

Die zweite Band-Inkarnation trat im Frühjahr 1986 mit Fatale beim Benefizkonzert in Hartroda auf. Ihr Stück »Sacco und Vanzetti« spiegelte im Prinzip die Einstellung des Kommunengründers Matthias Vernaldi wider – aus dem, was da ist, etwas machen und nicht ewig warten, bis alles gut wird. Bei »Sacco und Vanzetti« klang es so:

Es ist Zeit, etwas zu tun,
statt nur große Weisheit reden,
die Ideen selbst vorleben!
Das Gewissen oft genug,

braucht grad heute sehr viel Mut!
Schimpfen und auf Morgen warten?
Selbst heut in die Zukunft starten.

Beim Hartroda-Konzert wurde der Grundstein für zwei langjährige Freundschaften gelegt: zwischen den Punks und den Kommunarden, zwischen Fatale und L'Attentat. Beide Bands waren in den OA-Gruppen ihrer jeweiligen Städte aktiv, zusammen sollten sie etliche Konzerte geben und die Berliner und Leipziger Punkszene dadurch noch fester zusammenschweißen. Fatale und L'Attentat traten im darauffolgenden Jahr so oft zusammen auf, dass sie sogar ein gemeinsames Manifest verfassten. Darin hieß es unter anderem:

Wir wenden uns:
gegen Intoleranz & Faschismus in jeder Form
gegen den Missbrauch von Gewalt & Willkür & Macht

FÜR:
Frieden & Gewaltlosigkeit & Gerechtigkeit & generelle Emanzipation
Ehrlichkeit & Solidarität

Otze hatte mit seiner Band Schleim-Keim ebenfalls weitergemacht – der Band, die 1983 auf *DDR von unten* einige Stücke im Westen veröffentlicht hatte. Der erste Bassist hatte 1984 seinen Wehrdienst antreten müssen, etwa zu der Zeit, als Otze vier Wochen in U-Haft gesessen hatte. Nach seiner Freilassung hatte Otze die Band sofort reaktiviert. Etliche Bassisten kamen und gingen, zwei entpuppten sich als Stasi-Spitzel. Auch auf der Bühne wechselte die Besetzung. Otze spielte manchmal Gitarre statt Schlagzeug, und über die Jahre schlossen sich verschiedene Leute kurzfristig der Band an. Der ständige Wechsel hing wohl teilweise mit Otzes Nomadenleben zusammen: Er hatte keine feste Adresse, besaß weder Kleidung zum Wechseln noch eine Zahnbürste. Er legte sich irgendwo zum Pennen hin, wenn es gar nicht anders ging, kroch er in einem muffigen Keller unter. Übernachtete er bei Freunden, konnte es passieren, dass er auf ein Bier vor die Tür ging und erst Tage später zurückkehrte, ungewaschen, sternhagelvoll.

Aber die Band war immer noch eine Sensation. Mit dem zweiten Bassisten spielten sie das neue Stück »Prügelknaben«. Darin hieß es:

Wir wollen nicht mehr, wie ihr wollt!
Wir wollen unsere Freiheit!
Wir sind das Volk, wir sind die Macht!
Wir fordern Gerechtigkeit!
Wir sind das Volk, wir sind die Macht!

Der Spruch *Wir sind das Volk* aus Otzes neuer Hymne sollte ein paar Jahre später durch die Straßen der DDR hallen.

53

Eine neue Generation von Bands folgte inzwischen dem Weg, den Feeling B geebnet hatten. Diese Bands machten zwar alles andere als massentaugliche Musik, aber wenn es darum ging, sich die Amateurspielerlaubnis zu holen und in staatlich geförderten Jugendklubs aufzutreten, vertraten sie keine so extreme Position wie die politischeren Punkbands.

Ein Jugendlicher aus dem Umfeld von Feeling B, der regelmäßig in Aljoschas besetzter Wohnung in der Fehrbelliner Straße 7 abhing, war Olaf Tost, genannt Toster. In der Punkszene war er relativ neu.

1980 hatte der Fünfzehnjährige auf dem Alexanderplatz die ersten Punks gesehen, doch seine musikalische Sozialisation hatte in der Bluesszene stattgefunden – er war sogar Gitarrist in einer Schüler-Bluesband gewesen.

Trotzdem respektierte er die Punks dafür, dass sie ihren Protest so offen zeigten. Wie vielen anderen Jugendlichen, die Punk damals entdeckten, stockte auch ihm der Atem, weil sie die Eier hatten, ihre Verachtung für die gesellschaftlichen Normen demonstrativ zur Schau zu stellen – die Haare, die Sicherheitsnadeln, der selbst gebastelte Schmuck aus Dosenringen, die brisanten Parolen auf ihren Klamotten. In dem Aufzug konnte man sich ganz bestimmt nicht bei einer FDJ-Veranstaltung blicken lassen. Und das konnte nur eins bedeuten: Diese Leute gingen da gar nicht hin.

In der Schule hatte Toster wegen eines viel geringeren Kleidungsverstoßes Ärger bekommen. Ein paar Jahre zuvor hatte er irgendwo eine Tarnjacke mit Deutschlandfahne aufgetrieben, die vermutlich noch aus den 1950er-Jahren stammte. Die NVA benutzte ein anderes Tarnmuster, außerdem fehlten auf der Fahne Hammer, Zirkel und Ährenkranz. Als er damit in der Schule aufkreuzte, machten die Lehrer einen Mordsaufstand. Danach kannte man ihn überall als den Typen mit der BRD-Fahne.

So schnell kann man sich auf die falsche Seite stellen, dachte er.

Und dann waren da eben diese Punks. Sie sahen aus wie vom anderen Stern, wurden von Polizisten und rechtschaffenen Bürgern verprügelt und kehrten trotzdem am nächsten Tag in derselben Aufmachung an die öffentlichen Plätze zurück.

Toster kannte nur einen echten Punk: seinen Schulfreund Karsten »Dafty« Richter. Dafty kannte in der Punkszene jeden, auch Paul Landers von Feeling B. Toster hatte das Gefühl, langsam aus dem Raster zu fallen. Er war mit der Politik unzufrieden, fühlte sich aber von der Propaganda der kirchenbasierten Friedensaktivisten ebenfalls abgestoßen. Außerdem empfand er die Hippies aus den Friedensgruppen als alte Säcke. Ihn plagten dieselben Ängste wie alle anderen Teenager – er glaubte, das Ende der Welt stehe kurz bevor. Das nukleare Armageddon – WABUMM. Aus. Fertig. Er hatte keine Ahnung, wie er damit umgehen sollte.

Mich kriegt weder die eine noch die andere Partei. Die Kirchentypen genauso wenig wie diese Pseudokommunisten. Ich versuch, mein Ding zu machen und Spaß zu haben.

Irgendwann bot ihm Dafty an, ihn in die Punkwelt einzuführen.

Zum Punk war Dafty über einen Freund gekommen. Der hatte sich eine gebrauchte Gitarre gekauft, um Musik zu machen wie die irische Band Stiff Little Fingers, die er von dem britischen Militärsender kannte. Aus irgendeinem Grund gab er die Gitarre bald wieder auf und fragte Dafty, ob er sie haben wolle.

»Klar, gerne, ich versuch's mal.«

Sein Großvater hatte ihn seit Jahren dazu bringen wollen, Akkordeon zu lernen, ein Instrument, das Dafty richtig schlimm fand. Jetzt hatte er eins gefunden, das ihm Spaß machte – außerdem kam sich der Sechzehnjährige wahnsinnig toll vor, wenn er mit der E-Gitarre auf dem Rücken durch die Straßen lief. Da er keinen Bock auf Lederjacken hatte, imitierte er den Stil von Johnny Rotten – zerrissene Pullis mit Sicherheitsnadeln und Buttons. Stinknormale Klamotten, die er ein bisschen bearbeitete.

1982 hatte Dafty sich in die Punks aus dem Plänterwald und vom Alex verkuckt. Er war bei einigen Spontanauftritten in der Pfingstkirche und beim Festival in der Erlöserkirche dabei gewesen. Und er gründete sogar selbst ein paar kurzlebige Bands, darunter Vier Tage, Vier Tote – der Name war von einer Schlagzeile über den israelisch-palästinensischen Konflikt inspiriert – und The Leistungsleichen. Letztere traten sogar auf zwei, drei Partys auf. Auch wenn die Band nicht gerade einschlug wie eine Bombe, gab es doch einige Leute, die sich an die Texte von Henryk Gericke erinnerten.

Ich habe die Geschichte nicht gemacht
und bin doch abgegrenzt und scharf bewacht.
Sie sprechen vom Arbeiter- und Bauernstaat
und vernichten ihre eigene Saat.
Ich weiß nicht, hätte Marx geweint oder gelacht,
könnte er sehen,
was ihr mit uns macht?
Wir sind neugeboren in Trauer.
Wir sind die Fehlgeburt der Mauer.

Dafty gewöhnte sich an die ständigen Polizeischikanen. Wenn er über die Straße lief, brummten sie ihm eine Strafgebühr wegen Erregung öffentlichen Ärgernisses auf; als er den Weihnachtsmarkt besuchte, zogen sie ihn in eine dunkle Ecke und verhörten ihn. Besonders seine Jeansjacke war der Polizei ein Dorn im Auge: Er hatte mit Filzstift den Titel des Dead-Kennedys-Stücks »Nazi Punks Fuck Off« draufgeschrieben.

Die Bullen hielten ihn tatsächlich für einen Nazi. Er verstand nie, warum sie es nicht kapierten oder kapieren wollten.

Viele Bullen sind eben ganz schön dämlich, dachte er.

Nachdem Toster über Dafty die ersten Punks kennengelernt hatte, hörte er von einem, der ihm eventuell helfen konnte: Er suchte nach einem Verzerrer für seine Gitarre und hatte die hundertfünfzig Westmark, die so ein Gerät kostete, mühsam zusammengespart. Aber der Verzerrer war in der DDR nicht zu haben. Als er Paul Landers kennenlernte und von ihm erfuhr, dass Aljoscha einen Schweizer Pass besaß und sich frei bewegen konnte, kam ihm die Idee. Dieser Aljoscha konnte im Westen einen Verzerrer besorgen.

Irgendwann ging Toster in die Fehrbelliner Straße 7, um Aljoscha persönlich zu fragen. Als er in die Wohnung kam, traute er seinen Augen nicht – etwas derart Abgefahrenes kannte er aus seiner kommunistischen Plattenbausiedlung im Ost-Berliner Vorort Buch nicht. Aljoscha erklärte sich bereit, den Verzerrer zu besorgen, und Toster blätterte das Geld hin, ein echtes Vermögen. Aber Aljoscha kam nicht in die Gänge. Toster schaute jede Woche bei ihm vorbei und erinnerte ihn freundlich an das Versprechen. Nach kurzer Zeit wurde das Ritual – in die Fehrbelliner gehen, ein paar Gläser Wein trinken, Leute kennenlernen – für Toster wichtiger als der eigentliche Grund seines Besuchs. Als Aljoscha dann endlich den Verzerrer besorgte, reiste er schon mit Feeling B zu allen Auftritten; er war eine Art Bandmitglied ohne Instrument.

Dafty wurde 1984, wie so viele andere Punks der ersten Welle, zur Umerziehung in eine Spezialeinheit der Armee gesteckt. Es kam ihm vor, als wäre er in ein schwarzes Loch gefallen.

Toster war da längst in die Welt von Feeling B eingetaucht. Die Band tat *genau* das, was er auch tun wollte.

Für ihn war die Spielerlaubnis der Band ein Machtinstrument. Die Einstufung ermöglichte es, ganz offiziell aufzutreten, in staatlich zugelassenen Jugendklubs. Die Kirchenpunks rannten seiner Meinung nach nur offene Türen ein. Wenn Feeling B in irgendeinem Kaff auftraten und ihren Krach auf die Leute losließen, dann waren im Publikum Jugendliche, die von der Existenz dieser Musik bisher nichts gewusst hatten. Außerdem gab es in diesen Läden richtige Bühnen, Anlagen und Mischpulte. Toster war kein Dissident und hatte nicht vor, das Land zu verlassen. Er wollte nur Musik machen. Und so, wie die Jungs von Feeling B die Sache aufzogen, konnten sie sogar von ihrer Musik leben ...

Toster gründete eine eigene Band – Die Anderen.

Tatsächlich wurde der Bandname in der DDR zu einem Synonym für ein neues Musikgenre – im Grunde alles Bands, die sich zwar um die Amateurspielerlaubnis bewarben, gleichzeitig aber glaubten, außerhalb des offiziellen Musiksystems agieren zu können. Bald fasste man sie unter dem Begriff »die anderen Bands« zusammen.

54

In den 1980er-Jahren lag der offizielle Mietpreis für eine Wohnung in Prenzlauer Berg bei fünfzig Ostmark. Für eine Mark bekam man beim Bäcker zwanzig Brötchen. Aber eine Leerkassette kostete zwanzig Mark.

Dennoch hatten Kassetten viele Vorzüge. Erst einmal waren sie überhaupt erhältlich. Und man konnte sie leicht kopieren. In Russland stand in jeder größeren Fabrik, in jeder öffentlichen Einrichtung eine Maschine zum Pressen von Schallplatten – um patriotische Lieder und Reden unters Volk bringen zu können. In einem Riesenland wie der UdSSR war es vielleicht sinnvoll, derart mitreißende Aufnahmen vor Ort zu pressen, statt sie von einem zentralen Presswerk aus zu vertreiben. Die sicherlich nicht beabsichtigte Folge war, dass umtriebige Musiker aus Materialien, die sonst auf dem Abfall gelandet wären, sogenannte Schallfolien produzierten. Die Sowjetunion war von illegalen Platten, die auf Materialien wie *Röntgenfilm* gepresst waren, quasi überschwemmt. In der DDR wurden keine Maschinen ausgegeben, mit denen man Aufnahmen auf Vinyl hätte vervielfältigen können. Es war ja noch nicht mal möglich, Kopien von Papier zu erstellen. Aus diesem Grund wurden private Dunkelkammern genutzt, um Schwarz-Weiß-Abzüge von abfotografierten Flyern zu produzieren.

Kassetten waren darüber hinaus ein »schnelles« Medium. Eine Band konnte ihre Stücke direkt auf Kassette aufnehmen und hatte ein fertiges Produkt in den Händen, das, sobald der letzte Ton der Aufnahme verklungen war, theoretisch in jedem Haushalt der DDR abgespielt werden konnte. Danach ließen sich von der Kassette beinahe unendlich viele Kopien herstellen. Gut, dafür musste man genauso viel Zeit aufwenden, wie die entsprechende Kassette lang war, dennoch war es prinzipiell *möglich.*

Flake von Feeling B hatte einen Cousin in Westdeutschland, der ihm ein richtig gutes Tapedeck schenkte. Eine Zeit lang wurden fast alle Tonaufnahmen, die in Prenzlauer Berg entstanden, mit diesem Gerät gemacht.

Aber während unzählige Musiker und Bands auf Flakes Tapedeck Stücke aufnahmen, gehörte seine eigene Band zu den wenigen, die sich nicht mit Tonaufnahmen aufhielten.

Feeling B waren in einer besonderen Situation. Einerseits waren sie die bekannteste Punkband des Landes und hatten die meisten Live-Auftritte. Andererseits wollten sie ihre »Karriere« nicht weiter vorantreiben. Der Punkt war gar nicht der, dass es ihnen unangenehm gewesen wäre, aus der Musik ein Geschäft zu machen – sie hätten die Tonträger ja auch verschenken können –, sondern dass sie wegen ihrer Einstufung darauf achten mussten, nicht *zu* erfolgreich zu werden. Schließlich wollten sie nicht in der Tretmühle der staatlich geförderten Rockbands landen. Niemand in der Punkszene, nicht einmal diejenigen, die den Ehrgeiz hatten, von ihrer Musik leben zu können, waren auf die Sorte Ost-Erfolg scharf.

Wir wollen sein, wie wir sind, und trotzdem spannende Sachen machen.

Am meisten sträubte sich Aljoscha gegen die Aufnahmen. Für ihn war jeder Auftritt von Feeling B ein einmaliges Ereignis, ein Happening, und er empfand alles, was davon ablenkte, als Fehler. Für ihn ging es bei Feeling B nur darum, live dabei zu sein und zusammen Spaß zu haben. Das Publikum sollte aktiv mitmachen, nicht zu Hause vor dem Kassettenrekorder sitzen und passiv zuhören.

»Wir sind eine Party-Live-Band«, sagte Aljoscha gern. »Konzerte und gute Partys, am besten beides zusammen, das ist für uns wichtiger als Kassettenproduktion.«

Für alle anderen aus der Szene waren Kassetten das A und O. In einer Gesellschaft, in der das Monopol der Massenkommunikationsmittel beim Staat lag, stellten sie ein alternatives Medium dar, frei von staatlicher Kontrolle und Zensur.

Natürlich gab es für illegale Kassetten kein offizielles Vertriebssystem. Die Leute verschenkten, tauschten, kopierten sie. Früher waren es Kassetten mit den Pistols, Crass oder X-Ray Spex gewesen, nun kamen Ost-Bands hinzu oder Probekelleraufnahmen von irgendeinem unbekannten DDR-Musiker. In den offiziellen Medien fanden diese Kassetten natürlich keinerlei Beachtung.

Bald begannen die Bands, aufwendig gestaltete Einleger in die Hüllen zu stecken, Kassetten in größerer Stückzahl zu produzieren und Leute dazu zu ermuntern, Bestellungen per Post aufzugeben. Bernd Jestram und Ronald Lippok von Rosa Extra gründeten das reine Kassetten-Label Assorted Nuts, das seinen Sitz in einer besetzten Wohnung in Friedrichshain hatte. Als Musiker waren Bernd mit der Band Aufruhr zur Liebe und Ronald mit Ornament & Verbrechen bereits in die Grauzone vorgestoßen, die sich Mitte der 1980er-Jahre nach der Einstufung von Feeling B aufgetan hatte. Da die beiden für ihr Label nicht genügend Leerkassetten auftreiben konnten, überspielten sie eben solche, die vom Staat in Umlauf gebracht wurden – Kassetten von Schnulzen-Leuten wie Mireille Mathieu, die beim staatseigenen Amiga-Label in Lizenz verlegt wurde.

Jestram wurde 1986 ausgebürgert und landete in West-Berlin. Aber bald schossen überall in der DDR illegale Labels aus dem Boden: Klangfarbe aus Karl-Marx-Stadt, Zieh-dich-warm-an aus Dresden,

Trash Tape Records aus Rostock, Hartmut aus Leipzig und Christus aus Eisleben – letzteres war nach der Kirche in Halle benannt, in der 1983 das erste Punkfestival stattgefunden hatte. Das Label Hinterhof Productions aus Jena veröffentlichte in der zweiten Hälfte der 1980er-Jahre zweiundzwanzig Kassettenalben von fünfzehn verschiedenen Bands. Und dann waren da natürlich noch die unzähligen Kassetten, die Bands in Eigenregie aufnahmen und weitergaben.

Nicht alle Bands, die Kassetten produzierten, hatten sich auf den Einstufungsprozess eingelassen und ihre Texte verwässert. Im Gegenteil. Christus war quasi das Hauslabel der nicht zugelassenen Punk-Urgesteine Müllstation. Hinterhof Productions veröffentlichte Kassetten von Sperma-Combo, den Fantastischen Frisören und Totalverweigerern wie Antitrott sowie anderen entschieden »negativ-dekadenten« Bands. Trash Tape Records hatten nur Bands ohne Spielerlaubnis im Programm. Eine von ihnen, Virus X, sang:

Wir brauchen eure Normen nicht,
ihr wisst ja nicht mal selbst, was richtig ist.
Wir werden euch niemals vertrauen,
wir wollen unser Leben selbst aufbauen.

Die Potsdamer Band Re-Aktion veröffentlichte 1985 eine Kassette mit ähnlich brisantem Material, wie man es von Namenlos kannte, darunter richtige Brandreden gegen die Polizei. Dass solche Texte die Runde machten, muss das Regime in Angst und Schrecken versetzt haben. Zwei für Re-Aktion typische Zeilen:

Sag der Partei Goodbye.
Schrei *Opposition!*

Der alternative Kassettenvertrieb nahm stetig zu. Plötzlich fand Musik aus dem Untergrund eine größere Hörerschaft als je zuvor.

Und der Schattenmarkt wuchs schwindelerregend: 1988 wurden fünfundsiebzig Prozent der in der DDR veröffentlichten Musik außerhalb des staatlich kontrollierten Mediensystems produziert.

Aber es begann ohnehin eine Zeit der Veränderungen. Seit Amtsantritt des sowjetischen Generalsekretärs Michail Gorbatschow im März 1985 wehte vom Osten her ein neuer Wind. Gleich zu Beginn seiner Amtszeit brach Gorbatschow mit einem Tabu und gab öffentlich zu, dass die UdSSR in wirtschaftlichen Schwierigkeiten steckte. Und das war erst der Anfang. Er führte das Schlagwort »Glasnost« ein, um die Ziele seiner Reformpolitik zu verdeutlichen. Bisher war der Begriff eher von Dissidenten benutzt worden, die *öffentliche* Gerichtsverhandlungen forderten.

Das Jahr 1986 sollte in die Geschichtsbücher eingehen: Im März führte Gorbatschow konkrete politische Veränderungen herbei, im November kündigte er die Liberalisierung der sowjetischen Osteuropapolitik an und deutete damit an, sich in Zukunft nicht mehr in ihre innenpolitischen Angelegenheiten einmischen zu wollen; im April hatte sich in Tschernobyl die größte Nuklearkatastrophe der Geschichte ereignet. Tschernobyl führte den Bürgern der DDR die Scheinheiligkeit und Verlogenheit ihres Regimes deutlich vor Augen. In den staatlichen Medien wurden die möglichen Auswirkungen der massiv ausgetretenen radioaktiven Stoffe verharmlost; die Bürger erfuhren nur durch Radio- und Fernsehsender aus dem Westen vom wahren Ausmaß der Katastrophe.

A-Micha von Namenlos nahm den Super-GAU zum Anlass und sammelte Unterschriften für eine Petition für Reformen in der Atompolitik. Auch die Punkbands Vitamin A aus Magdeburg und Müllstation aus Eisleben reagierten: Vitamin A organisierten, im Rahmen der Arbeiterfestspiele ein Protesttreffen, Müllstation sammelten Unterschriften für eine Petition, die der von A-Micha glich.

Zwei Mitglieder von Vitamin A wanderten in den Knast.

Am 27. März 1986, nur wenige Wochen nachdem Gorbatschow auf dem XXVII. Parteitag der KPdSU seine neue Politik von Glasnost und Perestroika eingeführt hatte, strahlte DT64, das offizielle Jugendprogramm des DDR-Rundfunks, zum ersten Mal die Sendung *Parocktikum* aus. Die einstündige Sendung lief zunächst an einem Donnerstag im Monat, später wurde die Sendezeit auf zwei Stunden verlängert und das Programm jeden Samstag ausgestrahlt. Der Moderator Lutz Schramm spielte Stücke von Bands aus der Grauzone des Musiksystems. Menschen aus dem ganzen Land konnten auf einmal Bands hören, deren Kassetten nicht auf dem Staatslabel veröffentlicht wurden. Allerdings wagte DT64 nur Bands zu spielen, die die Spielerlaubnis für Amateure besaßen.

In einem Stasi-Bericht wurde die Entwicklung nachträglich scharf kritisiert. Amateurbands gelangten derart leicht an eine Spielerlaubnis, hieß es darin, dass in Berlin eine unabhängige Bewegung entstanden sei. Weil die Musik dieser Gruppen sogar über den Jugendsender verbreitet werde, sei die Zahl der Punk-Sympathisanten weiter gestiegen, so das Fazit.

Viele der Bands, die bisher nur außerhalb des Systems agiert hatten, überlegten es sich nun doch anders und gingen zur Einstufung. Die Dresdner Punk-Urgesteine Paranoia machten unter dem Namen Kaltfront als Band mit Spielerlaubnis weiter; ehemalige Rosa-Extra-Mitglieder formierten die Bands Aufruhr zur Liebe, Ornament & Verbrechen und Hard Pop; aus der Leipziger Band Die Zucht wurde Die Art. Sogar Kobs und Lade, die andere Hälfte von Planlos, gründeten eine neue Band und gingen zur Einstufung. Nach Beendigung ihres Grundwehrdienstes begannen die beiden ein Studium, Kobs an der TU Dresden, Lade an einer Berliner Schauspielschule. Trotzdem spielten sie mit ihrer neuen Darkwave-Band Cadavre Exquis vor der Einstufungskommission: Man ermahnte sie zwar, »nicht zu viel Moll« zu benutzen, gab ihnen aber dennoch die Spielerlaubnis. Am selben Tag sicherte sich auch

Tosters Kumpel Dafty, der seinen Grundwehrdienst ebenfalls beendet hatte, die Spielerlaubnis für seine neue Band Die Drei von der Tankstelle.

Doch die neuen Entwicklungen konnten den Graben nicht überbrücken, der sich innerhalb der Punkszene aufgetan hatte: Während einige Bands fleißig Kassetten an den *Parocktikum*-Moderator Lutz Schramm schickten, weigerten sich andere standhaft, die Welt der staatlich geförderten Musikszene zu betreten, und sei es auch nur durch den Seiteneingang einer Radiosendung. Sie sahen darin lediglich einen neuen Versuch des Regimes, sich die Szene einzuverleiben. Dass DT64 die Bands aus der Grauzone stillschweigend akzeptierte, verstärkte den ideologischen Kampf innerhalb der Szene noch.

Die Aussicht, im Radio gespielt zu werden, trieb Leute an, die wie Toster ihren Lebensunterhalt gern mit Musik verdient hätten. Obwohl die Stasi wusste, dass Punkbands illegale Tonaufnahmen machten und im Land verbreiteten, ging sie nicht gegen diese vor. Bald nahmen immer mehr Bands Kassetten auf und schickten sie an Lutz Schramm.

Gruppen, die den »anderen Bands« zugerechnet wurden, konnten sich im staatlichen Radio einen Namen machen, spielten in immer größeren *offiziellen* Hallen – und ließen dabei durchaus nicht immer regimekonforme Ansichten aufs Publikum los. Auch wenn sie in ihren Texten nicht so offen Systemkritik übten wie die entschieden staatsfeindlichen Bands Namenlos und Re-Aktion, konnte bei einem Stück wie »Scheißegal« von Kaltfront jeder zwischen den Zeilen lesen.

Was ihr sagt, ist mir egal.
Was ihr denkt, ist mir egal.
Was ihr wollt, ist mir egal.
Scheißegal.

Es hat keinen Sinn zu warten.
Ich passe nicht in das Klischee.
Ich habe keine Illusionen.
Ich glaube nur, was ich seh.

55

Für die politischen Hardcore-Punks, die nicht im Traum daran gedacht hätten, sich um eine Spielerlaubnis zu bewerben oder in irgendeiner anderen Form mit dem Regime zusammenzuarbeiten, wurde 1986 zum aktivsten Jahr seit 1983.

Am dritten Juni-Wochenende fielen mehr als tausend Jugendliche – die Stasi schätzte ihre Zahl etwas vorsichtiger auf siebenhundert, darunter zweihundertachtzig Punks – in die thüringische Kleinstadt Rudolstadt ein, wo das dreitägige, kirchlich unterstützte Festival *Jugend 86* stattfand. Neben Schleim-Keim und L'Attentat trat unter anderem Pankows neue Band Fatale auf, weshalb viele Berliner Punks anreisten. Die örtliche Polizei bekam die Situation nicht in den Griff. Tatsächlich war es das bis dahin größte Punkfestival: Die Zweiunddreißigtausend-Seelen-Stadt wurde buchstäblich von ihnen überrannt.

Der spätere Stasi-Bericht zeigte sich nicht nur alarmiert, weil Bands ohne Spielerlaubnis aufgetreten und illegale Kassetten und Zeitschriften verteilt worden waren. Es wurde auch scharf kritisiert, dass etliche Punks das Kirchengelände verlassen und in der Stadt – *in der Öffentlichkeit!* – und in den Zügen, die sie zu ihrem Wohnort zurückbrachten, für Aufsehen sorgen konnten. Dass eine große Gruppe von Jugendlichen ihre Geringschätzung für die sozialen Normen offen zur Schau stellte, war genau das, was das Regime vermeiden wollte.

Nach dem Festival beschwerte sich ein besorgter Bürger in einem Brief an die Stadtverwaltung: Seine Frau und er seien am Freitagnachmittag auf dem Markt gewesen und hätten bemerkt, dass irgendetwas den Passanten »Schrecken eingeflößt« hatte. Die Ursache war schnell gefunden: Auf den Bänken saßen »jugendliche Gestalten«, »sogenannte Punker«, deren Aussehen »Abscheu und Empörung« hervorrief. Der Briefschreiber hatte außerdem ein Gespräch belauscht, in dessen Verlauf eine Frau »im Brustton der Überzeugung behauptete, die Polizei habe Angst einzuschreiten«.

Angst.

Vor einer Horde Punks.

Vielleicht entsprach das sogar den Tatsachen: In Rudolstadt waren die Punks längst nicht mehr auf so viele Hindernisse gestoßen wie noch beim 1983er-Festival in der Christuskirche in Halle. Dort war 1986 ein Punk-Café eingerichtet worden, das an den Profikeller in der Berliner Erlöserkirche und den Mockauer Keller in Leipzig erinnerte; unter anderem lag dort der *mOAning star* aus. Wie die Stasi alarmiert feststellte, existierte inzwischen ein großes Netzwerk von Punks aus Städten wie Halle, Magdeburg, Dessau, Erfurt, Karl-Marx-Stadt, Leipzig und Berlin. Warum aber hatte niemand den Befehl ausgegeben, die Punks am Besteigen der Züge nach Rudolstadt zu hindern? Wo waren die Reihen knüppelschwingender Polizisten? Wo waren die Grünen Minnas für den Abtransport von verhafteten Jugendlichen? Natürlich hatte die Stasi fleißig Informationen zum Festival und den dort geführten Diskussionen gesammelt; aber hoffte sie wirklich noch, die immer stärker um sich greifende Rebellion irgendwie eindämmen zu können?

Zu den Bands, die bei *Jugend 86* auftraten, gehörte auch die neu formierte Internationale Müllabfuhr, die sich für den Auftritt in

IM 86 umbenannt hatte. Die Band war 1983 zerschlagen worden, nachdem ihre Graffitis mit dem Bandnamen-Kürzel die Stasi ausflippen ließ. Der ursprüngliche Gitarrist Bernd Hennig, der inzwischen achtzehn war und sich den Punknamen Boris Becker zugelegt hatte, hatte die Band mit der Sängerin Cabi reaktiviert. Nach dem Auftritt in Rudolstadt benannte sich die Gruppe in Kein Talent um.

Wie sich später herausstellte, hatte das MfS Boris Becker so lange bearbeitet, bis er sich zur Zusammenarbeit bereit erklärt hatte. In den Gesprächen, die die Stasi mit dem damals noch Minderjährigen geführt hatte, hatte Boris klar gemacht, jede Form von Gewalt abzulehnen – seiner Meinung nach durfte ein politisches System die Menschen nicht unter Druck setzen, um sie zur Unterstützung zu bewegen. Die Menschen mussten überzeugt und für die Sache gewonnen werden. Bei seinen Führungsoffizieren galt Boris als Idealist, der unbedingt zu seinen Freunden hielt. Darauf bauten sie ihre Taktik auf. Sie redeten ihm ein, seinen Freunden *helfen* zu können. Falls er dem MfS ab und an ein paar Informationen lieferte, so das Argument, mussten sie seine Freunde nicht erst abholen und mit unangenehmen Fragen löchern. Im Zweifel konnte er Straftaten verhindern, die andere ins Gefängnis bringen würden. Boris biss auf den Köder an. Während sich Kein Talent zu einer der Stammbands im Profikeller entwickelte und Boris dort Diskussionsgruppen und Konzerte besuchte, gab er heimlich die eine oder andere Information an seinen Führungsoffizier weiter.

Bei Kein Talent saß ein gewisser Reimo am Schlagzeug, der auch in der Punkcombo Antitrott spielte.

Antitrott gehörten zu einer neuen Welle von Bands, die sich irgendwo in der DDR zusammengefunden hatten und dann nach Ost-Berlin gezogen waren. Sie stammten aus Frankfurt an der Oder. Auch dort gab es ein paar schöne alte Häuser und Kopfsteinpflasterstraßen, allerdings waren die meisten in sehr schlechtem Zustand; im Stadtbild fanden sich viele hässliche Plattenbauten, rauchende Industrieschlote und öde Brachflächen, die nach Abriss der Kriegsruinen entstanden waren. Frankfurt zählte damals etwa fünfundachtzigtausend Einwohner, daher fielen selbst die wenigen Punks zwangsläufig auf.

Reimo hatte die Band mit dem Bassisten Jörn Schulz und dem Sänger und Gitarristen Thomas Kremer 1984 gegründet, nachdem die drei ihren Grundwehrdienst abgerissen hatten. Den Einberufungsbescheid hatten sie im Rahmen eines der ersten Versuche der Stasi erhalten, die Punkszene zu zerschlagen. Doch die Zeit in der NVA hatte sie nur noch wütender und entschlossener werden lassen. Die Behörden hatten versucht, Antitrott in die neue musikalische Grauzone zu integrieren, indem sie der Band einen Mentor und einen Proberaum im Keller eines offiziellen Jugendklubs in Aussicht gestellt hatten. Die Jungs sagten Nein. Stattdessen fanden sie einen abgelegenen Lagerschuppen, in dem sie ungestört proben konnten, bis das Gebäude eines Tages niederbrannte. Danach verschafften sie sich Zutritt zu einem leer stehenden Haus am Stadtrand, in dem es aber noch Strom gab. Dort probten sie weiter – bis man sie erwischte. Danach mussten sie sich mit einem schimmligen Keller begnügen.

Jörn hatte schon 1981 in einer Band gespielt und kannte die Berliner Punks seit 1982, als er eine Pilgerfahrt zum Alexanderplatz unternommen hatte. Damals hatte er kaum glauben können, dass die Hauptstadtpunks mit Iros rumlaufen durften. In kleineren Städten wie Frankfurt an der Oder ließ die Polizei so was nicht zu. Außerdem hätte ihm sein autoritärer Vater – er war Parteimitglied und Schuldirektor – zu Hause die Hölle heißgemacht.

Die Musik von Antitrott war brachial schnell – echter DDR-Hardcore. Bei ihrem ersten Auftritt – Silvester 1984 in einer Leipziger Kirche – drehte die Menge komplett durch.

Das sprach sich schnell rum, und bald trat die Band bei Kirchenkonzerten im ganzen Land auf. In ihrer Heimatstadt ging die Polizei immer massiver gegen sie vor – sie wurden auf der Straße angehalten, aufs Revier gebracht und dort vernommen; jede Party wurde von den Sicherheitskräften gestürmt. Jörn fühlte sich verfolgt und spähte häufig aus dem Fenster, ob auf der Straße verdächtige Autos parkten oder auffällig unauffällige Leute herumstanden. Nach dem Wehrdienst nahm man sämtlichen Bandmitgliedern die Personalausweise ab und ersetzte sie zwei Jahre lang durch PM-12-Dokumente. Damit konnten sie sich nicht mehr frei im Land bewegen und wurden bei Kontrollen sofort aufs Revier mitgenommen. Eines Abends wurde Jörn auf dem Nachhauseweg angehalten: Er war auf dem Moped eines Freundes mitgefahren. Beide hatten keine Papiere dabei. Der Freund erklärte der Polizei, er wohne nicht weit weg und wäre in fünf Minuten mit seinem Ausweis zurück.

»Und was ist mit mir?«, fragte Jörn.

»Sie nicht, Herr Schulz. Sie kennen wir ja.«

Die wissen, wie ich heiße?

Ich muss hier weg!

Von da an fühlte er sich noch mehr verfolgt. Zum Glück hatte er die Band. Als Punk war er fest in eine Gruppe integriert, die sich auf einen gemeinsamen Feind einigen konnte: das scheiß System. Dass er Freunde hatte, die genauso dachten wie er, half ihm, weiter durchzuhalten. Antitrott spielten vor immer größerem Publikum und traten bei einer Friedenswerkstatt in Karl-Marx-Stadt als Headliner auf. Als die Polizei 1986 damit drohte, Jörn als Reservisten erneut zur NVA einzuziehen, hatte er endgültig die Schnauze voll und flüchtete aus der Stadt. Obwohl es verboten war, den Wohnort ohne staatliche Erlaubnis zu wechseln, zog er in Berlin in die Wohnung einer Bekannten namens Ina. Solange die Mauer stand, kehrte er nicht mal zu einem Familienbesuch nach Frankfurt zurück. Zusammen mit Ina besetzte er in Friedrichshain eine Wohnung; die beiden waren kurz verheiratet und schrieben zusammen Stücke, die den Grundstein für eine neue Band legten. Bald zog auch der

Antitrott-Sänger und -Gitarrist Thomas Kremer, der mit Tatjana von Die Firma zusammen war und mit ihr ein weiteres Bandprojekt gestartet hatte, nach Berlin. Als Letzter folgte der Schlagzeuger Reimo. Das größte Konzert ihrer Karriere gab die Band im darauffolgenden Jahr auf einer Kirchenveranstaltung, als die Bandmitglieder bereits zum festen Stamm der Profikeller-Clique zählten und sich bei der Anarcho-Gruppe der Offenen Arbeit engagierten.

Da Verstöße gegen die gesetzlich verankerte Arbeitspflicht in der zweiten Hälfte der 1980er-Jahre nicht mehr so massiv verfolgt wurden, zogen immer mehr Menschen aus der Provinz nach Berlin oder in andere Städte, wo sie sich leichter der staatlichen Kontrolle entziehen und in die immer öfter entstehenden Schlupflöcher abtauchen konnten: in die Freiräume, die sich die Leute innerhalb der Gesellschaft eroberten, in die besetzten Häuser, in die Schattenwirtschaft, wo man beispielsweise selbst gemachten Schmuck oder selbst geschneiderte Kleidungsstücke verkaufen konnte.

Ende der 1980er-Jahre verdiente Esther Friedemann, die 1981 *Zwanzig Jahre Mauer, wir werden langsam sauer* auf eine Ost-Berliner Wand gesprüht hatte und zu achtzehn Monaten Knast verurteilt worden war, mit selbst entworfener Mode auf dem Schwarzmarkt so viel Geld, dass sie sich eine russische Luxuslimousine leisten konnte; einen großen fetten Tschaika GAZ. Auf der Suche nach Stoffen fuhr sie gelegentlich in die Tschechoslowakei. Für ihre Modelle benutzte sie gefärbte Bettlaken oder Matratzenschoner; oder sie verwendete Materialien von alten, noch aus der Vorkriegszeit stammenden Kleidern. Sie gab fünf bis zehn Mark für Material aus und konnte hundert Mark damit verdienen. Zu ihren Kunden zählten stinknormale Leute, darunter viele Ostseetouristen, denen sie ihre Sachen in den Seebädern anbot, aber auch Künstler und Profimusiker mit Spielerlaubnis, die für ihre Auftritte ausgefallene Kostüme suchten. Neben Robert Paris, der bei Esthers Graffiti-Aktion dabei gewesen und ebenfalls verhaftet worden war, gehörte zu ihrem Freundeskreis der Iro tragende Punkfotograf Sven Marquardt, der davon lebte, seine Kompositionen als Kunstpostkarten in den Ostseebädern zu verkaufen.

Eine andere Möglichkeit, Ende der 1980er-Jahre schwarz an Geld zu kommen, war der Schmuggel von Waren. Obwohl Ost- und West-Berlin durch eine schwerbewachte Mauer getrennt waren, waren sie doch so was wie Grenzstädte. Und wie in jeder anderen Grenzstadt ergaben sich für abenteuerlustige Schmuggler etliche Gelegenheiten, aktiv zu werden. Die nicht zugelassene Punkband Der Demokratische Konsum etwa schmuggelte mithilfe von niedrigrangigen Diplomaten russische Uniformjacken nach West-Berlin. Für den Erlös kauften ihre Kontaktpersonen im Westen Pornohefte, die die Musiker wiederum bei russischen Soldaten gegen noch mehr Uniformjacken eintauschten. Sie erwirtschafteten mit dem Verkauf der Jacken einen ansehnlichen Profit. Einen Teil des Geldes behielten sie, den Rest gaben sie für Schallplatten, Instrumente und Verstärker oder ausgefallene Kleidungsstücke aus dem Westen aus, die auf demselben Weg wie die Pornohefte in den Osten gelangten.

Der Demokratische Konsum war 1983 gegründet worden, als im euphorischen Sommer des Punk überall im Land neue Bands entstanden waren. Jan Sputnik, der zweite Sänger, der 1984 zur Band kam, bezeichnete sich im Nachhinein als »Business-Punk«. Die Erwartungen der Leute in der Luft zu zerreißen, war das erklärte Ziel. Dies erreichten die Bandmitglieder, indem sie beispielsweise mit Geld nur so um sich warfen. Ihr Lebensstil ließ viele vermuten, sie würden in Wahrheit für die Stasi arbeiten: Häufig zogen sie selbst russische Uniformen an, saßen in Kneipen rum und bestellten eine Flasche Krimsekt nach der anderen. Sie legten sich drei tschechische Tatra-Limousinen zu, die wegen der futuristischen Haifischflossen aussahen wie gigantische VW-Käfer aus einem Science-Fiction-Streifen. Zwischen all den sardinenbüchsenförmigen Wartburgs und tuckernden kleinen Trabis sorgten die Tatras, mit denen sie zu den auswärtigen Konzerten fuhren, natürlich für Aufsehen. Die Polizei war vollkommen irritiert. Wenn eine Tatra-Kolonne auf eine Raststätte fuhr, musste es sich bei den Insassen um wichtige Persönlichkeiten handeln, also ließ man sie besser unbehelligt, ganz gleich, wie schräg sie auch aussahen. Die Bandmitglieder lebten quasi in einer Parallelwelt, als würde das Regime gar nicht existieren – im Prinzip genau so, wie es sich viele Punks wünschten. Jan, der in einem besetzten Haus wohnte, hatte das Gefühl, sich außerhalb des Systems zu bewegen: *Ich lebe gar nicht in der DDR.* Dass sich die beiden Welten gelegentlich überschnitten, ließ sich natürlich nicht vermeiden. In Berlin stand die Band unter Dauerbeobachtung der Stasi und hatte immer wieder Ärger mit der Polizei. Jan wurde verhaftet, verprügelt und verbrachte Tage und Wochen in U-Haft. Klage wurde gegen ihn jedoch nie erhoben.

Auf eine Goldmine stieß auch Siegbert Schefke: in seinem Fall waren es klassische Noten. Freunde und Verwandte aus dem Westen brachten bei ihren Besuchen Schallplatten mit, die Schefke im Osten zu astronomischen Preisen verkaufte. Einen Teil des Profits gab er für Musiknoten aus, die in der DDR billig erhältlich waren, und schickte sie in den Westen, wo seine Kontaktleute sie weit unter dem üblichen Handelspreis an Klavier- und Geigenlehrer vertickten. Die westdeutschen Musiklehrer sparten Geld, Schefke verdiente sich eine goldene Nase. Schefke war kein Punk, aber gut mit Carlo Jordan, dem Friedensaktivisten und Bauingenieur aus der Zionskirche, befreundet. Und er war so gut in der Szene verdrahtet, dass Feeling B bei einer seiner Geburtstagsfeiern auftraten. Später nahm Schefke Interviews mit DDR-Punkbands auf und ließ die Bänder zum alternativen West-Berliner Privatsender Radio 100 schmuggeln. Dort wurden die Interviews in der Sendereihe »Radio Glasnost« ausgestrahlt, die sich als Sprachrohr des DDR-Widerstands verstand und sich vor allem an Hörer in der DDR richtete.

Schefke war zehn Jahre älter als die meisten Punks – er war siebenundzwanzig, als er mit Jordan und anderen die Idee zur Umweltbibliothek hatte, die im September 1986 im Keller der Zionskirche eröffnet wurde und deren hauseigene *Umweltblätter* zu einer der wichtigsten Untergrundzeitungen avancierten.

Schefke war bei allen Punks bekannt: Speiche, der von Jordan als Handwerker in die Zionskirche geholt worden war und außerdem in der Umweltbibliothek mitarbeitete, gab ihm den Spitznamen »Medien-Siggi«, weil er sich als Amateurjournalist für die Punkszene verdient gemacht hatte. 1989 gelang es Medien-Siggi als einzigem Journalisten, den sich formierenden Widerstand auf den Leipziger Straßen zu filmen – sein Beitrag über die Montagsdemonstration vom 9. Oktober 1989 wurde in den Westen geschmuggelt und dort einen Tag später in *Tagesschau* und *Tagesthemen* ausgestrahlt. Da die Sendungen fast überall in der DDR gesehen wurden, waren seine Bilder wohl mit ein Grund, warum sich der Protest in den letzten Wochen des DDR-Regimes lawinenartig im ganzen Land ausbreitete.

Doch 1986 war Schefke noch ein Neuling in der Untergrundszene. Drei Schlüsselerlebnisse hatten dazu geführt, dass er dem Regime äußerst kritisch gegenüberstand: Weil er eine Petition gegen die Stationierung der SS-20-Raketen unterschrieben hatte, war er für ein Jahr zwangsexmatrikuliert worden; an der Grenze hatte man ihm Bücher abgenommen, die er in Ungarn gekauft hatte; außerdem war ihm im Grundwehrdienst klar geworden, dass er die DDR niemals würde verteidigen wollen. Nachdem er sein Studium 1985 doch noch beenden konnte, trat er eine Stelle als Bauleiter beim Wohnungsbaukombinat an, wo er mit einem sechzigköpfigen Team für die Sanierung von Plattenbauten in Marzahn und Hohenschönhausen zuständig war. Weil er bei einer Demonstration verhaftet wurde, verlor er den Posten bald wieder. Doch zu diesem Zeitpunkt hatte er mit dem illegalen Notenhandel bereits so viel

Geld verdient, dass er die Arbeitslosigkeit riskieren und sich ganz seinem großen Ziel widmen konnte: dem Regimewechsel.

Ihr Dummköpfe habt aus einem Feierabendrevolutionär einen Vollzeitrevolutionär gemacht.

Er wollte denen da oben richtig zusetzen. Und er wusste, dass sie vor Wut kochen würden, wenn es mit seiner Hilfe gelang, Punkmusik aus der DDR in der Sendung *Radio Glasnost* auch im Osten auszustrahlen. Er war überzeugt, dass sich der Regimewechsel beschleunigen ließe, wenn man die Menschen auf die Aktionen der oppositionellen Szene aufmerksam machte. Wenn die Menschen erst einmal mitbekamen, was alles im Untergrund passierte, würde ihnen schnell klar werden, wie sehr das Regime bereits wackelte.

Konzert in der Zionskirche, ca. 1987

TEIL VI

Macht kaputt, was euch kaputt macht

56

Ende 1986 richteten die radikalen Vertreter der Offenen Arbeit in Berlin ihr Augenmerk auf den nächsten Sommer, in dem die evangelische Kirche vom 24. bis 28. Juni in der Hauptstadt einen Kirchentag geplant hatte, zu dem sie mehrere zehntausend Teilnehmer aus der DDR sowie internationale Gäste und Medienvertreter erwartete. Die Offene Arbeit wollte eine Parallelveranstaltung, eine Gegenveranstaltung organisieren: einen »Kirchentag von Unten«.

In Wirklichkeit war es ein letztes verzweifeltes Aufbäumen. Berlins Offene Arbeit stand kurz vor der Auflösung – das heißt, eigentlich hatte die Kirche selbst der Bewegung den Todesstoß versetzt. Man hatte der Offenen Arbeit den Zugang zu sämtlichen Räumlichkeiten der Kirche in Berlin verwehrt, und der jüngste Versuch, in Halle ein Festival zu organisieren, war ein Desaster gewesen. Die Stimmung innerhalb der Offenen Arbeit litt darunter, dass sich ihr wichtigstes Ziel – Freiraum für Aktivitäten – immer weniger realisieren ließ.

Aber jetzt bot sich eine letzte Chance. Der offizielle Kirchentag war eine großartige Möglichkeit, Unterstützung zu mobilisieren.

Seit Jahren hatte die Kirche versucht, von der Regierung die Erlaubnis zu bekommen, zeitgleich zur 750-Jahr-Feier der Stadt 1987 einen Kirchentag zu veranstalten. Wie sich herausstellte, gab es deswegen bereits seit 1984 vertrauliche Gespräche, und die Kirchenleitung in Berlin-Brandenburg war bereit, eine Menge zu opfern, um die Genehmigung dafür zu bekommen. Offensichtlich waren die Kirchenvertreter einverstanden, den Basisgruppen, die der Regierung politisch ein Dorn im Auge waren, die Existenzgrundlage zu entziehen. So sagte die Kirche eine für 1987 geplante Friedenswerkstatt ab und veranstaltete keine Bluesmessen mehr. Als man nun den Umweltgruppen, Menschenrechtsorganisationen und Friedensinitiativen aus dem Umfeld der Gemeinden im ganzen Land die Teilnahme am Kirchentag verweigerte, empfanden diese das als schweren Vertrauensbruch, sodass die Leute der Offenen Arbeit keine Probleme hatten, Unterstützer für ihre Parallelveranstaltung zu finden. Der Kirchentag würde sich kaum von einem Festival der FDJ unterscheiden. Im Grunde war es derselbe Mist, nur unter einem anderen Namen.

Walter Schilling, ein Pfarrer, der fünfzehn Jahre zuvor in Thüringen das Konzept der Offenen Arbeit entwickelt hatte und immer noch eine aktive Rolle unter jenen Kirchenleuten spielte, die von der Regierung als gefährliche Elemente betrachtet wurden, machte sich in einem aufrüttelnden Artikel für die Gegenveranstaltung stark. Der Artikel sprach sowohl die oppositionellen Gruppen als auch die Kirchenführer an. »Warum ein Kirchentag von Unten? So fragen bestimmt viele. Und viele werden die, die einen Kirchentag von Unten gefordert haben und machen, für Wirrköpfe halten, die bloß ihren Frust ablassen wollen, die nur stören und den offiziellen Kirchentag, ja sogar das Verhältnis Staat-Kirche gefährden. Sind das überhaupt Christen, wird es heißen ... Menschen machen Schwierigkeiten, weil sie Schwierigkeiten und zugleich Hoffnung haben.« Schilling skizzierte die seiner Meinung nach wahren gesellschaftlichen Probleme dahinter. Für ihn war das Aufbegehren ein Schrei nach Eigenverantwortlichkeit und Autonomie, nach Liebe und Solidarität, nach einem Lebensinhalt und Freude am Leben. Er schrieb, dass man diese Probleme nicht bloß als Probleme von Jugendlichen abtun dürfe; dass es sich um gesamtgesellschaftliche Probleme handle – was sie auch zu Problemen der Kirche mache. Er forderte die Kirchen und Gemeinden auf, mit vollem Engagement, ohne Wenn und Aber, eine Zukunft zu gestalten, in der entsteht, »was noch nicht ist und doch sein soll ... Denn was hilft es der Kirche, den Gemeinden und den Christen, wenn sie ihre kleine Welt gewinnen, aber Schaden nehmen an ihrer Seele?«

Die Mitglieder der Offenen Arbeit orientierten sich für ihren Kirchentag von Unten an Veranstaltungen in Polen – allein das Ausmaß oppositioneller Veranstaltungen dort war für sie ein großer Ansporn – sowie an früheren Festivals in Rudolstadt und Halle, an verschiedenen Friedenswerkstätten in den vergangenen Jahren und größeren Ereignissen, die die Punks kürzlich in der Erlöserkirche ausgerichtet hatten. Im November 1986 etwa hatten A-Micha und Herne ein Festival mit Namenlos und sechs Bands aus der Tschechoslowakei organisiert.

Hatten zunächst die Punks der Gesellschaft den Rücken gekehrt und Zuflucht in besetzten Häusern und Kirchen gefunden, wo sie ihre eigene Welt erschufen, so war jetzt die Offene Arbeit dabei, der Kirche den Rücken zu kehren, weil diese im Vorfeld des Kirchentages einen zu freundlichen Umgang mit der Regierung pflegte.

Wie so oft würde die basisdemokratische Bewegung den Sieg davontragen.

Die Offene Arbeit wollte die Veranstaltung nach ihren Vorstellungen organisieren und die Kirche nicht um Unterstützung bitten.

Schaff dir deine eigene Welt, deine eigene Realität.

Do it yourself.

Punk.

Revolution von unten.

Allerdings mussten verschiedene Hindernisse aus dem Weg geräumt werden. So wenig wie die Kirche bereit war, der Offenen

Arbeit in Berlin dauerhaft ihre Räumlichkeiten zur Verfügung zu stellen, so wenig war sie bereit, dies während des Kirchentags zu tun. Die Zugeständnisse der Kirche hatten lediglich das Ziel, politische Organisationen kaltzustellen und die Opposition mundtot zu machen; und die Offene Arbeit – diese stinkende Jauchegrube aus Punks und Freaks, diese Kloake subversiver, radikal-demokratischer, abtrünniger Individuen – galt als schlimmste dieser Gruppierungen. Die Kirchenleitung in Berlin war durchsetzt von Stasi-Spitzeln und IM, und es war ausgeschlossen, dass die Organisatoren des offiziellen Kirchentags den Forderungen der Offenen Arbeit nachkommen würden, die darauf abzielten, den Kirchentag, den man über Jahre hinweg vorbereitet hatte, zu durchkreuzen.

Aber das spielte keine Rolle.

Im März 1987 nahm die Idee für einen Kirchentag von Unten langsam Gestalt an. Im April traf man sich für die konkrete Planung in der Umweltbibliothek, und bis zur Veranstaltung, die parallel zum offiziellen Kirchentag im Juni stattfinden sollte, folgten sieben weitere Sitzungen. Nahmen an dem ersten Treffen lediglich ein knappes Dutzend Berliner und eine Handvoll Vertreter der Offenen Arbeit aus anderen Städten teil, wuchs das Organisationskomitee rasch auf hundertfünfzig Personen an, darunter Leute aus zehn weiteren Städten. Von den Berliner Organisatoren kamen viele aus der Umweltbibliothek und der Initiative Frieden und Menschenrechte sowie von kleineren Organisationen aus den Kirchengemeinden in der Stadt, wie den Friedenskreisen aus Pankow und Friedrichsfelde. Für die Alternativveranstaltung plante man mehrere Konzerte – darunter ein Open-Air-Konzert mit Antitrott als Headliner und Kein Talent als Vorgruppe –, außerdem Lesungen, eine Theateraufführung, Foto- und Kunstausstellungen und Diskussionen zu Themen wie »Jesus als Anarchist« und zur politischen Lage in Südafrika und Nicaragua; zusätzlich sollte es Informationsstände geben, unter anderem zu Umweltfragen, der

Umweltbibliothek und Anarchismus, und einen Stand, an dem man selbst Poster drucken konnte mit Slogans wie »Wir fordern ein Haus der Offenen Arbeit«.

Die Organisatoren rechneten mit zweitausend Besuchern.

Jede Revolution benötigt Geld, und die Leute der Offenen Arbeit in Berlin hatten Walter Schilling als Unterstützer für sich gewinnen können. Er brachte das Thema der Finanzierung zur Sprache, bevor sich die Organisatoren überhaupt Gedanken darum gemacht hatten, und erklärte sich bereit, den Berlinern zehntausend Mark zu leihen. Damit war ein großes Hindernis aus dem Weg geräumt – jetzt konnte man unter anderem Zubehör und Druckmaterialien kaufen. Zwei Personen kümmerten sich um die Finanzen. Da war zum einen Silvio Meier, den es wie die Mitglieder von Antitrott und viele andere aus dem Umland in die Berliner Untergrund-Szene verschlagen hatte – in Silvios Fall aus Quedlinburg, eine mittelalterliche Stadt in Sachsen-Anhalt nördlich des Harzes. Ihm zur Seite stand Fatale-Gitarrist Dirk Moldt, der auch den *mOAning star* herausbrachte. Noch Jahre später nannten die Leute Dirk »Millionen-Molti«, weil er damals die Finanzen verwaltet hatte.

Hin und wieder kam es bei den Vorbereitungstreffen zwischen der Bande von der Offenen Arbeit mit ihrer aggressiven, handlungsorientierten Punk-Attitüde und den anderen Aktivisten, die auf Dialog setzten, zu Spannungen. Im Laufe der Zeit wurden die Punks und die anderen von der Offenen Arbeit – die, wenn sie auch nicht unbedingt wie Punks aussahen, deren Haltung teilten – immer genervter, wenn ihrer Meinung nach jedes kleine Detail endlos durchgekaut wurde. Auf einem der Treffen unter der Leitung von Wolfgang Rüddenklau von der Umweltbibliothek, der damals fünfunddreißig Jahre alt war, wurde darüber diskutiert, wie man die mehrere tausend Bockwürste beschaffen könne, die auf dem Kirchentag von Unten verkauft werden sollten. Einige Punks von der

Erlöserkirche, die ebenfalls an der Sitzung teilnahmen, fanden es unerträglich, wie sich die Diskussion in die Länge zog.

Was ist los mit diesen Typen?

Schließlich erhob sich ein Punk namens Matze von seinem Platz.

»Es reicht«, sagte er. »Ich kümmere mich um die beschissenen Bockwürste.«

Er tat das auf die gute alte Weise: Er suchte einen Metzger auf und bestellte zweitausend Bockwürste. Auftrag ausgeführt. Punks wie Herne und A-Micha und all die anderen hatten sich für die Konzerte im Profikeller unzählige Male um solche Sachen gekümmert.

Die Organisatoren hatten jetzt also freiwillige Helfer, Ideen, Bockwürste und Geldmittel. Aber sie brauchten immer noch einen Veranstaltungsort. Während eines Treffens der regionalen Synode im April setzten sie die Kirchenvertreter von ihrem Vorhaben in Kenntnis und verlangten, dass man ihnen ein Gemeindehaus mit einer ausreichend großen Freifläche im Stadtzentrum zur Verfügung stellte.

Die Kirchenleitung antwortete mit Schweigen.

Am 14. Mai 1987 luden die Organisatoren des Kirchentags von Unten die Kirchenvertreter in den Keller der Umweltbibliothek ein, um ihnen mitzuteilen, dass die Leute von der Offenen Arbeit während des offiziellen Kirchentags eine Kirche besetzen würden, falls man ihnen kein zentral gelegenes Gebäude zur Verfügung stellen sollte. Dann forderten sie die Kirchenvertreter auf zu gehen.

Die Leute von der Offenen Arbeit setzten darauf, dass die Kirchenleitung angesichts ihres Vorhabens einknicken würde. Denn was wollten sie tun, wenn man tatsächlich eine Kircheneinrichtung besetzte? Die Polizei rufen, damit sie das Gebäude gewaltsam räumte? Während eines Kirchentags mit internationalen Vertretern und großer Medienpräsenz?

Viel Glück dabei, Arschlöcher.

Die Kirche nahm diese Drohung sehr ernst. Rainer Eppelmann, der Pfarrer der Samariterkirche, der die Bluesmessen ins Leben gerufen hatte, dachte, dass es seine Kirche sei, auf die man es abgesehen habe. Er erklärte einem der Organisatoren des Kirchentags von Unten, dass er die Polizei rufen würde, falls man versuchen sollte, die Gegenveranstaltung auf dem Gelände seiner Kirche abzuhalten.

Die Kirchenleitung lenkte immer noch nicht ein.

Einige der Mitstreiter, die die Berliner aus dem ganzen Land um sich geschart hatten, hielten die Drohung, eine Kirche zu besetzen, für einen Bluff; aber Moldt und der Rest der Truppe aus der Erlösergemeinde gingen fest davon aus, dass sie genau das tun würden. Denn das Besetzen von Häusern gehörte zu ihrem Alltag. Wenn sie eine Bleibe brauchten, suchten sie nach einem Haus und nahmen es in Besitz. Jetzt brauchten sie einen Veranstaltungsort für ihren Kirchentag, und auch den würden sie in Besitz nehmen, daran bestand kein Zweifel. Insgeheim hatten sie die Pfingstgemeinde dafür ins Auge gefasst. Mit ihrem geschützten Grundstück und den geeigneten Räumlichkeiten war sie für ihre Zwecke perfekt.

Außerdem war die Pfingstgemeinde ihr alter Treffpunkt.

Und falls sie die Kirche besetzen würden, hatten sie nicht vor, nach dem Ende des Kirchentags wieder abzuziehen. Sie würden dort bleiben.

Langsam wurde die Zeit knapp, denn bis zum Beginn des offiziellen Kirchentags waren es nur noch wenige Wochen.

Ihr wollt uns keinen Platz zur Verfügung stellen?

Das wird euch noch leidtun.

57

Im Juni 1987 reiste US-Präsident Ronald Reagan nach West-Berlin, um an den Feierlichkeiten zum 750-jährigen Bestehen der Stadt teilzunehmen – der Geburtstag wurde in beiden Teilen der Stadt gefeiert, da weder West- noch Ost-Berlin bereit war, der anderen Seite den Alleinanspruch auf das historische Erbe zu überlassen.

Man vergisst heute leicht – in einer Zeit, in der wir uns Sorgen um bärtige Männer machen, die in entlegenen Höhlen Weltuntergangspläne wie Schuhbomben-Attentate schmieden –, dass die Menschheit während des Kalten Krieges tatsächlich einer ständigen, existentiellen Bedrohung ausgesetzt war: der vollständigen Vernichtung durch einen Atomkrieg. Unter der Präsidentschaft von Ronald Reagan schien ein Atomkrieg wahrscheinlicher als zu irgendeiner anderen Zeit seit der Kubakrise, sei es aufgrund seiner großmäuligen Cowboy-Attitüde, militärischer Selbstüberschätzung oder schlicht aus Blödheit.

»Liebe Landsleute«, hatte Reagan 1984 vor einer seiner wöchentlichen Fernsehansprachen ins Mikrofon gescherzt, »ich freue mich, Ihnen mitteilen zu können, dass ich ein Gesetz verabschiedet habe, das Russland für vogelfrei erklärt. Wir beginnen in fünf Minuten mit der Bombardierung.«

Viele Leute hielten diesen Witz für reines Wunschdenken – dabei hatte Reagan immer wieder Probleme, Wunsch und Wirklichkeit zu unterscheiden.

In den 1980er-Jahren war die Möglichkeit, dass die gesamte Menschheit innerhalb weniger Minuten ausgelöscht werden konnte, nicht nur jedem Einzelnen unterschwellig, aber deutlich bewusst, sondern auch Thema in der westlichen Popkultur. Angesichts der Tatsache, dass in der Bundesrepublik flächendeckend Raketen und Atomsprengköpfe stationiert waren und das Land als Hauptangriffsziel in einem dritten Weltkrieg galt, verwundert es nicht, dass ihre Bewohner besonders von dieser Angst ergriffen waren. Einige internationale Pophits deutscher Künstler bringen dieses Gefühl zum Ausdruck. Vordergründig ist Alphavilles »Forever Young« ein nettes Liedchen über typische Teenager-Sehnsüchte. Aber vielleicht bleiben wir alle ewig jung, weil wir infolge des Gleichgewichts des Schreckens bei einem weltweiten Atomkrieg geröstet werden (»Are you gonna drop the bomb or not?«). Oder Nenas »99 Luftballons«: Eben noch schaut ein Liebespaar händchenhaltend und knutschend dabei zu, wie die Luftballons in den Himmel steigen, und im nächsten Moment registriert ein Frühwarnsystem die »Flugobjekte« und löst einen nuklearen Schlagabtausch aus. Daneben gab es all die britischen Bands mit Stücken zu diesem Thema, die in Westdeutschland und ganz Europa zu Hits wurden. »Dancing with Tears in my Eyes« von Ultravox erzählt von den letzten Minuten eines Liebespaars auf der Erde, bevor sie in Flammen aufgeht; in »Ask« von den Smiths wird angedeutet, dass uns die Bombe als radioaktive Asche in einem gemeinsamen Schicksal vereinen könnte; »When the World Is Running Down, You Make The Best Of What's Still Around« von Police schildert das Leben in einem Atombunker; Kate Bushs »Breathing« wird aus der Perspektive eines Fötus erzählt, der sich mit den Auswirkungen von Atomexplosionen erstaunlich gut auskennt. Und dann sind da noch Anne

Clarks »Poem for a Nuclear Romance«, »Black Planet« von den Sisters of Mercy und »A Strange Day« von The Cure – die Liste ließe sich endlos weiterführen.

Das waren die bedrückenden Lebensumstände, in denen Reagan das Sagen über die Atomwaffen hatte.

Am 11. Juni 1987 gingen in West-Berlin trotz des Regens Zehntausende auf die Straße, um gegen Reagans Besuch zu demonstrieren. Die West-Berliner Behörden waren so beunruhigt über das Ausmaß der Proteste, dass sie zusätzliche Polizeikräfte aus Westdeutschland angefordert hatten. Insgesamt waren zehntausend Beamte in voller Kampfmontur unterwegs. Laut Stadtverwaltung handelte es sich um den größten Sicherheitseinsatz in der Geschichte der Stadt. Tatsächlich schlugen die Proteste in Gewalt um; die Demonstranten zündeten Autos an und schlugen Schaufensterscheiben ein, worauf die Polizei mit Tränengas und Schlagstöcken gegen sie vorging.

»Reagan ist ein Mörder und ein Faschist!«, skandierten die Demonstranten.

Im Osten der Stadt war man Reagan nicht freundlicher gesinnt.

Dort waren die Kinder ebenfalls mit dem realen Gefühl der Angst aufgewachsen, dass sie das Ende der Welt vielleicht selbst erleben würden. Einige von ihnen nahmen eine nihilistische Haltung an. Toster von Die Anderen zum Beispiel hatte sich nie wirklich politisch engagiert und schreckte nicht davor zurück, eine Spielerlaubnis zu beantragen, weil ihm irgendwann sowieso alles scheißegal war. *Hört auf, die Welt zu verändern, lasst uns Party machen.* Für ihn war das Getue der Politiker, besonders von Reagan, nichts weiter als ein »Puller-Spiel« – ich kann weiter pinkeln als du –, allerdings eines, dem die ganze Welt ausgesetzt war. Obwohl durch Gorbatschow ein wenig Hoffnung aufgekeimt war, sah die Zukunft mit einem sprücheklopfenden Reagan an der Macht immer noch düster aus.

Am 12. Juni, dem Tag nach den gewalttätigen Protesten in West-Berlin, hielt Reagan auf der Westseite der Mauer vor einigen tausend Menschen eine Rede; viele von ihnen hatte man in Bussen extra angekarrt, damit der durch die Iran-Contra-Affäre politisch angeschlagene Präsident unter den Augen der amerikanischen Fernsehzuschauer vor einem passenden Publikum auftreten konnte. Gorbatschow hatte ihm in beiden Teilen Deutschlands den Rang abgelaufen. Das Interesse für Reagans Rede war nur gering, und es wurde kaum darüber berichtet.

»Mr. Gorbatschow, reißen Sie diese Mauer ein«, rief Reagan.

Und kein Schwein auf beiden Seiten der Mauer interessierte sich dafür.

58

Zwei Tage später, am 14. Juni 1987, trafen sich die Organisatoren des Kirchentags von Unten zu einer letzten großen Planungsrunde. Da sie nicht davon ausgehen konnten, dass man ihnen einen Veranstaltungsort zur Verfügung stellen würde, hatten sie immer noch vor, die Pfingstkirche zu besetzen. In der Woche darauf, wenige Tage vor Beginn des offiziellen Kirchentags, verhandelten die Leute von der Offenen Arbeit ein letztes Mal mit der Kirchenleitung. Dabei rutschte einem von ihnen der Name »Pfingstkirche« heraus.

Scheiße!

Aber die Kirchenleitung schien erleichtert – immerhin wussten sie jetzt, dass man es auf keine der Kirchen abgesehen hatte, die sie selbst für den offiziellen Kirchentag nutzen wollten. Am 21. Juni suchte ein Abgesandter der Kirchenleitung die Pfingstkirche auf und übernahm vorübergehend die Aufsicht. Man wollte den Leuten von der Offenen Arbeit die Kirche friedlich übergeben und sich die Peinlichkeit ersparen, dass sie besetzt wurde. Ein paar Tage später – wenige Tage bevor der Kirchentag und die Gegenveranstaltung stattfinden sollten – teilte man den Leuten von der Offenen Arbeit mit, dass man ihnen einen Raum zur Verfügung stellen werde.

Am Morgen des 26. Juni 1987 begannen die Organisatoren des Kirchentags von Unten in der Pfingstkirche mit den Vorbereitungen für die Veranstaltung; man baute Stände auf, installierte eine Lautsprecheranlage, verschickte Programme und verstaute Essen und Getränke für das Café und die Bar. Um zwei Uhr nachmittags setzten sich achtzig Mitglieder des Organisationskomitees noch einmal zu einer letzten Besprechung zusammen. In einer Mitteilung erklärten sie, dass die Presse zwar nicht von ihrem Kirchentag ausgeschlossen sei, es jedoch keine Interviews oder Statements geben werde.

Um vier Uhr nachmittags öffnete der Kirchentag von Unten seine Pforten, und sofort strömten fast tausend Besucher auf das Grundstück der Pfingstkirche. Die offizielle Eröffnung fand zwei Stunden später statt, man begrüßte »Freunde und Feinde«, und eine junge Frau attackierte in einer Rede Kirche, Staat und Parteiführung und erklärte den Teilnehmern, die zweitägige Veranstaltung würde zeigen, dass man sich nun selbst von unten verwalten müsse.

Es kamen immer mehr Besucher, und am Freitagabend fand eine Vollversammlung statt, die von den Anwesenden gestürmt wurde. Am Samstag, dem Tag der Hauptveranstaltung, hielten sich auf dem Grundstück ständig an die viertausend Menschen auf. Der Begriff »Kirche von Unten« tauchte zum ersten Mal während verschiedener Diskussionsrunden dort auf – darunter eine Fragestunde mit der Kirchenleitung, die ihre Termine verschoben hatte, um sich auf der Gegenveranstaltung den Fragen der Teilnehmer zu stellen. Es wurde natürlich auch getanzt und gefeiert und Punkrock gespielt, aber der Kirchentag von Unten hatte vor allem eine politische Wirkung: Ganze zweitausend Menschen hatten an den Workshops und Diskussionsrunden teilgenommen, von denen einige jeweils mehrere Hundert Besucher anlockten – so wohnten einem Gespräch über die Zukunft der Offenen Arbeit zum Beispiel fünfhundert Zuhörer bei. Und zur Vollversammlung am Samstagabend kamen tausendvierhundert Teilnehmer.

In einem Regierungsbericht heißt es sarkastisch, auf der Vollversammlung herrsche »ein völliges Durcheinander und fast anarchische Zustände«. Niemand sei für die Leitung verantwortlich, ständig gebe es Kritik, und die Arbeitsprinzipien seien demokratisch. Dieses letzte Wort klingt in dem Bericht wie blanker Hohn, eine Beleidigung, eine Verwünschung. *Demokratie,* schlimmer geht's nicht. Als in den frühen Morgenstunden des 28. Juni die Veranstaltung zu Ende ging, war Dirk Moldts Aufgabe erledigt. Millionen-Molti stopfte über fünfzehntausend Mark in Scheinen und Münzen in einen Stoffsack und machte sich auf den Weg, um sich ein paar Drinks zu genehmigen und sich im eigenen Erfolg zu sonnen, während eine Putzkolonne aus Freiwilligen begann, die Pfingstkirche wieder auf Vordermann zu bringen.

An der Gegenveranstaltung hatten über sechstausend Gäste teilgenommen, dreimal so viel wie erwartet.

Sechstausend!

Um mögliche Unannehmlichkeiten zu vermeiden, hatte die Kirche den Leuten von der Offenen Arbeit aufgrund des unerwartet hohen Besucherandrangs im Laufe des Wochenendes eine weitere Einrichtung zur Verfügung gestellt. Die Galiläakirche, ein paar Straßen von der Pfingstkirche entfernt, bot zusätzlichen Besuchern Platz und diente als Veranstaltungsort für weitere Diskussionsrunden.

Mit der einer Diktatur eigenen Logik münzte ein Bericht später das unvorstellbare Versagen der Kirchenführung – das Einknicken vor der Forderung nach einem Veranstaltungsort für einen ausdrücklich oppositionellen Kirchentag – in einen Sieg für die Obrigkeit um: »Das Hauptziel der Bewegung ›Kirchentag von Unten‹, durch eine spektakuläre Kirchenbesetzung auf sich aufmerksam zu machen, eine Konfrontation mit der Kirchenleitung und mit der

Staatsmacht – evtl. auch der Volkspolizei – zu inszenieren, wurde nicht erreicht.«

In Wirklichkeit war die Veranstaltung ein Riesenerfolg gewesen – allerdings nicht für die Regierung.

Im Überschwang der Ereignisse war etwas Neues entstanden. Die Organisatoren, die angesichts fehlender Perspektiven der Offenen Arbeit vor dem Kirchentag verzweifelt gewesen waren, verspürten plötzlich ein euphorisches Gefühl von Entschlossenheit und Solidarität, ja, ein Gefühl von Macht. Sie hatten die Kirche gezwungen, ihren Forderungen nachzugeben. Direkt im Anschluss an die Veranstaltung wurde ganz offiziell die Kirche von Unten gegründet, die die Offene Arbeit in Berlin ersetzte, zu einem Sammelbecken für alle möglichen Leute wurde und die Zusammenarbeit unterschiedlicher Gruppen förderte – von den Punks bis hin zu den Pazifisten, von der Initiative Frieden und Menschenrechte bis hin zur Umweltbibliothek, von jugendlichen Störenfrieden bis hin zu alternden Freaks.

Für die Kirche von Unten standen die verschiedenen Projekte der unterschiedlichen Gruppen in Beziehung zueinander: Wenn man sich mit Friedensfragen beschäftigte, konnte man die Menschenrechte oder Umweltthemen nicht ausklammern, so wenig wie gesellschaftliche Strukturen. Es ging nicht um das eine oder das andere, man musste sich mit all diesen Themen gleichzeitig beschäftigen. Es ging nicht um Reformen, sondern um einen grundlegenden Wandel. *Macht kaputt, was euch kaputt macht.* Die Kirche von Unten war eine von der Aggressivität und unkonventionellen Herangehensweise des Punk beeinflusste Organisation – und tatsächlich gaben A-Micha und Kaiser aufgrund ihrer Erfahrung in der Erlösergemeinde den Leuten von der Kirche von Unten Tipps, wie sie sich selbst organisieren konnten.

Von da an hielt die Kirche von Unten alle zwei bis drei Monate eine Vollversammlung ab, um landesweite Kontakte zu pflegen. Sie baute ein tragfähiges, weit verzweigtes Netzwerk für all jene auf, die im Untergrund tätig waren. Im Laufe der Zeit geriet das neue Netzwerk immer stärker ins Visier der Stasi, die denselben Fehler beging wie ein paar Jahre zuvor, als sie versuchte hatte, die Punkszene zu zerschlagen: Sie versuchte, die Anführer zu identifizieren und deren Position zu untergraben. Die Stasi ging davon aus, dass jede Organisation hierarchisch aufgebaut war, so wie die Stasi selbst, wie die Partei, wie eine Diktatur. Aber die Kirche von Unten wurde *demokratisch* geführt, sogar radikaldemokratisch.

Als Mitglieder der Kirche von Unten waren Dirk Moldt sowie der Rest der Punks und Anarchos der Offenen Arbeit davon überzeugt, dass man ihnen nun ein Gebäude zur Verfügung stellen würde. Und sie hatten recht – ein paar Monate später unterschrieben sie den Mietvertrag für Teile des Gemeindehauses der Elisabethgemeinde, eines neoklassizistischen Juwels in der Invalidenstraße in Mitte. Die Kirche selbst, die 1835 von Karl Friedrich Schinkel erbaut worden war, war nur noch eine Ruine, seit die Alliierten sie 1945 bombardiert hatten; in den Jahrzehnten darauf war sie immer mehr von Unkraut überwuchert worden. Es dauerte zwar über ein Jahr, bis alle Einzelheiten geklärt waren, aber die Kirche von Unten wusste nun, dass sie jetzt einen festen Standort bekommen würde.

Das übertraf ihre kühnsten Träume.

Mehrere Stasi-Mitarbeiter – sie gehörten zu den Feinden, die zu Beginn des Kirchentags so herzlich begrüßt worden waren – schrieben später, dass unter den hunderten von Punks auf der Veranstaltung eine ausgesprochen »provokative« Stimmung geherrscht habe, während stundenlang »aggressive« Punkmusik gespielt worden sei. Antitrott, L'Attentat, Kein Talent, Namenlos und andere Bands hätten die Leute dazu animiert, »wild rhythmische Bewegungen« zu vollführen. Außerdem bezeichneten die Agenten die Punks als »primitiv« und behaupteten, dass sie auf dem Kirchentag von Unten ein »Störfaktor« gewesen seien. In den Berichten heißt es, sie hätten sich betrunken und harten Alkohol aufs Gelände geschmuggelt. Einige von ihnen wären sogar ohnmächtig geworden. Tatsächlich taten viele Punks nichts lieber, als sich die Kante zu geben. Allerdings handelte es sich nicht um eine homogene Gruppe, und viele von ihnen hatten während der Veranstaltung wichtige Aufgaben übernommen und wesentlich zu deren Erfolg beigetragen. Außerdem wird in den Stasi-Berichten erwähnt, dass die Punks westliche Journalisten, die sie fotografieren oder interviewen wollten, angebrüllt hätten. Was der offiziellen Position der Partei, dass unliebsame Jugendbewegungen wie Punk das Ergebnis westlicher Einflüsse waren, eigentlich widersprach.

Den Agenten der Regierung war natürlich nicht klar, dass die Veranstaltung den Werten des Punk eine Stimme verliehen hatte. Bei Punk ging es nicht um Musik, Klamotten oder wilde Frisuren, Punk war eine Revolution von unten, es ging darum, seine eigene Realität zu erschaffen, etwas zu unternehmen – do it yourself –, darum, ein Gebäude in Besitz zu nehmen und inmitten der 750-Jahr-Feier während eines sorgfältig inszenierten Kirchentags in der Hauptstadt einer Diktatur eine regierungsfeindliche Show abzuziehen.

Das war Punk.

Stirb nicht im Warteraum der Zukunft.

Diese Punk-Attitüde, die ihren Weg auf den Kirchentag von Unten – und jetzt in die Kirche von Unten – gefunden hatte, war nicht auf wenige Leute beschränkt. Sie breitete sich immer mehr aus. Und sie würde für weiteren Ärger sorgen.

59

Eine häufig gestellte Frage auf dem Kirchentag von Unten war: *Was tun wir als Nächstes?*

Die kurze Antwort lautete: Verdammt viel.

Die nächsten zwei Jahre sollten ein halsbrecherischer Zielsprint werden, mit einer neuen Organisationsstruktur, die die Energie des Punk zurück auf die Straße brachte und schließlich die Grundfesten der Gesellschaft so sehr erschütterte, dass selbst die einfachen Bürger es spürten und die Brüchigkeit hinter dem Anschein von Stabilität, Stärke und Macht offengelegt wurde.

Aber erst musste innerhalb der Punkszene noch eine Rechnung beglichen werden.

1987 kam es zum großen Bruch zwischen Punks und Skinheads. Am dramatischsten zeigte sich dies bei einem Konzert in der Zionskirche am 17. Oktober.

Bereits 1983 wurde in Stasi-Akten die Beziehung zwischen Skinheads und Neonazismus thematisiert; die Regierung hatte versucht, die Punks als Vertreter faschistischen Gedankenguts zu verunglimpfen; aber als das ohne Wirkung blieb, redete sie sich offenbar ein, dass es sich um ein Problem des Westens handle. In dem Buch eines linientreuen Journalisten von 1985 zum Beispiel wurde eine Verbindung zwischen Neonazismus und westlicher Popkultur hergestellt. Darin wird erwähnt, dass David Bowie Adolf Hitler als »ersten Superstar« bezeichnet hatte, und Bezug genommen auf die Unterstützung für den fremdenfeindlichen britischen Politiker Enoch Powell durch Eric Clapton und Rod Stewart sowie auf Claptons rassistische Tiraden gegen »Coons« und »Wogs« während eines Konzerts. Diese Denkweise war durchaus schlüssig. Denn wenn der Nazismus wirklich ein Symptom des Kapitalismus war, die logische Folge eines kapitalistischen Gesellschaftssystems, dann konnte er in der kommunistischen DDR nicht existieren. Und das obwohl in den 1980er-Jahren allmählich immer mehr Nazi-Skins in Fußballstadien oder auf dem Alexanderplatz auftauchten und es Treffen zwischen ihnen und Gleichgesinnten aus West-Berlin gab.

Es stimmt zwar, dass kahlrasierte Schädel fast von Beginn an Teil der Punkszene waren – Pankows Erzfeind Keule war 1981 einer der ersten Skins gewesen. Einige glühende Anarchisten rasierten sich ebenfalls die Schädel – Stracke, der Sänger von L'Attentat, war zum Beispiel ein Skin gewesen. In den Anfangsjahren der Szene brachte man mit einem rasierten Schädel vor allem seine Kampfbereitschaft zum Ausdruck und weniger seine politische Überzeugung. Diese Leute suchten den Nervenkitzel und wollten provozieren, aber sie waren keine Nazis. Doch das sollte sich ändern.

Auch in der Gang aus der Erlösergemeinde hatte es immer Skins gegeben, darunter eine Gruppe mit dem Namen Ostkreuzer, die in der Bar Hackepeter in der Nähe der S-Bahn-Haltestelle Ostkreuz rumhing. Die zwischen Friedrichshain und Lichtenberg gelegene Haltestelle war von der Erlöserkirche zu Fuß erreichbar. Die Ostkreuz-Skins besuchten Konzerte und Diskussionsrunden in der Erlöserkirche. Die Punks fanden einige von ihnen ganz in Ordnung. Doch einige der Skins drifteten ins rechte Lager ab und waren jetzt Neonazis. Sie waren die Einzigen, die sich vor dem Fall der Mauer für die Wiedervereinigung einsetzten. Die politisch eingestellten Punks fanden diese Haltung völlig inakzeptabel.

Einige Anführer der Ostkreuz-Skins, darunter Jens Uwe Vogt und Sven Ebert, waren in Pankow aufgewachsen und hatten zu vielen Punks der ersten Stunde ein freundschaftliches Verhältnis, weil sie früher selbst welche gewesen waren. Angesichts des drohenden Ärgers wurde A-Micha damit beauftragt, Sven Ebert und dessen Bruder, Pogo-Bär, im Auge zu behalten, wenn die Ostkreuz-Crew in der Erlöserkirche auftauchte. A-Micha hielt die beiden nicht für Rassisten; es war eher so, dass mit Ebert irgendwas nicht ganz stimmte – er *musste* sich einfach prügeln –, und Pogo-Bär hielt ihm den Rücken frei.

Eines Abends kreuzte im Profikeller ein junger Skinhead in einem T-Shirt mit der Aufschrift »Fuck White Power« auf. Dummerweise war das Wort »Fuck« kaum zu erkennen.

A-Micha warf einen kurzen Blick auf das T-Shirt, ging zu dem Typen und schlug ihn bewusstlos. Als der Skin wieder zu sich kam, war er stinksauer – auf seinem T-Shirt stand doch »FUCK White Power!«

»Schreib nächstes Mal halt deutlicher«, knurrte A-Micha.

Während der Veranstaltungen im Profikeller gab es immer häufiger Ärger mit den Skins. Sie fanden heraus, welche Punks von außerhalb kamen, und warteten, bis sie das Grundstück der Kirche verließen, um in der Gruppe brutal über sie herzufallen. Nachdem es eines Abends mal wieder zu Gewalttätigkeiten gekommen war, setzten sich die Punks im Profikeller zusammen, um zu überlegen, wie sie mit dem Problem umgehen sollten – sie wollten, dass sich die Leute bei den Konzerten, Diskussionsrunden und anderen Veranstaltungen sicher fühlten. Darum beschlossen sie, beim nächsten Konzert ihren Standpunkt klarzumachen. Sie vereinbarten mit dem Schlagzeuger der Band, die an jenem Abend spielte, dass er ihnen ein Zeichen geben solle, worauf A-Micha, Herne und die anderen sich auf jene Skins stürzten wollten, die am meisten Ärger machten. Mitten im Konzert sprang der Schlagzeuger also hinter seinem Schlagzeug hervor und warf sich auf einen der Anführer der Skins im Publikum. Die Punks stiegen sofort mit ein, versohlten den Skins den Arsch und beförderten sie an die frische Luft.

Wir werden tun, was zu tun ist.

Mit der Schlägerei im Profikeller war das Problem allerdings nicht dauerhaft gelöst. Die Neonazis fanden immer mehr Zulauf, und die Punks wollten sich zur Wehr setzen. Speiche hatte in der Zionskirche sogar eine Antifa-Gruppe ins Leben gerufen. Da man sich jedoch nicht auf das richtige Vorgehen einigen konnte – viele lehnten Gewalt ab, während Speiche sich jahrelang fast täglich geprügelt hatte –, löste sich die Gruppe rasch wieder auf; und das obwohl an den ersten Treffen knapp hundert Leute teilgenommen hatten. Aber unter dem Dach der neu gegründeten Kirche von Unten entstand eine weitere Antifa-Gruppe, und bald schon verfügte Speiche über eine Art paramilitärische Truppe, die – nur bewaffnet mit ihren Fäusten – Jagd auf Nazi-Skinheads machte und ihnen die Scheiße aus dem Leib prügelte.

Doch das Problem blieb weiterhin bestehen.

Laut eines internen Vermerks des Innenministeriums ging die ostdeutsche Regierung davon aus, dass der Wendepunkt der Entwicklung 1986 gewesen war, als Skins und Fußball-Hooligans anfingen, »offener faschistisch« aufzutreten. In einem Stasi-Bericht vom 2. Dezember 1986 wird die Zahl der Skinheads in der DDR auf achthundert geschätzt, was in nur einem Jahr einen gewaltigen Anstieg bedeutete: Allein in Berlin gab es gegenüber den achtzig im Vorjahr und den fünfzig im Jahr 1985 inzwischen dreihundertfünfzig Skins. Weitere hundertzwanzig kamen aus Potsdam.

A-Micha, Pankow und Speiche sprachen über das Problem mit Lorenz Postler, der in der Erlösergemeinde immer noch für die Punks zuständig war. Postler war dagegen, die Skins auszuschließen – er nahm das Konzept der Offenen Arbeit sehr wörtlich und wollte die Aktivitäten in der Erlösergemeinde nicht auf bestimmte Personen beschränken. A-Micha, Pankow und Speiche waren damit überhaupt nicht einverstanden. Und nachdem es im Profikeller erneut zu gewaltsamen Zwischenfällen gekommen war, wollten sie im Herbst 1987 die Angelegenheit selbst in die Hand nehmen.

Pankow und A-Micha beschlossen, sich in die Höhle des Löwen zu begeben, ins Hackepeter, den Treffpunkt der Ostkreuz-Skins, um mit den Anführern eine Vereinbarung zu treffen. Schließlich waren diese Typen alte Freunde aus den Anfangstagen der Szene. Tatsächlich schafften Pankow und A-Micha es nur deshalb heil ins Innere, weil sie Leute wie Jens Uwe Vogt und Sven Ebert schon so lange kannten. Doch sobald sie sich hingesetzt und ein Gespräch begonnen hatten, wurde ihnen klar, dass ihr Unterfangen sinnlos war. Die älteren Skins waren von viel jüngeren Skinheads umringt – sie gehörten zu jener wachsenden Zahl von Skins, die in den Berichten der Sicherheitsbehörden erwähnt wurden –, und diese neue Generation teilte mit den Punks keine gemeinsame Vorgeschichte. Sie kannte nur Hass und betrachtete sie als politische Feinde. Für sie waren die Punks nicht besser als die ungepflegten, stinkenden, nutzlosen Hippies, die sie genauso hassten. Man begegnete einander nicht mehr – wenn auch widerwillig – mit Respekt, und das Gespräch lief bald in eine ungute Richtung; die älteren Skinheads warfen den Punks sarkastische Bemerkungen an den Kopf, um vor den jüngeren Skins im Raum das Gesicht zu wahren. Inzwischen war es ihnen peinlich, zwei Punks der ersten Stunde Auge in Auge gegenüberzusitzen. Die Punks waren der Feind – oder zumindest *ein* Feind. Letztlich konnten Pankow und A-Micha von Glück sagen, dass sie unbehelligt wieder abziehen konnten.

Kurz darauf erreichte sie die Nachricht, dass die Ostkreuz-Skins genug von dem Gequatsche und dem ganzen Schwachsinn hatten. *Wir werden euch die Fresse polieren.*

Worauf die Gang von der Erlöserkirche antwortete: *Nur zu.*

Und so verabredete man sich am Samstag, dem 17. Oktober 1987, zu einer ehrlichen, sauberen Schlägerei.

Wir können das klären, ganz wie ihr wollt.

Am vereinbarten Tag kam der harte Kern der Punks aus der Erlösergemeinde kampfbereit und bewaffnet mit Baseballschlägern und Ketten im Profikeller zusammen, in der Hoffnung, durch einen offenen Krieg den Bruch in der Szene ein für alle Mal zu beenden.

Aber am selben Abend fand im Hauptschiff der Zionskirche ein großes Konzert statt. Dirk Moldt und Silvio Meier von der Kirche von Unten hatten Element of Crime aus West-Berlin als Headliner gewinnen können. Meiers Bruder, der übergesiedelt war, hatte zwischen Silvio und zwei Mitgliedern der Gruppe einen Kontakt hergestellt, als diese einige Monate zuvor den Osten besucht hatten; dabei war die Idee zu dem Konzert entstanden. In der Zionskirche hatten bereits früher hin und wieder Konzerte stattgefunden – etwa von Antitrott, nachdem die Band nach Berlin gezogen war –, aber in letzter Zeit war es zunehmend schwieriger geworden, dort Veranstaltungen zu organisieren. Zu oft hatte es Ärger gegeben, vor allem wegen der Glasscherben, Zigarettenkippen und Abfälle. Außerdem wurde die Kirche gerade renoviert. Trotzdem hatten Moldt und Meier es irgendwie geschafft, eine Zusage für das Konzert zu bekommen.

Inzwischen arbeitete Moldt für die *Umweltblätter,* die von der Umweltbibliothek herausgegeben wurden und ihren Sitz in der Zionsgemeinde hatten, sowie für den *mOAning star* der Kirche von Unten. Moldt und Meier hatten, wenn auch widerwillig, Die Firma als Vorgruppe engagiert – sie war in Punkkreisen nicht besonders beliebt, besaß aber anständige Instrumente und Verstärker, die von beiden Bands benutzt werden konnten, sodass Element of Crime ohne Anlage als normale Touristen einreisen konnten. Die Stasi erfuhr zwar im Vorfeld von dem Konzert – die beiden Sänger von Die Firma waren Spitzel –, aber sie unternahm nichts dagegen.

Abends um halb acht begann Die Firma mit ihrem Set. Paul Landers von Feeling B spielte inzwischen auch dort Gitarre; er war ein rastloser Musiker und hatte noch weitere Nebenprojekte – darunter eine Band namens Tacheles, die eine Art improvisierten Zigeuner-Punk spielte, und zusammen mit Flake die Band Magdalene Keibel Combo, deren Name sich aus der Adresse der Stasi-Zentrale in der Magdalenenstraße und der des Untersuchungsgefängnisses in der Keibelstraße zusammensetzte, wo die Punks oft hingebracht wurden.

Zu Beginn des Konzerts befanden sich zweitausend Leute in der Kirche. Sie rauchten und tranken und tanzten auf den Kirchenbänken Pogo. Die Kirche war gerammelt voll, und die Leute hockten auf der Orgel neben dem Altar, sodass sie nach dem Konzert nicht mehr zu gebrauchen war.

Etwa anderthalb Kilometer entfernt, in der Greifswalder Straße, hatten sich Skinheads aus der ganzen Stadt – darunter auch einige aus West-Berlin – in einer Bar namens Sputnik versammelt, um den Geburtstag eines ihrer Kameraden zu feiern. Sie hatten den Nachmittag damit verbracht, sich zu betrinken, und sich eine Rangelei mit Fußballfans aus Leipzig geliefert, deren Mannschaft an diesem Tag ein Spiel in Berlin hatte. In Wirklichkeit waren die meisten Skins Fußball-Hooligans und Fans von Dynamo Berlin, der ironischerweise als Stasi-Club galt. Obwohl von offizieller Seite bestritten wurde, dass es in der DDR Neonazis gab, hatten ranghohe Stasi-Funktionäre wie Erich Mielke, der Chef der Behörde, in den letzten Jahren hautnah miterlebt, wie Skins bei Spielen von Dynamo ihre faschistischen und antisemitischen Parolen skandiert und die Hand zum Hitlergruß gehoben hatten.

Während die Ostkreuz-Skins weiter ausgelassen feierten, wollte ihr Anführer Sven Ebert zur Erlöserkirche aufbrechen, um mit den Punks wie geplant die Rechnung zu begleichen. Aber einige der Skins wie Jens Uwe Vogt und ein anderer Anführer, Ronny Busse, überredeten mehrere ihrer Kameraden, mit der Straßenbahn zur näher gelegenen Zionskirche zu fahren, um stattdessen dort das Konzert aufzumischen. Während also Pankow, Herne und die anderen im Profikeller vergeblich warteten, um sich mit den Skins einen Showdown zu liefern, bestieg eine Horde von ungefähr dreißig Skins die Straßenbahn Richtung Kastanienallee, die sie in der Nähe der Zionskirche absetzen würde. Sie hatten keine Ahnung, wie viele Leute auf dem Konzert waren, aber sie glaubten, dass sie, wenn dort um die zweihundert Besucher wären, mit ihren dreißig Leuten einigen Schaden anrichten könnten, ohne selbst viel abzukriegen.

Gegen zehn spielten Element of Crime ihr letztes Stück, und die Besucher strömten aus der Kirche in die dunkle Nacht. Die Musik der Band – melancholische, chansonartige Mid-Tempo-Nummern – versetzte ein Publikum nicht gerade in eine aufgekratzte Stimmung. Einige Leute blieben noch in der Kirche, einige trafen sich auf dem stockfinsteren Kirchenvorplatz, um sich zu unterhalten, und andere liefen zur Straßenbahnhaltestelle in der Kastanienallee.

Als die Ersten die Haltestelle erreichten, stiegen die Skins gerade aus der Bahn, und eine kleine Gruppe von ihnen fiel über die Konzertbesucher auf der Straße her; aber die meisten Skins rannten direkt zur Kirche. Einige griffen die Leute auf dem Platz davor an, während andere in das noch halb volle Hauptschiff liefen, wo sie auf die Leute, die ihnen als Erste in die Quere kamen, einschlugen und Sachen riefen wie »Sieg Heil«, »Heil Hitler« und »Judenschweine«.

Zunächst waren die Konzertbesucher starr vor Entsetzen.

Dann schrien sie auf und rannten davon.

Panik brach aus.

Aber in der Kirche waren auch noch einige Punks, die sich nun zur Wehr setzten. Die restlichen Besucher bildeten einen Kreis um die Skins und riefen »Nazis raus«, während die Punks, darunter auch Mitglieder von Antitrott, weiter auf die Skins einschlugen. Am Ende schafften es die Skins irgendwie, nach draußen in die Dunkelheit zu entkommen, wo ihre Kameraden sich mit anderen Konzertbesuchern immer noch eine wilde Schlägerei lieferten.

Die Leute vor der Kirche versuchten, die Polizei herbeizurufen. Aber das war nicht nötig; denn da die Stasi vorab von dem Konzert erfahren hatte, war ein massives Polizeiaufgebot zugegen. Um die ganze Kirche herum parkten Streifenwagen. Überall standen Uniformierte und Polizisten in Zivil mit auffallend unauffälligen Stasi-Mitarbeitern herum. Sogar ein einsatzbereiter Krankenwagen parkte in der Nähe.

Um 22.22 Uhr ging von diesen Polizisten ein Notruf auf der Wache in Prenzlauer Berg ein.

Die Antwort lautete: Eingriff nicht erforderlich. Verstärkung ist unterwegs.

Keiner der Polizisten rührte einen Finger. Keiner von ihnen unternahm etwas. Währenddessen wurde auf der Straße weiter gekämpft. Die Gesetzeshüter dieses offiziell antifaschistischen Staates sahen dabei zu, wie Skinheads Naziparolen brüllten und auf offener Straße Menschen verprügelten.

Schließlich trafen mehrere Wagenladungen mit Verstärkung ein. Aber auch diese Polizisten unternahmen nichts.

Bis sich die Skinheads mit der Straßenbahn aus dem Staub machten.

In den ostdeutschen Medien wurde zwar über den Vorfall berichtet, allerdings wurde darauf beharrt, dass der Angriff von Kräften in Westdeutschland initiiert worden sei. Als die Skins in Ost-Berlin die Artikel lasen, trafen sie sich in einer Bar und beschlossen, die Schuld dafür auf einen fiktiven Skin aus West-Berlin namens »Bomber« abzuwälzen. Falls man sie verhören würde, sollte jeder von ihnen sagen, dass die Sache *seine* Idee gewesen sei, dass *er* den Überfall angeführt habe. Der Regierung kam der Angriff auf die Zionskirche sehr gelegen – wie sich herausstellte, plante die Stasi zum Zeitpunkt des Skinhead-Überfalls bereits eine taktische Operation, um die Umweltbibliothek zu zerschlagen. Nur zu gerne wollte man die Schuld für alles auf Kräfte jenseits der Mauer schieben und die Sache unter den Teppich kehren.

Aber die Aktivisten aus der Zionskirche hatten andere Pläne. Mithilfe von Kontakten zu den westlichen Medien – die die Umweltbibliothek im Gegensatz zur Kirche von Unten unterhielt – sorgten sie dafür, dass die Radiosender in West-Berlin über den Angriff auf die Kirche und die Untätigkeit der Polizei berichteten, und darüber, wie die Skins Naziparolen gerufen hatten. Medien-Siggi gelang es sogar, in Ost-Berlin Videoaufnahmen von den Skins zu machen und über die Grenze zu schmuggeln, wo sie in einer westdeutschen Nachrichtensendung ausgestrahlt wurden. An einem Sonntag um drei war Siggi mit dem Mercedes eines Freundes, der zu Besuch war, zum Frankfurter Tor gefahren, wo sich die Skins um diese Uhrzeit häufig trafen. Da Siggi, den Pass seines Freundes deutlich sichtbar in seiner Brusttasche, in diesem kapitalistischen Statussymbol dort vorfuhr, hielt man ihn für einen westlichen Journalisten – die Skins wollten nicht mal wissen, woher er kam –, und er konnte mit ihnen Interviews über ihre Ansichten führen; dabei achtete er darauf, dass im Hintergrund Trabis und andere Insignien des Ostens zu sehen waren, ohne jedoch die Gesichter der Skins zu zeigen.

Für die Behörden im Osten war das zum Zeitpunkt der Sendung nicht mehr neu. Im Nachsatz zum Überfall auf die Kirche hatten sie inzwischen selbst Skins verhört. In einem Stasi-Protokoll vom 20. November 1987 ist folgender Austausch zu lesen:

Stasi: »Was wissen Sie über Skinheads?«

Skin: »Dazu kann ich sagen, dass ich selbst ein Skinhead bin. Ich zähle mich zu der Strömung der Neonazis ... Diese Gruppe verherrlicht den Faschismus, so wie er im ›Dritten Reich‹ unter Adolf

Hitler herrschte. Ich bin gegen die Ausländer ... Sie sollen dahin gehen, wo sie kamen. Ich bin auch so für KZs. Denn ich bin der Meinung, dass wir dann solche Probleme wie den Aids nicht hätten. In meinen Ansichten bin ich auch gegen ›Panks‹ und die Skinheads, die für Anarchie sind.«

Obwohl die Machthaber bisher gegen das Problem nicht hart vorgegangen waren, versetzte sie die Vorstellung, dass der Westen von den Neonazis in der DDR erfahren hatte – inklusive Videoaufnahmen –, in helle Aufregung. Scham war eine starke Triebfeder. Ende November wurde Ronny Busse, Sven Ebert und zwei weiteren Skinheads, die man für die Rädelsführer beim Überfall auf die Zionskirche hielt, der Prozess gemacht. Obwohl die Zeugen Begriffe wie »Neonazis« und »Faschos« verwendeten, wurde der politische Aspekt des Überfalls im Sinne des Gerichts ignoriert und Gefängnisstrafen zwischen einem und zwei Jahren wegen einfachen Rowdytums verhängt. Nach anschließenden Protesten auf beiden Seiten der Mauer und der persönlichen Intervention von Erich Honecker wurde die Strafe gegen Busse von zwei auf vier Jahre heraufgesetzt.

Die ganze Angelegenheit stank gewaltig zum Himmel. Erst hatten die Vertreter des offiziell antifaschistischen Staates dabei zugesehen, wie eine Gruppe Nazis in einer Kirche Menschen verletzte, während sie Sprüche wie »Heil Hitler« riefen. Anschließend hatten sie sich reichlich Zeit gelassen, jemanden dafür anzuklagen. Und dann wurden die politischen Aspekte des Falls unter den Teppich gekehrt. Allmählich glaubten eine Menge Leute in der Punkszene, dass die Regierung in den Überfall verwickelt gewesen war.

Hatte man die ganze Sache arrangiert? Arbeiteten die Skins für die Stasi?

Es war auch nicht hilfreich, dass im selben Jahr Anfang November eine Bande Skinheads ein von den Punks in Lichtenberg besetztes Haus stürmte und die Regierung wegen des Zwischenfalls nichts weiter unternahm, als in dem Gebäude acht Wohnungen von Punks zu durchsuchen. Die Gegend um das Ostkreuz herum verwandelte sich in ein Kriegsgebiet, und die Situation sollte nur noch schlimmer werden.

Am Ende bestätigte sich in den Augen der Punks ihre Vermutung, dass die ganze Sache vom Staat inszeniert worden war: In den frühen Morgenstunden des 25. November stürmte die Stasi das Grundstück der Zionskirche und durchsuchte die Umweltbibliothek.

Der vorherige Überfall war also die Generalprobe gewesen, so die allgemeine Meinung, *ein Probelauf.*

Die Kriegsspielchen waren vorbei.

Jetzt würde es Krieg geben.

60

Ende 1987 befand sich im Gemeindehauskeller der Zionskirche die Druckmaschine, mit der drei verschiedene, nicht genehmigte Zeitschriften gedruckt wurden: die *Umweltblätter* der Umweltbibliothek, der *mOAning star* – wenn auch nur manchmal – und seit Kurzem der *Grenzfall*, der von der Initiative Frieden und Menschenrechte herausgegeben wurde. Sowohl die *Umweltblätter* als auch der *mOAning star* waren im Prinzip legal, da ein Aufdruck sie als »innerkirchliche« Information kennzeichnete. Der *Grenzfall* hingegen war eine illegale Publikation: Die Initiative Frieden und Menschenrechte verzichtete bewusst darauf, sich abzusichern, und bestand darauf, das Recht auf freie Meinungsäußerung auszuüben, das – zumindest auf dem Papier – in der Verfassung der DDR verankert war.

Aber wenn es um die freie Meinungsäußerung ging, hielt sich die Staatsführung nicht buchstabengetreu an die Verfassung.

Im Herbst 1987 hatte die Stasi mit den Vorbereitungen für die Aktion »Falle« begonnen, einem Einsatz, der darauf abzielte, die Redaktion des *Grenzfall* zu zerschlagen, in der Hoffnung, dadurch die Leute der Umweltbibliothek zu kriminalisieren. Um diese beiden Ziele zu erreichen, musste die Stasi die Aktivisten auf frischer

Tat dabei ertappen, wie sie in der Zionskirche eine Ausgabe des illegalen *Grenzfall* druckten. Die Stasi ließ die Redaktion deutlich spüren, dass sie beschattet und überwacht wurde – weshalb die Mitarbeiter befürchteten, dass es nicht mehr sicher sein könnte, die Zeitschrift zu drucken. Die Initiative Frieden und Menschenrechte war von Stasi-Spitzeln durchsetzt. Auf Anweisung seines Führungsoffiziers schlug einer der IM in der Redaktion des *Grenzfall* vor, die Zeitschrift in der Umweltbibliothek der Zionskirche zu drucken – das schien schließlich ein sicherer Ort zu sein, zu dem die Stasi und die Polizei keinen Zugang hatten. Die anderen Mitarbeiter hielten das für eine gute Idee und waren einverstanden. Nachdem die Umweltbibliothek ihre Zustimmung gegeben hatte, wurden die Geräte des *Grenzfall* heimlich in das Gemeindehaus der Zionskirche gebracht und in einem Lagerraum des Kellers aufgebaut.

Jetzt war alles bereit für den Zugriff der Stasi.

Derselbe Spitzel informierte die Stasi darüber, dass die aktuelle Ausgabe des *Grenzfall* in der Nacht des 24. November 1987 von den Aktivisten der Umweltbibliothek gedruckt werden sollte.

Perfekt.

Um Mitternacht – um 0.00 Uhr am 25. November – stürmte eine Einsatzgruppe aus zehn Männern in Begleitung des Generalstaatsanwalts, der für die Anklageschrift verantwortlich war, das Gemeindehaus.

»Hände hoch!«, brüllten die Männer.

Sie befahlen den sieben Aktivisten, sich an der Wand in einer Reihe aufzustellen, und durchsuchten sie nach Waffen.

Es war das erste Mal seit der Stalin-Ära, dass uniformierte Sicherheitsleute sich gewaltsam Zutritt zu einem Kirchengebäude verschafft hatten.

Zunächst glaubten die Stasi-Mitarbeiter, dass sie gefunden hatten, wonach sie suchten: Die Aktivisten druckten tatsächlich auf den Geräten der Umweltbibliothek eine Zeitschrift. Aber es war die falsche Zeitschrift. Sie druckten die *Umweltblätter*. Wie sich herausstellte, hatte man den Druck des *Grenzfall* um ein paar Stunden in den Morgen verschoben.

Chaos brach aus.

Das Stasi-Kommando holte den Pfarrer der Kirche, Hans Simon, aus dem Bett, und er und seine Frau mussten sich unter den Augen der Offiziere anziehen. Vor der Kirche händigte man Simon einen Durchschlag des Beschlagnahmeprotokolls aus, und er sah dabei zu, wie die Offiziere die Exemplare der *Umweltblätter* und die Geräte beschlagnahmten. Außerdem verhafteten sie die sieben Aktivisten, von denen einer erst vierzehn Jahre alt war.

Am nächsten Morgen traten die Mitarbeiter der Umweltbibliothek auf den Plan und informierten wie üblich ihre Kontaktpersonen im Westen von dem Vorfall. Währenddessen organisierte die Kirche von Unten eine Demonstration und brachte ihre Mitglieder in großer Zahl auf die Straße. Am 25. November um drei Uhr nachmittags versammelten sich die ersten Demonstranten vor der Zionskirche. Einige von ihnen wurden verhaftet. Die Menschenmenge, die inzwischen auf mehrere hundert Personen angewachsen war, begab sich in die Kirche, die zu diesem Zeitpunkt von Polizei und Stasi umringt war. Die Demonstranten beschlossen, eine Mahnwache abzuhalten, bis insgesamt drei Forderungen erfüllt waren: die Freilassung der Inhaftierten, die Rückgabe der Geräte und Wiederherstellung der vollen Arbeitsfähigkeit der Umweltbibliothek sowie ein Ende der staatlichen Repressionen gegen kritische Bürger.

Um neun Uhr abends waren fünf der sieben Inhaftierten wieder auf freiem Fuß – allerdings erst nachdem man zuvor ihre Wohnungen durchsucht hatte. Zwei blieben in Gewahrsam und waren in die zentrale Untersuchungshaftanstalt der Stasi in Hohenschönhausen verlegt worden.

Doch die Proteste gingen weiter.

Um halb elf fuhr die Polizei mit militärähnlichen Transportern vor und brachte die ersten Leute fort, die erneut versuchten, vor der Kirche eine Mahnwache abzuhalten. Darauf zogen die Demonstranten ins Innere, und im Laufe der Nacht und des nächsten Tages kamen immer mehr Menschen dazu.

Am späten Nachmittag des 26. November wurden die Personen, die am Abend zuvor bei der Mahnwache festgenommen worden waren, wieder freigelassen. Die beiden nach Hohenschönhausen gebrachten Aktivisten blieben aber im Gefängnis.

Um Sympathiekundgebungen außerhalb Berlins zu verhindern, hatte man in der Zwischenzeit überall im Land aktenkundige Staatsfeinde zum Verhör mitgenommen. Dennoch kam es in Städten und Gemeinden in der ganzen DDR zu Protesten.

Am Morgen des 27. November erklommen in der Berliner Zionskirche einige Punks den Glockenturm und hängten ein riesiges Transparent auf, das für jeden zu sehen war. Sie hatten es am Tag zuvor an der Polizei vorbei in die Kirche geschmuggelt, indem einer der Punks es unter seiner Kleidung zusammengewickelt um seinen Körper trug. Auf dem vier Meter breiten Stofftuch stand in handgemalten Buchstaben: *Wir protestieren gegen die Festnahmen und Beschlagnahmungen in der Umweltbibliothek.* Westliche Fernsehteams filmten, wie ein Feuerwehrauto vor der Kirche hielt und seine lange Leiter Richtung Kirchturm ausfuhr. Ein Mann kletterte die Leiter hinauf, bahnte sich vorsichtig seinen Weg über ein Sims und zog das Transparent herunter.

In der offiziellen Berichterstattung der DDR über das Ereignis wurden der *Grenzfall* und die *Umweltblätter* absichtlich in einem Atemzug genannt, indem von gedruckten »staatsfeindlichen« Publikationen die Rede war. Die offiziellen Medien versuchten außerdem, die Aktivisten der Umweltbibliothek und die Skinheads, die nach dem Überfall auf dieselbe Kirche einen Monat zuvor verhaftet worden waren, über einen Kamm zu scheren – für sie waren sie allesamt schwarze Schafe, Staatsfeinde. Vor allem die Kirche von Unten empfand das als schlimme Beleidigung, denn ihre Antifa-Gruppen machten in den Straßen Jagd auf Nazis. Die Blutergüsse an Speiches Fingerknöcheln widerlegten jeden Versuch, diesbezüglich Zweifel zu sähen.

Aber letztlich war es egal, was die Presse in Ostdeutschland behauptete. Am Morgen des 28. November wurden auch die verbliebenen zwei Häftlinge entlassen, und die Proteste gingen noch mehrere Tage weiter, bis schließlich die Geräte der Umweltbibliothek wieder zurückgebracht wurden.

Die Stasi hatte die Lage völlig falsch eingeschätzt. Die Unruhen wegen des Überfalls und der offenkundige Erfolg der Mahnwachen gaben den Oppositionskreisen Auftrieb. Kurz darauf eröffneten in Kirchen überall im Land siebzehn Umwelt- und Friedensbibliotheken – *siebzehn!* –, in großen Städten wie Dresden, Jena, Halle, Karl-Marx-Stadt und Leipzig sowie in kleineren Städten in der Provinz.

Der Stasi war es nicht nur misslungen, den *Grenzfall* zu zerschlagen und die Mitglieder der Umweltbibliothek zu kriminalisieren, sie hatte der Opposition auch zum Sieg verholfen. Sie hatte den Eindruck erweckt, dass sie aufgrund des öffentlichen Drucks einen Rückzieher machen musste. Das war eine gefährliche Erkenntnis für einen Haufen angriffslustiger junger Menschen, die mit jedem Tag selbstbewusster wurden.

Wir sind das Volk, wir sind die Macht!

61

Während sich das nationale Netzwerk oppositioneller Kräfte nach der Gründung der Kirche von Unten und des Überfalls auf die Umweltbibliothek weiter ausbreitete, vertieften die Punks ihre Beziehungen zu ihren Mitstreitern im Ausland.

Ende 1987 stand A-Michas Band Namenlos kurz vor der Auflösung.

Jana hatte 1986 einen gemeinsamen Sohn zur Welt gebracht und sich nach und nach aus der Band zurückgezogen – sie fand, dass sich Proben und Konzerte mit einem Baby nicht gut vereinbaren ließen. Mita und Kaiser hatten sich getrennt. Kurz darauf wurde Kaiser auf dem Alexanderplatz von einer Italienerin angebaggert, und nachdem sie sich ineinander verliebt und geheiratet hatten, wanderte er nach Italien aus. Mita hatte sich inzwischen anderen Dingen zugewandt und widmete sich stärker der bildenden Kunst und anderen Arten von Musik und verließ schließlich ebenfalls die Band.

Aber A-Micha gab nicht auf, wollte nicht aufgeben, und so hielt er Namenlos weiter am Leben.

Pankow, der bei Fatale den Schlagzeuger-Posten übernommen hatte, sprang 1987 bei einigen Auftritten für Mita ein. Fatale war ebenfalls die Luft ausgegangen, und Pankow tat sich die meiste Zeit mit Aktivisten außerhalb der Erlösergemeinde zusammen statt mit Leuten aus der Punkszene. Er besuchte zwar immer noch Konzerte im Profikeller, aber er arbeitete auch mit Bärbel Bohley und der Initiative Frieden und Menschenrechte zusammen, sowie mit Medien-Siggi und Carlo Jordan aus der Umweltbibliothek und mit einer Reihe anderer Gruppen, die sich für den Frieden engagierten, mit Leuten in Polen kooperierten und gegen den Militärdienst und den Wehrkundeunterricht protestierten. Es fiel im schwer, sein Missfallen über das endlose Gequatsche in vielen dieser Gruppen für sich zu behalten – oft saßen er und Speiche in den Treffen und machten bittere Witze darüber, dass den Worten keine Taten folgten. Trotzdem arbeitete Pankow weiter mit diesen Gruppen zusammen, nahm an Demonstrationen teil und hielt Vorträge, etwa darüber, wie man sich dem Militärdienst entziehen konnte. Für ihn war selbst die Kirche von Unten – die mit Abstand streitlustigste Gruppierung – nur ein Mittel zum Zweck, um die Dinge voranzutreiben und verdammt nochmal etwas zu bewirken.

Zu dieser Zeit hielt er sich mit dem Verkauf selbst gefertigter Klamotten über Wasser. Zusammen mit Leuten wie Esther Friedemann – jener Frau, die man ins Gefängnis geworfen hatte, weil sie 1981 in ihrem Verdruss eine Mauer besprüht hatte – gehörte er einer Art Gruppe für Underground-Mode an. In diesem Zusammenhang hatte Pankow sogar Feeling B auf Tour begleitet, denn mit dem Verkauf von Klamotten bei ihren Konzerten konnte man eine Menge Geld verdienen, obwohl die meisten Punks aus der Erlösergemeinde Bands mit Spielerlaubnis als Wendehälse betrachteten. Aber als Feeling B Pankow das Angebot machten, als Schlagzeuger bei ihnen einzusteigen, erteilte er ihnen eine Abfuhr. Sie bewegten sich in zwei unterschiedlichen Welten, außerdem war Pankow mit Aljoscha nie besonders gut ausgekommen. Offiziell arbeitete er damals für die Schriftstellerin Elke Erb, die als Freiberuflerin einen

Assistenten beschäftigen durfte. Erb war zwar Mitglied im Schriftstellerverband, geriet aber aufgrund ihrer Kontakte zu der älteren Generation von Friedenaktivisten immer wieder in Konflikt mit der Regierung. Sie verdiente nur sehr wenig Geld, und im Gegenzug dafür, dass Pankow bei ihr eine legale Anstellung hatte, wurde sie von ihm finanziell unterstützt.

Pankow blieb nicht lange bei Namenlos – offensichtlich verlor er das Interesse daran, Musik zu machen. Er hatte sich sowieso nie für einen Musiker gehalten; die Musik war für ihn vor allem ein Mittel gewesen, seine Wut nach außen zu tragen. Inzwischen nutzte er zunehmend andere Möglichkeiten, um etwas zu bewegen und seinem leidenschaftlichen Protest Gehör zu verschaffen.

Schließlich übernahm Markus Mathyl von der Band Virus X den Posten des Schlagzeugers, und für eine Zeit lang stieg eine Frau mit dem Namen Nina bei Namenlos als Bassistin ein.

Am schwierigsten war der Part der Sängerin zu besetzen. Bisher hatte A-Micha bei einigen Stücken selbst den Gesang übernommen, aber ohne Jana war die Band nicht dieselbe. Jana hatte auf der Bühne Angst und Schrecken verbreitet.

Im November 1987 hatten Hernes und A-Michas Ansprechpartner in Polen die Idee zu einer gemeinsamen Tour, bei der polnische und ostdeutsche Bands quer durch Polen tingeln sollten. Einige Monate zuvor hatten mehrere Umweltgruppen in Polen die Erlaubnis erhalten, sich öffentlich zu betätigen, und Solidarność erzielte beträchtliche Fortschritte; nicht mal ein Jahr später, Ende 1988, würde die polnische Führung klein beigeben und den Forderungen der Gewerkschaft entgegenkommen. Die polnischen Punks konnten es bereits spüren.

Um die Besetzung seiner Band zu vervollständigen, tat A-Micha sich mit Kein Talent zusammen, die ebenfalls gerade in einer Umbruchphase steckten. Ihr Gründer, ein Gitarrist namens Lord, hatte vor Kurzem das Land verlassen, sodass Boris, der Bassist, und die

Sängerin Cabi sich nach einem neuen Betätigungsfeld umsahen. Zusammen gingen A-Micha, Cabi, Boris und der Schlagzeuger Markus als Namenlos/Kein Talent auf Tour. Außerdem nahmen sie Boris' zweite Band, Wartburgs für Walter, mit, eine neu gegründete Band, die sich um Jörn Schulz von Antitrott formiert hatte – ihr größter Auftritt auf dem Kirchentag von Unten war auch ihr letzter gewesen. Hauptsächlich ging es A-Micha darum, genug Material für einen Auftritt zusammenzubekommen, und das Bühnenprogramm von Namenlos/Kein Talent und Wartburgs für Walter reichte für eine Stunde.

Jörn Schulz von Antitrott hatte zusammen mit der Sängerin Ina Pallas Wartburgs für Walter gegründet. Seit Jörns Umzug von Frankfurt an der Oder nach Berlin hatte das Paar in verschiedenen besetzten Häusern gewohnt. Es fiel ihnen leicht, gemeinsam Stücke zu schreiben. 1987 hatten sie die Musik für eine Ausstellung mit Punkkunst komponiert, die Igor Tatschke in der Umweltbibliothek organisiert hatte – für das Projekt spielte Tatschke Bass, und Jörn übernahm Rhythmusmaschine und Sampler. Bei Wartburgs für Walter übernahm er wie bei Antitrott den Bass und holte Boris als Gitarristen in die Band. Ina war die Sängerin beider Projekte.

Die Stücke für das erste Live-Set von Wartburgs für Walter entstanden in kurzer Folge – eine Woche lang hockte sich Ina jeden Tag in die Küche ihrer Wohnung und schrieb die Texte, während Jörn und Boris im Wohnzimmer die Melodien improvisierten. Zack, und fertig. Nächstes Stück. Als es auf Tour nach Polen ging, hatte die Band eine Menge Stücke zusammen, aber immer noch keinen Schlagzeuger; also packte Jörn kurzerhand seine treue Rhythmusmaschine ein.

In Görlitz überquerten die Bands die Grenze, bewaffnet mit Visa, die Herne und A-Micha organisiert hatten – sie hatten die Polnische-Cousins-Masche abgezogen. Auf der polnischen Seite wurden sie in Zgorzelec von ein paar guten Freunden Hernes abgeholt.

Alles lief nach Plan – die polnischen Punks waren alle eng miteinander vernetzt. Was zum Teil daran lag, dass die polnische Regierung ihre Probleme nicht einfach ausbürgern konnte. Während sich die Untergrundszene in Ostdeutschland immer weiter lichtete, mussten in Polen alle im Land bleiben. A-Micha war überrascht, dass die Polen anders als die Punks in der DDR nicht in besetzten Häusern, sondern in Kommunen lebten. Überall gab es diese kleinen Kommunen. Am ersten Abend bekamen die Bandmitglieder in der Wohnung eines Punks aus Zgorzelec etwas zu essen und übernachteten dort. Tags darauf ging es in einen Club, in eine richtige Konzerthalle. Die Bands konnten sogar einen Soundcheck machen.

Die Studenten in Polen waren ebenfalls sehr gut organisiert, und sie konnten in ihren Clubs Punkkonzerte veranstalten, ohne die Auflagen – oder die notwendige Spielerlaubnis –, die den Jugendklubs in der DDR aufgezwungen wurden. A-Micha und die anderen, die bisher nur mit nicht eingestuften Bands aufgetreten waren, kamen aus dem Staunen nicht mehr heraus. Die rebellischen Stücke von Namenlos würden in einem Club mit mehreren hundert Leuten aus anständigen Lautsprechern dröhnen.

Wow.

Das polnische Publikum bekam nur selten weibliche Sänger zu sehen, und Cabi von Namenlos/Kein Talent und Ina von Wartburgs für Walter brachten den Laden zum Kochen. Und am Schluss bekamen die Bands vom Geschäftsführer des Clubs auch noch *Geld.* Es war das erste Mal, dass einer von ihnen für seinen Auftritt bezahlt wurde. Zum krönenden Abschluss feierten sie nach dem Konzert bis tief in die Nacht.

Am nächsten Morgen brachte ihr Gastgeber sie zum Bahnhof, und sie fuhren in die nächste Stadt, wo man sie ebenfalls abholte und sich um sie kümmerte. Und bezahlte. Damit sie in einem weiteren Club spielten. Mit einer tollen Anlage. Die Tour führte Namenlos/Kein Talent und Wartburgs für Walter nach Krakau, Warschau und sogar bis nach Białystok, eine Stadt mit dreihunderttausend Einwohnern in der Nähe der sowjetischen Grenze.

Jeden Abend spielten die Ost-Berliner Bands zusammen mit lokalen polnischen Punkbands und wurden auf der ganzen Tour von der Band Trybuna Brudu begleitet. Sie lernten eine Menge anderer Menschen kennen, nicht nur aus jenen Bands, mit denen sie zusammen auftraten, sondern auch aus solchen, die zu ihren Konzerten kamen. Einmal übernachteten sie bei Mitgliedern von Dezerter, einer Punkband, die auf polnischen Festivals vor bis zu zwanzigtausend Zuschauern gespielt hatte. A-Micha und die anderen Berliner fanden in Polen eine völlig andere Situation als in Ostdeutschland vor. Es war nicht zu übersehen, dass Solidarność, Glasnost und Perestroika hier einen großen Einfluss hatten – sie konnten es förmlich spüren. Und sehen. Und hören. Es herrschte eine neue Offenheit. Die Gesellschaft veränderte sich. Und zwar rasant.

Nach einer anstrengen Fahrt in einem überhitzten Zug quer durch das Land erreichten die Bands schließlich die letzte Station ihrer Tour, Stettin, direkt an der Grenze zur DDR. Dort wurden sie von einer Kontaktperson aus der Universität abgeholt, die sie zum Studentenwohnheim brachte, damit sie dort duschen konnten. Aber der Aufzug funktionierte nicht, und als sie es in dem Hochhaus schließlich bis nach oben geschafft hatten, war das Wasser abgestellt. Dann verlor Ina auch noch einen Zahn und musste ihn mit einem Kaugummi festkleben, damit sie singen konnte. Aber die Tour war sowieso zu Ende, und am nächsten Tag ging es zurück nach Berlin. Zurück in die DDR, wo ZK-Mitglied Kurt Hager einige Monate zuvor in einem Interview mit dem *Stern* Gorbatschows Reformen als Tapetenwechsel abgetan hatte. *Würden Sie, nebenbei gesagt, wenn Ihr Nachbar seine Wohnung neu tapeziert, sich verpflichtet fühlen, Ihre Wohnung ebenfalls neu zu tapezieren?,* hatte er gefragt.

Natürlich war das nur eine rhetorische Frage gewesen, aber A-Micha, Jörn, Ina, Cabi und die anderen Musiker konnten während ihrer Tour durch Polen sehen, dass die *anderen* Nachbarn der UdSSR *bei sich* neu tapezierten – und nicht nur das. Nicht Generalsekretär Gorbatschow war die Ausnahme, sondern der ostdeutsche Diktator Erich Honecker.

Voller Tatendrang reisten A-Micha und die anderen aus Polen ab. Die Bands wollten zu Hause selbst etwas auf die Beine stellen. Etwas, das es mit der Unerschrockenheit und Größe dessen aufnehmen konnte, was sie in Polen erlebt hatten.

62

Am 17. Januar 1988 hielt die Regierung in Ost-Berlin ihren jährlichen Umzug zum Gedenken an die kommunistischen Märtyrer Rosa Luxemburg und Karl Liebknecht ab. Besonders Rosa Luxemburg war seit jeher ein Vorbild der Andersdenkenden gewesen. Obwohl die »Kampfdemonstration« von Mitgliedern des Politbüros angeführt wurde, nahmen viele Leute daran teil, die der Regierung sonst kritisch gegenüberstanden.

Nach dem Erfolg der Mahnwache wegen des Stasi-Überfalls auf die Umweltbibliothek verspürten einige Oppositionsgruppen Oberwasser. Sie wollten diesen Energieschub mitnehmen, um weiter Druck auszuüben. Einige von ihnen beschlossen, dabei bis an die Grenze zu gehen: Sie wollten während des offiziellen Umzugs selbst gemachte Transparente in die Höhe halten, mit dem Luxemburg-Zitat: »Freiheit ist immer die Freiheit der Andersdenkenden.«

Die Kirche von Unten war aus einem einfachen Grund gegen dieses Vorhaben: Die stärksten Befürworter der Aktion kamen aus Gruppen, denen vor allem Personen angehörten, die das Land verlassen wollten, die sogenannten *Ausreiser*, von denen es in letzter Zeit immer mehr gab. Im Jahr 1988 hatten insgesamt hundertzehntausend DDR-Bürger Ausreiseanträge gestellt. Natürlich hatten diese Leute nicht dieselben Ziele wie die Aktivisten. Viele der Ausreiser wollten bloß von der Stasi dabei fotografiert werden, wie sie an regierungskritischen Aktionen teilnahmen, in der Hoffnung, dass sie dadurch das Land verlassen konnten. Mit anderen Worten, diese Leute handelten aus eigennützigen Motiven und waren im Grunde unpolitisch. Sie bereiteten denjenigen, die nach Veränderung strebten und die Diktatur bekämpfen wollten, statt wegzulaufen, immer mehr Kopfzerbrechen.

Einige der Basisgruppen öffneten sich diesen Möchtegern-Emigranten. Denn, so ihr Argument, die Menschen, die einen Ausreiseantrag stellten, würden eine Menge aufgeben. Oft verloren sie noch vor der Ausreise ihren Job und einige Rechte, und schließlich warteten sie zu Hause verzweifelt auf die Bewilligung ihres Antrags – was Jahre dauern konnte. Die meisten Ausreiser landeten in Menschenrechtsgruppen, obwohl sie nur ein einziges Recht für sich verlangten: das Recht, verdammt nochmal das Land zu verlassen. Wenn *Macht kaputt, was euch kaputt macht* das inoffizielle Motto der Punkszene war, dann hätte das Motto der Ausreiser lauten können: *Und tschüss, ihr Penner.*

In der Praxis war es für die Menschenrechtsgruppen schwierig, all die Ausreiser aufzunehmen und gleichzeitig weiterhin zu funktionieren. Als sich herumsprach, dass Ausreiseanträge häufig bewilligt wurden, nachdem man sich solchen Gruppen angeschlossen hatte, wurden sie für andere Ausreiser nur noch interessanter. Die Zahl dieser Leute nahm schlagartig zu, und aufgrund der hohen Fluktuation durch die Mitglieder, die das Land verließen, gab es innerhalb der Gruppe kaum noch Zusammenhalt oder echte Kommunikation. Es war ein Riesenchaos, und die Kirche von Unten wollte nichts damit zu tun haben.

Die sind nicht wie wir.

Als eine Untergruppe der Initiative Frieden und Menschenrechte, die von über zweihundert Ausreisewilligen überrannt worden war, sich dafür einsetzte, den offiziellen Umzug für Rosa Luxemburg zu sabotieren, mahnte die Kirche von Unten zur Vorsicht: Zu viele Ausreiser wollten die Gelegenheit für ihre Zwecke nutzen; der Umzug sei wie geschaffen, um ihre egoistischen Forderungen in die Öffentlichkeit zu tragen und ihr Anliegen voranzutreiben. Sie hätten dabei nichts zu verlieren, im Gegensatz zu denjenigen, die – wie die Kirche von Unten – ihre eigene Zukunft gestalten wollten, indem sie die Verhältnisse *vor Ort* änderten. Indem sie blieben und kämpften.

Trotzdem waren einige Gruppen bereit, an dem Aufmarsch teilzunehmen. Und auch was die Bedeutung der Berichterstattung in den westlichen Medien betraf, vertraten viele dieser Gruppen einen anderen Standpunkt als die Kirche von Unten. Deren Mitglieder gingen ihnen aus dem Weg, während viele andere Gruppen ihre Aufmerksamkeit suchten.

Allerdings hatte die Stasi Wind von dem Vorhaben bekommen, auf der Kampfdemonstration mit selbst gemachten, nicht genehmigten Transparenten mitzumarschieren, und so kurz nach dem Debakel in der Zionskirche wollte sie auf keinen Fall erneut bloßgestellt werden. Das passte den Ausreisewilligen gut ins Konzept: Je mehr Spannungen es mit dem Staatsapparat gab, desto größer waren ihre Chancen auszureisen. Am Morgen des Umzugs verhafteten die Polizei und die Stasi mehr als hundert aktenkundige Aktivisten, vor allem ältere, etablierte Leute von der Initiative Frieden und Menschenrechte und aus der Umweltbibliothek, die gerade die Zionskirche verließen. Man wollte das Problem bereits im Keim ersticken.

Die meisten Mitglieder der Kirche von Unten hielten sich am Tag des Aufmarsches an einem Ort außerhalb Berlins auf – bei einem nationalen Treffen mit den verschiedenen Ortsgruppen der Offenen Arbeit. Als sie von den Verhaftungen erfuhren, dachten sie sich nichts weiter dabei: Bei Veranstaltungen dieser Art gab es jedes

Mal Verhaftungen, was inzwischen jedoch meist ohne ernsthafte Folgen blieb.

Aber dann kam es in über dreißig Städten im ganzen Land wegen der Massenverhaftung plötzlich zu Protesten – es wiederholte sich, nur in größerem Maßstab, was bereits zwei Monate zuvor nach dem Überfall auf die Umweltbibliothek passiert war. Die Demonstranten kannten diesen Film bereits, und sie wussten, dass er ein Happy End hatte.

Doch dann geriet die Situation völlig außer Kontrolle.

Nach dem Umzug gab es eine zweite Welle von Festnahmen, und gegen viele der Inhaftierten wurde Klage erhoben. Drehte die Regierung etwa doch die Zeit zurück und machte nach den Bloßstellungen des letzten Jahres Gebrauch von ihrer Macht?

Und dann passierte das Unvorstellbare: Angesichts der Klagen waren viele der Aktivisten bereit, in den Westen zu gehen – darunter einige der wichtigsten Wortführer der älteren Generation wie Bärbel Bohley, Werner Fischer, Vera Wollenberger, Ralf Hirsch und Wolfgang Templin. Manch Außenstehender hatte den Eindruck, als wäre genau dies der Zweck der ganzen Übung gewesen – als wäre die angebliche Integrität der Reformer nichts weiter als dummes Geschwätz, als wären sie auch nicht besser als all die Ausreiser.

Entsetzt und ungläubig beendeten die Demonstranten ihre landesweiten Proteste. Der Vorgang war ein Schlag ins Gesicht der anderen Reformer. Und die Zionskirche wurde zur Pointe eines sarkastischen Witzes: *Welches ist die längste Kirche Ostdeutschlands? Die Zionskirche: Man betritt sie im Osten und kommt im Westen wieder raus.*

Aber das war nicht witzig.

Die Kirche von Unten prangerte den Vorgang an und behauptete, dass die Kirchenleitung daran beteiligt gewesen sei, die Häftlinge außer Landes zu bringen, um die Situation zu entschärfen. Tatsächlich stimmte es, dass unglaublich viele Kirchenobere – besonders in Berlin – mit der Regierung gemeinsame Sache machten. Außerdem stellte sich heraus, dass der Verteidiger der inhaftierten Aktivisten für die Stasi arbeitete. Aber wie stand es mit den Aktivisten selbst? Warum hatten sie sich darauf eingelassen? Seit wann glaubte jemand der Stasi, wenn sie mit drakonischen Gefängnisstrafen drohte? Schließlich waren die festgenommenen Leute aus der Umweltbibliothek nach ein paar Tagen wieder freigelassen worden. Die Aktivisten hätten wissen müssen, dass es zu Protesten kommen würde. Und was war mit den Dissidenten in anderen Ostblockstaaten, die zusammengenommen tausende von Jahren im Gefängnis verbracht hatten – wie konnten die ausgereisten Aktivisten ihnen je wieder in die Augen blicken?

Und noch etwas wurde durch das Rosa-Luxemburg-Debakel deutlich: Die Berichterstattung westlicher Medien war kein Patentrezept. Offensichtlich war man dadurch nicht im Geringsten geschützt. Viele der Aktivisten, die festgenommen und außer Landes gebracht worden waren, waren Medienlieblinge des Westens und hatten sich dort aktiv um eine Berichterstattung bemüht. Und wo waren sie jetzt? Weg, sie waren weg.

Als den Menschen die entmutigende Tatsache bewusst wurde, dass so viele Mitglieder der Reformgruppen bereit gewesen waren, das Land zu verlassen, obwohl sich die Dinge zum Besseren zu wenden schienen, gewann die Attitüde der Punks – *Macht kaputt, was euch kaputt macht* – noch weiter an Bedeutung. Als man A-Micha angeboten hatte, ihn aus dem Gefängnis in den Westen zu entlassen, lautete seine Antwort im Grunde: *Leckt mich am Arsch, ich bleibe.*

Die Haltung der Punks war durchaus konsequent: Wenn man die Welt verändern wollte, musste man vor der eigenen Haustür beginnen.

Die Punks waren immer noch aktiv, während andere Gruppen aufgrund des großen Mitgliederschwunds weiter schrumpften oder von den Ausreisern überrannt wurden. Die Punks hatten das

Gefühl, dass sie bei ihrem Kampf von jetzt an ganz auf sich allein gestellt waren.

Die Punks waren unter den ostdeutschen Oppositionsgruppen am radikalsten und streitlustigsten – obwohl, das trifft es nicht ganz. Die Gruppen, in denen sie stark vertreten waren, wie die Kirche von Unten, waren am radikalsten und streitlustigsten. Und die Punks, die auch in vielen anderen Gruppen einen großen Anteil der Mitglieder stellten, waren dort in der Regel die radikalsten und streitlustigsten Personen; inzwischen gab es unter dem Dach der evangelischen Kirche im ganzen Land mehr als dreihundert eigenständige Gruppen, die zwischen fünf und achtzig Mitglieder hatten.

Die Punks suchten die Konfrontation, und die meisten von ihnen waren schon einmal von der Polizei verprügelt worden. Sie hatten keine Angst davor – das kannten sie bereits –, genauso wenig wie vor den gesellschaftlichen und finanziellen Folgen, denn sie hatten der Gesellschaft schon vor langer Zeit den Rücken gekehrt. Nicht nur gedanklich, sondern auch in ganz praktischer Hinsicht: Sie hielten sich ohne offizielle Jobs über Wasser und lebten außerhalb der staatlich kontrollierten Bereiche. Selbst Punks der ersten Generation wie Pankow, Speiche und A-Micha wirkten im Vergleich zu den alternden Hippies der zahlreichen Friedens- und Umweltgruppen jung. Aus all diesen Gründen standen die Punks an vorderster Front der immer chaotischer werdenden Proteste, die die letzten anderthalb Jahre unter der Herrschaft der kommunistischen Partei prägen sollten; wobei der Großteil der Demonstranten von der jüngsten Generation gestellt wurde; Jugendliche, die erst nach dem Durchgreifen der Stasi 1983 und 1984 zur Szene gestoßen waren.

Die Punks waren Straßenkämpfer und ließen die Schläge der Gummiknüppel für die hinter ihnen Stehenden über sich ergehen.

Aber sie änderten ihre Taktik.

In einem Bericht der Stasi-Hauptabteilung XX vom 16. Februar 1988 stand: »Die ›Kirche von Unten‹ hat sich im Laufe der

Ereignisse seit November 1987 als Führungskraft von Aktionen gestärkt«, während die Umweltbibliothek und die Initiative Frieden und Menschenrechte durch dieselben Ereignisse »institutionell geschwächt« worden seien. Und das war noch untertrieben: Die Initiative Frieden und Menschenrechte existierte nach den Verhaftungen im Anschluss an die Gedenkveranstaltung praktisch nicht mehr. Und in der Umweltbibliothek kam es Anfang 1988 zwischen den Mitgliedern zum Bruch, was zur Abspaltung einer Untergruppe und einem internen Machtkampf führte. In dem Bericht heißt es weiter, in der Kirche von Unten sei zurzeit »eine starke Distanzierung von Übersiedlungsersuchenden festzustellen«, und dass sie neue Formen der Offenen Arbeit entwickle, wie etwa durch Tournee-Programme Musik und politisches Engagement zu den Gruppen in Halle, Saalfeld, Jena, Rudolstadt und Greifswald zu bringen.

Die Organisationsform der Kirche von Unten entsprach der Vorstellung, die A-Micha nach seiner Entlassung aus dem Gefängnis von seiner eigenen Vorgehensweise entwickelt hatte – als Vorbild dienten ihm die Narodniki, eine sozialrevolutionäre Bewegung des neunzehnten Jahrhunderts, deren Vertreter Wegbereiter der russischen Revolution waren. Die Narodniki gingen direkt zu den Menschen, um sie politisch aufzuklären; sie gründeten vor Ort einzelne revolutionäre Zellen und zogen dann weiter in dem Vertrauen, dass die neu geschaffene Lebensweise Bestand hatte und sich weiter ausbreitete. Es waren überfallartige Aktionen, um eine Volksbewegung ins Leben zu rufen, die für die Revolution gerüstet war; um den einfachen Leuten die Erschütterungen in den Grundfesten der Gesellschaft und die Brüchigkeit der Regierungsmacht bewusst zu machen; um einen Funken zu entzünden, der langsam weiterschwelte und im Innern der Gesellschaft ein Lodern entfachte, das sich mit seiner Hitze und Intensität in ein reinigendes Feuer verwandelte.

A-Micha und Herne gehörten zu jenem inneren Kreis der Erlösergemeinde, der sich ständig Gedanken machte, wie man ihre Sache weiter vorantreiben könne.

Was können wir als Nächstes tun?

Anfang 1988 wandten sich die Punks aus der Erlösergemeinde an Dirk Moldt, der in der Kirche von Unten immer noch für die Finanzen zuständig war. Sie wollten parallel zum Festival der FDJ ein großes Frühlingsfest organisieren – eine Art musikalisches Gegenstück zum letztjährigen Kirchentag von Unten. Das Vorhaben war inspiriert von der Unerschrockenheit und Dimension dessen, was A-Micha in Polen erlebt hatte. Herne, der ursprünglich die Kontakte nach Polen geknüpft hatte, war oft in das Land gereist und hatte dort Musikfestivals besucht. Sicher, diese Festivals waren damals immerhin halblegale Veranstaltungen, während alles, was man in Ost-Berlin auf die Beine stellte, absolut verboten war. Aber es war einen Versuch wert.

Wir bleiben hier und werden kämpfen.

Moldt und die Kirche von Unten erklärten sich bereit, Mittel für die Veranstaltung zur Verfügung zu stellen, die überwiegend aus den Einnahmen ihres Kirchentags stammten.

Die Sache konnte also laufen.

Das Frühlingsfest in der Erlöserkirche würde ein Spektakel werden; aber es würde nicht nur darum gehen, Aufmerksamkeit zu erregen – besonders die Aufmerksamkeit westlicher Medien –, so wie das bei der Störung eines offiziellen Umzugs zwangsläufig der Fall gewesen war.

Das war eine Posse gewesen.

Dies hier war Punkrock.

63

Am Samstagmorgen des Frühlingsfests klingelte bei Herne in aller Früh der Wecker. Seine Wohnung war voller verkaterter Punks aus dem ganzen Ostblock, denn am Abend zuvor hatte das Frühlingsfest angefangen.

Herne stand auf und warf einen Blick aus dem Fenster.

Es schneite.

Scheiße.

Es war der 23. April 1988.

Aber, dachte Herne, *wenn das das Schlimmste ist, was heute passiert ...*

Bei den Vorbereitungen des Fests war es immer wieder zu kleineren Dramen gekommen.

Selbst der Termin war ein Problem gewesen – sie mussten während der Planungsphase falsche Termine benutzen, um die Stasi in die Irre zu führen, die überall, selbst in der Erlösergemeinde, ihre Ohren zu haben schien. Allein die Zustimmung des Pfarrers für das Festival zu bekommen, war ein hartes Stück Arbeit gewesen. Sie hätten sich fast mit ihm geprügelt.

Und im weiteren Verlauf warteten noch größere Schwierigkeiten auf sie. Herne und sein Bruder Mecki hatten extra für das Fest ein Fanzine produziert. Ursprünglich wollten sie es selbst drucken, aber da die Kirchengemeinden seit dem Stasi-Überfall auf die Umweltbibliothek noch vorsichtiger geworden waren, durften sie keine der beiden zur Verfügung stehenden Druckmaschinen benutzen. Jemand schlug vor, das Fanzine in Polen zu drucken und es über die Grenze zu schmuggeln. Obwohl sein »Cousin« Slipeck den Druck organisieren konnte, fand A-Micha es nicht in Ordnung, einen ihrer polnischen Freunde zu bitten, das Risiko des Transports auf sich zu nehmen.

»Hört zu«, sagte er den anderen Festivalorganisatoren im Profikeller. »Ich habe mit so was die meiste Erfahrung.«

Namenlos würden auf dem Fest nicht auftreten; die Band befand sich immer noch im Umbruch.

»Ich war schon mal im Knast«, fuhr er fort. »Und ich hatte schon mal mit den Bullen und der Stasi zu tun. Außerdem kenne ich die Leute in Polen. Ich werde es tun. Ich fahre rüber und schmuggle die Hefte über die Grenze.«

Das klang einleuchtend und vernünftig.

Ein paar Wochen vor dem Fest fuhr A-Micha mit dem Zug nach Polen, in der Tasche wieder mal ein »Cousin-Visum«. Herne hatte in einer Schublade im Profikeller einen ganzen Vorrat davon; sie waren sechs Monate gültig. A-Micha traf sich mit Slipeck und nahm tausend Exemplare des Fanzines entgegen. Seine Freunde in Polen schlugen vor, sie in einen riesigen Teddybär einzunähen, aber A-Micha hielt das nicht für praktikabel – es waren einfach zu viele Exemplare, und der Bär würde zu viel wiegen. Stattdessen stopfte er sie alle in seine Reisetasche und bestieg damit den Zug Richtung Grenzübergang bei Frankfurt an der Oder. Seine Freunde meinten, er solle wenigstens eine Flasche Wein trinken, damit er bei der Grenzkontrolle nach Alkohol stinken würde. Vielleicht würden die Kontrolleure dann rasch an ihm vorbeigehen, ohne ihn zu durchsuchen. Aber der Zug war viel zu voll, um etwas zu trinken, denn es war in Polen verboten, in der Öffentlichkeit Alkohol zu konsumieren; darauf standen bis zu zwei Jahre Gefängnis. In *mancher* Hinsicht war Ostdeutschland doch freizügiger.

An der Grenze leerte sich A-Michas Waggon schlagartig. Es war der letzte Halt in Polen. Im vorderen Bereich des Waggons stand ein Mitarbeiter vom Zoll. Offensichtlich war er der einzige Zöllner im Zug, und er starrte jetzt zu dem einzigen Fahrgast im Zug herüber.

Scheiße, ein Stasi-Informant muss mich verraten haben, dachte A-Micha.

Er hatte keine Zeit, die Reisetasche unter seinen Sitz zu schieben, geschweige denn unter einen der anderen Sitze. Der Zöllner kam direkt auf ihn zu und durchsuchte seine Tasche.

Agententätigkeit!

Dafür könne er vier bis sechs Jahre bekommen, erklärte man ihm.

Da A-Micha keine Lust hatte, wieder ins Gefängnis zu wandern, hatte er sich mit der Gesetzeslage vertraut gemacht, bevor er zu seiner Expedition aufgebrochen war. Dabei hatte er ein Schlupfloch entdeckt. Wenn an der Aktion lediglich eine Person aus Ostdeutschland und eine Person aus dem Ausland beteiligt war, galt das nicht als Agententätigkeit.

A-Micha wusste, wie man sich bei einem Verhör verhalten musste. Jedes Mal wenn er befragt wurde, erzählte er eine Geschichte, die ganz offensichtlich falsch war, damit der Fragensteller ihm zu verstehen gab, dass er das bereits wisse oder dass die Geschichte aus diesen und jenen Gründen nicht stimmen könne. Es war ein Trick, um herauszufinden, was die Stasi oder wer auch immer tatsächlich wusste. Als A-Micha also zum Verhör nach Frankfurt an der Oder gebracht wurde, behauptete er, dass er die Hefte auf dem Flohmarkt gekauft habe, weil er sie interessant gefunden habe. Der Zöllner machte sich währenddessen Notizen. Nachdem er seinen Bericht getippt hatte, erklärte er A-Micha in einem unerwartet freundlichen Tonfall: »Die Herren aus Berlin sind jetzt unterwegs.

Ich nehm das mal alles auf, was Sie da sagen, aber für die müssen Sie sich schon was Besseres einfallen lassen.«

Nicht alle Funktionäre waren gleich. Einige von ihnen, wie dieser Mann, waren recht umgänglich. Er konnte sich ein Kichern nicht verkneifen, und seine Warnung war weniger eine Drohung als ein freundlicher Ratschlag.

Schließlich wurde A-Micha von der Stasi in Frankfurt abgeholt und nach Berlin gebracht. Dort begann man mit dem Verhör noch mal ganz von vorne.

Diesmal erzählte A-Micha eine Geschichte, die darauf abzielte, die Gesetzeslücke zu nutzen, die er ausgemacht hatte: Er und sein Kumpel Slipeck kamen als Einzige darin vor, ein Ostdeutscher und ein Pole, sonst niemand. Die Behörden gingen davon aus, dass Slipeck A-Michas Cousin war – weshalb er das Visum erhalten hatte. Die Stasi versuchte herauszufinden, wo genau das Fanzine gedruckt worden war und wer in welcher Funktion daran beteiligt gewesen war. A-Micha beharrte darauf, dass er das nicht wisse – Slipeck habe es gedruckt, und er, A-Micha, sei erst nach der Fertigstellung dazugekommen.

Die Stasi wusste jetzt – oder sie hatte jetzt die Gewissheit –, dass in der Erlösergemeinde ein Frühlingsfest vorbereitet wurde. »Welche Bands treten dort auf?«

»Keine Ahnung«, log A-Micha. »Ich war nicht da. Ich war in Polen.«

Sie forderten ihn auf, ihnen Informationen über das Fest zu geben.

»Ihr könnt mich ja wieder ins Gefängnis sperren; das mache ich nicht«, bluffte A-Micha.

»Nee, Herr Horschig, das können Sie vergessen. Wir machen nicht wieder einen Märtyrer aus Ihnen. Wir haben Mittel und Wege, Sie zum Schweigen zu bringen.«

Sie werden mich töten, dachte A-Micha.

Sie werden es wie einen Verkehrsunfall aussehen lassen.

A-Micha war fix und fertig.

Schließlich einigte man sich auf einen Deal: Die Stasi wollte ihn laufen lassen, wenn er ihnen am nächsten Tag eine Liste mit den auftretenden Bands gab.

Aber A-Micha hatte nicht vor, sich an die Abmachung zu halten.

Nachdem man ihn aus der U-Haft entlassen hatte, suchte er das ABC auf, einen Jugendklub in Köpenick, in dem gerade ein paar seiner Freunde rumhingen. Seine Rückkehr hatte sich um einige Tage verzögert; die anderen waren überrascht, ihn zu sehen. *Du hast es geschafft!* Bei ein paar Bierchen erklärte er die Situation. Er wusste, dass ihm mehrere Stasi-Mitarbeiter gefolgt waren, aber er und seine Freunde hatten eine Idee, wie sie sie abschütteln konnten. Kurz darauf verließen dreißig Personen gleichzeitig das ABC und liefen unvermittelt in unterschiedliche Richtungen davon. Es waren nicht genug Agenten in Zivil anwesend, um allen zu folgen, und A-Micha konnte in dem Durcheinander seine Verfolger abhängen. Anschließend suchte er Diakon Lorenz Postler, Herne und einige andere Leute auf, um sich mit ihnen zu überlegen, wie er dem Gefängnis entkommen konnte, ohne wichtige Informationen preisgeben zu müssen.

Sie besprachen bis ins kleinste Detail, was er der Stasi erzählen durfte und was nicht. Sie vermuteten, dass die Stasi das Fest sowieso nicht verhindern würde; darum war es nicht schlimm, ihnen ein paar Informationen zu liefern. Am nächsten Tag suchte A-Micha in Begleitung von Diakon Postler und einem weiteren Punk erneut das Stasi-Büro auf. So gaben sie der Stasi zu verstehen, dass sie Bescheid wussten, und überzeugten gleichzeitig die Leute der Erlösergemeinde davon, dass A-Micha kein Spitzel war. Seine Enthüllungen führten lediglich dazu, dass viele Polen in den Tagen vor dem Fest von den Grenzern durchsucht wurden: Zwei Mitglieder der Band Trybuna Brudu wurden für sechsundzwanzig Stunden festgehalten und dann nach Warschau zurückgeschickt; und mehrere Punks, die versuchten, Zeitschriften und westliche Punkalben ins Land zu schmuggeln, wurden ebenfalls abgewiesen.

Am Donnerstag, dem 21. April, konnten Herne und seine Leute sich endlich an die Arbeit machen – sie errichteten eine Open-Air-Bühne und die Anlage, stellten die Toilettenhäuschen auf und bauten die Essens-, Bier- und Informationsstände zusammen. Am Freitag wurde das Fest eröffnet, mit Live-Auftritten von Reasors Exzesz aus Ost-Berlin, gefolgt von Aurora aus Ungarn und drei Bands aus der Tschechoslowakei: O.P.M., Šanov 1 und Do Řady.

Am Samstag, dem 23. April, dem Haupttag, gab es zehn Stunden Punk am Stück. Und dazu am frühen Morgen den Schnee, der zunächst gar nicht nachließ.

Zum Glück kam irgendwann die Sonne raus, und die Temperaturen stiegen knapp über den Gefrierpunkt, als die erste Band mittags um halb eins zu spielen anfing. Da der Schnee nachgelassen hatte, blieb die Bühne trocken. Als Karcer aus Polen die Bühne betraten, kam zum ersten Mal richtig Bewegung in die Massen. Es wurde Pogo getanzt, während hinter der Bühne, wo eine Plane gespannt war, um die Bands vor der kalten Nachmittagsluft zu schützen, gemächlich die S-Bahnen vorbeizuckelten. Im Laufe des Tages wurde der Besucherandrang immer größer, und schließlich sahen mehrere tausend Leute Bands aus West-Berlin und Italien sowie jede Menge Auftritte von Punkbands aus der DDR: die Spermacombo und die Fantastischen Frisöre von außerhalb sowie Wartburgs für Walter und Reasors Exzesz.

Re-Aktion aus Potsdam, mit ihrem furchterregend aggressiven Hardcore-Polit-Punk, traten am Samstag als Erste auf und beendeten den Abend auch:

Sag der Partei Goodbye.
Schrei *Opposition!*

Insgesamt achtzehn Bands aus sechs Ländern hatten die Erlösergemeinde gerockt. Die Ost-Berliner Punks hatten es mal wieder geschafft, in einer öffentlichen Veranstaltung ihre Botschaft unters Volk zu bringen. Alle Besucher konnten die Erschütterungen spüren, die die Grundfesten der Gesellschaft zum Wackeln brachten – und das nicht nur wegen der gehetzten Maschinengewehrbeats des Schlagzeugs.

Aggression und Improvisation; Wut und Kreativität – das Fest hatte wieder einmal die Energie des Punk und die Anfälligkeit der Staatsführung vor Augen geführt.

Die Stasi war zwar vor Ort gewesen und hatte alles beobachtet, aber sie war nicht eingeschritten. Weder hatte man auf dem Kirchengelände Straßensperren oder Kontrollstellen errichtet noch wie in den frühen 1980er-Jahren die Bahnhöfe abgeriegelt; und die rebellischen Gesänge waren unter freiem Himmel erklungen und nicht in einem feuchten Keller.

Wir bleiben und werden kämpfen.

Die Punks waren dabei, den Krieg zu gewinnen.

Mehrere Mitglieder von Karcer übernachteten während des Festival-Wochenendes in Pankows Wohnung. Er hatte nicht nur durch die Musik Kontakte nach Polen, sondern auch über die politischen Gruppen, in denen er tätig war – so etwa zur Gewerkschaft Solidarność. Und bald schon geriet er in ähnliche Schwierigkeiten wie A-Micha. Pankow und ein Mädchen namens Sue hatten sich bereit erklärt, Broschüren aus der DDR nach Polen zu einem Geheimtreffen von Solidarność zu schmuggeln. Aber am Übergang in Frankfurt an der Oder wurden sie von den ostdeutschen Grenzposten hochgenommen.

Pankow und Sue wurden vom Zug in ein Gefängnis gebracht. Die Broschüren allerdings tauchten nie auf. Pankow war es gelungen, in einem Waggon einen Teil der Decke abzuschrauben – nicht in dem Waggon, in dem sie saßen – und die Broschüren dort für den

Grenzübertritt zu verstecken. Die beiden wurden mehrere Tage lang verhört – man wollte wissen, wo sie die Unterlagen versteckt hatten –, und Pankow wurde in der Haft zusammengeschlagen. Aber er hielt dicht.

Nachdem man ihn wieder freigelassen hatte und er nach Berlin zurückgekehrt war, war er so wütend, dass er den kühnen Entschluss fasste, die Stasi wegen Körperverletzung zu verklagen. Er ging zu einem Arzt, der ihn untersuchte, die verschiedenen Verletzungen dokumentierte und seine Prellungen fotografierte. Dann machte er sich auf die Suche nach einem Anwalt; aber niemand wollte den Fall übernehmen. Keine Chance. Schließlich vereinbarte er einen Termin mit Gregor Gysi, der damals einer der prominentesten Gorbatschow-Anhänger in der SED war. Gysis Vater war ein Partei-Hardliner und hochrangiger Funktionär, aber Gregor hatte als Anwalt immer wieder verschiedene Dissidenten verteidigt. Er erklärte sich nun bereit, Pankows Fall zu übernehmen.

Das erste Hindernis, auf das Pankow und Gysi stießen: Es war nicht möglich, die Stasi direkt zu verklagen. Pankow musste eine allgemein formulierte Klage wegen Körperverletzung durch den Staat einreichen.

Kurz nachdem er die Möglichkeiten einer Klage geprüft hatte, erwischte er bei sich zu Hause einen Stasi-Knecht in Zivil, der versuchte, in seine Wohnung einzubrechen. Pankow sah rot, stieß den Mann in seine Wohnung und prügelte ihm die Seele aus dem Leib.

Am Ende rannte der Geschlagene nach draußen, aber es rückte keine Verstärkung an, um Pankow festzunehmen. Nicht an diesem Tag. Nicht am nächsten Tag. Überhaupt nicht.

Die Dinge kamen tatsächlich in Bewegung.

Pankows Klage – die erste dieser Art – kam schließlich zur Verhandlung. Und er gewann. Allerdings erhielt er nie ein schriftliches Urteil, sondern nur eine mündliche Bestätigung. Sowie dreihundert Ostmark Schmerzensgeld.

Und damit war die Sache erledigt.

Nachdem Pankow seinen Prozess gewonnen hatte, schrieben er und A-Micha – nach den Vorfällen an der Grenze durften sie nicht mehr nach Polen – immer wieder Eingaben wegen einer Reisegenehmigung nach Polen, nur um die Leute auf die Palme zu bringen. Wenn die beiden nichts Besseres zu tun hatten, schrieben sie pro Woche manchmal zwanzig Briefe. Pankow besuchte sogar die Sprechstunde des Staatsratsvorsitzenden und wurde so zu einem öffentlichen Ärgernis.

Schließlich erhielt er eine Vorladung ins Innenministerium.

Dort erklärte ihm ein Mann in einem grauen Anzug emotionslos, dass man ihm niemals wieder erlauben würde, das Land zu verlassen.

In dem Fall musste sich eben das Land verändern.

64

Die örtlichen Behörden in Ostdeutschland gingen auf sehr unterschiedliche Weise mit Schwierigkeiten um. In der Provinz hatten die Menschen einen schweren Stand. Weimar etwa, wo die jugendlichen Punks 1983 in den Knast gewandert waren, weil sie anarchistische Sprüche auf Mauern gesprüht hatten, galt als Versuchslabor der Stasi – die örtliche Stasi konnte tun und lassen, was sie wollte, und mit aller Härte gegen die Bevölkerung vorgehen. Die verschlafene Goethe-Stadt war zu klein und zu abgelegen, als dass man Konsequenzen dafür zu befürchten hatte. Das war den Stasi-Leuten durchaus bewusst.

Auch sonst hatte jeder Ort seine eigenen Besonderheiten; in Ost-Berlin war die Lage in der Regel am entspanntesten, was zum Teil daran lag, dass die Stadt im Fokus der westlichen Medien stand. Die Berliner auf beiden Seiten der Mauer waren in Deutschland am besten informiert, weil die zahlreichen Sender dort Ansichten von Washington bis Moskau brachten.

In Dresden war das anders. Dort war es schwierig, an Informationen zu kommen. Obwohl Dresden für ostdeutsche Verhältnisse eine große Stadt war, befand es sich im sogenannten Tal der Ahnungslosen. Vom Weltgeschehen bekam man dort kaum etwas mit.

Auch die Punks dort hatten einen schweren Stand.

Die regionale Kirchenleitung weigerte sich, der Offenen Arbeit oder Organisationen wie der Kirche von Unten Räumlichkeiten zur Verfügung zu stellen, sodass die Punks gezwungen waren, ihre Aktivitäten auf die Straße zu verlegen, wo sie immer wieder von Bürgern und Sicherheitskräften angegriffen wurden. Im Jahr 1988 verschlechterte sich die Situation der Punks noch weiter, als man sie mit einem Innenstadtverbot belegte. Im Zuge einer breit angelegten Aktion führten die Sicherheitskräfte Durchsuchungen in Wohnungen von Punks durch; und als einer von ihnen, ein Bursche namens Lars Konrad, versuchte, wie Pankow Klage gegen die Polizei einzureichen – wegen Körperverletzung und widerrechtlicher Durchsuchung seiner Wohnung –, wanderte er für achtzehn Monate in den Knast.

In Leipzig führten die abgebrochenen Proteste wegen der Verhaftungen im Umfeld der Rosa-Luxemburg-Parade zu den montäglichen Friedensgebeten in der Nikolaikirche, direkt in der historischen Altstadt. Doch im Mai fingen die Behörden an, die Kirche unter Druck zu setzen, die Gebete wieder einzustellen. Eine ihrer Maßnahmen erinnerte an das Vorgehen in den vergangenen Jahren in Berlin: Die Kirchenleitung von Sachsen wollte 1989 einen Kirchentag abhalten, und der Staat bestand darauf, dass man seine Bedingungen erfüllte, andernfalls könne man das Vorhaben vergessen. Eine dieser Bedingungen war die Einstellung der Friedensgebete, so wie man in Berlin darauf bestanden hatte, die jährliche Friedenswerkstatt abzusagen.

Bis dahin waren die Friedensgebete von mehr oder weniger unabhängigen Gruppen unter dem Dach der Kirche organisiert und abgehalten worden. Sie agierten ähnlich wie die Umweltbibliothek innerhalb der Zionsgemeinde, die vom zuständigen Pfarrer kaum beaufsichtigt wurde, oder wie die Punks in der Erlösergemeinde, die nur mit einem Sozialdiakon als Betreuer in Eigenregie den

Profikeller betrieben. Es gab allerdings einen großen Unterschied: Die Leipziger Gruppen nahmen sehr viel mehr Ausreiser bei sich auf. Um das Problem mit den Friedensgebeten zu lösen, bestand die Leipziger Kirchenleitung zunächst darauf, dass ein Pfarrer an den Veranstaltungen teilnahm. Aber in der Sommerpause ging die Kirche noch einen Schritt weiter: Superintendent Friedrich Magirius erklärte, dass in Zukunft allein die Nikolaigemeinde die Montagstreffen organisieren würde. Im Anschluss an das erste Friedensgebet nach dieser Entscheidung am Montag, dem 29. August 1988, stießen mehrere Aktivisten eine Diskussion über die organisatorischen Neuerungen an, aber bald schon wurden sie vom Kirchenorganisten übertönt, der auf ein Zeichen des Pfarrers hin zu spielen begann.

Die Leipziger Band L'Attentat münzte den Text des Wutanfall-Stücks »Leipzig in Trümmern« nach den verheerenden Auswirkungen des Rosa-Luxemburg-Umzugs 1988 nun auf die neue Situation um:

Das junge Blut hält die Fahne in'n Wind.
Die alten Leute im Westen sind.
Für Ideale geht keiner in'n Knast.
Die Revoluzzer haben sich angepasst.

Die Entwicklung in Berlin lief in die entgegengesetzte Richtung. Allerdings war das nicht der Kirche zu verdanken, die sich dort noch stärker als in Leipzig der offiziellen Parteilinie unterordnete.

Am 29. September 1988 versammelten sich etwa fünfzig Personen vor dem Pergamonmuseum, dem Prunkstück der Ost-Berliner Museen, das weltberühmte Exponate der Antike wie das babylonische Ischtar-Tor und den Pergamonaltar beherbergte. Die Leute waren von der Kirche von Unten zusammengetrommelt worden und warteten auf eine Delegation des Internationalen

Währungsfonds – der ultimativen imperialistischen Institution des Westens, des ultimativen ideologischen Feindes der kommunistischen Regierung. Allerdings hatte die Regierung die Vertreter des IWF mit offenen Armen empfangen – einige von ihnen übernachteten während der IWF-Konferenz in West-Berlin sogar in einem Hotel im Osten. Nun war für eine Delegation ein Besuch des Museums geplant. Die Kirche von Unten war vor allem darüber verärgert, dass die DDR es einigen der Konferenzteilnehmer erlaubt hatte, im Osten zu übernachten – offensichtlich gegen die Zahlung harter Devisen.

Andere Gruppen aus dem Umfeld der Kirche, wie die Friedensgruppe aus Friedrichsfelde, hatten parallel zur Konferenz mehrere Aktivitäten geplant; am ehrgeizigsten war das Vorhaben, einen Marsch zwischen drei Kirchen zu veranstalten und in jeder einen Gottesdienst abzuhalten. Aber nachdem die Regierung die Kirchenleitung unter Druck gesetzt hatte, wurden fast alle Aktionen abgeblasen.

Also blieb es der Kirche von Unten überlassen, etwas zu unternehmen.

Einige ihrer unverdrossensten Mitglieder wie Speiche und Dirk Moldt hatten am Abend zuvor, dem 28. September, im Hotel angerufen, um dort die veralteten Telefonleitungen zu blockieren. Am 29. September folgte Phase zwei ihres Plans, die Scheinheiligkeit der Staatsführung zu entlarven. Die betuchten IWF-Delegierten waren unschwer zu erkennen, während sie sich in ihren eleganten West-Anzügen dem Museum näherten. Als sie schließlich dort eintrafen, bewarfen die Demonstranten sie mit Kleingeld. Die Aktion war ganz dem Geist des Punk verpflichtet, sie war unerschrocken und witzig und typisch für die Kirche von Unten. Und die Polizei ließ sie gewähren.

Anschließend marschierten die Demonstranten Richtung amerikanische Botschaft; aber diesmal wurden sie aufgehalten. Viele von ihnen wurden verhaftet und zum Verhör mitgenommen. Doch sie hatten noch einen Trick auf Lager. Auf der Fahrt zum Gefängnis in einem militärmäßigen Transporter aß jeder von ihnen rohe Knoblauchzehen, die sie vorher eingesteckt hatten. Als sie in die Arrestzellen getrieben wurden, verströmte die Meute einen bestialischen Gestank, und während der Verhöre waberte der Knoblauchgeruch quer über die Tische. Das ganze Untersuchungsgefängnis war davon erfüllt.

Die Demonstranten wurden alle umgehend auf freien Fuß gesetzt.

Sie waren mit einer öffentlichen Protestaktion ungestraft davongekommen. Einer ziemlich öffentlichen Protestaktion vor einem der beliebtesten Touristenziele. Ohne Kirche gab's auch keine Probleme. Ihr Betätigungsfeld war jetzt die Straße. Zuerst hatten sie der Gesellschaft den Rücken gekehrt und in der Kirche Zuflucht gefunden. Dann hatten sie auch der Kirche den Rücken gekehrt. Und jetzt würden sie die Straße erobern.

Wir sind das Volk, wir sind die Macht!

Einen Verlust gab es jedoch zu beklagen: Eine von Medien-Siggis drei kostbaren Videokameras wurde beschlagnahmt, als er mit den Demonstranten Richtung US-Botschaft marschierte. Zum Glück waren die anderen Kameras an einem sicheren Ort.

Da er seinen Job als Bauleiter bereits verloren hatte, versuchte Siggi, wann und wo er konnte, Filmaufnahmen zu machen – trotz der Erfahrungen während des Rosa-Luxemburg-Umzugs und der Tatsache, dass die Medienlieblinge des Westens ausgebürgert worden waren, fand er es wichtig, der Opposition in den westlichen Medien eine Stimme zu geben. Und aus irgendeinem Grund ließ ihn die Stasi gewähren. Sie führte weiterhin eine Akte über ihn – unter dem Namen »Satan« –, aber es war die alte Geschichte: Die Mitarbeiter konnten sich nicht vorstellen, dass er auf eigene Faust arbeitete. Siggi wurde zwar häufig von seinem Mitstreiter Aram

Radomski unterstützt, aber mehr Personen waren nicht beteiligt. Siggi machte seine Aufnahmen und übergab die Bänder in der Regel einem Journalisten vom *Spiegel,* der eine Art Diplomatenstatus genoss und ohne Durchsuchung die Mauer passieren konnte; das war alles. Die Stasi, die offenbar nur die Berichterstattung der offiziellen Medien kannte, glaubte, dass für die Produktion von Videos in Sendequalität ein riesiges Team erforderlich sei. Also ließ sie Siggi weitermachen, damit er sie zu seinen Hintermännern führte, zu den Drahtziehern einer – wieder einmal – hierarchischen Organisation. Und das, obwohl einer von Siggis engsten Freunden ihn bespitzelte und sich sogar bei seinem Führungsoffizier beschwerte: »Jetzt habe ich schon so viel über den Schefke gesammelt – wann sperren Sie den endlich ein?«

Siggi und Aram filmten unablässig den äußerlichen Zerfall der DDR, sei es nun den Niedergang der Innenstädte, wo die Partei alte Gebäude niederreißen ließ, um Platz für weitere Hochhauskomplexe zu schaffen, oder die akute Luftverschmutzung in vielen Gegenden des Landes. Im Laufe der Jahre wurde selbst den einfachen Bürgern klar, dass es Umweltprobleme gab. 1986 und 1987 etwa gingen an Ost-Berlins Straßen plötzlich zahlreiche Bäume ein. Ursache waren wahrscheinlich die undichten, hundert Jahre alten Gasleitungen, die im Osten immer noch benutzt wurden. Eine aktuelle Studie der Umweltbibliothek kam zu dem Schluss, dass man in einem Drittel der Seen des Landes nicht mehr ohne Gesundheitsschäden baden konnte.

Als die DDR-Regierung Ende 1988 die Menge des westdeutschen Giftmülls erhöhte, der in der DDR entsorgt wurde – gegen harte Devisen, versteht sich –, hielten verschiedene Basisgruppen eine erneute Protestaktion für angebracht.

Am 11. November 1988 machten sich Demonstranten auf den Weg nach Schöneiche, einem Vorort Berlins, wo eine Sondermüllverbrennungsanlage stand, die ohne öffentliche Kontrolle und ohne Rücksicht auf die Bevölkerung die Luft mit den Abgasen des westlichen Giftmülls verpestete. Eine Gruppe der Umweltbibliothek fuhr mit dem Fahrrad, und eine Gruppe der Kirche von Unten kam mit dem Zug und marschierte anschließend eine Zufahrtsstraße hinunter, die hauptsächlich von den Lastern benutzt wurde, die den Müll zur Anlage brachten. Während die Punks und Freaks mit ihren Transparenten die Straße entlangliefen, bemerkten sie plötzlich, dass eine Reihe Autos die Straße hinaufgefahren kamen. Das hatte nichts Gutes zu bedeuten. Also versteckten sie sich mitsamt den Transparenten in den Gebüschen.

Doch sie wurden geschnappt.

Man brachte sie zum Verhör aufs Polizeirevier, aber sie behaupteten, dass sie nichts von einer geplanten Demonstration wüssten.

Auf die Frage, woher sie sich kennen würden, ratterte jeder von ihnen die Namen der Bars herunter, in denen sie sich trafen. Und als man wissen wollte, was sie in der Gegend zu suchen hätten, erklärte einer der Demonstranten, dass er in einem der umliegenden Dörfer wohne und mit seinen Saufkumpanen eine Wanderung unternehmen wollte, um ihnen die schöne Landschaft seines Heimatorts zu zeigen. Auf die Frage, was seine Hobbys seien, antwortete er: »Biertrinken und Wandern.«

Letzteres sorgte, als er den anderen nach der gemeinsamen Entlassung am selben Tag davon erzählte, für ausgelassene Heiterkeit.

Wieder einmal ließ man die Demonstranten laufen, nachdem man ihnen eine Geldstrafe von dreihundert Mark aufgebrummt hatte. Sicher, das war damals ein kleines Vermögen, aber sie konnten das Geld mit einem Benefizkonzert oder etwas Ähnlichem zusammenbekommen. Entscheidend war: keine U-Haft, kein Prozess, kein Gefängnis. Nach den Verhaftungen in der Umweltbibliothek im Jahr zuvor und im Anschluss an den Gedenkmarsch für Rosa Luxemburg war dies ein Beleg dafür, dass die Regierung wahrscheinlich nicht zu einem härteren Kurs zurückkehren würde. Vom

Frühlingsfest über die Protestaktion gegen den IWF bis hin zum vereitelten Demonstrationsversuch war niemand in den Knast gewandert.

Damit sandte man an einen Haufen Punks und Unruhestifter abermals ein gefährliches Signal aus. Da ihre Aktionen ohne Folgen blieben, würden sie in Zukunft zwangsläufig noch mutiger werden.

Ende 1988 erklärte sich die kommunistische Partei in Polen bereit, mit Solidarność Gespräche aufzunehmen. Ein weiteres gefährliches Signal. Aus Sicht der ostdeutschen Regierung war das zu viel Glasnost. Sie schien ernsthaft besorgt über die neue Bedrohung durch die angeblichen Verbündeten des Ostblocks, und Ende 1988 wurde die deutschsprachige russische Zeitschrift *Sputnik* von ihr verboten.

Erneut konnten Leute wie Speiche die Erschütterungen spüren, die die Regierung in ihren Grundfesten erzittern ließen.

Honeckers Regierung war *verängstigt.*

Ihre Maßnahmen verrieten *Angst.*

Im Januar 1989 bezog die Kirche von Unten im Gemeindehaus der Elisabethkirche, nur ein paar hundert Meter von der Zionskirche und der Umweltbibliothek entfernt, dauerhaft Quartier; inzwischen hatte man im Innern Toiletten und eine Bar installiert. Damit hatte eine Gruppe anarchistischer Oppositioneller jetzt praktisch ein ganzes Gebäude für sich allein, das sie als Mischung aus Nacht-Klub und intellektuellem Salon nutzen konnte, um dort unbehelligt von der Polizei Konzerte, Lesungen, Vorträge, Gruppendiskussionen, Wohltätigkeitsveranstaltungen, Informationsrunden und Partys abzuhalten. Dank Speiche und Silvio Meier traf sich dort auch eine Antifa-Gruppe, die bald schon ihr eigenes Infoblättchen herausbrachte.

Wir werden bleiben und kämpfen.

Am Freitagabend betrieb Speiche die Bar, und bald schon wurde sie zu einem angesagten Treffpunkt für nächtliche Saufgelage, wo

Regimegegner stundenlang weiterzechten, nachdem die normalen Bars geschlossen hatten. Spaß kam dabei nicht zu kurz, denn die Partys führten Menschen zusammen und brachten neue Ideen hervor. Sie entfachten ihre ganz eigene Produktivität, Kreativität und Solidarität. Nicht zu vergessen *sexuelle Aktivität;* in einem Land, in dem Homosexuelle schikaniert wurden, bot die Kirche von Unten wie die Punkszene einen geschützten Zufluchtsort für alle möglichen Außenseiter, einen Ort, an dem alles erlaubt war, wo Freiheit tatsächlich Freiheit bedeutete und für die Menschen alle Dinge in einem Zusammenhang standen, einen Ort, wo an jedem Abend jeder mit jedem im Bett landen konnte.

Jetzt, wo es einen Ort gab, an dem man auf dem Laufenden bleiben konnte und der allen offen stand – auch jenen, die ihren Irokesen nur innerlich trugen und sich deshalb in der Erlösergemeinde nicht wohl fühlten –, war die Kirche von Unten mehr denn je eine zentrale Anlaufstelle für Menschen aus dem ganzen Land, um sich auszutauschen.

Zur Eröffnungsfeier wurde ein Konzert mit L'Attentat aus Leipzig und Re-Aktion aus Potsdam organisiert, zwei extrem politischen Bands:

Ich bin alt genug, alleine zu gehn.
Ich will die ganze Scheiße nicht mehr sehn.
Wie ihr meine Zukunft raubt.
Und für das kämpft, an das ihr selbst nicht mehr glaubt.

Sag der Partei Goodbye.
Schrei *Opposition!*

Auftrag ausgeführt

TEIL VII

Disintegration

65

In einer regierungsamtlichen »Zuarbeit zur Jugendanalyse« vom 12. Januar 1989 werden die Punks von den Behörden als das größte Problem im Land bezeichnet. Sie hatten unabhängig vom offiziellen Staatsapparat eine eigene Szene etabliert, einschließlich, wie der Bericht betonte, eines grauen Marktes, indem sie unter anderem selbst gefertigte Kleidung verkauften. Außerdem hatten sie Kommunikationszentren sowie ein landesweites Netzwerk errichtet, um den Austausch politischer Ideen zu fördern. Die Kirche von Unten, hieß es, entwickle »sich zum Sammelbecken für diese Punks wegen der anarchischen Arbeitsweise der Gruppe«. In dem Bericht steht auch, dass der Überfall der Skinheads auf die Zionskirche die Beziehung zwischen den Punks und verschiedenen politischen Gruppen gestärkt habe, sodass in Zukunft mit noch größeren Aktionen zu rechnen sei.

Es seien etwa hundert der »alten klassischen Punks der Jahre 1983/84« ausgebürgert worden und in den anarchistischen und linksextremen Kreisen des Westens gelandet, von wo aus sie den Punks im Osten halfen, Kontakte zu diesen Gruppen in West-Berlin und vor allem in Westdeutschland zu knüpfen.

Für die ostdeutsche Regierung lag der Hauptgrund für ihre Probleme im Westen.

In gewisser Hinsicht war es nicht überraschend, dass die Behörden so stark auf den Westen fixiert waren. Schließlich hatte Siegbert Schefke – der als Medien-Siggi überall sein Kameraequipment versteckt hatte – der Sendung *Radio Glasnost* Tonaufnahmen von oppositionellen Musikern und politischen Aktionen und den öffentlich-rechtlichen Nachrichtensendern in Westdeutschland immer wieder Videomaterial zugespielt; L'Attentat hatten im Westen ein Album mit dem Titel *Live in Paradise DDR* veröffentlicht und die Staatsführung mal wieder bloßgestellt; Stracke und Imad von L'Attentat hatten für westdeutsche Fanzines geschrieben und das öffentliche Interesse geweckt; Bands aus West-Berlin und Westdeutschland – darunter Die Toten Hosen – besuchten heimlich den Osten, um vor Aktivisten sowie auf privaten Partys mit anderen Musikern zusammen aufzutreten; aus dem Westen wurde Druckequipment für die halbwegs legalen Zeitschriften *mOAning star* und *Umweltblätter* sowie den illegalen *Grenzfall* ins Land geschmuggelt; und für die westdeutschen Medien war es ein gefundenes Fressen, über die Neonazis in Ostdeutschland zu berichten.

Die Staatsführung war derart paranoid wegen der ostdeutschen Punks, die jetzt in West-Berlin lebten, dass die Stasi Thomas Onißeit und andere Punk-Aktivisten und Sprayer aus Weimar – SCHLAGT ZURÜCK – weiter beschatteten, nachdem sie im Anschluss an ihre Haftstrafe ausgebürgert worden waren. Dies hatte einen der bizarrsten Zwischenfälle in der Geschichte der Berliner Mauer zur Folge. Thomas und sein älterer Bruder Jürgen – der, ohne das Wissen von Thomas und seinen Freunden, 1983 dafür gesorgt hatte, dass sie in den Knast wanderten – sowie eine kleine Gruppe Punks, die ursprünglich aus Weimar kamen, hatten 1986 beschlossen, über die gesamte Westseite der Mauer einen weißen Strich zu malen. Die ganze Sache würde Wochen dauern, aber sie mussten es einfach tun. Die Punks aus Weimar hassten es, dass die Mauer zum einem Objekt der Selbstdarstellung geworden war. Berühmte

Künstler wie Keith Haring hatten in letzter Zeit Abschnitte der Mauer bemalt.

Man muss den West-Berlinern in Erinnerung rufen, was die Mauer tatsächlich ist.

Am 3. November 1986 begannen die fünf Punks, ihre Gesichter mit unheimlichen weißen Masken bedeckt, in Kreuzberg von der Westseite aus auf Augenhöhe einen weißen Strich zu ziehen. Am zweiten Tag kam eine kaum bekannte Eigenschaft der Mauer ins Spiel. Sie befand sich auf dem Staatsgebiet der DDR; aber dieses Gebiet erstreckte sich – etwa um sie instand zu halten – bis zu einem Bereich ungefähr drei Meter *westlich* der Mauer. Nur wenigen West-Berlinern war klar, dass sie das Staatsgebiet der DDR betraten, wenn sie auf der Westseite am Fuß der Mauer standen. Als sich die Punks am zweiten Tag ihres Projekts durch Tiergarten arbeiteten, stürzten plötzlich ostdeutsche Grenzposten durch eine Tür und riefen, ihre Maschinenpistolen im Anschlag: »Hände hoch oder wir schießen!« Die meisten Punks flüchteten in die Büsche; aber einer von ihnen, Wolfram Hasch, blieb wie angewurzelt stehen. Hasch dachte, er wäre im Westen sicher. Nun wurde er aber durch die Tür auf die andere Seite gezerrt. In der DDR machte man ihm den Prozess und verurteilte ihn zu mehr als zwei Jahren Gefängnis. Während er in seiner Stasi-Zelle hockte, verpasste er die Geburt seines Sohnes.

Aber die ostdeutsche Regierung übersah, was tatsächlich ihr Problem war. Die DDR brannte von innen aus.

Die Punks im Osten wurden keineswegs vom Westen gesteuert, sondern waren größtenteils antiwestlich eingestellt. Die Kirche von Unten machte Rainer Eppelmann, dem Pfarrer der Samaritergemeinde und Organisator der Bluesmessen, schwere Vorwürfe, weil er sich mit westdeutschen Politikern traf und es ihrer Meinung nach auf seinen persönlichen Vorteil abgesehen habe. Die Kirche von Unten lehnte es immer noch strikt ab, die westlichen Medien zur Durchsetzung ihrer Ziele zu nutzen – einige Spitzel hatten sogar mitbekommen, wie die Punks westliche Journalisten aufgefordert hatten, ihre Nase nicht in ihre Angelegenheiten zu stecken. Ihre Bedenken entsprangen zum Teil einer ausdrücklich antikapitalistischen Haltung. Die Punks wussten, dass die Artikel in der westlichen Presse vor allem dazu dienten, Werbekunden zu gewinnen; und die Punks wollten nicht, dass ihre Geschichte zu einer Handelsware verkam. Aber es gab noch einen anderen Grund: Alles, was sie taten, taten sie für sich selbst; und sie wollten von den westlichen Medien nicht zum Konsumobjekt gemacht werden. Außerdem fürchteten sie – zu Recht, wie sich herausstellte –, dass man im Westen eine falsche Vorstellung von ihren Motiven hatte, dass man sie für Antikommunisten hielt, die sich für die deutsche Wiedervereinigung einsetzten. Dabei war die überwiegende Zahl derer, die offen für die Wiedervereinigung eintraten, Neonazis; und die Punks verwendeten viel Zeit und Energie darauf, sie zu bekämpfen. Außerdem hatten die Westdeutschen ein paar völlig bescheuerte Ideen: Als eine Gruppe militanter West-Berliner 1989 im Osten aufkreuzte und vorschlug, dass die ostdeutschen Protestgruppen sich bewaffnen sollten, setzte Pankow immer noch auf die Strategie, mit der Solidarność in Polen erfolgreich war – das war ein völlig anderer Ansatz, etwas zu bewirken.

Es war der letzte Strohhalm, an den Pankow sich klammerte. Seitdem er zu Hause ein Baby hatte und der Dachboden über seiner Wohnung mit verbotenen Flugblättern und Infoblättchen vollgestopft war, zog er es sogar in Erwägung, sich in Zukunft unauffällig zu verhalten. Er beschloss, diesen verrückten Westlern aus dem Weg zu gehen, zu denen Organisationen wie die Initiative Frieden und Menschenrechte Kontakte unterhielt.

Ein Artikel im *mOAning star,* der sich mit dem Kirchentag von Unten im Jahr 1987 beschäftigte, strotzte nur so vor Sarkasmus, als er auf die Auffassung zu sprechen kam, dass die Organisatoren

Marionetten des Westens gewesen seien. »Auch müssen wir uns klar werden, dass wir vielleicht vom Westen gesteuert worden sind, denn wer war schon vom Osten an den Vorbereitungen beteiligt? Es ist doch offensichtlich, dass die Hundezeitung«, damit war die *taz* gemeint, »und Springer hopp, hopp alles gedruckt haben und die fliegenden Papiere erstellt haben ... Auch ist völlig unklar, ob der Kirchentag von Unten von den USA über die West-Medien und ihren dunklen Hintermännern oder von der Sowjetunion und gorbifreundlichen Männern inszeniert wurde.«

Oberflächlich betrachtet schien die Situation im Land unverändert. Ein paar Tage nachdem die »Zuarbeit zur Jugendanalyse« am 12. Januar veröffentlicht worden war, gab Erich Honecker seine berühmte Erklärung ab, in der er versicherte, dass die Mauer noch in fünfzig und auch hundert Jahren stehen werde, wenn sich die Bedingungen nicht änderten, die zu ihrer Errichtung geführt hätten. Und am 5. Februar 1989 schoss man dem zwanzigjährigen Chris Gueffroy, der versucht hatte, in Treptow über die Mauer zu flüchten, eine Kugel ins Herz.

Trotz dieser Ereignisse und einer plötzlichen Zunahme der Polizeieinsätze im Februar, als die Behörden versuchten, mehrere besetzte Häuser in Friedrichshain zu räumen, hatten die Mitglieder der Kirche von Unten den Blick auf die Kommunalwahlen am 7. Mai 1989 gerichtet. Die Kirche von Unten hatte endlich eine dauerhafte Bleibe gefunden, und so kam es in immer kürzeren Abständen zu immer umfangreicheren Protestaktionen. Die Demonstranten verließen die schützenden Wände der Kirche und gingen auf die Straße. Die Regierung gab vielleicht den falschen Leuten die Schuld daran, aber ihr waren all die Aktivitäten nicht entgangen. *Öffentliche* Aktivitäten. Ein Bericht vom 12. Januar geht auf den Protest gegen die IWF-Delegation vor dem Pergamonmuseum ein, auf die Aktion vor der Müllverbrennungsanlage, wo der Giftmüll aus West-Berlin entsorgt wurde, und die zunehmende Besetzung von Häusern.

Außerdem wurde darin das landesweite Netzwerk von Punks erwähnt, insbesondere die Kirche von Unten, und die internationalen Kontakte der Punks zu Gruppen in Polen, Ungarn und der Tschechoslowakei. In anderen Berichten wurden Ereignisse erwähnt wie das Unterfangen, im Jahr 1983 vor dem Konzentrationslager Sachsenhausen einen Kranz niederzulegen, der Versuch einiger Punks, am Abend vor den Feierlichkeiten zum fünfunddreißigsten Jahrestag der Staatsgründung regierungsfeindliche Plakate aufzuhängen, oder die Kundgebung von Punks anlässlich des Reaktorunglücks in Tschernobyl während der Arbeiterfestspiele in Magdeburg. Dies alles waren Aktionen außerhalb der Kirchenmauern. *Öffentliche* Aktionen.

Doch nach dem Tod von Chris Gueffroy organisierte die Kirche von Unten ihre bisher gewagteste Aktion, die das Regime auf nicht dagewesene Weise bloßstellen sollte.

66

Man ist geneigt, sich von einer Diktatur eine allzu einfache Vorstellung zu machen: dass man der Bevölkerung eine Regierung aufgezwungen hat, deren Herrschaft dem Willen der Bürger zuwiderläuft. Aber selten liegen die Dinge so einfach. Die kommunistische Partei in der DDR rühmte sich stets ihrer Erdrutschsiege bei den Wahlen. *Die Partei hat schon wieder neunundneunzig Prozent der Stimmen erhalten!* Obwohl solche Ergebnisse im Westen ein kollektives Augenrollen hervorriefen, blieb die Frage: Wie viel Prozent der Stimmen hatte die Partei tatsächlich erhalten?

Im Frühjahr 1989 beschloss die Opposition in Berlin, das herauszufinden.

Man war in Ostdeutschland zwar nicht gesetzlich verpflichtet, zur Wahl zu gehen, aber da man zum Beispiel seinen Job verlieren konnte, wenn man nicht daran teilnahm, war man praktisch gezwungen, seine Stimme abzugeben. Daher war die Wahlbeteiligung in der Regel sehr hoch, denn diejenigen, die nicht zur Wahl gehen wollten, wurden von den Sicherheitsorganen mit freundlichen Aufforderungsschreiben an ihre Pflicht erinnert. Auf den Stimmzetteln standen neben der SED eine Reihe nominal unterschiedlicher Parteien, bei denen es sich in Wirklichkeit um Blockparteien handelte, die mit der SED in der sogenannten Nationalen Front zusammengeschlossen waren. Auf dem Stimmzettel standen keine Oppositionsparteien.

Es gab lediglich zwei Möglichkeiten, seine Unzufriedenheit mit dem regierenden Parteienbündnis zum Ausdruck zu bringen: Eine davon war, trotz allem nicht zur Wahl zu gehen. Die Punks aus der Erlösergemeinde veranstalteten an jedem Wahltag eine Party – Zutritt hatte man nur mit einem unausgefüllten Stimmzettel, und am Ende der Party wurden die Zettel in einem großen Feuer verbrannt. Die andere Möglichkeit, seine Unzufriedenheit zum Ausdruck zu bringen, bestand darin, den Wahlzettel so auszufüllen, dass man den aufgelisteten Parteien die Zustimmung verweigerte – indem man sie zum Beispiel durchstrich. Theoretisch ergab sich daraus eine Differenz zwischen der Zahl der Wahlbeteiligten und der für die SED und die in der Nationalen Front zusammengeschlossenen Parteien abgegebenen Stimmen. Aber nach jeder Wahl verkündete die SED, dass sie die Wahl mit neunundneunzig Prozent der Stimmen gewonnen habe.

Daher war es nicht überraschend, dass die Menschen die Wahlen in Ostdeutschland für ein abgekartetes Spiel hielten; ganz abgesehen davon, dass das System darauf ausgerichtet war, eine hohe Wahlbeteiligung zu garantieren, ohne den Leuten eine Alternative zu bieten. Aber die Bürger hatten das Recht – zumindest auf dem Papier –, die Wahlhelfer, die die Stimmen auszählten, zu kontrollieren. Einige Jahre zuvor hatten die Aktivisten einer Friedensgruppe aus der Samaritergemeinde den Versuch unternommen, in einem kleinen Rahmen die Wahl zu überwachen. Sie hatten mit ihren Leuten acht Wahllokale in der Nähe der Kirche in Friedrichshain aufgesucht und erlebt, dass allein an diesen paar Standorten schon so viele Nein-Stimmen gezählt wurden wie offiziell im ganzen Bezirk, in dem es Dutzende weiterer Wahllokale gab. Die Geschichten dieser Stichprobe waren legendär. Auf einen Wahlzettel hatte jemand ein großes, dickes Anarcho-A gekritzelt. »Ah, das heißt doch *alle*«, meinte der Wahlhelfer. *Eine weitere Stimme für die Partei.* Auf einem anderen Wahlzettel hatte jemand geschrieben: »Ihr seid ja dümmer als die Nationalelf«, die damals notorisch erfolglose Fußballnationalmannschaft der DDR. »Na ja, ist irgendeiner durchgestrichen?«, fragte einer der Wahlhelfer. »Nein, eigentlich nicht. Also werten wir das als Ja-Stimme.« *Noch eine Stimme für die Partei.*

Zur Wahl 1989 wollten die Kirche von Unten und andere Gruppen nicht nur die Stimmauszählung in zahlreichen Wahllokalen überwachen, sondern den Wählern auch zeigen, wie man mit Nein stimmte, ohne dass es wie bei einem Anarcho-A zu Unklarheiten kommen konnte. Bereits im Vorfeld der Wahl hatte die Stasi mehr als hundert Aktionen registriert, die Kritik an der Wahl übten; hauptsächlich wurden Flugblätter verteilt oder Plakate aufgehängt. Einige dieser Aktionen wurden von jenen Leuten durchgeführt, die die Wahl beobachten wollten. Die Kirche von Unten verteilte sogar ein einmaliges Informationsblättchen, in dem sie ihr Vorhaben erläuterte und erklärte, wie man mit Nein stimmte; außerdem schilderte sie darin den letzten Versuch, die Wahl zu überwachen, legte die gesetzliche Grundlage für die Überwachung der Wahl dar und was man bei einem solchen Vorhaben beachten musste. Im Vorfeld der Wahlen im Mai hielt die Kirche von Unten jeden Mittwochabend in der Elisabethkirche Treffen zu diesen Themen ab. Es kamen jede Menge junger Leute, von denen viele auf Konzerten in der Elisabethkirche oder der Erlöserkirche von dem Plan gehört hatten.

Immer mehr Menschen waren gewillt, etwas zu *unternehmen*, aktiv zu werden.

Es war eine beunruhigende Situation, da sich im benachbarten Polen die Ereignisse überschlugen. Am Wahltag, dem 7. Mai 1989, waren hunderte Freiwilliger bereit, die Schulen, Turnhallen und städtischen Gebäude aufzusuchen, in denen man Wahllokale eingerichtet hatte. Mehrere Wahlbeobachter-Teams übernahmen die Bezirke Prenzlauer Berg, Friedrichshain und Weißensee, außerdem wurde die Wahl in begrenzterem Umfang in Leipzig, Dresden, Erfurt, Rostock, Halle, Magdeburg, Weimar, Karl-Marx-Stadt, Jena und anderen Städten überwacht. In Weißensee waren Wahlbeobachter in sechsundsechzig von siebenundsechzig Wahllokalen anwesend; in Friedrichshain in zweiundachtzig von neunundachtzig; und in Prenzlauer Berg mit einundvierzig in einem Drittel der Wahllokale. In jedem der Lokale konnten die Wahlbeobachter dabei zusehen, wie die Stimmen ausgezählt wurden – es wurde nicht der Versuch unternommen, sie auszusperren.

Sobald die Wahllokale an jenem sonnigen Frühlingsabend um sechs Uhr ihre Pforten geschlossen hatten, schütteten die Wahlhelfer die Stimmzettel auf große Tische und fingen an, sie zu ordnen, zu überprüfen und auszuzählen. Die Wahlbeobachter, die neben ihnen saßen, sahen dabei zu und zählten nach.

Gegen neun hatten fast alle Wahlbeobachter in Berlin ihre Ergebnisse zur Kirche von Unten in der Elisabethkirche gebracht, wo einige hundert Leute zu einer Wahlparty zusammengekommen waren. Laut den nachgezählten Stimmen der Wahlbeobachter hatten die SED und ihre angegliederten Schwesterparteien in den verschiedenen Wahllokalen zwischen fünfundachtzig und neunzig Prozent der Stimmen erhalten. Natürlich gaben die Partei und ihr Wahlleiter Egon Krenz – Honeckers zweiter Mann, der seit langem als sein Nachfolger gehandelt wurde – erneut einen Erdrutschsieg bekannt: 98,85 Prozent der Wähler hätten für die Regierungsparteien gestimmt. Das offizielle Ergebnis wich zwischen zehn und fünfzehn Prozent von Ergebnissen der Wahlbeobachter ab. Die Kirche von Unten hatte den eindeutigen Beweis erbracht, dass die Wahl manipuliert worden war.

Und so ließ die Reaktion nicht lange auf sich warten.

Am Wahlabend mündete die Party der Kirche von Unten in eine kleine Kundgebung. Einige westdeutsche Reporter hatten Wind davon bekommen, dass man die Wahl überwacht hatte, und erschienen in der Elisabethkirche; rasch fand die Nachricht vom Wahlbetrug ihren Weg zu den westdeutschen Agenturen, und die Fernsehsender und Radiostationen berichteten in ihren Spätnachrichten darüber. Aufgrund dessen und aufgrund der Ergebnisse der Wahlüberwachung, die auch in anderen Städten der DDR stattgefunden hatte, kam es im ganzen Land zu Demonstrationen. In Leipzig gingen tausend Menschen auf die Straße. Hundert von ihnen wurden verhaftete und über Nacht festgehalten.

Die westdeutschen Medien berichteten, dass die ostdeutschen Sicherheitskräfte freien Gebrauch von ihren Schlagstöcken gegen die Demonstranten in Berlin und in Städten wie Leipzig machten.

Am nächsten Tag, dem 8. Mai, fand in der Nikolaikirche in Leipzig das wöchentliche Friedensgebet statt. Seit der Auseinandersetzung um die Organisation der Veranstaltung versammelten sich die Aktivisten nach dem Gottesdienst jedes Mal vor der Kirche. Wie in Berlin und wie in der Kirche von Unten hatten sich die Gruppen, die früher unter dem Dach der Kirche tätig gewesen waren, nun von ihr abgewandt und waren auf die Straße gegangen. Die Zwangsmaßnahmen der Partei hatten sich mal wieder als Bumerang erwiesen, denn die Friedensgebete, die zuvor hinter den verschlossenen Türen der Kirche stattfanden, hatten sich zu einem öffentlichen Spektakel entwickelt; auch wenn sich alles zunächst noch in Grenzen hielt.

Am 8. Mai wurden die Demonstranten, die vor der Nikolaikirche zusammengekommen waren, von der Polizei eingekesselt; so wie eine Woche zuvor hundert Demonstranten, die am Kampf- und Feiertag der Werktätigen versucht hatten, eine Gegenveranstaltung zu den offiziellen Feierlichkeiten zu organisieren.

Am 10. Mai wurden in den staatlichen Medien Einzelheiten zur Auszählung der Wahlkommission bekannt gegeben. Allerdings stimmten die Zahlen genauso wenig mit den Ergebnissen der Wahlbeobachter überein wie am Wahltag. In Prenzlauer Berg etwa hatten die Beobachter allein schon in einem Drittel der Wahllokale 2.659 Stimmen gegen die Regierungsparteien gezählt; offiziell jedoch hatte es im ganzen Bezirk lediglich 1.998 Gegenstimmen gegeben. Wahlbetrug! In Friedrichshain hatten die Beobachter dreimal so viele Nein-Stimmen gezählt, wie offiziell eingeräumt wurden. Wahlbetrug! Und die Zahl der Wahlbeteiligten schien ebenfalls nicht zu stimmen: In Weißensee, wo die Beobachter sämtliche Wahllokale – bis auf eines – aufgesucht hatten, lag die Zahl der Wähler um fünfzehntausend über den 27.680 Stimmzetteln, die die Beobachter gezählt hatten. Wahlbetrug!

Ist also eine Diktatur tatsächlich nichts weiter als eine Regierung, die man der Bevölkerung aufgezwungen hat und deren Herrschaft dem Willen der Bürger zuwiderläuft? Nicht wirklich. Die große Mehrheit der Leute waren Mitläufer. Und doch hatte die Regierung die Wahl gefälscht.

Die Opposition hatte den Beweis erbracht, dass die Wahl ein Schwindel war.

Und die Staatsführung würde dafür bezahlen.

67

Am 26. Mai 1989 gaben Die Anderen und Feeling B in West-Berlins Ecstasy Club in Schöneberg ein Konzert. Es lässt sich nicht genau sagen, warum die Behörden dazu ihre Zustimmung gaben. Vielleicht hofften sie, dass die Bands nicht zurückkehren würden, dass es unkomplizierter wäre, sie für ein Konzert nach West-Berlin reisen zu lassen, als sie auszubürgern. Vielleicht glaubte man im Kulturministerium aber auch, dass sich die Bands im Westen eine Fangemeinde aufbauen und so eine weitere Quelle für die Beschaffung von Devisen auftun könnten oder dass die Unruhestifter auf diese Weise etwas Dampf ablassen könnten. Was auch immer der Grund war, das Ministerium hatte für die Auftritte von Feeling B und Die Anderen je ein Tagesvisa bewilligt.

Am Tag des Konzerts waren die Bands mit einem offiziellen Delegierten-Bus, einem Modell, das sonst auch von der Polizei und Sportmannschaften benutzt wurde, in den Westteil der Stadt gefahren. Der Bus war weinrot und weiß lackiert, und mit an Bord war ein Aufpasser vom Kulturministerium.

Als der Bus am Grenzübergang in der Invalidenstraße vorfuhr, war es noch Morgen, sodass die Bands in West-Berlin den ganzen Tag für sich hatten.

Toster, der Frontmann von Die Anderen, hatte nie zuvor einen Grenzübergang passiert und machte sich fast in die Hose.

Ein ostdeutscher Grenzsoldat betrat den Bus und fragte: »Na, und habt ihr auch keinen versteckt?«

»Nö, nö«, versicherten die Musiker ihm. Sie alle hatten die erforderlichen Papiere, außerdem wurden sie ja von einem Aufpasser der Regierung begleitet.

Der Bus fuhr weiter durch den Todesstreifen zur zweiten Mauer, die nach Westen zeigte. Abgesehen von Aljoscha hatte keiner von Feeling B oder Die Anderen die umfangreichen Sicherheitsmaßnahmen der DDR je zu Gesicht bekommen – normalerweise durfte man sich dem Grenzübergang ja nicht nähern. Es war eine respekteinflößende Ansammlung von Barrikaden.

Toster kam sich vor wie auf einem anderen Planeten – es war ein merkwürdiges Gefühl, mit einem Bus, den die Kulturbehörde der DDR gemietet hatte, die Grenze zu überqueren, statt zu fliehen, wie das so viele bereits versucht hatten.

Ich kann nicht glauben, wie leicht das war, dachte er.

Ein paar Meter hinter der zweiten Mauer verschlug es ihm erneut die Sprache.

Er war nur wenige *Meter* von jenem Ort entfernt, an dem er sein ganzes Leben verbracht hatte, und doch fand er sich in einer völlig anderen Welt wieder. Er musste an all die Freunde denken, die in den letzten Jahren während verschiedener Ausreisewellen das Land verlassen hatten.

Jetzt seh ich mal das, wofür sie diesen ganzen Stress auf sich genommen haben.

Nachdem sie den Übergang passiert hatten, fuhren sie Richtung Reichstag. Staunend starrten die Mitglieder von Feeling B und Die Anderen auf die freie Rasenfläche vor dem Gebäude, wo, umgeben von Fahrzeugen alliierter Militärpolizei, zwei Ultraleichtflugzeuge standen. Wie sich herausstellte, waren die Kleinflugzeuge um halb fünf dort gelandet, gerade als es am morgendlichen Sommerhimmel hell wurde. Zwei Brüder aus dem Westen waren in den Treptower Park im Ostteil geflogen, um einen dritten Bruder abzuholen, der noch hinter der Mauer lebte. Die drei Brüder – zwei in der einen, einer in der anderen Maschine – waren in einer Höhe von nur einhundertfünfzig Metern über den in Flutlicht getauchten Todesstreifen zurückgeflogen und hatten nach einem bekannten Gebäude Ausschau gehalten, um sicherzugehen, dass sie auf der richtigen Seite der geschwungenen Mauer landeten. Wiedervereint und in Feierstimmung stiegen sie aus den Flugzeugen und ließen sie direkt vor dem Reichstag stehen. Erst später setzten sie sich mit der West-Berliner Polizei in Verbindung, um sich auszuweisen – lange nachdem Feeling B und Die Anderen in ihrem Ikarus-Bus an ihnen vorbeigerollt waren und zusammen mit ihrem Aufpasser aus dem Fenster gestarrt hatten.

Der Bus brachte die Bands zu ihrem Auftrittsort. Sie trugen ihre Anlage hinein und machten einen kurzen Soundcheck. Anschließend trafen sich die meisten von ihnen mit West-Berliner Freunden.

Aljoscha mit seinem Schweizer Pass hatte sogar eine Weile in West-Berlin gelebt; aber er mochte den Westen nicht. Paul und Flake von Feeling B, für die es wie für Toster der erste Aufenthalt im Westen war, wollten sich keinen Stress machen, nur um möglichst viel zu sehen. Für ein verspätetes Frühstück suchten sie die Wohnung von Krischan Jaeger auf, einem Freund, der vor seiner Ausreise aus der DDR in der Band Happy Straps gespielt hatte.

An Nachmittag gingen sie um die Ecke einen Kaffee trinken, einen richtigen Kaffee.

Der Mann, der sie bediente, war jung und entspannt.

Die Bedienungen tragen hier keine Anzüge, dachte Paul. *Und sie brüllen einen auch nicht an.*

Bevor sie sich wieder auf den Weg zum Ecstasy machten, legten sie einen Zwischenstopp ein, um den ersten Döner ihres Lebens zu kaufen. Als sie sich hinsetzen wollten, um zu essen, scheuchte der Besitzer der Imbissstube sie fort.

Sie hatten Cola-Dosen dabei, die sie woanders gekauft hatten.

»Ihr könnt euch mit den Dosen nicht hier hinsetzen. Raus!«

Toster hatte sich für seine erste Reise nach West-Berlin etwas ganz Besonderes vorgenommen. Er wollte mit einer bestimmten U-Bahn fahren, deren Strecke unter Ost-Berliner Gebiet verlief, durch Haltestellen, die von der DDR versiegelt worden waren. Toster hatte so oft im Osten gestanden und gespürt, wie eine der Bahnen unter ihm entlanggerollt war, eine Bahn aus einer anderen Welt, einem anderen Land, direkt unter ihm. Es war wie in einem Science-Fiction-Film, dachte er immer, und er wollte nur einmal mit einem dieser Geisterzüge fahren.

Leider schaffte es der Freund, mit dem er sich dafür verabredet hatte, nicht rechtzeitig. Also fragte ihn der Manager des Ecstasy – der selbst nie in Ost-Berlin gewesen war –, ob er irgendwas anderes unternehmen wolle. Der Manager hatte einen alten Lancia-Sportwagen, und Toster bat ihn, ihm die Autobahn zu zeigen, die vom Südwesten nach West-Berlin hineinführte.

»Ich würde gerne mal sehen, wie es hinter dem ›Letzte Ausfahrt DDR‹-Schild, das ich immer sehe, weitergeht.«

Also stiegen er und der Manager in den Lancia und fuhren zum Grenzübergang zwischen Wannsee und Potsdam, und dann wieder zurück.

Am Nachmittag ging Toster von seinem Anteil der Gage einkaufen. Er kaufte sich Plektren – bisher hatte er immer mit selbst gemachten Plektren gespielt, die er aus den Deckeln von Marmeladengläsern herausgeschnitten hatte. Den Rest des Geldes investierte er in Bierdosen. *Dosen.* Weder er noch seine Freunde hatten je zuvor Bier aus Dosen getrunken, und er wollte sie für all die Freunde mitnehmen, die nachher in Ost-Berlin noch auf die Bands warten würden.

Zurück im Ecstasy waren die Musiker überwältigt von all den neuen Erfahrungen. In der Bar stand ein Billardtisch – wieder *wie im Film!* –, und Flake versuchte sich daran. Er und Paul bestellten mit ihren Getränke-Bons Campari und Orangensaft, allerdings hatten sie Probleme, den Namen des bitteren italienischen Likörs richtig auszusprechen. Im Ecstasy gab es sogar einen richtigen Backstage-Bereich. Mit Essen nur für die Band.

Eine Menge Leute, die sie noch aus dem Osten kannten, kamen vorbei, Leute, die geflohen waren oder einen Ausreiseantrag gestellt hatten, nur um anschließend festzustellen, dass sie in West-Berlin keine Arbeit fanden und sich nur mit Mühe über Wasser halten konnten. Obwohl viele von ihnen gekommen waren und einige West-Berliner Zeitungen das Gastspiel angekündigt hatten, war das Konzert nicht besonders gut besucht. Aber das war egal. Die Bands waren so aufgeregt, dass sie sich in einem irren Tempo durch ihre Stücke pflügten.

Der Aufpasser vom Kulturministerium wusste, dass er es nicht verhindern konnte, falls einer der Musiker in West-Berlin bleiben wollte, aber nach dem Auftritt bestiegen sie alle unaufgefordert den Bus.

»Ihr müsst nicht mit zurückfahren«, sagte er. »Dann steigt ihr einfach hier aus. Ist mir doch egal.«

Aber die Bandmitglieder blieben sitzen.

Der Aufpasser zuckte mit den Schultern. Dann ging's los, zurück Richtung Todesstreifen und Mauer. Der Bus passierte den Grenzübergang und kehrte in ein anderes Land zurück – ein Land ohne helle Straßenlaternen und Kebab-Buden, ohne Gläser mit leuchtend rotem Campari und Orangensaft.

Aber das war Toster egal.

Er freute sich darauf, an seine Freunde im Club 29 die Bierdosen zu verteilen.

68

Die erste der später monatlich stattfindenden Demonstrationen gegen die Manipulationen der Kommunalwahlen fand am 7. Juni 1989 statt, einen Monat nach der Wahl.

Das Ganze war ein mutiges Vorhaben.

Zunächst einmal mussten die Aktivisten hunderte von Handzettel mit der Ankündigung für die Demonstration in die Briefkästen überall in der Stadt werfen. Und dann war da noch der Ablauf der Demonstration selbst, auf der eine Urne mit der Aufschrift »Hier ruht die Demokratie« beerdigt werden sollte.

Die Demonstranten sollten sich vor dem Konsistorium der evangelischen Kirche Berlin-Brandenburg in Mitte treffen und von dort zum Staatsratsgebäude weiterziehen. Doch die Polizei bekam Wind von dem Plan und marschierte mit einem massiven Aufgebot dort auf. Weniger als hundert Personen schafften es, zum Treffpunkt zu gelangen.

Das ganze Vorhaben war ein einziger Reinfall.

Aber es gab einen Plan B: Am selben Abend trafen sich die Aktivisten um sieben Uhr an der Sophienkirche, ebenfalls in Mitte. Die Kirche war ein hübsches Barockgebäude aus dem frühen achtzehnten Jahrhundert, das auf einem dreieckigen Gelände zwischen den engen Sträßchen und Altbauten in der Nähe des Hackeschen Marktes stand. Diesmal schafften es etwa fünfhundert Leute zum Treffpunkt. Herne, der in der Erlösergemeinde immer noch Konzerte veranstaltete, war stinksauer, weil nur so wenige Leute gekommen waren. Durch seinen Job im Betonwerk kannte er eine Menge einfacher Arbeiter und wusste, dass sie ganz offen über den ganzen Mist schimpften, den sie mitbekamen, vor allem über die manipulierten Wahlen. Herne spürte, dass die Stimmung langsam kippte – einige dieser Arbeiter hatten beschlossen, nicht zur Wahl zu gehen oder die Namen der Kandidaten auf ihren Stimmzetteln durchzustreichen –, und trotzdem nahmen diese Leute, *diese einfachen* Leute, nicht an der Demonstration teil, zumindest nicht viele. Wo waren sie? Hatten sie immer noch Angst zu demonstrieren, trotz der gefälschten Wahlen? Es gab bestimmt tausende, vielleicht sogar zehntausende einfacher Bürger, die wussten, dass man sie um ihre Stimme betrogen hatte. Und es waren nur fünfhundert Leute gekommen.

An der Sophienkirche wollte man wie geplant die Urne beerdigen, um an den Tod einer demokratischen Wahl zu erinnern. Zumindest gingen A-Micha und Dirk Moldt davon aus. Nach ein paar Reden und einigen Diskussionen erhoben sich die beiden zusammen mit einigen anderen Teilnehmern von ihren Plätzen, gingen mit der Urne in der Hand zur Kirchentür und brachten sie nach draußen.

Die Tür führte auf einen umzäunten Hof. Vor dem Grundstück standen Scharen von Polizisten und reihenweise Truppentransporter, um verhaftete Demonstranten wegzubringen.

Als A-Micha ins Freie trat, drehte er sich zur Kirchentür um, in der Erwartung, dass hunderte von Menschen hinter ihnen aus der Kirche nach draußen strömten.

Doch alle anderen blieben sitzen.

Die Kirchenbänke waren voll besetzt.

A-Micha, Dirk und die anderen gingen wieder zurück in die Kirche. Dort ging A-Micha nach vorne und redete lautstark auf die Menge ein. Er dachte, er könnte die Ängstlicheren unter ihnen dazu bringen, aufzustehen und die Kirche zu verlassen, um zusammen mit ihm und Dirk der Polizei entgegenzutreten und dort draußen zusammenzustehen für all jene, deren Stimmen nicht gezählt worden waren, für all jene, denen man die Zukunft geraubt hatte.

»Das könnt ihr doch nicht zulassen, dass zehn Leute da draußen von der Stasi verhaftet werden«, brüllte er. »Wenn wir alle rausgehen, dann kommt keiner ins Gefängnis.«

Erneut liefen A-Micha, Dirk und die paar anderen mit der Urne zur Tür und überquerten den Vorplatz. Dann drehte er sich erneut um.

Doch es war immer noch keine Sau zu sehen.

Verdammt nochmal!

Wieder kehrte er die in Kirche zurück und redete auf die Menge ein.

»Wir müssen alle zusammen da raus!«

Zum dritten Mal marschierte er nach draußen.

Diesmal erhoben sich einige Leute von ihren Plätzen und folgten ihm. Und nach und nach immer mehr. Kurz darauf strömten mehrere hundert Menschen auf den Vorplatz und weiter Richtung Straße.

Als die Mehrzahl der Demonstranten den Platz verlassen hatte und auf die Große Hamburger Straße lief, kamen die versammelten Polizisten und Stasi-Leute mit Schlagstöcken auf sie zugerannt.

»Setzt euch alle hin«, brüllte A-Micha.

Er vermutete, dass die Sicherheitskräfte hofften, die Menge würde versuchen, ihre Abriegelung zu durchbrechen. Dann hätten sie das Recht, Gewalt anzuwenden – und genau das wollten sie. Die Polizei begann, mit ihren Gummiknüppeln auf die Demonstranten einzuprügeln und sie an den Haaren fortzuzerren.

»Wehrt euch nicht«, beschwor A-Micha die anderen.

Die meisten taten, was er verlangte, und setzten sich. Einer nach dem anderen wurden sie fortgezerrt und zur Stasi-Zentrale in der Magdalenenstraße gebracht.

Während A-Micha darauf wartete, dass man ihn abfertigte, sah er dabei zu, wie die Aussagen der anderen von den Stasi-Leuten zu Protokoll genommen wurden. Plötzlich lief es ihm kalt den Rücken herunter, und er verspürte eine stechende, eisige Furcht; was selten vorkam, selbst in einer Situation wie dieser. Er erkannte die Gesichter einiger Stasi-Leute wieder. Mehrere Mitarbeiter, die jetzt die Demonstranten befragten, hatten ihn bereits 1983 vernommen, als er zusammen mit den anderen Mitgliedern von Namenlos verhaftet worden war; sie hatten die ganze Band festgenommen und Janas Hund eingeschläfert.

Das ist jetzt aber nichts Gutes, dachte er. *Nicht nur für mich, sondern für alle.*

Aber die Stasi-Leute schienen A-Micha nicht zu erkennen.

Ein paar Stunden später wurden alle wieder auf freien Fuß gesetzt.

Sie hatten es wieder getan. Sie hatten ihre Wut auf die Straße getragen, ihr von Kirchenterrain aus öffentlich Luft gemacht. Sie hatten es, wenn auch nur kurz, nach draußen geschafft, und sie waren wieder auf freiem Fuß und bereit zu kämpfen, zwar lädiert und blutverschmiert, aber sie waren bereit zu kämpfen, immer weiter.

A-Micha, der seit 1979 die Jahre gezählt hatte, in der Überzeugung, dass der Kampf nicht mehr als zehn Jahre dauern würde, fing an zu glauben, dass er tatsächlich recht gehabt hatte.

Zehn, neun, acht, sieben, sechs, fünf, vier, drei, zwei, eins ...

69

Selbst Bands, die eine Einstufung hatten und sich politisch in einer Grauzone bewegten, wurden 1989 immer provokativer.

Die Art, eine Band aus Leipzig mit Spielerlaubnis, landete mit dem Stück »Wide Wide World« einen Underground-Hit. Die Band hatte bereits Hunderte ihrer selbst produzierten Tapes verkauft, und *Dry*, ihre Kassette aus dem Jahr 1989, war mit fast zweitausend verkauften Exemplaren in der DDR wahrscheinlich das erfolgreichste privat produzierte Kassetten-Album – wobei die Zahl der Kopien, die im Umlauf waren, noch viel höher war. »Wide Wide World« hätte wegen seines Textes niemals auf offiziellem Weg aufgenommen werden können.

> Gray in gray is our city.
> I want to see the colors of the world.

Dank ihrer Spielerlaubnis konnten Die Art mit dem Stück auf offiziellen Veranstaltungen wie dem Pfingsttreffen der FDJ auftreten, wo sie es auf einer großen Open-Air-Bühne vor fünfzehntausend Zuschauern spielten. Die Leute aus der Erlösergemeinde und von der Kirche von Unten mochten diese Art der Anbiederung verabscheuen, aber der sehnsüchtige Text traf offenbar den Nerv vieler Menschen.

Die Kritik nahm an Schärfe sogar noch zu; und zwar infolge der offiziellen Reaktion der DDR-Führung auf die gewaltsame Niederschlagung der Proteste auf dem Platz des Himmlischen Friedens durch die chinesische Regierung am 4. Juni 1989 – was zufällig derselbe Tag war, an welchem Solidarność bei den ersten teils freien Wahlen in Polen jeden der Sitze gewann, für die sie kandidieren durfte. Chinesische Studenten hatten den Platz bei öffentlichen Protesten gegen die Machthaber mehrere Wochen lang besetzt gehalten, und die chinesische Führung hatte die Demonstranten als »Konterrevolutionäre« angeprangert und wie Polen nach der Gründung von Solidarność das Kriegsrecht verhängt. Schließlich wurde der Platz von der Armee mithilfe von Panzern und gepanzerten Fahrzeugen geräumt, was Hunderte, wenn nicht sogar Tausende Tote zur Folge hatte.

Die Nachricht von dem gewaltsamen Vorgehen führte am 6. Juni zu einer Demonstration vor der chinesischen Botschaft in Ost-Berlin, und am 7. Juni, einen Monat nachdem die Wahlergebnisse in der DDR von den Wahlbeobachtern als Fälschung entlarvt worden waren, kam es zu weiteren Protesten. Am 8. Juni verabschiedete die Volkskammer eine Resolution, in der sie das gewaltsame Vorgehen der chinesischen Regierung gegen die Demonstranten auf dem Platz des Himmlischen Friedens unterstützte, und Egon Krenz – inzwischen Honeckers designierter Nachfolger – bekräftigte die Position der Regierung in den westlichen Medien. Später sollte Krenz auch angesichts der wachsenden Unruhen in der DDR eine »chinesische Lösung« zur Diskussion stellen.

Inzwischen hatten die Leute die Nase voll. Zumindest einige Musiker.

Am Abend des 10. Juni 1989 betrat die Band Herbst in Peking auf einem Open-Air-Festival der FDJ in der brandenburgischen Provinz die Bühne.

Der Sänger, Rex Joswig, war ein paar Jahre zuvor nach Berlin gezogen und arbeitete als Roadie für einige Jazzbands mit Spielerlaubnis; dadurch lernte er auch Aljoscha, Paul und Flake von Feeling B kennen – Aljoscha hatte ähnliche Jobs übernommen, bevor er seine Band gründete – sowie auch Toster von Die Anderen. Mit seinen langen blonden Haaren und seiner Begeisterung für Classic Rock war er alles andere als ein klassischer Punk, aber die Sex Pistols hatten ebenfalls einen prägenden Einfluss auf ihn gehabt, und aufgrund seiner Leck-mich-am-Arsch-Haltung, die er von den Pistols übernommen hatte, war er in seinem Heimatkaff, ein gutes Stück nördlich von Berlin, von der Schule geflogen. Nach seinem Umzug nach Berlin hatte er in Prenzlauer Berg mehrere Wohnungen besetzt – darunter eine, die die Stasi für Überwachungseinsätze nutzte; was er aber erst bei seinem Einbruch bemerkte. Nach mehreren gescheiterten Versuchen, eine Band zu gründen, rief er 1987 schließlich Herbst in Peking ins Leben; aber trotz seines tiefen Bedürfnisses, zu provozieren, hatte er beschlossen, dies wie die meisten seiner Freunde als offiziell zugelassener Unterhaltungskünstler zu tun. Der Bandname stammt aus einem Buch des französischen Schriftstellers Boris Vian, aber die Einstufungskommission war laut Rex aus zwei Gründen dagegen. Aus Urheberrechtsgründen und weil sie befürchtete, dass die chinesische Regierung Einspruch erheben würde. Aber Rex war niemand, der klein beigab. Also rief er den westdeutschen Verlag an, der die deutsche Fassung des Buches herausgab, und veranlasste ihn zu der Aussage, dass der Bandname sogar kostenlose Werbung für ihn sei; damit war ein Problem gelöst. Dann vereinbarte Rex mit dem Kulturattaché der chinesischen Botschaft einen Termin, und nachdem dieser mit ihm einen Tee getrunken und sich mit einigen Kollegen beraten hatte, erklärte er, dass sie keine Einwände hätten. Die Band hieß jetzt also Herbst in Peking. Und nachdem sie ihre Spielerlaubnis hatte, erspielte sie sich eine solide Fanbasis und gab zwischen acht und zehn Konzerte im Monat.

An jenem Juniabend beim Open Air der FDJ – während die letzten Sonnenstrahlen eines heißen Sommertags langsam verblassten – richtete Rex das Wort an die mehreren tausend Besucher: »Wir machen jetzt eine Schweigeminute für die Opfer des Massakers auf dem Platz des Himmlischen Friedens.«

Aus der Menge waren einzelne Buhrufe zu hören.

Scheiße, was soll das?, dachte Rex. *Da werden Menschen von Panzern überrollt, und diese Arschlöcher haben kein Problem damit?*

Dann meldete sich über den Gesangsmonitor vom Mischpult eine Stimme bei ihm zu Wort.

»Erzähl nicht so'n Scheiß hier über unsere Anlage.«

Die Tontechniker hatten Angst, die allgegenwärtigen Stasi-Büttel würden glauben, sie wären in Rex' Stellungnahme eingeweiht, und machten sich deswegen in die Hose.

Aber Rex empfand eine tiefe Verachtung für die Machthaber in der DDR wegen ihrer Reaktion auf das Massaker; er war aufgebracht, weil sie das mörderische Vorgehen der chinesischen Führung unterstützten und ihre Haltung eine versteckte Drohung gegen die Bürger in der DDR darstellte. *Wir werden euch alle überrollen,* schienen sie damit zu sagen.

Ein paar Stücke später konnte Rex seine Klappe wieder nicht halten.

»Das nächste Stück ist für unseren Bassisten, der am Mittwoch vierundzwanzig Stunden im Gefängnis saß, weil er mit der Wahl am 7. Mai nicht einverstanden war; weil er geheime Wahlen fordert und glaubt, dass die Stimmen nicht richtig ausgezählt wurden.«

Oha.

Am Mittwoch, dem 7. Juni, hatte es die erste Demonstration wegen des Wahlbetrugs gegeben – der von da an Monat für Monat wütendere Demonstrationen folgen sollten.

Nachdem die Band ihr Konzert beendet hatte, erzählten einige Leute Rex, wie toll sie es fanden, dass er das Massaker in China zur Sprache gebracht hatte; aber die Veranstalter wollten, dass die Band sich schleunigst vom Acker machte. Und die anderen Bands auch – denn weil sie geschwiegen hatten, wirkten sie aufgrund der Stellungnahme wie Feiglinge. Die örtliche Polizei wollte offensichtlich mit der ganzen Angelegenheit nichts zu tun haben und eskortierte den Wagen der Band umgehend vom Festivalgelände. *Bloß keinen Ärger!*

Während die Band davonfuhr, sagte der Keyboarder zu Rex: »Das ist das Ende der Band.«

Ich glaube nicht, dachte Rex.

Zwei Tage nach dem Auftritt erhielten Rex und die Band eine Vorladung ins Kulturministerium. Rex wusste, dass es Ärger geben würde. Und er wollte ein Statement abgeben.

Drauf geschissen, sagte er sich, als er an einem Fischladen in der Stargarder Straße haltmachte, um das passende Requisit für sein Statement zu besorgen.

»Habt ihr 'nen Fisch da, der irgendwie schon drüber ist? Der alt und schlecht ist und stinkt?«, fragte er den Fischhändler.

Der Händler holte einen stinkenden, alten Karpfen und wickelte ihn in Zeitungspapier.

Als Rex und die anderen vor dem Ausschuss des Kulturministeriums Platz nahmen, zählten ihnen die Funktionäre sämtliche Beweise auf, die sie gesammelt hatten. In den Stasi-Berichten stand jedes Wort, das Rex gesagt hatte. Als sie mit ihrem Vortrag fertig waren, verkündeten sie das Urteil: Man habe der Band auf unbestimmte Zeit die Spielerlaubnis entzogen. Sie dürften keine öffentlichen Konzerte mehr geben, und man würde sämtliche Veranstaltungsorte im Land von der Aufhebung der Spielerlaubnis in Kenntnis setzen.

»Haben Sie noch was zu sagen?«

Das hatte Rex.

»Ja, wir würden gerne noch was sagen. Erstens haben wir Ihnen was mitgebracht, ein Präsent der Band«, sagte er und legte sein Päckchen vor den Ausschussmitgliedern auf den Tisch. »Einen

Fisch, der vom Kopf her stinkt. Wenn Sie sich mit der Geschichte der italienischen Mafia auskennen, wissen Sie, was das bedeutet. Und noch eins: Die Zeit arbeitet für uns.«

Statt die Band aufzulösen, trommelte Rex die Mitglieder zusammen, um ein Stück aufzunehmen, das zum Hit des Herbstes 1989 werden sollte; die West-Berliner Sender spielten ihn rauf und runter, nachdem ein Freund von Rex das Mastertape nach drüben geschmuggelt hatte – allerdings sollte Rex im Herbst über Ungarn die DDR verlassen. Das Stück hieß »Bakschischrepublik«, und der Refrain, in dem Rex lauthals seine Wut herausschrie, lautete:

Schwarz-Rot-Gold ist das System,
morgen wird es untergehn.

70

Am 7. Juli, zwei Monate nachdem die Wahlbeobachter den Beweis für die Manipulation der Stimmauszählung erbracht hatten, war auf dem Alexanderplatz eine weitere Demonstration gegen den Wahlbetrug geplant. Zwar schafften es nur sechzig Personen auf den Alexanderplatz, aber es waren tausend Sicherheitsleute nötig, um die Demonstration zu verhindern. Es entwickelte sich ein Katz-und-Maus-Spiel. Aber dieses Katz-und-Maus-Spiel fand in aller Öffentlichkeit statt. Die Regierungskräfte sperrten die nahe gelegenen U-Bahn-Stationen und riegelten die Zufahrtsstraßen ab. Sie prügelten auf unbeteiligte Zuschauer ein und verhafteten sie. Das war ein weiterer Fehler; denn die einfachen Leute wurden selten mit brutaler staatlicher Gewalt konfrontiert. *Mir tun sie ja nichts! Nicht mein Problem!* Aber jetzt trugen ein paar einfache Bürger blaue Flecken und blutige Nasen davon, und viele andere einfache Bürger hatten zugesehen, wie man ihnen diese blauen Flecken zugefügt und die Nasen blutig geschlagen hatte.

Die Punks aus der Erlösergemeinde und der Kirche von Unten hatten sich bereits den kollektiven Abscheu zunutze gemacht, den viele einfache Bürger – selbst treu ergebene Parteimitglieder – angesichts der Reaktion der Regierung auf die Niederschlagung der

Proteste auf dem Platz des Himmlischen Friedens empfanden. Ende Juni wurde nun aus Protest eine Woche lang vierundzwanzig Stunden am Tag ein »Klagetrommeln« organisiert. Die Führung der Elisabethkirche, auf deren Gelände die Kirche von Unten ihren Sitz hatte, beschwerte sich über das ununterbrochene Getrommel; das sei ein Akt der Ruhestörung. Aber genau das war der Punkt! Und trotz mehrfacher Drohungen wurden die Mitglieder der Kirche von Unten nicht hinausgeworfen. Ihr Rückhalt war zu groß; und was konnte ein Dutzend Kirchenmitglieder gegen mehrere hundert Punks und Freaks von der Kirche von Unten schon ausrichten? Einen Scheiß.

Im September versuchte man erneut, die monatliche Demonstration gegen den Wahlbetrug auf dem Alexanderplatz abzuhalten. Die Demonstranten hatten ihre T-Shirts mit Buchstaben bemalt und wollten sich damit in einer Reihe aufstellen, sodass »7. MAI WAHLBETRUG« zu lesen gewesen wäre; was aber von der Stasi gewaltsam verhindert wurde. Einem Demonstranten wurde dabei der Arm gebrochen. Fast hundert Personen wurden verhaftet und über Nacht festgehalten. Drei Tage später versuchte eine Gruppe Antifa-Aktivisten in Potsdam an einer offiziellen Kundgebung zum Gedenken an die Opfer des Faschismus teilzunehmen. Die Aktivisten trugen Transparente mit der Aufschrift »Warnung! Neonazis auch in der DDR!«, »Gegen Nazis« und »Nie wieder Krieg – wehret den Anfängen«. Sie wurden von der Polizei brutal zusammengeknüppelt.

Inzwischen hatte die Krise wegen der Ausreisewilligen eine Eigendynamik entwickelt. Tausende Ausreiser waren nach Polen, in die Tschechoslowakei und vor allem nach Ungarn geflüchtet, wo die Regierung unter Miklós Németh im Zuge von Perestroika und Glasnost den Stacheldrahtzaun, der Ungarn von Österreich trennte, entfernt und das erste Loch in den Eisernen Vorhang gerissen hatte. Generalsekretär Gorbatschow hatte ihr dafür indirekt seinen

Segen erteilt, als er Németh erklärte, dass die Sicherung der Grenze dessen Problem sei und nicht seins. Am 19. August 1989 hatten ungarische Aktivisten ein »paneuropäisches Picknick« in der Nähe von Sopron, direkt an der österreichischen Grenze, organisiert, bei dem hunderte DDR-Bürger, die wie Flüchtlinge in Ungarn gehaust hatten, durch ein Grenztor nach Österreich flüchteten. Am 10. September öffneten die Ungarn trotz harscher Proteste der Honecker-Regierung offiziell die Grenze zum Westen und hinderten die Ostdeutschen nicht an der Ausreise. Scharenweise verließen die Menschen die DDR – Zehntausende flohen in den nächsten Wochen aus dem Land.

Unmittelbar nach der Grenzöffnung änderte sich die Zielrichtung der Demonstrationen in Ostdeutschland – besonders in Leipzig. Seitdem die Kirchenführung versucht hatte, die Leitung der Montagsgebete in der Nikolaikirche an sich zu reißen, kamen die Menschen jeden Montagabend vor der Kirche zusammen; auch noch, nachdem die Kirche eingelenkt und den Aktivisten erlaubt hatte, die Montagsgebete wieder selbst zu organisieren. Im Sommer 1989 waren aus den wenigen Dutzend Leuten, die nach dem montäglichen Friedensgebet vor der Kirche zusammenkamen, einige hundert geworden, darunter zahlreiche Angehörige der Punkszene in Leipzig und dem benachbarten Halle. Eine von ihnen war Connie, die inzwischen dreiundzwanzig Jahre alt und im Alter von siebzehn Jahren im Gefängnis gelandet war, weil sie nach der Verhaftung der Namenlos-Mitglieder im Jahr 1983 »FREIHEIT FÜR JANA, MITA UND A-MICHA« an eine Wand gesprüht hatte. Connie und andere aus dem Mockauer Keller, dem Gegenstück zum Profikeller in Berlin, nahmen Woche für Woche an den Montagsversammlungen teil, obwohl sie die Ausreiser nicht ausstehen konnten, weil sie ihrer Meinung nach auf Kosten derer, die für Veränderungen in der Heimat kämpften, ihre kurzfristigen persönlichen Ziele verfolgten. Diese Leute wollten bloß, dass man sie bei den Demonstrationen filmte, um ihre Chancen auf eine Ausreise zu verbessern. Wenn die Ausreisewilligen »Wir wollen raus« skandierten, riefen Connie und die anderen Leipziger Punks spöttisch zurück: »Wir bleiben hier.«

Nach der Öffnung der ungarischen Grenze waren montags vor der Kirche unter den Demonstranten zwar nicht mehr so viele Ausreiser, trotzdem kamen immer mehr Menschen.

Am 11. September fanden sich vor der Nikolaikirche etwa sechshundert Leute ein und wurden von der Polizei angegriffen, nachdem sie sich geweigert hatten, die Versammlung aufzulösen. Hundert von ihnen wurden festgenommen. Am 18. September kamen eintausend Menschen zusammen, und die Polizei ging so brutal gegen sie vor, dass einige ins Krankenhaus gebracht werden mussten; etwa einhundertfünfzig wurden festgenommen. Im Laufe dieser Wochen wurde der Ruf der Ausreiser »Wir wollen raus« von der trotzigen und *positiven* Variante der Parole allmählich verdrängt.

Wir bleiben hier.

Statt damit diejenigen zu verspotten, die das Land verlassen wollten, war dies jetzt eine Drohung: *Wir bleiben hier ... und nicht ohne Grund.*

Die Menschen, die jetzt auf die Straße gingen, wollten bleiben, sie würden sich nicht geschlagen geben, sie würden dem Problem nicht aus dem Weg gehen, sondern es lösen, es aus der Welt schaffen. Diese Aussicht war für die Regierung vielleicht beängstigender als die Situation ein paar Wochen zuvor, als so viele Menschen einfach nur schleunigst das Land verlassen wollten.

Am Montag, dem 25. September, stieg die Zahl der Teilnehmer, trotz der Brutalitäten der Polizei und der Massenverhaftungen in der Woche zuvor, sprunghaft auf fünf- bis sechstausend an. Aber vielleicht gerade *wegen* der Brutalitäten und der Massenverhaftungen; weil die einfachen Bürger entsetzt waren, dass man mitten in der Stadt gegen friedliche Demonstranten gewaltsam vorging. Der Bumerangeffekt.

Am 25. September versuchten auch die Demonstranten vor der Nikolaikirche zum ersten Mal, den Bereich um die Kirche herum zu verlassen, um die breite ringförmige Straße entlangzumarschieren, die die Altstadt umgab. Die Aktion war nicht geplant, und während Connie all die Stasi-Kameras und Polizisten betrachtete, fragte sie sich, was wohl passieren würde. Sie wusste, dass in den vergangenen Wochen eine Menge Leute verhaftet worden waren, nur weil sie sich bei der Kirche herumgetrieben hatten, und jetzt versuchten Tausende von Leuten, durch die Stadt zu marschieren. Dennoch hatte sie keine Angst. Im Gegenteil.

Endlich, endlich! So viele Jahre habe ich auf diesen Moment gewartet!

Wieder einmal setzte die Polizei Schlagstöcke und Hunde ein und nahm Massenverhaftungen vor. Es gelang ihr, den Marsch der Demonstranten vor dem Hauptbahnhof schließlich aufzuhalten. Aber wieder einmal waren die einfachen Bürger – die in wachsender Zahl die Ereignisse verfolgten – angewidert von der Gewalt. Die jugendlichen Außenseiter, die das Fußvolk der Proteste bildeten, waren es gewohnt, verprügelt zu werden – aber ohne, dass die Bevölkerung ihnen dafür bisher Verständnis entgegenbrachte. Die Situation hatte sich schlagartig verändert.

Am 2. Oktober kamen über zehntausend Personen zu der Montagsdemonstration in Leipzig. Unter ihnen war auch eine Punkerin namens Conny – nicht Connie –, die durch ihren knallroten Irokesen stadtbekannt war. Sie besuchte regelmäßig die Offene Arbeit und hatte im Mockauer Keller Konzerte organisiert. Conny und andere Leute aus dem Umfeld von L'Attentat hatten von Beginn an an den Montagsdemonstrationen teilgenommen, als lediglich zwei oder drei Dutzend Menschen vor der Nikolaikirche standen. Inzwischen wurde sie von ihrer Mutter begleitet, die über die Gewalt der Staatsführung so entsetzt war, dass sie etwas tat, was sie nie zuvor getan hatte – sie ging demonstrieren.

Wir sind das Volk.

An diesem Montag, dem 2. Oktober, wurde in Ost-Berlin in einer Solidaritätsaktion eine Mahnwache ins Leben gerufen, um gegen die Inhaftierung der Leipziger Demonstranten in der Woche zuvor zu protestieren. Auch im Rest des Landes kam es zu Protesten. Vom 2. Oktober an nahmen tausende Berliner an den Mahnwachen teil, die jede Nacht vor der Gethsemanekirche in Prenzlauer Berg abgehalten wurden.

A-Micha wohnte immer noch in dem besetzten Haus an der Schliemannstraße ein paar Straßen weiter. Angesichts des Chaos um sich herum und der Berichte aus Leipzig sowie anderen Städten wurde ihm klar, dass es nun ums Ganze ging: Entweder würden sie die Machthaber jetzt, jetzt sofort, zu Fall bringen, oder man würde ihre Bewegung niederschlagen, und dann wäre die Chance vorüber– vielleicht für immer. In Oppositionskreisen machten Gerüchte die Runde, dass in den Vororten eilig Stasi-Gefangenenlager errichtet wurden, und trotz der wachsenden Zahl von Demonstranten hatte A-Micha das Gefühl, dass der Ausgang der Ereignisse ungewiss war. Er musste etwas – irgendetwas – unternehmen, damit die Entwicklung ein positives Ende nahm. Er begann, Flugblätter zu drucken und sie vor der Gethsemanekirche zu verteilen, egal ob die Leute dort waren, um zu demonstrieren oder zu gaffen. Er musste nur äußerst vorsichtig sein, damit man ihn nicht verhaftete, denn eine Festnahme hätte eine Durchsuchung seiner Wohnung zur Folge – sodass man den riesigen Vorrat verbotener und subversiver Broschüren finden würde.

Eines seiner Flugblätter begann mit den Worten:

Wir dürfen jetzt nicht einschlafen!
Wir dürfen die Gefangenen, die Gefangenen dieser Tage,
nicht ihrem Schicksal überlassen.

> Wir dürfen unser Schicksal und das Schicksal unseres Landes nicht den Politikern (hier und drüben) überlassen – denn WIR wollen und müssen hier leben!
> Wir sind die Macht – wir können und müssen fordern!

Das Flugblatt rief die Menschen dazu auf, an den Montagsdemonstrationen teilzunehmen, die von der S-Bahn-Station Schönhauser Allee zum Alexanderplatz führten.

> Sie können uns helfen, unsere Wege selbst zu bestimmen.
> Im Bündnis mit Leipzig, Dresden u.a. Städten werden wir unsere Forderungen durchsetzen!

Und es schloss mit den Worten:

> DAMIT DER FADEN NICHT ZERREISST! AUF DIE STRASSE!

Am 7. Oktober sollte Ost-Berlin die Kulisse für die Feierlichkeiten zum vierzigsten Jahrestag der Staatsgründung der DDR abgeben. Am Morgen jenes Tages tauchte die Polizei, wie das vor solch wichtigen öffentlichen Veranstaltungen inzwischen üblich war, vor den Wohnungen zahlreicher Punks aus der Erlösergemeinde auf und nahm sie fest, damit sie keinen Ärger machen konnten. Trotzdem kam es zu Protesten, und die Demonstranten wurden von der Polizei während der Feierlichkeiten und danach gewaltsam zurückgedrängt; dabei gab es einen Toten und fünfhundert Festnahmen, während die Demonstranten durch die Straßen in Prenzlauer Berg zogen. Überall im ganzen Land kam es zu ähnlichen Zusammenstößen. Erneut wurden die einfachen Bürger in Berlin, in Leipzig und vielen anderen großen und kleinen Städten mit staatlicher Gewalt gegen friedliche Demonstranten konfrontiert. Am nächsten Tag waren landesweit dreitausend Demonstranten in Haft – in Leipzig hatte man viele von ihnen in Pferdeställe außerhalb der Stadt gesperrt.

Yao Yilin, ein Hardliner des chinesischen Politbüros, der das brutale Durchgreifen gegen die Demonstranten auf dem Platz des Himmlischen Friedens vier Monate zuvor befürwortet hatte, nahm ebenfalls an den pompösen Feierlichkeiten zum Jahrestag der Staatsgründung teil. Egon Krenz, der kurz zuvor aus China zurückgekehrt war, wo er den Festakt zum vierzigjährigen Bestehen der Volksrepublik besucht hatte, sagte: »In den Kämpfen unserer Zeit stehen DDR und China Seite an Seite.« Offensichtlich wollte die ostdeutsche Staatsführung andeuten, dass sie angesichts des wachsenden Chaos eine Lösung wie auf dem Platz des Himmlischen Friedens in Erwägung zog.

Generalsekretär Gorbatschow war zu den Feierlichkeiten widerwillig aus Moskau angereist – hinter verschlossenen Türen bezeichnete er Honecker wohl als »Arschloch«. Nicht die beste Voraussetzung, um an Honeckers selbstgefälliger Feier teilzunehmen.

Entlang der Parade skandierten die Bürger Gorbatschows Namen, einige riefen sogar: »Gorbi, hilf uns!«

Während seines Aufenthalts in der Hauptstadt soll Gorbatschow dem siebenundsiebzigjährigen Erich Honecker gesagt haben: »Wer zu spät kommt, den bestraft das Leben.«

71

Für eine Revolution bedarf es eines magischen, spontanen Massenaufstands.

Eine Gruppe allein kann das nicht leisten.

Zunächst spürt man die Vibration unter den Füßen, eine leichte Erschütterung, die nur diejenigen wahrnehmen, die auf den Boden stampfen und ihn zum Zittern bringen – in Ostdeutschland waren das die Punks, die Freaks, die jungen Leute, die merkten, dass die Staatsführung verängstigt war, dass die Diktatur auf der Kippe stand. Dann, wenn alles zusammenkommt, spüren es die anderen Menschen, die einfachen Menschen, diejenigen, die versuchen, ihren Alltag zu meistern, und sich mit dem bestehenden System arrangiert haben. Die Erschütterung. Die Vibration. Und vielleicht, aber nur vielleicht, verlassen sie ihre Wohnungen und Häuser, um nachzuschauen, was da los ist, um nachzuschauen, woher die Erschütterung kommt. Und vielleicht, aber nur vielleicht, schließen sie sich den anderen an, *Ich weiß zwar nicht genau, was ich hier tue, warum ich das Haus verlassen habe, aber ich finde es nicht gut, wie diese Menschen behandelt werden ... und ... also ... das Regierungssystem finde ich auch nicht gut; ich werde hier draußen auf der Straße bleiben.* Vielleicht helfen diese Leute, die einfachen Leute, diejenigen, die nicht gerne aus der Reihe tanzen, vielleicht helfen sie dabei, den ganzen Laden aufzumischen, auf den Boden zu stampfen und ihn zum Zittern zu bringen. Und vielleicht, wenn dieser magische Moment andauert, wenn alle ihn spüren und mitmachen – *Wir sind das Volk* –, schwillt die Erschütterung zu einem Erdbeben an, und das Fundament beginnt zu bröckeln. Und stürzt in sich zusammen.

Revolution!

Genau das passierte in Ostdeutschland im Herbst 1989.

Nachdem die Punks und die von der Haltung des Punk beeinflussten Aktivisten voranmarschiert waren, kam es Anfang Oktober zu einem solchen magischen Massenaufstand, dem sich Menschen aus allen gesellschaftlichen Bereichen anschlossen, während sie Otzes Spruch skandierten: *Wir sind das Volk.*

Sowohl die Demonstranten als auch die Parteifunktionäre rechneten bei der Montagsdemonstration am 9. Oktober in Leipzig mit einem sehr viel größeren Zulauf als bisher. Darum waren auch sehr viel mehr und besser ausgerüstete Sicherheitskräfte zugegen. Zum ersten Mal setzte die Partei mit scharfer Munition ausgestattete Truppen der NVA ein; Stasi-Chef Erich Mielke gab allen Mitarbeitern den Befehl, ihre Pistolen zu tragen. Die örtlichen Krankenhäuser wurden in Alarmbereitschaft versetzt. Von Woche zu Woche hatten die Montagsdemonstrationen jedes Mal mehr Zulauf erhalten; von Woche zu Woche ging der Staat brutaler dagegen vor. Welche Seite würde sich am Ende durchsetzen? Und was würde als Nächstes passieren?

Siegbert Schefke – Medien-Siggi aus der Umweltbibliothek – verließ am 9. Oktober vor dem Morgengrauen unbemerkt von den Stasi-Offizieren, die draußen auf ihn warteten, seine Berliner Wohnung, indem er über die Dächer der Nachbargebäude kletterte; anschließend fuhr er mit Aram Radomski und einer der Kameras nach Leipzig. Unterwegs wechselten sie mehrmals den Wagen, damit man ihnen nicht folgte. Um sich herum sahen sie lauter Militärfahrzeuge, die alle Richtung Leipzig rollten. Sobald die beiden die Stadt erreicht hatten, versteckten sie sich in einem Kirchturm, der auf die ringförmige Straße in Leipzigs Innenstadt hinausging. Von ihrem Aussichtspunkt filmten sie die bisher größte Demonstration, während sich der Zug langsam die Ringstraße entlangschlängelte.

Diesmal gingen die Sicherheitskräfte trotz des militärischen Aufgebots nicht gewaltsam gegen die Menschen vor. Da fast hunderttausend friedliche Demonstranten die Ringstraße entlangmarschierten, hielten sich die Polizei, die Stasi, die NVA-Truppen und die paramilitärische Kampfgruppen zurück.

Siggi und Aram schmuggelten ihre Aufnahmen über ihren West-Berliner Korrespondentenkontakt nach draußen, und am nächsten Abend konnte sie jeder in der DDR sehen, der West-Fernsehen empfing. Der Schneeballeffekt, der magische, spontane Aufstand von Menschen aus allen möglichen Gesellschaftsbereichen – von normalen Bürgern, der arbeitenden Bevölkerung, den Mitläufern, die sonst nicht aufmuckten und sich mit dem System arrangiert hatten –, hatte für jeden klar ersichtlich seine kritische Masse erreicht. Die Punks und Freaks waren jetzt nicht mehr die Einzigen, die auf die Straße gingen, sondern auch Großmütter und Schichtarbeiter, die Basis der Gesellschaft, überall im ganzen Land – die Erschütterungen wurden in immer kürzeren Abständen immer heftiger, und das Fundament unter den Füßen geriet immer mehr ins Wanken.

Selbst wichtige Parteimitglieder konnten das spüren.

Am darauffolgenden Dienstag, dem 17. Oktober, wurde Erich Honecker auf der wöchentlichen Sitzung des Politbüros als Generalsekretär abgesetzt und Egon Krenz zu seinem Nachfolger gewählt. Obwohl dieser angesichts der Unruhen im Land offen von einer »chinesischen Lösung« gesprochen hatte, obwohl er die Wahlkommission geleitet hatte, die man im Mai des Wahlbetrugs überführt hatte, redete er jetzt von gesellschaftlichen Veränderungen.

Aber die Menschen auf der Straße kauften ihm das nicht ab.

Die Erschütterungen wurden nicht schwächer.

Am 4. November 1989 klopften um sieben Uhr morgens drei Männer an A-Michas Tür. »Diese Kollegen hier werden dir den ganzen Tag folgen«, erklärte ein hochrangiger Stasi-Offizier und deutete auf die beiden anderen. »Wir werden dich nicht verhaften, aber wir *können* dich verhaften.«

Einer der Offiziere bezog vor dem Haus Position, der andere auf der Rückseite. Sie folgten A-Micha auf Schritt und Tritt. Er wusste, was ihm blühte, wenn er Richtung Alexanderplatz lief, wo eine Demonstration stattfinden sollte.

Aber es spielte keine Rolle, dass er und die anderen aktenkundigen Unruhestifter nicht kommen konnten.

Am 4. November, einem Samstag, fand die erste Demonstration statt, die nicht an einem Arbeitstag angesetzt war. Auf dem Alexanderplatz in Ost-Berlin versammelten sich eine halbe Million Menschen, um einen echten, grundlegenden Wandel einzufordern statt eines Wandels, wie ihn dieser verfluchte Egon Krenz meinte. Jetzt war es so weit. Die Erschütterungen waren zu Schockwellen angewachsen. Das Fundament hatte verheerende Risse bekommen. Die Revolution stand kurz bevor.

Wir sind das Volk.

Im August hatte Erich Honecker bei dem Besuch einer Fabrik für Mikroprozessoren noch August Bebel zitiert: »Den Sozialismus in seinem Lauf hält weder Ochs noch Esel auf.« Am 6. Oktober hatte er am Abend vor den Feierlichkeiten zum vierzigjährigen Bestehen der DDR den Spruch in Gorbatschows Gegenwart wiederholt.

Der letzte Satz in der Herbstausgabe des *mOAning star* lautete: »Die Anarchie in ihrem Lauf hält weder Mielke und Erich schon gar nicht mehr auf.«

Wie wahr.

72

Der 9. November 1989 war ein kalter Tag, und als die Sonne früh unterging, wurde es noch kälter.

Feeling B und Die Anderen waren an jenem Abend auf dem Weg zu einem weiteren Auftritt in West-Berlin, diesmal im Pike in einem Hinterhof der Glogauer Straße in Kreuzberg. Der Club im Erdgeschoss eines großen grauen Gebäudes befand sich in der Nähe zweier Grenzübergänge; dem in der Heinrich-Heine-Straße und dem an der Oberbaumbrücke, einer halb verfallenen Backsteinbrücke, die sich von der Warschauer Straße im Osten bis zum Schlesischen Tor im Westen erstreckte.

Die beiden Bands hatten zwar bereits im Mai ein gemeinsames West-Konzert gegeben, aber das war noch vor der gewaltsamen Niederschlagung der Studentenproteste auf dem Platz des Himmlischen Friedens gewesen. Nur knapp eine Woche danach hatte sich das Massaker ereignet und die ostdeutsche Regierung ihre Solidarität mit der chinesischen Führung erklärt. Worauf einige Bandmitglieder, besonders Toster von Die Anderen, die große Flatter bekamen.

Scheiße, hätte ich lieber doch im Westen bleiben sollen?

Aber kurz darauf wurde den Leuten von Feeling B erneut ein Satz Reisevisa bewilligt, diesmal mit einer längeren Gültigkeitsdauer, sodass sie im Sommer 1989 in der Bundesrepublik auf Tour gehen konnten. Den Westteil Berlins zu besuchen war eine Sache, aber quer durchs ganze Land zu reisen war etwas ganz anderes. Die staatliche Künstleragentur hatte der Band einen bequemen Lada nebst Fahrer und einen Anhänger für die Anlage zur Verfügung gestellt. Die letzte Station ihrer Tour war Reutlingen. Die Mitglieder einer findigen Jugendorganisation hatten den Besuch der Band als Jugendaustausch angemeldet, sodass sie finanzielle Unterstützung bekamen und die Mahlzeiten für die Bandmitglieder während ihres einwöchigen Aufenthalts bezahlen konnten. Flake und Paul arbeiteten schwarz in einer Druckerei vor Ort und stopften sich die Taschen mit D-Mark voll.

Als sie in ihrem Lada mit DDR-Nummernschild nach Hause fuhren – oder gefahren wurden –, hielt neben ihnen ein dicker westdeutscher Schlitten. Der Fahrer kurbelte das Fenster herunter und streckte seine Hand heraus. Darin hielt er einen Hundertmarkschein.

Darauf kurbelte Paul seinerseits das Fenster herunter und streckte dem Mann die Hand entgegen; er hielt ebenfalls einen Hundertmarkschein in seiner Hand.

Für Die Anderen gab es die Belohnung dafür, dass sie nach dem Konzert im Mai wieder zurückgekehrt waren. Diesmal bekamen die Bandmitglieder sogar ein Dienstreise-Visum, mit dem sie einen Monat lang, von Ende Oktober bis Ende November, an jedem Grenzübergang unbegrenzt ein- und ausreisen konnten.

Die Anderen waren einige Stunden vor ihrem Auftritt im Pike am 9. November nach Kreuzberg und wieder zurückgefahren, um ein paar Dosen Bier und eine Zeitung zu kaufen.

Sie würden sich den ganzen Tag besaufen.

Zu diesem Zeitpunkt spielte Dafty bei Die Anderen Gitarre. Toster hatte ihn nach seiner Entlassung aus der Armee in die Musikszene zurückgeholt und zuerst als Roadie angeheuert, bevor Dafty seine eigene Gruppe gründete, Die Drei von der Tankstelle, die sich schließlich auflöste. Dafty – mit seiner langen Vorgeschichte als Punk, den Zusammenstößen mit der Polizei und seinen Verhaftungen und mit seinen Freundschaften zu den Punks aus der Erlösergemeinde und den Leuten von der Kirche von Unten – konnte nicht glauben, dass er dieses Dienstreisevisum in den Händen hielt.

Aber das tat er; jeder von ihnen hatte eins.

Als die Musiker an jenem kalten Abend für ihren Auftritt im Club aufkreuzten, waren sie bereits betrunken. Während die anderen Bands auftraten, tranken sie weiter; Feeling B spielten danach, kurz bevor Die Anderen selbst an der Reihe waren.

Anders als im Mai war der Club diesmal gut besucht, und als Die Anderen loslegten, strömten noch mehr Leute herein.

Die Band entdeckte im Publikum einige vertraute Gesichter, aber das war nicht weiter ungewöhnlich. Ihnen liefen im Westen ständig irgendwelche Leute über den Weg, die sie kannten – Leute, die vor kurzem über Ungarn geflohen waren, Leute, die im Laufe der Jahre das Land verlassen hatten oder ausgebürgert worden waren.

Während Die Anderen nun durch ihr Set jagten, hielten die Leute DDR-Ausweise in die Höhe und wedelten damit herum.

Merkwürdig.

Da die Bandmitglieder immer noch betrunken waren, dachten sie, dass die Leute im Publikum wahrscheinlich ebenfalls betrunken waren – *Scheiße, vielleicht machen sie sich über uns lustig.*

Sie spielten einfach weiter.

Dann tauchten noch mehr vertraute Gesichter auf. Die britische Musikerin PJ Harvey war ebenfalls im Publikum – zusammen mit ihrer Mutter. Harvey war fast noch ein Teenager, aber ihre damalige Band, Automatic Dlamini, hatte im Sommer in Ost-Berlin ein Konzert gegeben, und sie hatte dabei Die Anderen kennengelernt.

So viele vertraute Gesichter.

Dazu die DDR-Ausweise, die durch die Luft geschwenkt wurden.

Immer mehr Ausweise wurden in die Höhe gehalten ...

Was zum Henker hatte das zu bedeuten?

Als Die Anderen schließlich ihr letztes Stück an diesem Abend spielten, entdeckte Dafty ein weiteres vertrautes Gesicht. Und das war niemand von den Leuten, die das Land verlassen hatten. Er hatte diese Person erst *an diesem Tag* gesehen, und zwar in Ost-Berlin.

Und so langsam dämmerte es ihm – *aber, Moment mal, das kann nicht sein!*

Was da gerade passierte, wollte einfach nicht in seinen benebelten Schädel. Wenn diese Leute hier waren ... in *West*-Berlin ...

Ich muss ziemlich betrunken sein.

Natürlich spürten alle längst, dass etwas Großes im Gange war. In den letzten Wochen und Monaten waren Dinge passiert, die sie nicht für möglich gehalten hatten. Honecker hatte abgedankt. In Leipzig und Berlin waren Zehntausende auf die Straßen gegangen, und erst vor drei Tagen hatten sich auf dem Alexanderplatz eine halbe Million Menschen versammelt. Aber trotzdem. Das ... das würde bedeuten ...

Als die Band die Bühne verließ, wurde sie von Freunden aus Ost-Berlin umringt, die alle durcheinanderredeten; und es stimmte, ja, es stimmte tatsächlich: Die Grenze war offen.

Die Mauer war gefallen.

Während die Neuigkeit im Club die Runde machte, schenkte die Bar Freibier aus.

Ohne dass die meisten Konzertbesucher im Pike es mitbekommen hatten, hatte DDR-Regierungssprecher Günter Schabowski früher am Abend auf einer Pressekonferenz verkündet, dass die Reisebeschränkungen für DDR-Bürger mit sofortiger Wirkung aufgehoben seien. Obwohl Schabowski dem Regierenden Bürgermeister West-Berlins zehn Tage zuvor mitgeteilt hatte, dass man den

Reiseverkehr liberalisieren werde, und West-Berlin den öffentlichen Nahverkehr auf diesen Fall vorbereitet hatte, schien es, als sei Ost-Berlin nicht auf diesen Kurswechsel vorbereitet gewesen. Nachdem die Pressekonferenz live im DDR-Fernsehen übertragen worden war und die westdeutschen Fernsehsender und die Radiostationen in West-Berlin die Nachricht immer wieder verbreitet hatten, waren die Ost-Berliner – die jetzt, da die Erschütterungen so stark geworden waren, erst recht die westlichen Medien einschalteten – an den Grenzübergängen zusammengekommen und verlangten, dass man sie durchließ. Aber die Wachen an den Übergängen hatten keine konkreten Befehle erhalten und konnten so spät am Abend ihre Vorgesetzten nicht mehr erreichen. Da die Menschenmenge immer größer wurde, waren sie gezwungen, zu improvisieren und selbst zu entscheiden, wie sie die Situation handhabten. Der kaum bekannte Übergang zwischen der Waltersdorfer Chaussee im Osten und Rudow im Westen wurde um halb neun als erster geöffnet. Und als sich vor dem Grenzübergang in der Bornholmer Straße eine gewaltige Menge versammelt hatte, ließen die Wachposten, die nicht bereit waren, das Feuer zu eröffnen, die Menschen um halb zwölf ebenfalls passieren. Nachdem sich die Sache herumgesprochen hatte, folgten weitere Grenzübergänge wie der Checkpoint Charlie ihrem Beispiel.

Einige Freunde der Bands hatten mit ihrem Wagen, einem alten Wolga, den Übergang an der Invalidenstraße passiert und waren zum Pike gefahren, denn sie wussten, dass Feeling B und Die Anderen dort einen Auftritt hatten.

Trotz des ganzen Trubels wollten die Mitglieder von Feeling B, vor allem Paul, einfach nur nach Hause. Aber die Lage an den Grenzübergängen war völlig chaotisch, sodass sie nicht in den Ostteil zurückkehren konnten. Schließlich kaufte einer ihrer Freunde eine Flasche Whisky, und sie stürzten sich ebenfalls ins bunte Treiben.

Die Anderen liefen zum Grenzübergang in der Heinrich-Heine-Straße und sahen dabei zu, wie ihre Landsleute in den Westen strömten. Die ganze Band war in Feierlaune. Man schlug auf die Dächer der Trabis. Ostdeutsche begrüßten andere Ostdeutsche, die gerade in den Westen kamen.

Es war eine Stimmung wie an Silvester: Feuerwerkskörper wurden gezündet, und die Menschen johlten und sangen. Sie feierten ein riesiges Straßenfest mitten in der Nacht.

Die Berliner Mauer war gefallen.

Toster, Dafty und der Rest der Band liefen die ganze Nacht mit ihren Freunden durch die Straßen West-Berlins, rauchten Dope und tranken wohl an die hundert Biere.

Und noch in jener Nacht traf die Band eine Entscheidung: Die Anderen lösten sich auf.

Die Mauer war Geschichte und die Band ebenfalls.

Für die Ost-Berliner Punks war die Sache klar: Auftrag ausgeführt.

Oder doch nicht?

Der Kampf in der Mainzer Straße, November 1990

TEIL VIII

Lust for Life

73

Wenn man die Bilder von den Menschen sieht, die am 9. November 1989 auf der Mauer tanzten – die Trabis, die bei der Überquerung der Grenze mit Sekt übergossen wurden, die weinenden Menschen, die ost- und westdeutschen Bürger, die sich in den Armen lagen –, dann denkt man schnell: *Das war's, mit einem Schlag hat sich alles geändert.*

Aber so war es nicht.

Als Otze von Schleim-Keim – aus deren Lied »Prügelknabe« der Satz *Wir sind das Volk* stammte – am 10. November nach einer durchfeierten Nacht nach Hause zurückkehrte, wartete sein Bruder an der Tür auf ihn.

»Die Stasi war gerade hier«, erklärte er Otze. »Sie suchen nach dir.«

Am Tag nach dem Fall der Mauer machte sich die Stasi wieder an die Arbeit. Und die Polizei auch. Die Grenzposten standen immer noch mit ihren Maschinenpistolen an der Mauer. Selbst die jährlich stattfindende dreitägige ZK-Sitzung wurde fortgesetzt, ohne dass man näher auf die Öffnung der Grenze einging.

Unmittelbar nach dem Fall der Mauer war nicht klar, wie weitreichend die Veränderungen tatsächlich waren und wie es weitergehen würde. Gruppen wie die Kirche von Unten und die Punks aus der Erlösergemeinde hatte sich nie viele Gedanken darüber gemacht, was *nach* dem Fall der Mauer passieren würde.

Rückblickend betrachtet scheint es unausweichlich gewesen zu sein, dass sich das geteilte Deutschland nach dem Mauerfall wiedervereinigte. Aber keinem derjenigen, die den Weg für den Fall der Mauer bereitet hatten – derjenigen, von denen die Erschütterungen im Land ausgegangen waren und die die Brutalität der Sicherheitskräfte ertragen hatten –, war es um ein wiedervereinigtes Deutschland gegangen. Diese Menschen hatten ihren Platz in der Gesellschaft aufgegeben, um eine *neue* Gesellschaft aufzubauen, etwas anderes und Eigenständiges, ein souveränes Ostdeutschland, das noch mal ganz von vorne beginnen könne. Die Leute, die auf den Westen setzten, waren jene verhassten Ausreiser, egoistische Auswanderer, die sich einfach aus dem Staub machten. Keiner der Vorkämpfer – *Wir bleiben hier!* – hatte sich zuvor am Westen orientiert, und keiner von ihnen erwartete vom Westen jetzt, da die Grenze offen war, dass er ihnen zu Hilfe kam.

Die politische Situation geriet rasch außer Kontrolle – vor allem jene, die unermüdlich dafür gekämpft hatten, die Diktatur zu Fall zu bringen, hatten keinen Einfluss mehr darauf. Selbst die neuen politischen Organisationen, die in den letzten Tagen vor dem Mauerfall wie Pilze aus dem Boden geschossen waren – einige wie das Neue Forum hatten angeblich mehrere zehntausend Mitglieder –, schienen keinen Einfluss zu haben. Während die Demonstrationen nach der Grenzöffnung weitergingen, wurde der Spruch »Wir sind das Volk« beängstigend schnell von dem Spruch »Wir sind *ein* Volk« abgelöst.

Igitt.

Angesichts dieser nationalistischen Haltung lief es den Mitgliedern der Antifa-Gruppen eiskalt den Rücken herunter. Ein wiedervereinigtes Deutschland war so ungefähr das Schlimmste, was sie sich vorstellen konnten. Aber ihr Albtraum war kurz davor,

Wirklichkeit zu werden – und zwar in vielerlei Hinsicht. Die Skinheads schlossen sich den Demonstrationen an, die weiterhin stattfanden, sie griffen die Leute an, die sich gegen eine Wiedervereinigung aussprachen – und zwar in aller Öffentlichkeit.

»Wir sind ein Volk!«

Das war zu viel.

Die Antifa-Gruppen fingen an, dagegen mobilzumachen.

Unter den Leuten, die aktiv wurden, war auch Grit Ferber, die man als Teenager ins Gefängnis geworfen hatte, weil sie 1983 in Weimar anarchistische Sprüche an Häuserwände gesprüht hatte. Inzwischen lebte sie in West-Berlin, denn sie hatte die DDR kurz nach dem Ende ihrer Gefängnisstrafe verlassen.

Im Dezember 1989 reiste sie in ihre alte Heimatstadt zurück, denn sie war beunruhigt über das, was nach dem Mauerfall auf den Straßen passierte. Zusammen mit einigen Freunden nahm sie in Weimar an einer großen Antifa-Demo teil. Im Anschluss daran montierten sie Lautsprecher auf Grits VW-Käfer und fuhren mit ihrer provisorischen Beschallungsanlage durch die Stadt, während sie Sachen brüllten wie *»Deutschland muss sterben!«*

Nachdem Grit 1984 aus dem Gefängnis entlassen worden war, hatte ihre Angst vor der Stasi immer paranoidere Züge angenommen – sie fürchtete, dass man sie überwachte und versuchte, ihr eine Falle zu stellen, um sie erneut ins Gefängnis zu stecken. Sie und ihre Freunde hatten sich zunächst den Behörden widersetzt, als diese sie nach der Entlassung direkt in den Westen abschieben wollten, aber als sie wieder auf freiem Fuß war, änderte Grit ihre Meinung und reichte einen Ausreiseantrag ein, um die DDR zu verlassen. Allerdings glaubte sie, dass es Jahre dauern würde, bis man ihrer Ausreise zustimmte. Doch knapp zwei Monate nachdem sie ihren Antrag gestellt hatte, teilte man ihr plötzlich mit, dass er bewilligt worden sei: Sie habe achtundvierzig Stunden Zeit, die DDR für immer zu verlassen.

Anfangs bereitete ihr die Aussicht, das Land zu verlassen, einige Probleme. Aber da sie in einer eher kleinen Stadt wie Weimar aufgewachsen war, freundete sie sich schließlich mit der Vorstellung an, an einem Ort zu leben, wo keiner wusste, wer sie war und wo niemand wegen ihrer Familie oder Freunde bestimmte Erwartungen an sie hatte. Darum ging sie zunächst nicht nach West-Berlin – sie kannte dort zu viele Leute.

Stattdessen zog sie nach Kassel. Aber kurz darauf verschlug es sie wieder nach Berlin – um dort zu heiraten. Vor ihrer Ausreise aus der DDR hatte ein Freund sie gefragt, ob sie ihn heiraten würde, damit er, ohne einen Antrag auf Entlassung aus der Staatsbürgerschaft zu stellen, das Land verlassen konnte. Er wusste, dass es für seine Familie weitreichende Konsequenzen hätte, wenn er einen solchen Antrag stellte. Das ließ sich vermeiden, wenn er aufgrund einer anderen familiären Bindung – wenn er verheiratet war – das Land verlassen könnte. Grit war mit ihm zwar nicht zusammen, aber sie war einverstanden. Ein paar Monate nach ihrer Ausreise bewilligte man ihr ein Tagesvisum für Ost-Berlin, um ihn zu heiraten. Sie färbte sich aus diesem Anlass die Haare türkis und ließ sich einen Iro schneiden. Außerdem nahm sie ein paar neue Freunde aus West-Berlin mit, und gemeinsam marschierte die farbenprächtige Truppe in ein trostloses Standesamt in der Warschauer Straße, wo die Trauung stattfand. Nach einer Party in einem Restaurant kehrten sie alle vor Mitternacht, vor Ablauf ihres Visums, wieder nach West-Berlin zurück.

Sechs Monate später zog Grit von Kassel nach West-Berlin und gründete mit zwei weiteren Frauen, die Weimar verlassen hatten, sowie zwei Frauen aus Kassel eine Band.

Und nun, im Jahr 1989, fuhr sie im Auto durch ihre alte Wirkungsstätte und brüllte in ein Mikro: *»Deutschland muss sterben«*.

Anfang 1990 liefen Grit und der Schlagzeugerin ihrer Band ein paar alte Freunde über den Weg.

»Wir haben in Ost-Berlin ein Gebäude besetzt«, erzählten sie.

»Ihr habt ein Gebäude besetzt?«, fragte Grit. »Das will ich auch!«

Sie hatte zwei kleine Kinder, und sie hatte immer davon geträumt, die beiden in einer Kommune großzuziehen. Die besetzten Häuser in West-Berlin hatten ihr nie gefallen – die Leute dort trugen alle Schwarz und fanden die Vorstellung, eine Beziehung oder Kinder zu haben, grässlich.

Grit sprach mit ihren Bandkolleginnen über den Plan, zusammen ein Haus zu besetzen. Eine der Weimarerinnen war sofort dagegen. Sie war mit Wolfram Hasch zusammen gewesen, einem jener Punks, die 1986 auf die West-Berliner Seite der Mauer einen weißen Strich gepinselt hatten – er war derjenige gewesen, der dabei mit vorgehaltener Waffe verhaftet worden war. Sie hatte ihr gemeinsames Kind zur Welt gebracht, während er im Stasi-Gefängnis saß; darum wollte sie nie wieder einen Fuß in den Osten setzen.

Grit beschloss trotzdem, ihre Idee weiterzuverfolgen. Sie hörte von einem Besetzerrat, der im Januar gegründet worden war, und nahm an einem der wöchentlichen Treffen teil. Je länger sie zuhörte, desto größer wurde ihr Interesse.

Bis Anfang 1990 waren in Mitte, Prenzlauer Berg, Friedrichshain und Lichtenberg etwa fünfzehn Gebäude besetzt worden, darunter die in der Köpenicker Straße 137 und in der Kastanienallee 85/86, die heute immer noch in mehr oder weniger derselben Form als gemeinschaftliche Wohnprojekte existieren. Auf die Fassade der Köpenicker Straße 137 schrieben die Bewohner den Spruch: *Die Grenze verläuft nicht zwischen den Völkern, sondern zwischen oben und unten.* Die Voraussetzung für Unabhängigkeit – für echte Freiheit – war ein gerechtes Wirtschaftssystem, und das würde es nach der Wiedervereinigung nicht geben.

Aljoscha von Feeling B fand in der Schönhauser Allee 5 ein neues Zuhause. Er wusste, dass man, wenn man im Osten etwas aufbauen wollte, eine unabhängige Infrastruktur schaffen und am Laufen halten musste – und zwar schnell, denn er rechnete damit, dass westliche Investoren über den Osten herfallen und die Situation zu ihrem Vorteil nutzen würden. Die einzige Möglichkeit, diese Leute davon abzuhalten, bestand darin, ihnen die Immobilien vor der Nase wegzuschnappen.

Der Altbau in der Schönhauser Allee 5 mit seinen mehr als dreißig Wohnungen und einem Innenhof war dafür wie geschaffen: Aljoscha wollte eine große Sache aufziehen. Das Gebäude bot jede Menge Platz für das Kulturzentrum, das er plante, mit Auftrittsmöglichkeiten, Proberäumen, Tonstudios, Ateliers und Schnitträumen – innerhalb weniger Monate errichtete Aljoscha sogar ein Studio für einen Piratensender namens Radio P.

Aber eins nach dem anderen: Kurz nach der Besetzung wurde zunächst eine Kneipe eröffnet, deren Bar aus gestapelten Bierkisten bestand.

74

Das Haus in der Schreinerstraße 47, das in der Abenddämmerung des 29. Dezember 1989 in Friedrichshain besetzt wurde, war wahrscheinlich das erste besetzte Gebäude nach dem Fall der Mauer.

Das imposante Wohnhaus aus dem neunzehnten Jahrhundert war von Kernmitgliedern der Kirche von Unten besetzt worden, darunter Dirk Moldt und Silvio Meier; kurz darauf stieß auch A-Micha zu ihnen. Sie hatten am 19. Dezember eine Demonstration gegen die Wiedervereinigung organisiert und zehn Tage später das Gebäude besetzt. Für sie war dies eine logische Erweiterung ihrer bisherigen Aktivitäten: Wenn die politische Entwicklung in die falsche Richtung lief, dann wollten sie sich ihre eigene Welt schaffen, ihre eigene Realität. Do it yourself. Punk.

Sie waren der Überzeugung, dass sie verschiedene Bausteine brauchten, die man zu einem gesellschaftlichen Gebilde zusammenfügen konnte, einzelne Zellen, die einen Organismus bildeten. Sie mussten ihre Idealvorstellungen in die Tat umsetzen. Innerhalb der Diktatur hatten sie sich einen Freiraum erkämpft – einen unbesetzten Raum außerhalb der Gesellschaft. Nach der Maueröffnung gab es auf einmal überall unbesetzten Raum, ein politisches

Vakuum, und sie würden darin kleine Inseln erschaffen, mit Lebensentwürfen für eine neue Gesellschaftsform. Die Zahl der Möglichkeiten schien unbegrenzt: Außer den herrenlosen Altbauten, von denen viele für den Abriss bestimmt waren, um modernen Plattenbauten Platz zu machen, gab es Zehntausende leer stehender Wohnungen, die von ihren Bewohnern verlassen worden waren, als diese nach der Grenzöffnung in den Westen aufgebrochen waren; außerdem gab es jede Menge leer stehender Zweckbauten.

Dirk und Silvio zogen sich aus der Kirche von Unten zurück und investierten ihre ganze Zeit in das neue Projekt. Abgesehen davon, dass sie das Haus wohnlich herrichteten, musste es wie eine mittelalterliche Burg befestigt werden, um die Polizei daran zu hindern, sie zu vertreiben, und sich gegen erste Überfälle der Skinheads zu schützen. Sie verstärkten die Haustür mit Balken und brachten an den Fenstern in den unteren Stockwerken Metallgitter an.

In einer Stellungnahme, die sie zur Besetzung des Hauses abgaben, erklärten sie, dass die gestürzten Machthaber der DDR das Land verraten hätten, und warnten davor, dass das internationale Kapital jetzt freie Hand habe, um das Land zu plündern und die Idee eines freiheitlichen Sozialismus zu unterdrücken. Weiter hieß es:

> Wir erklären hiermit, dass wir das Haus Schreinerstr. 47 in Berlin-Friedrichshain besetzt haben, um unserer Hoffnung auf Sozialismus, Verständigung und Solidarität wenigstens den Hauch einer Chance zum Überleben zu geben ...
>
> Wir sind nicht über die langen bitteren Jahre der Diktatur gerade in der nichtkapitalistischen Welt geblieben, um jetzt dem Verfall und Ausverkauf unseres Landes tatenlos zuzuschauen. Unsere moralischen Werte – Solidarität, Gewaltfreiheit, Bildung, Teilhabe, unsere unverschämte Lebensfreude und Wut – haben uns die Zeit des

Stalinismus überleben lassen. Genau mit diesen Mitteln stellen wir uns nun der viel schlimmeren Diktatur des Weltkapitals entgegen …

Wir fordern alle auf, diesem Beispiel zu folgen und die Häuser, Werkstätten, Bildungseinrichtungen, Kneipen, Cafés usw. in eigene Verwaltung zu nehmen. Nur so sehen wir die Möglichkeit, dem menschenfeindlichen »freien Markt« in der DDR den Boden vorzuenthalten …

In hoffnungsvoller Verzweiflung rufen wir: Lasst nicht diese letzte Chance für die freie Selbstbestimmung ungenutzt vorübergehen! Helft uns, schreibt uns, besucht uns, tut es uns nach und macht es publik! Gebt eure Solidarität für uns kund, wie immer ihr könnt!

In der Schreinerstraße sollte ein Treffpunkt eingerichtet werden, um Fragen des Zusammenlebens und Projekte zu besprechen, wie den Bau eines Spielplatzes auf einem Nachbargrundstück. Da die Leute aufgrund früherer Erfahrungen wussten, wie wichtig unabhängige Medien waren, installierten sie eine Druckerpresse, um damit Flugblätter zu drucken sowie Infoblättchen über die Hausbesetzerszene, in der Hoffnung, weitere Mitstreiter zu finden. Außerdem richteten sie, wie in ihrer Erklärung angekündigt, ein Café ein, das für die unverschämte Lebensfreude stehen sollte.

Die Menschen in einem anderen Gebäude, das nach dem Mauerfall als eines der ersten besetzt worden war, gingen noch einen Schritt weiter: In der Rosenthaler Straße 68 in Mitte spielte der Wohnraum nur eine untergeordnete Rolle bei den Bemühungen, eine Party-Location zu gestalten. Oder wie die Hausbesetzer es nannten, ein »eigenständiges Kunst-, Kultur- und Kommunikationszentrum«.

Die Gruppe, die das Haus am 17. Januar 1990 besetzt hatte – hauptsächlich Leute aus dem erweiterten Umfeld der Bands

Ich-Funktion, Freygang und Die Firma, darunter auch Paul Landers von Feeling B –, taufte das Gebäude auf den Namen *Eimer*. Der Name leitete sich von den hunderten von Eimern Schutt ab, den die Hausbesetzer aus dem feuchten und dunklen heruntergekommenen Gebäude schleppen mussten, als sie es in Besitz nahmen. Das Erdgeschoss des Altbaus war bereits in sich zusammengestürzt; darum rissen die Besetzer alles herunter und richteten dort einen höhlenartigen Konzertraum ein, dessen Wände sie mit Neonfarbe beschmierten, die im Schwarzlicht hell leuchtete und die die einzige Lichtquelle war. Im Stockwerk darüber befand sich eine weitere Bar mit einer kleineren Bühne und einer Tanzfläche.

Bereits während der Renovierungsarbeiten veranstalteten die Leute aus dem Eimer Konzerte, Performances und Partys, wobei das untere Stockwerk mit seinen Musik-, Kunst- und Kulturveranstaltungen und seiner Bar allen offenstand. Man hatte die beste Soundanlage installiert, die man je im Osten gehört hatte, ein Tonstudio und Proberäume eingerichtet sowie Gästezimmer, in denen die Musiker und Künstler nach den Veranstaltungen schlafen konnten. Entsprechend ihren ideologischen Überzeugungen führten die Leute vom Eimer ein einfaches und gerechtes Bezahlungssystem ein: Das Geld, das nach Abzug der Kosten übrig blieb, wurde ohne Ausnahme unter den Menschen, die dort arbeiteten und lebten, gleichmäßig aufgeteilt.

Zwei Wochen nach der Besetzung des Gebäudes stieß Speiche zu den Leuten vom Eimer und übernahm eine wichtige Rolle in der Gemeinschaft. Er engagierte Bands und DJs und half dabei, Werbung für die Veranstaltungen zu machen. Außerdem kümmerte er sich um die Sicherheitsmaßnahmen – was eine Menge Arbeit bedeutete, denn die besetzten Häuser der linken Szene wurden immer öfter von rechten Skinheads überfallen. Manchmal hielt Speiche im Eimer auch die Fahne des Punk aufrecht. Als einige Jahre später jemand einen Zigarettenautomaten und Münzspielautomaten im Haus installieren wollte, wusste er, was er zu tun hatte: Er warf die Scheißdinger einfach aus dem Fenster.

Kein Kommerz.

Nur Kultur.

Am 30. Januar 1990 war der siebenundfünfzigste Jahrestag von Hitlers Machtergreifung, ein Feiertag für die Nazi-Skins. Zusammen mit Reimo von Antitrott und ein paar anderen druckte Speiche ein Flugblatt, um Unterstützung für den Fall eines Skin-Angriffs an diesem Tag zu bekommen. Er sorgte dafür, dass der Eimer und andere Gebäude voller Straßenkämpfer aus der Antifa-Szene waren, die sie gegen die Hooligans und Skinheads im Anschluss an ein Fußballspiel an diesem Tag verteidigen sollten. Außerdem fand auf dem Alexanderplatz eine Kundgebung von Skinheads zum Gedenken an Hitlers Machtergreifung statt. Letztlich kreuzten nur zwanzig Skins vor dem Eimer auf, und es war kein Problem, sie in die Flucht zu schlagen.

Der Eimer war nicht nur die Heimstätte jener ersten Welle experimenteller Kultur nach dem Mauerfall, sondern wurde auch zum Ausgangspunkt für die wichtigste Hausbesetzung in der Entwicklung der Stadt überhaupt. Irgendwann war der Eimer so überlaufen, dass sich eine Gruppe abspaltete und nach einem anderen Gebäude umsah. Die Eimer-Bewohner hatten sich ursprünglich auch deswegen für das Haus interessiert, weil es im Zuge von Regierungsplänen für den Abriss vorgesehen war – ein Vorhaben, an dem trotz der Grenzöffnung festgehalten wurde; das Haus in der Rosenthaler Straße 68, aus dem inzwischen der Eimer geworden war, existierte offiziell nicht mehr. Viele der Gebäude in den alten Straßen rund um den Hackeschen Markt waren für den Abriss bestimmt, darunter ein weitläufiger Komplex in der Oranienburger Straße, den die Gruppe vom Eimer ins Auge gefasst hatte.

Bei dem Komplex, der 1909 erbaut worden war, handelte es sich um ein ehemals elegantes Einkaufszentrum. Es war eines der ersten Bauwerke in Berlin mit einer Stahlkonstruktion. Obwohl es im Zweiten Weltkrieg beschädigt worden war und die Behörden in Ost-Berlin bereits vor Jahren damit begonnen hatten, die Rückwand einzureißen, war es in einem überraschend guten Zustand – vor allem wenn man bedachte, wie skelettartig es aussah, besonders auf der Rückseite, wo man die Außenwände weggesprengt hatte und die Innenräume schutzlos der Witterung ausgeliefert waren. Das Gebäude erstreckte sich über einen halben Straßenblock, und von den offenen Zimmern auf der Rückseite blickte man auf ein riesiges, leer stehendes Grundstück – insgesamt umfasste das Gelände über 23 000 Quadratmeter. Im April 1990 sollte das Gebäude abgerissen werden. Die Vorbereitungen dafür waren bereits so weit vorangeschritten, dass die Gruppe, die das Gebäude besetzen wollte, zunächst einmal Nacht für Nacht den Sprengstoff aus den Löchern entfernen musste, die die Sprengstoffexperten jeden Tag bohrten und füllten.

Dann, am 13. Februar 1990, schlug die Truppe vom Eimer – angeführt von dem Musiker Leo Kondeyne – zu.

Mithilfe eines geliehenen Feuerwehrautos, das Tatjana von Die Firma gehörte, kletterte die Gruppe von weniger als zehn Leuten durch ein Fenster in der ersten Etage des fünfstöckigen Gebäudes, lief nach unten, öffnete die verbarrikadierte Tür im Erdgeschoss und machte sich daran, das Gebäude zu sichern – wie in den anderen besetzten Häuser auch musste man sich regelrecht verschanzen.

Hiermit ist dieses Gebäude besetzt.

Es war eine gewaltige Kraftanstrengung.

Der Komplex bestand aus mehreren riesigen Gebäuden; eines davon verband mit einem drei Stockwerke hohen Torbogen die Oranienburger Straße mit dem leer stehenden Grundstück auf der Rückseite. Leos Truppe musste die Bauten und den Hof sichern, Wasser und Strom anstellen und die Kamine reinigen, damit sie mit den alten Kohleöfen die Räume heizen konnten. Anschließend begannen sie, das Gebäude für ihre Zwecke einzurichten: Sie wollten Künstlern und Musikern mehr Raum zur Verfügung stellen – um eine *neue* Kultur zu erschaffen, die zur Basis einer von Grund auf neuen Gesellschaftsform werden könnte; einer Gesellschaftsform, von der sie hofften, dass sie als lebendiges Vorbild dienen würde. Je nachdem, wie sich die politische Situation entwickelte, würde es vielleicht auch nur als Basis für eine Art Gegengesellschaft dienen; aber an diese Rolle hatten die Besetzer sich ja bereits gewöhnt. Und selbst wenn ihre Vision keinen Vorbildcharakter haben sollte, würden sie selbst darin leben. In einer Welt, die sie selbst erschaffen hatten, nach ihren eigenen Idealen.

Speiche schnappte sich einen Schlafsack und blieb fünf Tage am Stück im Gebäude, während die Gruppe rund um die Uhr mit Sicherheits- und Wiederherstellungsmaßnahmen beschäftigt war. Sie hatte einen Generator mitgebracht, und am zweiten Tag brannte Licht, und es lief Musik; in den nächsten Tagen zapften sie die Stromleitungen an, die sie im Gebäude aufgespürt hatten.

Leo Kondeyne war kein klassischer Punk. Er war etwas älter, schlank und sprach mit leiser Stimme; er war eher mit der Hippie-Generation auf einer Wellenlänge. Als Tontechniker hatte er für die Bluesrock-Band Freygang gearbeitet. Mitte der 1980er-Jahre hatte er dann Alexander Kriening kennengelernt, den Schlagzeuger aus der Originalbesetzung von Feeling B. Kriening hatte bereits in einer Reihe von Bands gespielt, darunter Rosa Extra, Der Demokratische Konsum und Aufruhr zur Liebe, und er war der Erste, mit dem Kaiser von Planlos in den Anfangstagen der Ost-Berliner Punkszene zusammen gejammt hatte. Außerdem war Kriening bekannt dafür, dass er von seinen Bands regelmäßig gefeuert wurde. Als Leo ihn kennenlernte, hatte man ihn gerade aus Feeling B rausgeworfen. Aber Kriening tat Leo einen großen Gefallen, indem er ihn drängte, selbst Musik zu machen – und von der Do-it-yourself-

Haltung der Punks überzeugte. Es spielte keine Rolle, was man spielte oder wie gut man war, man musste einfach anfangen, Krach zu machen. Und als Leo und Kriening das taten, war Leo von dem Ergebnis begeistert.

Bald schon spielte eine stetig wechselnde Schar von Gastmusikern in der anarchischen Band, die ihre Musik stets improvisierte und weder eine feste Besetzung hatte noch über ein Standardrepertoire verfügte. Die im ständigen Wandel befindliche Gruppe wurde auf den Namen Tacheles getauft. Feeling-B-Gitarrist Paul Landers gehörte häufig zur Besetzung, aber aufgrund der Besonderheit des Projekts spielte er in Leos Band Klarinette. Klar doch. Klarinette. Paul kümmerte sich – zusammen mit Flake, seinem Mitstreiter von Feeling B – in dem besetzten Gebäudekomplex um die Technik und half dabei, aus alten Geräten eine Soundanlage zusammenzubauen und die Bühnen in den verschiedenen Bars, Clubs und Auftrittsräumen zu gestalten; außerdem arbeitete er hinter den Kulissen an Theaterproduktionen mit und entfernte aus einem ehemaligen Kino im Gebäude die Asbestverkleidung.

Leo betrachtete das besetzte Gebäude als eine logische Erweiterung seiner Band. Er wollte die Spontaneität und Kreativität der Band auch ganz konkret im Alltag zum Leben erwecken; die Harmonie, das wachsende Zusammengehörigkeitsgefühl, das sich aus den wechselnden Besetzungen entwickelte, und vor allem das *Chaos*. Und es funktionierte. Auch deshalb, weil es sich um ein so großes Gebäude handelte, weil der Komplex an der Oranienburger Straße – mehr als jede andere Stätte, die man eilig eingerichtet hatte, um Räumlichkeiten und das geistige Umfeld für eine neue Gesellschaftsform zu schaffen – einer umfassenden Gegenwelt am nächsten kam. Es handelte sich um ein magisches Reich, in dem alles möglich schien. Innerhalb kürzester Zeit entwickelte es sich zum Zentrum der gesamten Szene, die nach dem Mauerfall in Ost-Berlin plötzlich entstanden war.

Kurz nach der Besetzung hängte jemand ein Transparent an der löchrigen Fassade des Gebäudes auf – dieses stattlichen fünfstöckigen ehemaligen Kaufhauses, das ausgebombt, mit Ruß überzogen und grotesk verunstaltet war und keine Rückwände mehr hatte und durch dessen kalte, feuchte, höhlenartige Räume jetzt Musik und das Klirren von Bierflaschen hallte –, und auf diesem Transparent stand: *Die Ideale sind ruiniert, retten wir die Ruinen.*

Und diese Ruine nannten die Leute Tacheles.

75

Eine bohemehafte Lebensform entwickelt sich normalerweise als Gegenentwurf zu den bestehenden Verhältnissen, in Abgrenzung zur Gesellschaft. Aber das Ost-Berlin des Jahres 1990 war wie eine weiße Leinwand: Die Regierungsform, die materiellen Güter und selbst zahlreiche Straßennamen – das alles existierte nicht mehr. Nichts davon. Eine ganze Gesellschaftsform war vom Erdboden verschwunden, und ihre materiellen Hinterlassenschaften warteten nur darauf, dass man sie in etwas anderes verwandelte, etwas Neues, in etwas, das man nicht als Reaktion auf die bestehenden Verhältnisse gestaltete, sondern praktisch aus dem Nichts. Statt sich den Zuständen zu entziehen, wurde von Grund auf etwas aufgebaut – von all jenen, die bereit waren, eine neue Welt zu erschaffen, eine neue Realität. Do it yourself.

Das, was plötzlich in Ost-Berlin entstand, war keine bohemehafte Lebensform, sondern pure Magie: Man trug auf die weiße Leinwand der Stadt etwas völlig Neues auf, erweckte eine kollektive Fantasie zum Leben. Auf diese Weise verwandelte sich das heruntergekommene Ost-Berliner Brachland in diesem Moment in den wunderbarsten Ort der Welt, in eine ganze Stadt voller unbegrenzter Möglichkeiten.

Im Grunde war ganz Ost-Berlin eine Stadt des neunzehnten Jahrhunderts, die vollkommen leer stand. Aber statt am Ende der Welt zu liegen, wie eine verlassene Bergarbeitersiedlung, wurde es an eine pulsierende, moderne Großstadt – West-Berlin – angeschlossen, hatte aber immer noch eine beneidenswerte, funktionierende Infrastruktur: U-Bahnen und Züge, Busse und Straßenbahnen, fließend Wasser aus jedem Wasserhahn sowie eine zuverlässige Stromversorgung. Unter diesem halb verlassenen Paradies aus eleganten Ruinen war alles vorhanden; diese baufällige graue Metropole wartete nur darauf, von den Farben und dem Leben einer völlig neuen Gesellschaftsform durchtränkt zu werden.

Der Aufruf zum Handeln, der vom Haus in der Schreinerstraße 47 ausgegangen war, war nicht auf taube Ohren gestoßen. In einer Infobroschüre, die der Besetzerrat im Frühjahr 1990 gedruckt hatte, wurden zwei Häuserblocks aufgeführt: die Kreutzigerstraße 18-23 und die Mainzer Straße 2-11 in Friedrichshain, die sich beide von der Schreinerstraße aus auf der anderen Seite der Frankfurter Allee befanden.

Der Plan, auf der Basis einzelner sozialistischer, anarchistischer Zellen eine ganze Gesellschaftsform zu begründen, schien zu funktionieren. Ost-Berlin hatte sich in eine autonome Zone verwandelt, die sich durchaus mit der Pariser Kommune von 1871 messen konnte; aber im Gegensatz zum Paris des neunzehnten Jahrhunderts gab es in Berlin keine Zentralregierung, gegen die man sich zur Wehr setzen musste, und auch keine Regierungstruppen, die drohten einzumarschieren – im Grunde gab es nach dem Zusammenbruch des kommunistischen Regimes überhaupt keine Zentralgewalt mehr.

»Unsere wachsende Bewegung«, stand in der Einleitung der Broschüre, »setzt sich zumeist aus jungen Leuten zusammen, die eigene Ideen vom gemeinsamen Leben, Arbeiten und Wohnen verwirklichen, um eine selbstbestimmte Kiezkultur aufzubauen und zu verhindern, dass bewohnbare Häuser leer stehen und verfallen.«

Im Laufe der Jahre sorgten die Punks dafür, dass Hunderte, vielleicht sogar Tausende historischer Gebäude in der ganzen DDR gerettet wurden. Man bekommt eine gute Vorstellung davon, welches Ausmaß die »Sanierungspläne« in Ostdeutschland hatten, wenn man weiß, dass in Dresden 10 900 Wohnhäuser bis 1990 abgerissen werden sollten, als Teil eines Programms, das vorsah, bis zum Jahr 2000 dreißigtausend Gebäude zu zerstören. Zum Vergleich: Während des Zweiten Weltkriegs waren in Dresden 25 000 Gebäude zerstört und 18 000 schwer beschädigt worden. In Berlins historischen Vierteln sollten ebenfalls reihenweise Häuser abgerissen werden. In einigen Gegenden von Prenzlauer Berg wären zwei Drittel der Gebäude dem Erdboden gleichgemacht worden, um Platz für sozialistische Plattenbauten zu schaffen. In Friedrichshain waren alle sechs der besetzten Häuser in der Kreutzigerstraße Anfang 1990 für den Abriss vorgesehen. Hätte durch die Übernahme von Gebäuden wie dem Tacheles kein Umdenken stattgefunden, wären zahlreiche Abrissvorhaben in Ost-Berlin noch vor der Wiedervereinigung in die Tat umgesetzt und die Stadt vieler ihrer historischen Gebäude beraubt worden.

Bei einer Hausbesetzung ging es nicht zuallererst darum, in einer urbanen Oase des klassenlosen Hedonismus mietfrei zu wohnen. Und wenn man eine neue Gesellschaftsform erschaffen wollte, durften die Pläne dafür nicht an der eigenen Haustür enden. Die Bewohner vieler besetzter Häuser bauten Spielplätze oder richteten offene Tagesstätten ein. In den besetzten Häuserblocks der Mainzer Straße und der Kreutzigerstraße gab es für die älteren Bewohner aus der Nachbarschaft eine Kiezkantine. Die neue Lebensform musste von der Geburt bis zum Rentenalter funktionieren. Es gab Lebensmittelkooperativen, Fahrradwerkstätten und Schreinereien. Und in fast jedem Gebäude befand sich eine Bar oder ein Info-Café, die sogar ein wenig Geld abwarfen – ein Bier im Tacheles kostete eine Mark, und der Großteil des Gewinns wurde zur Seite gelegt, um die Gemeinschaftsmahlzeiten für die Bewohner zu bezahlen; aber vor allem waren die Bars und Cafés Orte, um sich mit den Leuten aus der Nachbarschaft zu treffen und zu feiern.

Mit den Bars und Cafés holten die Bewohner der besetzten Häuser den Rest der Welt in ihre Welt. Und der Rest der Welt nahm aus diesen Begegnungen vielleicht ein paar Ideen mit nach Hause; und wenn diese Ideen woanders auf fruchtbaren Boden fielen, entstand daraus vielleicht ein weiterer Außenposten auf dem Weg zu einer neuen Gesellschaftsform. Dies war die einzige Hoffnung auf eine neue Gesellschaftsform, als mit der Wahl vom 18. März 1990 besiegelt wurde, dass man die DDR in fünf Bundesländer unterteilen und der Bundesrepublik einverleiben würde. In den Augen derjenigen, die gekämpft, demonstriert und »Wir bleiben hier« skandiert hatten, war der schnelle Anschluss an die Bundesrepublik ein lupenreiner Akt der Kolonisierung.

Die Einleitung der Broschüre endete mit einem weiteren Aufruf zu handeln: »Isoliert euch nicht – Baut eigene Projekte in eurem Kiez auf!«

Als die Broschüre veröffentlicht wurde, hatte Grit Ferber ebenfalls eines der Gebäude in der Kreutzigerstraße besetzt. Es hatte auf einer Liste des Besetzerrats mit leer stehenden Häusern gestanden. Andere Leute, die bereits in der Straße Quartier bezogen hatten, wollten unbedingt weitere leer stehende Häuser in der Gegend besetzen, denn wegen der zunehmenden Skinhead-Überfälle schien ein Mehr an Mitstreitern die offensichtliche Lösung für das Problem zu sein.

Grit fuhr mit ihrem VW-Käfer durch einen der Grenzübergänge von West- nach Ost-Berlin, die trotz des »Falls« der Mauer einige Monate zuvor immer noch bewacht wurden.

Die Gebäude in der Kreutzigerstraße waren in einem schrecklichen Zustand. Das Haus, in dem Grit schließlich landete, hatte auf der Vorderseite zwar Fenster, aber die Rückseite war schutzlos der Witterung ausgesetzt, und viele der Stockwerke waren eingestürzt. Außerdem waren die Kohleöfen nicht zu gebrauchen. Als Erstes sicherten Grit und ihre Freunde das Erdgeschoss mit dicken Türen und richteten in einem der intakten Stockwerke weiter oben eine Gemeinschaftsküche ein.

Anschließend durchforsteten sie andere leer stehende Gebäude nach brauchbaren Sachen, nahmen Wasserleitungen, Kabel, Einrichtungsgegenstände, Lampen und was auch immer mit. Als sie eines Nachmittags einige Gegenstände, die sie in einem leer stehenden Gebäude in der Mainzer Straße aufgestöbert hatten, in den VW luden, kamen zwei ostdeutsche Polizisten auf sie zu und sagten: »Ihr dürft die Sachen nicht mitnehmen, ihr müsst sie alle wieder ins Gebäude zurückbringen.«

Was können die beiden schon tun?, dachte Grit.

Ihr Wagen hatte ein westdeutsches Nummernschild, und sie war niemand, der aus Angst vor Autoritäten den Kopf einzog – falls man die Volkspolizei nach der Wahl überhaupt noch als Autorität bezeichnen konnte.

»Geht nach Hause«, sagte Grit zu den beiden Polizisten. »Ihr habt uns nicht mehr zu sagen, was wir tun sollen.«

Die Polizisten erwiderten darauf nichts.

Grit lud die restlichen Sachen in ihren VW und fuhr zurück in die Kreutzigerstraße.

An einem anderen Tag zogen sie und einige ihrer Freunde blaue Handwerker-Overalls an und rissen in einem Gebäude in der Schreinerstraße die Bodenfliesen aus den leeren Wohnungen.

Als ein paar neugierige Nachbarn herüberkamen, um sich zu erkundigen, was sie dort täten, meinten sie nur beiläufig: »Dieses Haus wird abgerissen.«

Sie fuhren mit einem Lieferwagen voller Fliesen davon, die sie anschließend in der Kreutzigerstraße verlegten.

Nach ihrer Rückkehr in den Ostteil der Stadt musste Grit ihre Band aufgeben. Doch an ihrem ersten Tag in der Kreutzigerstraße lernte sie zwei andere Frauen kennen und gründete mit ihnen wenig später eine neue Band. In diesen Häusern ging es vor allem darum, sich kulturell zu betätigen, und bald schon spielte Grit mit ihrer neuen Band in den Bars und Clubs anderer besetzter Gebäude im Zentrum Ost-Berlins, wie etwa im Eimer.

Wenn Grit nicht mit der Band auftrat oder das Gebäude instand setzte, arbeitete sie in der Bar, die Pilatus hieß und wo jeder Hausbewohner für eine der Schichten eingeteilt war. Die Getränke waren spottbillig, und laut Hausordnung waren alkoholfreie Getränke umsonst.

Obwohl in der Kreutzigerstraße und in der Gegend weitere Häuser besetzt wurden – Jörn von Antitrott und Wartburgs für Walter hatte zum Beispiel ein Gebäude in der benachbarten Kinzigstraße besetzt –, ließen die Überfälle der Nazi-Skinheads nicht nach. Im Gegenteil, die Skins tauchten noch häufiger auf; sie hatten begriffen, dass sie das politische Vakuum ebenfalls für sich nutzen konnten.

Eines Abends wurde das Tacheles mit Molotow-Cocktails beworfen, und einer der Hausbesetzer, die das Gebäude verteidigten, lief mit brennenden Klamotten schreiend durch das Café.

Am 20. April, Hitlers Geburtstag, scharte Speiche über hundert Leute aus dem Eimer, der Schreinerstraße und anderen besetzten Häusern um sich, um zum Alexanderplatz zu marschieren und sich eine heftige Straßenschlacht mit den Skinheads zu liefern, die sich dort versammelt hatten. In den nächsten drei Jahren wurde er, seiner eigenen Schätzung zufolge, in über zweihundert Schlägereien verwickelt. Manchmal eilte er den Leuten in belagerten Gebäuden zu Hilfe, manchmal zog er los, um ein paar Neonazis aufzumischen. Angriff, Verteidigung – je nachdem, was gerade angesagt war. Speiche war stets mit einem Partner unterwegs, den er in der Regel aus einem Kader von berüchtigten Straßenkämpfern aus der Punkszene rekrutiert hatte; Leute mit Namen wie »der Dicke Otto«.

In den besetzten Häusern wurde rund um die Uhr Wache geschoben, und in einigen Gebäuden verstärkte man die Schutzmaßnahmen, um sich gegen die Skins zur Wehr zu setzen. Da es noch keine Handys gab, stattete man die Häuser mit tragbaren Funksprechgeräten und CB-Funk aus und vereinbarte gemeinsame Codes. Auf diese Weise war man in der Lage, innerhalb von Minuten – zu jeder Tages- und Nachtzeit – vor einem bestimmten Gebäude ein Dutzend Leute zusammenzuziehen, sobald eine marodierende Horde Skinheads aufkreuzte.

Schließlich setzte sich der Besetzerrat mit linken Organisationen in West-Berlin in Verbindung und drängte sie dazu, weitere Gebäude im Ostteil in Besitz zu nehmen.

Bis zum Mai 1990 waren zusätzliche fünfzig Häuser besetzt worden. Und im August insgesamt hundertzwanzig.

In einer unbevölkerten Stadt, einer leeren Stadt, bestimmten diese immer zahlreicher werdenden Außenposten mit ihrer überbordenden Vielfalt und Energie das Geschehen. Obwohl jedem nach der Wahl im März klar war, dass diese Zellen in einem neuen Land nicht Teil des politischen Systems sein würden, prägten sie die Kultur einer neuen Stadt.

76

In den nächsten Jahren beherbergte das Tacheles neben den Wohnräumen und Künstlerateliers mehrere Bars und Theater sowie ein Kino, eine Druck-Werkstatt, Schneideräume und einen weitläufigen Skulpturengarten, der auch als Biergarten genutzt wurde.

Die größte Bar im Erdgeschoss, das Café Zapata, wurde zu einem beliebten Treffpunkt. Eines Tages entdeckten die Bewohner des Tacheles im Boden des Cafés eine Falltür und öffneten sie. Darunter befand sich ein Keller voller Dreck und Schutt. Hinter einer zugemauerten Tür stießen sie auf eine Treppe. Kurzerhand entrümpelten sie die beiden Kellerräume, bauten eine Bar auf und eröffneten einen Club.

Sie nannten ihn *Ständige Vertretung* nach der Ständigen Vertretung der Bundesrepublik, die sich direkt um die Ecke befand und am 2. Oktober 1990, einen Tag vor der Wiedervereinigung, geschlossen werden sollte. Vom allerersten Abend an war der Laden gerammelt voll. Da er zunächst nur donnerstags und samstags geöffnet hatte, gab es keine Einlasskriterien – jeder war willkommen. Im Innern selbst herrschten radikaldemokratische Prinzipien, so wie die Betreiber es sich auch außerhalb des Clubs wünschten. Die

Toiletten waren nicht nach Geschlechtern unterteilt, und es gab dort auch keine Trennwände. Außerdem war es streng verboten zu fotografieren – ein Grundsatz, der auch in vielen anderen Clubs über die Jahre hinweg galt –, was die spontane und unbefangene Atmosphäre noch verstärkte und dazu führte, dass sich die Gäste noch mehr öffneten. Eine Mischung aus Schweiß und Dreck tropfte von der niedrigen Decke, während namenlose DJs – es gab keine Stars in dieser Szene – Musik auflegten und die Gäste dazu tanzten. Der Club war ein Freiraum, in dem sich jeder einbrachte, jeder wichtig war und alle von der kollektiven Partystimmung mitgerissen wurden.

Die Ständige Vertretung wurde zu einer Art musikalischer Petrischale – zu einem Raum, an dem sich als Erstes ein musikalischer Wandel vollzog, wo sich die Philosophie der Punks von den erdrückenden Beschränkungen durch die klassische Rock-Besetzung befreite. Otze von Schleim-Keim, der seit etwa einem Jahr im Tacheles wohnte, wo er unter einer Treppe oder hinter der Bar des Café Zapata schlief, fing dort an, mit elektronischer Musik zu experimentieren. Für einen altgedienten Punk wie Otze war das nur folgerichtig. Für die Arbeit mit dem Computer brauchte man noch weniger technisches Wissen als jemand, der auf einer Gitarre Punkrock spielte; außerdem verschwamm dabei die Grenze zwischen Zuhörern und Musikern noch weiter: Ein DJ beanspruchte nicht so viel Aufmerksamkeit wie eine Band. Ein DJ ermöglichte es den Leuten, nach ihrer eigenen Fasson Spaß zu haben. Ein DJ stand nicht auf einer Bühne – jedenfalls nicht an einem Ort wie dem Tacheles –, sondern feierte zusammen mit den Gästen.

Kurz nach dem Mauerfall hatten sich viele ostdeutsche Bands aufgelöst. Das lag nicht nur daran, dass die Leute jetzt Musik aus der ganzen Welt hören konnten, sondern auch daran, dass die althergebrachten Musikformen in der Vergangenheit stecken geblieben waren und hoffnungslos antiquiert wirkten; wie der Soundtrack einer längst vergangenen Ära. Die ostdeutschen Punks hatten den ursprünglichen Feind bezwungen. Die Kolonisierung durch den Westen und die plötzliche Zunahme rechtsradikaler Gewalt stellten sie vor neue Herausforderungen, und dafür war eine andere Musik – und Botschaft – nötig.

Die Bewohner im Eimer und im Tacheles sowie andere Wegbereiter der Hausbesetzerszene arbeiteten daran, eine neue, fortschrittliche Gesellschaftsform zu etablieren; sie wollten ein positives Umfeld für einen Zukunftsentwurf schaffen, statt sich in einer Diktatur eine Nische zu erkämpfen.

Es ging ihnen jetzt darum, etwas aufzubauen, statt zu zerstören.

Dafür war ein Musikstil nötig, der genauso neu war wie die ideale Gesellschaftsform, die sie erschufen, ein aktueller Sound, der gleichzeitig in die Zukunft wies.

Einer dieser neuen Sounds – Techno – hörte sich vielversprechend an. Jeder Musikstil hat eine Vorgeschichte, und bei Techno war das nicht anders; aber trotz dieser Vorgeschichte klang Techno unglaublich eigenständig. Die geringen Produktionskosten, seine Botschaft von Zusammengehörigkeit und die Ablehnung von Virtuosität verbanden die Musik mit den Ideen, die sich im Osten ausbreiteten. Die Musik war zweckmäßig und klassenlos, und da es kaum Gesangspassagen gab, musste die Botschaft von Zusammengehörigkeit praktisch durch Osmose verbreitet werden, während die Leute gemeinsam feierten. Damit man seinen Spaß hatte, mussten alle Spaß haben – alle mussten sich einbringen, aktiv werden, tanzen.

Techno war so was von Punk.

77

Zu Zeiten der DDR trug Arne Grahm seinen Irokesen mehr *in* seinem Kopf als *darauf*, aber seine imaginären Stacheln waren länger als die vieler Leute, die tatsächlich einen Iro trugen. Aus persönlichem Frust landete er irgendwann in der Punkszene, mit ihren ungeschliffenen Sounds und ungefilterten Gefühlen, mit ihren Kämpfen und ihrem Widerstand gegen die ostdeutsche Gesellschaft. Um nicht von der Armee eingezogen zu werden, ging er im Alter von siebzehn von zu Hause fort und führte ein Leben am Rand der Gesellschaft. Schließlich übernahm er das Schmuggelgeschäft von Jan Sputnik, der bei Der Demokratische Konsum gespielt hatte und inzwischen auf der anderen Seite der Mauer russische Militärjacken an West-Berliner Hipster verkaufte.

In den 1980er-Jahren waren die unterschiedlichen Jugendsubkulturen im Osten nicht klar voneinander abgegrenzt – ein weiteres Erbe Ost-Berlins, das nach dem Mauerfall weitergeführt wurde –, und während Arne mit den Punks am Alexanderplatz abhing, lernte er New Waver, Skinheads und Breakdancer kennen. Da er sich für Kampfsport begeisterte, faszinierte ihn vor allem der Breakdance. Diese Bewegung wurde von den Machthabern toleriert – er galt als antiimperialistisch und revolutionär; der Film *Beat Street* lief sogar landesweit in den Kinos der DDR. Arne verbrachte seine Zeit mit einer Breakdance-Truppe, die von einem Burschen namens Wolle angeführt wurde, der völlig andere Musik hörte, etwa Malcolm McLarens »Buffalo Gals« oder »Planet Rock« von Afrika Bambaataa.

Obwohl Arne Gefallen am Breakdance und an den futuristischen Elektro-Sounds fand, blieb die Punkszene seine Heimat. Er organisierte sogar ein Konzert in der Umweltbibliothek und engagierte eine West-Berliner Garagenpunk-Band, mit der er über die Diplomatensprösslinge Kontakt aufgenommen hatte, die für ihn die russische Militärkleidung über die Grenze schmuggelten.

Anfang 1988 verließ Arne dann die DDR – allerdings unter ungewöhnlichen Umständen. Ohne sein Wissen hatten die DDR-Behörden ihn einst gegen den Willen seiner leiblichen Mutter zur Adoption freigegeben. Sein leiblicher Vater, ein griechischer Staatsbürger, der in Berlin studierte, war 1968 wegen Spionage für die CIA von der DDR verhaftet und angeklagt worden; dessen damalige Freundin – Arnes Mutter – wurde gewarnt, dass man ebenfalls gegen sie ermittle. Fluchtartig verließ sie das Land und ließ ihren zweijährigen Sohn – der damals noch Aristoteles Püschel hieß – bei ihren Eltern. Während seine Mutter nach West-Berlin zog und ein Verfahren anstrengte, um ihren Sohn zurückzubekommen, wurde das Kleinkind der Obhut seiner Großeltern entrissen, in einem Waisenhaus untergebracht und adoptiert. Seine Adoptiveltern gaben ihm einen neuen Namen: Aus Aristoteles Püschel wurde Arne Grahm. Als Arnes Mutter schließlich die Unterstützung der westdeutschen Regierung hatte, war ihr durch die Adoption die Vormundschaft bereits entzogen worden; im Grunde hatte ihr Kind aufgehört zu existieren. Sie wandte sich mit ihrem Fall an die westdeutsche Presse und erregte eine Menge Aufmerksamkeit, etwa indem sie am Checkpoint Charlie einen Hungerstreik abhielt.

Von alldem bekam Arne in Ost-Berlin nichts mit. Erst zwei Jahrzehnte später erfuhr er von der Existenz seiner leiblichen Mutter.

Er stellte einen Ausreiseantrag, um zu ihr zu ziehen, und die DDR-Behörden bewilligten fast postwendend seine Übersiedlung nach West-Berlin, weil sie offensichtlich die negative Berichterstattung über das Thema Zwangsadoptionen fürchteten.

Arne beschloss, vor seiner Ausreise eine Abschiedsparty zu schmeißen. In einem Jugendklub organisierte er ein Konzert mit der DDR-Band Die Vision und einer Garagenband aus West-Berlin namens In And Out, IAO, die ohne Instrumente in den Osten reiste und mit geliehenen Verstärkern spielte. Wie sich herausstellte, war der Sänger von Die Vision ein Stasi-Spitzel, der einen von Arnes Freunden ans Messer lieferte – er fuhr ihn zu einer Kontaktperson, die ihn in den Westen schmuggeln sollte, und verpfiff ihn an die Behörden, woraufhin er im Gefängnis landete.

Nachdem Arne in West-Berlin angekommen war, trieb er sich zunächst in der dortigen Punkszene herum und besuchte Konzerte von Bands wie den Ramones, UK Subs und Stranglers. Aber ihm kam das alles unzeitgemäß vor – Punk war Geschichte. Irgendwann lief ihm ein Mitglied von IAO über den Weg, der Band, die vor kurzem auf seiner Abschiedsparty gespielt hatte. Er hieß Achim und meinte zu Arne, er solle mal im UFO vorbeischauen, einem Club in einem alten Kartoffelkeller in der Köpenicker Straße in Kreuzberg, den er vor kurzem ins Leben gerufen hatte. »So Anne-Clark-mäßig«, beschrieb Achim die Musik, die an den Spoken-Word-Synthie-Punk der Britin erinnerte. Also schaute Arne sich den Laden mal an. Der Acid-House-Club war stickig und schmutzig, und in den Ecken stapelte sich der Müll. Kunstnebel waberte umher, und es gab ein paar Kerzen; aber das war praktisch schon alles.

An jenem Abend warf Arne LSD ein und wusste sofort: *Mann, hier werde ich eine Menge Zeit verbringen.*

Aber die Drogen und die neue Umgebung waren nicht alles: In diesem Keller war auch der Geist des Punk lebendig. Arne konnte es spüren. Auch hier stand der DJ auf Höhe der Tanzfläche, es gab keine Privilegien, keinen Schnickschnack. Keine billigen Discolichter. Und in den frühen Acid-House-Tracks kam die Haltung des Punk zum Ausdruck.

Die Sänger auf diesen Tracks können eigentlich nicht singen, dachte Arne.

Cool, dachte er.

Keiner hier kann richtig tanzen – und es ist den Leuten scheißegal.

Cool.

Das hier ist die musikalische Fortführung von Punk in elektronischer Form.

Das Dumme war nur, dass sich im Westen immer weniger Leute dafür interessierten.

An einigen Abenden des Jahres 1989 waren neben Arne gerade mal zehn Leute auf der Tanzfläche.

Währenddessen hatten im Osten einige seiner Kumpels aus der Punkszene, darunter Zappa und Johnnie Stieler, zur selben Zeit ihr Faible für House entdeckt; was zum Teil daran lag, dass die Breakdancer – besonders Wolle, der inzwischen ein aufstrebender DJ war – Tracks hörten wie »Monkey Say, Monkey Do« von Westbam, »Good Life« von Inner City oder »Voodoo Ray« von A Guy Called Gerald.

Direkt nach dem Fall der Mauer suchten sie das UFO auf, und die alte Gang war wieder vereint – mit einem neuen Soundtrack.

Kurz darauf beschlossen Johnnie, Zappa und Wolle, auch im Osten House-Partys zu veranstalten. Sie bekamen einmal in der Woche einen Pavillon zur Verfügung gestellt, in einem kleinen Park am Weinbergsweg in Mitte, zwischen Zionskirche und Elisabethkirche. Zappa und Wolle legten dort auf; die Musik kam von Kassetten, da sie keine anständigen Plattenspieler und kaum Vinyl besaßen. An einem der ersten Abende kam ein Typ aus Westdeutschland, der Mitinhaber von Low Spirit – des Labels von Westbam – in den Club und fragte: »Was soll der Laden denn kosten?«

Natürlich war der Club nicht zu verkaufen. Einerseits gehörte den Leuten das Gebäude nicht, andererseits wollten sie verhindern, dass sämtliche materiellen und kulturellen Güter des Ostens in den Westen verkauft wurden.

Wir bauen hier was auf.

Unter dem Namen Tekknozid veranstalteten die Ost-Berliner Freunde an wechselnden Orten fortan weitere Raves.

Am 21. Juli 1990 organisierte eine Gruppe von Arnes Freunden aus der Breakdance-Szene in einem stillgelegten Umspannwerk aus den 1920ern direkt am ehemaligen Todesstreifen, unweit des Checkpoint Charlie, eine Party. Am selben Abend gaben die wiedervereinigten Pink Floyd am Brandenburger Tor noch einmal ihr Album *The Wall* zum Besten, während Arne Grahm sich seinen Weg durch die Menge zu dem stillgelegten Elektrizitätswerk bahnte, von dem er nur wusste, dass es irgendwo südlich des Tors sein musste.

Ihr seid ja alle voll in den 1970ern steckengeblieben, dachte er, während er die wartenden Menschenmassen sah, die alle Richtung Bühne starrten. *Wenn ihr wüsstet, was es für neue wilde Sachen gibt ...*

Die verfallenen Gebäude, in denen seit dem Zweiten Weltkrieg die Zeit stehen geblieben war, katapultierten einen direkt in die Zukunft – wenn man die Türen dieser verwahrlosten Baudenkmäler öffnete, betrat man eine andere Welt, die farbenprächtige Vision einer neuen Lebensform, die inmitten der traurigen Trümmer der Geschichte erschaffen wurde, und an diesem Abend auch unweit der traurigen Trümmer des Classic Rock. Niemand, der in diesem stillgelegten Umspannwerk tanzte, fühlte sich »Comfortably Numb«, angenehm betäubt, wie es in einem der Stücke aus *The Wall* heißt; so viel war sicher. Die Leute waren zu sehr damit beschäftigt, am *Leben* selbst teilzuhaben, und an der Erschaffung einer neuen *Lebensweise,* in einer neuen Stadt.

78

Als der Sommer 1990 zu Ende ging, überwarf sich Johnnie Stieler mit Wolle und tat sich mit Achim vom UFO und Dimitri Hegemann zusammen – jenem Westdeutschen, der 1983 von Schleim-Keim eine Platte herausgebracht hatte, was dazu führte, dass Otzes Elternhaus durchsucht und Otze selbst von der Stasi verhaftet wurde.

Die drei wollten einen neuen Club aus der Taufe heben, und Johnnie war fest entschlossen, die ultimative Location dafür zu finden. In der Leipziger Straße wurde er schließlich fündig, direkt neben dem Potsdamer Platz, der zu dieser Zeit noch eine weitläufige, offene Brache war, eine Ausbuchtung auf der Ostseite der ehemaligen Grenze, die man nicht genutzt hatte, weil man es für zu gefährlich hielt, auf drei Seiten umgeben vom Westen zu bauen. Als Johnnie, Achim und Dimitri das Gebäude betraten – das ehemalige Wertheim-Kaufhaus –, wurden ihnen schnell klar, in was für einem Zustand es sich befand: Es gab hier weder Wasser noch Strom noch Gas, überhaupt nichts. Aber dann entdeckten sie eine Tür, die man versiegelt und übermalt hatte. Davor stand ein Regal. Sie schoben es zur Seite und versuchten, die Tür zu öffnen. *Sie war offen.* Dahinter führte eine Treppe hinab in die Dunkelheit. Man konnte nicht erkennen, was sich dort unten befand.

Die drei zückten ihre Feuerzeuge und stiegen auf der Treppe in den Keller. Dort war es noch feuchter und muffiger als in den Kellern der leer stehenden Häuser, die sie kannten. Nachdem sich ihre Augen an die Dunkelheit gewöhnt hatten, erkannten sie eine verstärkte Tresortür. Sie war ebenfalls offen. Dahinter erstreckte sich ein unterirdischer Tresorraum mitsamt einer Wand voller rostiger Schließfächer. Infolge der extradicken, verstärkten Betonwände – sie waren fast eins fünfzig dick – hatte sich dort Feuchtigkeit gesammelt.

Johnnie, Achim und Dimitri waren sprachlos.

Im Dezember 1990 unterschrieben sie für das Gebäude einen Pachtvertrag, der es ihnen erlaubte, es so lange zu nutzen, bis ein möglicher Besitzer vorhatte, es zu renovieren; Johnnies Mutter unterzeichnete den Vertrag als Bürgin. Offiziell wollten die drei eine Galerie mit Bar eröffnen, aber in Wirklichkeit würden sie einen Club eröffnen, der zum berühmtesten Techno-Club der Welt avancieren sollte. Johnnie holte unter anderem seine Kumpel Zappa und Arne mit ins Boot und Achim und Dimitri einige ihrer Freunde. Die Truppe verbrachte drei Monate damit, den Dreck von Jahrzehnten zu beseitigen und Toiletten, eine primitive Bar und eine Soundanlange zu installieren. Der Kellerbereich entsprach zu keiner Zeit den gesetzlichen Bestimmungen; es gab dort weder eine Sprinkleranlage noch Toiletten noch einen Notausgang. Erst mehrere Jahre nach der Eröffnung im März 1991 wurde im Tresorraum eine Lüftung eingebaut; bis dahin tropfte, wie im Tacheles, von der niedrigen Decke nach ein paar Stunden der verdunstete Schweiß der Tänzer.

Sie nannten den Club *Tresor*.

Bald schon setzte der Tresor im neuen Berlin musikalische Maßstäbe; er brachte DJs und Produzenten aus der heimischen Szene hervor und knüpfte internationale Kontakte, vor allem zu Musikern aus Detroit wie Jeff Mills von Underground Resistance,

Juan Atkins, Blake Baxter und anderen. Einige von ihnen spielten so oft im Tresor, dass sie vorübergehend in die Stadt zogen und sich an dem groß angelegten Experiment, ein neues Berlin zu erschaffen, beteiligten und halfen, die gemeinsame Vorstellung von einer idealen Zukunft zu realisieren.

Kurz nach der Eröffnung des Tresor nahm ein weiterer wichtiger Club nur ein Stück die Straße runter Gestalt an. Zwei ostdeutsche Punks – Martin Leeder und Norbert Jackschenties, der ehemalige Frontmann von Aufruhr zur Liebe, der Band, die er mit Bernd Jestram und Ronald Lippok von Rosa Extra gegründet hatte – hatten mit dem West-Berliner Bassisten Gerrit Schultz zusammen eine neue Band gegründet. Sie hieß Fleischmann. Ihre Musik war hart und laut, und sie suchten einen Proberaum. Norbert meinte, er wüsste einen Ort, der ideal dafür sei – ein Gebäude an der Ecke Leipziger Straße und Mauerstraße, das vor dem Krieg das Büro der Württembergischen Metallwarenfabrik, kurz WMF, beherbergt hatte. Die letzten Mieter hatten das Haus im Sommer 1990 verlassen, und da es bis dahin durchgehend genutzt worden war, war es in einem ordentlichen Zustand.

Zusammen mit Freunden besetzten die Mitglieder von Fleischmann das Gebäude und richteten im Erdgeschoss Proberäume ein. In den oberen Stockwerken zogen etliche Freunde und Künstler ein. Und im Keller eröffneten sie das WMF. Den Namen behielt der Club auch bei, als er über einen Zeitraum von fast zwanzig Jahren immer wieder die Räumlichkeiten wechselte. Von seinem ursprünglichen Domizil zog er zunächst in eine leer stehende öffentliche Toilette unter dem Potsdamer Platz; die unterirdische Anlage, die sich im ehemaligen Todesstreifen befand, war vollständig geflutet und musste leer gepumpt werden, bevor man sie nutzen konnte. Den Eingang des illegalen Clubs tarnte man, indem man einen Frachtcontainer davorstellte. Bevor das WMF im Jahr 2010 endgültig geschlossen wurde, war es noch in einigen anderen Gebäuden in

Mitte untergebracht und gilt immer noch als einer der wichtigsten Veranstaltungsorte des neuen Berlin.

Die Namen der alten West-Clubs mit ihren Verweisen aufs Weltall hörten sich billig an: UFO, Planet. Die Namen der neuen Clubs hingegen, die in den ersten Jahren nach dem Mauerfall aus dem Boden schossen, klangen zweckmäßig: Da war der Tresor, der sich tatsächlich in einem Tresorraum befand, und das WMF hatte seinen Namen der Firma entlehnt, die früher ihre Büros in dem Gebäude hatte. Andere Clubs, die in der Gegend eröffnet wurden, machten sich diese unprätentiöse Haltung zu eigen und benannten sich nach dem früheren Verwendungszweck der Gebäude, in denen sie untergebracht waren: Das Friseur befand sich in einem ehemaligen Friseursalon, wie das alte Schild am Gebäude verriet; das Elektro in einem Elektrowarengeschäft; das E-Werk in einem Umspannwerk; der Bunker in einem Nazi-Bunker, und dann gab es noch den Blumenladen, die Buchhandlung, Obst & Gemüse, Fleisch & Wurst.

Kein affektiertes Getue.

Kein Schnickschnack.

Die meisten der neuen Clubs waren nur notdürftig ausgestattet – sie befanden sich in heruntergekommenen, provisorisch ausstaffierten Räumlichkeiten, ohne ausgefallene Lightshow oder den ganzen Hokuspokus, der vorher zum Nachtleben gehörte. Häufig waren sie mit ausrangierten Sofas, Stühlen und Lampen möbliert, die die ältere Generation aus dem Osten massenhaft auf die Bürgersteige gestellt hatte, um mit ihrer Westwährung ihre Wohnungen neu einzurichten. Das war eine pragmatische Haltung, denn auf diese Weise war es spottbillig, eine Bar, einen Club oder eine Galerie zu eröffnen. Außerdem passte die trashige Optik perfekt zum Anti-Stil des neuen Nachtlebens. In der Rave-Szene gab es keine gestylten Clubgänger – sie bestand aus Punks, Hausbesetzern und Freaks, aus Künstlern, Studenten und Hooligans, von denen die meisten ohne Arbeit oder fast ohne Arbeit waren –, und man brauchte praktisch kein Geld, um dazuzugehören. Es war nicht ungewöhnlich, jemanden im Schlafanzug oder ganz ohne Klamotten auf der Tanzfläche anzutreffen; eher selten sah man Leute in Ausgehklamotten, wie man sie in den Städten Westeuropas oder den USA trug – Leute, die sich extra in Schale warfen, waren unerwünscht. Berlin war eine völlig andere Welt.

Kein affektiertes Getue.

Kein Schnickschnack.

Stattdessen billiger Alkohol, gute Musik und die Erwartung, dass jeder sich daran beteiligte, Spaß zu haben, in einer kollektiven Anstrengung, bei der es zwischen Künstlern, Partygästen und Personal keine Unterschiede gab.

Dance, dance, dance.

Tanzen, trinken und vögeln.

Was hier passierte, war etwas völlig Neues; das gab es nur in Berlin: eine kreative Clubszene. Es war keine Realitätsflucht, die die Menschen in die Clubs und Bars trieb. Man ging aus, um Teil von etwas zu sein, und nicht, um vor etwas zu flüchten. Es ging nicht darum, die Welt draußen zu ignorieren, sondern darum, eine neue Welt zu erschaffen.

Es gab zwei Begriffe, die den Betreibern der neuen Clubs und Bars ein Gräuel waren: der eine war »Diskothek«, ein Begriff, der ein kommerzielles Unterfangen bezeichnete. Die neuen Clubs verfolgten keine kommerziellen Interessen, auch wenn viele von ihnen schließlich Geld abwarfen – einige sogar sehr viel Geld. Aber eigentlich ging es darum, einen gesellschaftlichen Ort zu schaffen, einen Freiraum, wo die Menschen tun und lassen konnten, was sie wollten, einen Raum, der es ihnen ermöglichte, mit anderen zu kommunizieren und aufgrund einer kollektiven Erfahrung, eine Gemeinschaft zu bilden.

Das andere Wort, das die Clubszene hasste, war »Entertainment«. Der Besuch eines Clubs war keine passive Erfahrung. Die

Leute mussten selbst dafür sorgen, dass sie ihren Spaß hatten. Ein gelungener Abend bestand nicht darin, der außergewöhnlichen Darbietung irgendeiner berühmten Persönlichkeit beizuwohnen, sondern mit allen anderen eine Atmosphäre zu erzeugen, die es jedem Einzelnen erlaubte, seinen Spaß zu haben.

Die neuen Bars und Clubs stellten eine Herausforderung dar: Können wir *diese* Vision, *unsere* Vision, der ganzen Welt aufdrücken?

Zu feiern bedeutete nicht, dass man, wie vielleicht in einer anonymen Diskothek, die Augen vor den Problemen verschloss. In den neuen Berliner Clubs und Bars gab es so gut wie keine Gewalt. Homophobie wurde nicht geduldet. Genauso wenig wie sexuelle Belästigung. Eine Frau konnte in der scheinbar sexuell aufgeladenen Atmosphäre nackt das Bewusstsein verlieren, ohne befürchten zu müssen, dass man über sie herfiel. Wenn es doch mal Ärger gab – wie eine Schlägerei oder einen versuchten Diebstahl –, bekam es der Störenfried nicht mit einem Türsteher zu tun, sondern sah sich einer Schar von Feiernden gegenüber, die bereit waren, die Sache selbst in die Hand zu nehmen, weil sie sich als Teil des Clubs begriffen und für die Atmosphäre dort verantwortlich fühlten; alle für einen, einer für alle.

Wir sind eine Gemeinschaft.

Und diese Gemeinschaft gab nicht klein bei. Weder vor Diktatoren noch vor Neonazis noch vor denjenigen, die die Ideale in diesen Oasen des neuen Berlin untergraben wollten.

79

Rechtlich gesehen endete der politische Schwebezustand – jener Zustand der Anarchie, in dem es in Ost-Berlin zu einem ersten Ausbruch von Kreativität gekommen war – am 3. Oktober 1990 mit der Übernahme der DDR durch die Bundesrepublik. Bis dahin hatte es nur halbherzige Versuche gegeben, die besetzten Häuser zu räumen und weitere Besetzungen zu verhindern, aber kurz nach der Wiedervereinigung machte die westdeutsche Regierung von ihren Machtbefugnissen Gebrauch.

Und die westdeutschen Politiker fackelten nicht lange.

Im November 1990 wurde die Polizei damit beauftragt, in Friedrichshain einen ganzen Häuserblock, der fast vollständig besetzt war, zu räumen. So kam es zur Schlacht um die Mainzer Straße, die fast ein kleiner Bürgerkrieg war. Die Bewohner der besetzten Häuser errichteten Barrikaden, steckten Autos in Brand und bewarfen die Polizei mit Molotow-Cocktails, worauf diese mit Panzerfahrzeugen vorfuhr und die Hausbesetzer gewaltsam fortbrachte.

Bereits vor der Wiedervereinigung hatte der Zusammenhalt in der Szene erste Risse bekommen. In der Ausgabe des Hausbesetzer-Newsletters vom 29. August 1990 wurden die Leute kritisiert, die ständig zwischen Kreuzberg und den besetzten Häusern im

Osten pendelten. Der Newsletter forderte sie auf, im sicheren Kreuzberg zu bleiben: Sie sollten ihre »Zweitwohnung aufgeben oder raus aus den Häusern. Wohnraum denen, die ihn brauchen, und denen, die ständig da sind, um ihn zu verteidigen und zu sichern! Keine PseudobesetzerInnen und AbenteuerurlauberInnen!«

Man könnte denken, dass sich nach diesem ersten Jahr alles änderte, nach der Wiedervereinigung und nachdem die Mainzer Straße bei einem militärartigen Einsatz geräumt worden war; aber das stimmt nicht. Das Gefühl, in einem Zustand der Anarchie voller unbegrenzter Möglichkeiten zu leben, dauerte mehrere Jahre an. Einige besetzte Gebäude, wie der Eimer, existierten nach der Wiedervereinigung in unveränderter Form zwanzig Jahre lang weiter. Den Bewohnern anderer Häuser, wie in der Schreinerstraße 47, gelang es, Mietverträge abzuschließen, ohne dabei ihre Seele zu verkaufen. Grit Ferber lebt heute immer noch in der Kreutzigerstraße in einem Gebäude mit Gemeinschaftsküche. Herne, der in den 1980er-Jahren in der Erlöserkirche die Konzerte veranstaltet hatte, organisiert in der Köpenicker Straße 137 immer noch Auftritte; und sein Bruder Mecki, der Sänger von Fatale, steht hin und wieder hinter der Bar.

Der Zusammenhalt im Tacheles jedoch – das größte und gewagteste Projekt – wurde durch ein internes Zerwürfnis geschwächt. Allerdings sollte der Todeskampf zwei Jahrzehnte andauern. Kurz nachdem das Haus 1990 besetzt worden war, boten die ursprünglichen Besetzer einer Gruppe Westdeutscher an, dort einzuziehen – sie waren aus einem leer stehenden Hotel in der Nähe des Anhalter Bahnhofs in West-Berlin geworfen worden, wo sie eine Künstlergemeinschaft gegründet hatten. Zunächst schien es, als hätten die Leute aus dem Westen dieselben Ziele wie jene ostdeutschen Künstler, die bereits im Tacheles wohnten, und sie kamen gut miteinander aus. Die Neuankömmlinge brachten frische Energie mit, und man stellte eine Menge auf die Beine. Aber nach und nach verschlechterte sich das Verhältnis zwischen den beiden Gruppen. Angeführt von Ludwig Eben übernahmen die Westdeutschen die Kontrolle über jene Bereiche im Haus, die Geld einbrachten, und nutzten sie für ihre persönlichen Zwecke aus – ihnen kam es vor allem darauf an, dass die Bar Gewinne abwarf, was dazu führte, dass die Kunst für die West-Berliner nur noch eine untergeordnete Rolle spielte. Auf diese Weise wurde Ludwig Eben zum Millionär, während Leo Kondeyne, der ursprüngliche Kopf des Tacheles, schließlich aus dem Gebäude vertrieben wurde.

Das war ein heftiger Schlag für die grundlegende Vision hinter dem Projekt, das man aufgrund einer kollektiven Idealvorstellung und nicht aufgrund persönlicher Interessen realisiert hatte: Die Bars sollten einen kleinen Profit abwerfen, um damit die Kunst, Musik und Kultur zu finanzieren.

Von dem anarchistischen Ideal, über den eigenen Arbeitsplatz demokratisch zu bestimmen, war nichts mehr übrig.

Nach Jahren zähen Ringens bestand die Bank, unter deren Verwaltung das Areal stand, im September 2012 darauf, dass die Bewohner das Gebäude verließen.

»Das ist Kunstraub unter Polizeischutz«, erklärte ein Sprecher des Tacheles, als das Gebäude schließlich geräumt wurde.

Mittlerweile gab es zwischen den verschiedenen Parteien im Tacheles mehr als hundert anhängige Prozesse; die meisten davon wegen der Streitigkeiten zwischen den beiden unterschiedlichen Fraktionen im Haus – auf der einen Seite die Künstler, auf der anderen die Gruppe, die die Bars und Clubs betrieb, angeführt von Ludwig Eben. Mittlerweile war auch der letzte Rest von Solidarität im Tacheles verpufft. Anders als in der Mainzer Straße kam es um den Gebäudekomplex nicht zu einer Straßenschlacht. Die Polizei, die die Räumung durchführte, stieß auf keinerlei Widerstand.

Die Welt im Innern hatte längst vor der Welt draußen kapituliert.

In den Jahren nach der Wiedervereinigung brach die Berliner Techno-Szene immer mehr auseinander. 1991 organisierte Westbam unter der Bezeichnung Mayday einen Rave, der vom früheren Gleichheitsprinzip der Szene abrückte; mit einer Bühne für die DJs, handverlesenen Besuchern und happigen Eintrittspreisen. Die Mayday versetzte dem weniger kommerziellen Tekknozid den Todesstoß – und viele Leute aus der Szene glaubten, dass genau das die Absicht dahinter war. Das E-Werk, um die Ecke vom Tresor, verabschiedete sich ebenfalls vom Gleichheitsprinzip und richtete einen VIP-Bereich ein – in einem Raum gab es sogar einen VIP-Bereich innerhalb des VIP-Bereichs. 1994 veröffentlichte Marusha, die bei Low Spirit unter Vertrag stand, eine Rave-Version von »Somewhere Over the Rainbow«, die die deutschen Charts stürmte und Techno massentauglich machte. 1996 veranstaltete das E-Werk die MTV Music Awards – in einer nach innen gerichteten Szene, die den Kult um Promis verabscheute, gab es nichts Uncooleres als die Vorstellung, dass Leute wie Bono auf der Veranstaltung eines amerikanischen Medienunternehmens, das die Musiker zu Stars machte, im VIP-Bereich abhingen. Die Love Parade, eine angeblich politische Veranstaltung, die zum ersten Mal 1989 in Berlin stattfand, verzeichnete 1997 eine Million Besucher und arbeitete mit Sponsoren aus der Industrie zusammen, bevor die ganze Veranstaltung an die Fitnessstudio-Kette McFit verhökert wurde.

Dies war nicht die idealistische neue Welt, die die Clubszene sich vorgestellt hatte.

Es wäre leicht, all diese Veränderungen auf die offenbar unvermeidliche Kluft zwischen Idealisten und Karrieristen zurückzuführen. Aber in diesem Fall verlief die Kluft ziemlich genau zwischen Ost und West. Viele der Leute, die am meisten von der Szene profitierten – die Karrieristen –, kamen aus Westdeutschland, wie Ludwig Eben vom Tacheles, Dr. Motte, der Gründer der Love Parade, wie der DJ und Mitinhaber von Low Spirit, Westbam, und die

Botschafterin des Techno-Pop, Marusha. Es mag vielleicht nicht überraschen, aber egal wie sehr sich die Westdeutschen als Teil einer Gegenkultur betrachteten, sie waren in einer kapitalistischen Gesellschaft aufgewachsen.

Natürlich gab es auch Leute aus Westdeutschland, die unter den Idealisten eine wichtige Rolle spielten, wie der DJ Tanith, Alec Empire von Atari Teenage Riot und Ben de Biel, der im Eimer und im Tacheles auftrat, das Maria am Ostbahnhof gründete und inzwischen Pressesprecher der Piratenpartei ist. Andere, wie Tresor-Gründer Dimitri Hegemann, verrieten trotz des Erfolgs ihre Ideale nicht. Im Gegenteil: Hegemann zeigte, dass Geld und Prinzipien einander nicht ausschließen müssen, und ebnete den Weg für spätere Großprojekte, die ohne ein überzeugendes Konzept und eine Stange Geld nicht möglich gewesen wären – Projekte wie das Kater Blau, mit seiner Idealvorstellung von einem Dorf, das am Ufer der Spree um einen Club herum errichtet und 2014 eröffnet wurde, zu einer Zeit, als die Grundstücke am Fluss bereits sehr teuer waren.

Es wäre ebenfalls leicht, über das Ende des groß angelegten Experiments in den Jahren nach dem Mauerfall zu jammern und mit nostalgisch verklärtem Blick auf die frühen 1990er-Jahre zurückzuschauen, weil die Stadt sich inzwischen verändert hat, und sich klarzumachen, dass die kreative Anarchie in einer Zeit ohne richtige Regierung die absolute Ausnahme war, ein unwiederbringlicher Moment, flüchtig und irreal, die Folge einzigartiger Umstände, magisch, aber zwangsläufig nur von kurzer Dauer. Berlin hat sich tatsächlich verändert, und die improvisierte Partyszene der 1990er-Jahre ist zum großen Teil einer Szene mit Mietverträgen, Notausgängen und professionellem Management gewichen. Was die Leute heute nach Berlin führt, ist jedoch nicht die Sehnsucht nach einer vergangenen Ära. Die Leute zieht es nach Berlin, weil es immer noch eine einzigartige Stadt ist; was jeder spürt, der dorthin kommt.

Berlin ist *immer noch* anders als die meisten Städte in der westlichen Welt.

Es ist zwar herzerwärmend, dass die Gemeinschaften in der Köpenicker Straße 137 und der Schreinerstraße 47 und die Kulturzentren Acud, Zosch und Schokoladen in ehemals besetzten Häusern immer noch existieren, aber es sind nicht diese wenigen verbliebenen Bastionen der 1990er-Jahre, die Berlin heute so einzigartig machen. Die Projekte, die überlebt haben, sind nicht wichtig; sondern dass *die Haltung* von damals überlebt hat; eine Haltung, die sich weiterentwickelt und neuen Einrichtungen Leben eingehaucht hat. Eine extrem politische Haltung, die die Stadt nach wie vor mit den Werten der Ost-Berliner Punks infiziert.

Siebenundzwanzig Jahre nach dem Verschwinden der DDR findet man in den professioneller geführten Clubs des einundzwanzigsten Jahrhunderts die Werte der ostdeutschen Punks wieder.

Es gibt nicht viele Plätze auf der Welt, an denen man derart stark auf seine Unabhängigkeit bedacht ist, dass man den Geldern von Sponsoren stets aufs Neue widerstehen kann.

In Berlin schon.

Es gibt nicht viele Plätze auf der Welt, an denen der Grundsatz der Solidarität herrscht, der in demokratisch geführten, mitarbeitereigenen Unternehmen seinen konkreten Ausdruck findet.

In Berlin schon.

Es gibt nicht viele Plätze auf der Welt, an denen man die Welt der Promis und High Society so entschieden ablehnt, dass die bekanntesten Clubs der Stadt keinen VIP-Bereich haben und auch keine Gästeliste führen.

In Berlin schon.

Es gibt nicht viele Plätze auf der Welt, an denen Grundsätze so viel wichtiger sind als Profit, an denen Randgruppen unterstützt werden – seien es nun wirtschaftlich benachteiligte Menschen oder

Menschen, die aufgrund ihres Geschlechts, ihrer sexuellen Orientierung oder Identität unterdrückt werden.

In Berlin schon.

80

Der mit Abstand bekannteste Club in Berlin ist heute das Berghain.

Die Meinungen darüber gehen auseinander. Für einige hat sein Ruf durch Artikel in amerikanischen Publikationen wie dem *Rolling Stone* oder der *New York Times* unwiderruflich gelitten; andere finden, dass es an Attraktivität eingebüßt hat, weil feierwütige Touristen dort in Scharen einfallen und viele von ihnen keine Ahnung haben, was Berlin ausmacht und warum diese Stadt so einzigartig ist. Aber das Berghain war nun mal der größte und bekannteste Club, als die Welt beschloss, dass Berlin die coolste Stadt der Welt sei; und es ist immer noch das Gravitationszentrum der Szene und ermöglicht es vielen anderen Clubs, in seiner Umlaufbahn relativ unbehelligt von der Aufmerksamkeit der Medien zu existieren.

Das Berghain ist in einer ehemaligen Industrieanlage untergebracht, die zu jener neoklassizistischen Wohnbebauung gehört, die sich vom Alexanderplatz Richtung Osten bis zum Frankfurter Tor erstreckt. Das Herzstück dieses Projekts aus den 1950ern war die Stalinallee, die inzwischen Karl-Marx-Allee heißt und immer noch die imposanteste Straße in der Stadt ist. Am beeindruckendsten sind ihre schieren Ausmaße; mit einer Breite von neunzig Metern und einer Länge von einem Kilometer ist sie vergleichbar mit der National Mall in Washington. Zu beiden Seiten der Straße und Grünanlagen erstrecken sich eindrucksvolle neoklassizistische Wohngebäude, von denen viele mit dekorativen Keramikfliesen verkleidet sind. Außer Sichtweite, auf einer damals unbebauten Fläche in der Nähe des Ostbahnhofs, steht das Gebäude, das das Berghain beherbergt und früher die umliegenden Vorzeigewohnhäuser mit Wärme versorgte.

In den 1980er-Jahren wurde das Heizkraftwerk stillgelegt.

Als das Berghain im Dezember 2004 eröffnet wurde, beließen die Besitzer das Gebäude mehr oder weniger in dem Zustand, in dem sie es vorgefunden hatten, und behielten auch dort den provisorischen Berliner Stil bei. Die größte Tanzfläche befindet sich im ehemaligen Turbinenraum, dessen zwanzig Meter hohe Decke von schmucklosen Betonpfeilern gestützt wird. Im Rest des Clubs gibt es kaum Dekoration. In diesem verwirrenden Labyrinth aus Industrieanlagen mit verborgenen Winkeln ist fast alles erlaubt – eine düstere Melange zwischenmenschlicher, sexueller und musikalischer Vergnügungen.

Der Club, in dem das Fotografieren streng verboten ist und dessen Mitarbeiter den Medien bewusst aus dem Weg gehen, ist weniger bekannt für die Industriearchitektur seiner dunklen Innenräume oder für die Fassade im sozialistischen Bauhaus-Stil, sondern vor allem für Sven Marquardt, den Türsteher, mit seinem an eine Bulldogge erinnernden Blick. Allerdings hat ein Türsteher in einer Szene, in der es so gut wie keine Gewalt gibt, eine etwas andere Funktion. Mit seinem Vollbart, den Stacheldraht- und Dornen-Tätowierungen, die sich um sein linkes Auge schlängeln, und den Ringen in Lippe und Nase ist Sven das Aushängeschild des Clubs.

Sven Marquardt kommt ebenfalls aus der Punkszene der DDR.

Er wuchs in Pankow auf und fühlte sich schon immer als Außenseiter. Seine Mutter arbeitete als medizinisch-technische Assistentin, sein Vater war Autobahnbauer. Bereits in jungen Jahren bemerkten Svens Lehrer sein ausgeprägtes Gerechtigkeitsgefühl, seinen Sinn dafür, was richtig und was falsch ist – da er ein äußerlich angepasstes Kind war, fand das niemand verdächtig oder bedrohlich. Aber das sollte sich bald ändern.

Als Teenager entdeckte Sven für sich die verschwiegene Welt der Ost-Berliner Schwulenszene, die Bars in Prenzlauer Berg und die Cruising-Bereiche in Mitte, die von den Westdeutschen frequentiert wurden. Er suchte dort nach Liebe, Kameradschaft und Abenteuern – etwas, was in seinem Leben fehlte –, und tauchte in diese Welt ein. Es gefiel ihm, begehrt zu werden. Als er Jahre später auf diese Zeit zurückblickte, hatte er das Gefühl, als hätte er sich einmal quer durch die ganze Stadt gevögelt.

Da er nach der Schule nicht die Uni besuchen konnte, machte er ab 1978 beim staatlichen Fernsehen eine Ausbildung zum Fotografen und Kameraassistenten – seine Großmutter hatte ihm eine Kamera geschenkt, und er begann sich für das Fotografieren zu interessieren. Mit seinen Bewerbungsunterlagen reichte er Urlaubsfotos von Lokomotiven und Landschaften ein und wurde angenommen. Die Ausbildungswerkstatt, in der er seine Lehre machte, befand sich nicht im Hauptgebäude des Senders, sondern war in einer Fabriketage eines Altbaus in Friedrichshain untergebracht. Damit war Sven, ein junger schwuler Mann, zumindest geographisch mitten in der Untergrundszene gelandet.

Irgendwann fing er an, nebenher als Model zu arbeiten.

Nachdem er seine Lehre beendet hatte, arbeitete Sven zunächst für den Sender, um kurz darauf zu kündigen. Trotz gelegentlicher Aufträge als Fotograf und Model war es schwierig, als gesellschaftlicher Außenseiter ohne geregelte Arbeit seinen Lebensunterhalt zu bestreiten. Schließlich fand er einen Job hinter dem Tresen eines

Fotoladens, wo er es mit Bildern von Haustieren, Hochzeiten und Kindergeburtstagen zu tun hatte, die die Bewohner der riesigen Plattenbauten am östlichen Stadtrand geschossen hatten.

1982, an seinem zwanzigsten Geburtstag, erhielt er von seinem Vorgesetzten aus der Betriebsleitung einen Anruf und dachte, er würde ihm zum Geburtstag gratulieren.

Aber das war nicht der Fall.

»Herr Marquardt«, sagte sein Chef, »Sie sind ab heute vom Dienst im Publikumsverkehr suspendiert. Wir versetzen Sie in den rückwärtigen Dienst, in die Filmentwicklung. Ihre äußere Erscheinung ist nicht mehr tragbar für das sozialistische Arbeitskollektiv.«

Sven hatte stets darauf geachtet, zur Arbeit ein anständiges Hemd zu tragen, und obwohl er sein Haar ein wenig hochfrisiert hatte, trug er keinen richtigen Iro oder eine sonst irgendwie ausgefallene Frisur. Die Entscheidung war für ihn nicht nachvollziehbar.

Im selben Jahr, 1982, besuchte er eine Party in der Wohnung der bekannten Fotografin Helga Paris, deren Sohn Robert man im Jahr zuvor ins Gefängnis gesteckt hatte, weil er zusammen mit Esther Friedemann in Prenzlauer Berg an eine Wand *Zwanzig Jahre Mauer, wir werden langsam sauer* gesprüht hatte. Esther war ebenfalls auf der Party, und Sven war fasziniert von ihr. Er hatte bisher niemanden mit so viel Entschlossenheit, mit so viel Mut und Kampfbereitschaft kennengelernt. Außerdem fiel ihm auf, dass unter den Punks und Künstlern seine Sexualität nicht die geringste Rolle spielte.

Robert Paris lebte nach seiner Haft in einer besetzten Wohnung in der Stargarder Straße, in einem Gebäude, das jede Menge Punks und Schwule beherbergte sowie ein paar alteingesessene Berliner, die kein Problem damit hatten, dass diese unkonventionellen jungen Leute das Haus Wohnung für Wohnung in ihren Besitz nahmen. Robert hatte aus alten Türen, die er aus leer stehenden Gebäuden in der Gegend mitgenommen hatte, ein Hochbett gebaut. Sven traute seinen Augen kaum. Schließlich wurde Robert Paris sein Partner, und gemeinsam erkundeten sie die leer stehenden Gebäude in der Gegend; sie versteckten sich in den wunderschönen Ruinen ihrer heruntergekommenen Heimatstadt und tranken Wein. Manchmal übernachteten sie in einem der verfallenen Gebäude und starrten durch das eingestürzte Dach in den Sternenhimmel.

1983 zog Sven in eine Wohnung in der Wichertstraße, die ein Grafiker aufgegeben hatte, der in die Bundesrepublik übergesiedelt war. Sven trug sein dichtes Haar jetzt zu einer aufgetürmten Stachelfrisur hochfrisiert, wobei es eher wie ein Wolkenkratzer wirkte und weniger wie ein Iro. Er verließ das Haus nie ohne seine muffige, ärmellose Lederjacke und seinen selbst gemachten Nasenring. Und oft hatte er um seine Augen so viel schwarze Schminke aufgetragen, dass er, wenn auch unbeabsichtigt, in seiner Aufmachung noch verwegener wirkte als die Punks und Gruftis und glatt als Mitglied von KISS durchgegangen wäre.

Auf sein extremes Äußeres reagierten die DDR-Bürger mit den üblichen Beschimpfungen.

So was wie dich hätte man vergasen sollen!

Eines Abends wurde er vor einem Café in der Schönhauser Allee so übel zusammengeschlagen, dass sein Nasenring herausflog und er bewusstlos zusammenbrach. An einem anderen Abend durchschlug in einem Café in Friedrichshain, wo er mit einem Punk zusammensaß, ein Stein das Fenster und knallte auf ihren Tisch, sodass die beiden mit Glasscherben übersät wurden. Während die Punks Sven vorbehaltlos akzeptierten, wurde er von der Schwulenszene jetzt ausgegrenzt.

Er fing an, Punks und Punkbands zu fotografieren, und freundete sich mit den Mitgliedern der Band Happy Straps an, die keine Spielerlaubnis hatte. Während eines legendären Walpurgisnacht-Konzerts an Bord eines Schiffes auf der Spree mit Feeling B, Aufruhr zur Liebe und Klick & Aus enterte Sven während des Auftritts der

Happy Straps als Go-go-Tänzer die Bühne. Sobald sie in Plänterwald wieder anlegten, wurde das Schiff voller Punks von der Polizei umstellt, um sie zum Verhör mitzunehmen.

Sven wurde mit einem »Mitte-Verbot« belegt und durfte sich im Zentrum Ost-Berlins – im Bereich um den Alexanderplatz, die Friedrichstraße und Unter den Linden – nicht mehr blicken lassen, weil er mit seinem hoch aufragenden Irokesen, seinem Make-up und seinem Nasenring das Bild, das die Regierung nach außen abgeben wollte, stören könnte.

Unterdessen wurden Robert Paris und Sven in der Kunstszene in Prenzlauer Berg als vielversprechende Vertreter einer neuen Künstlergeneration gefeiert – sie veranstalteten sogar eine gemeinsame Fotoausstellung in einer Galerie in der Nähe der Bornholmer Straße. Der aufgeschlossene Herausgeber der offiziellen DDR-Modezeitschrift *Sibylle* beauftragte Sven schließlich damit, für einige Beiträge Fotos zu machen. Die Zeitschrift hatte ihr Büro in der Friedrichstraße, die Sven nicht betreten durfte. Also ließ er sich zu den Redaktionssitzungen von einem Taxi bis vor die Eingangstür fahren und rannte ins Gebäude, um zu verhindern, dass er entdeckt und verhaftet wurde. In den letzten Jahren der DDR machte Sven für die Zeitschrift regelmäßig Fotos, zeigte seine Arbeiten in Ausstellungen und nahm hin und wieder einen Model-Job an, aber das meiste Geld verdiente er, wie Esther Friedemann und andere, indem er auf dem Grauen Markt handgemachte Kleidung verkaufte.

Als Robert 1988 in den Westen reisen durfte und Sven zurückbleiben musste, war er bitter enttäuscht – man hatte Robert das Angebot gemacht, in West-Berlin in einer Ausstellung seine Arbeiten zu zeigen. Im Jahr darauf bewilligte man Sven ebenfalls ein Reisevisum, und er fuhr nach Kreuzberg. Wie die Mitglieder von Feeling B und Die Anderen, die in jenem turbulenten Jahr Reisevisa erhalten hatten, kehrte auch Sven wieder nach Ost-Berlin zurück.

Nach dem Fall der Mauer lebten er und Robert sich irgendwann auseinander – jeder musste in dem neuen System seinen eigenen Weg gehen. Sven arbeitete für mehrere Jahre in einem Schuhladen in West-Berlin und stürzte sich Hals über Kopf in die neue Partyszene; was schließlich dazu führte, dass er im Schuhladen gefeuert wurde, weil er einmal zu oft zu spät zur Arbeit erschienen war. Seine nächtlichen Streifzüge führten ihn häufig an seine alten Schlupfwinkel zurück, die leer stehenden Häuser, die er Jahre zuvor zusammen mit Robert erkundet hatte und die jetzt auf großartige Weise umfunktioniert worden waren; sie pulsierten vor Musik und Energie, Sex und Drogen, während zwischen den Ruinen eine neue Welt erblühte. Für eine Weile warf Sven jede Menge Ecstasy und Speed ein, und er probierte auch Kokain; er verbrachte viel Zeit im E-Werk, im Tresor, im KitKat und in den ständig den Standort wechselnden After-Hour-Bars der 1990er-Jahre.

Damals ließ er sich die ersten Piercings stechen, die ihm als Talisman und Schutz dienten – damit fühlte er sich gewappnet für den Kampf. Außerdem wurde er süchtig nach dem Schmerz des Tätowierens. Seine erste Tätowierung – ein Kreuz aus Dornen auf seiner Wade – stach ihm ein Punk aus der Erlösergemeinde, der in einem besetzten Haus in der Schliemannstraße wohnte. Als Nächstes kam auf seine Brust und die Unterseite seines Halses ein Stacheldraht mit Dornen – sie standen für die Schönheit von Grenzüberschreitungen. Dann folgten ein Engel mit Schlagring, ein Totenschädel und noch mehr Dornen. Auf sein linkes Bein ließ er sich ein Nietzsche-Zitat stechen: *Doch alle Lust will Ewigkeit* aus *Also sprach Zarathustra*. Dann folgte ein Zitat von Aleister Crowley: *Gleiche einen jeden Gedanken durch seinen genauen Gegensatz aus, denn die Vermählung der beiden ist die Vernichtung der Illusion.*

Nach und nach wurde sein ganzer Körper mit Tätowierungen bedeckt, und schließlich kam sein Gesicht an die Reihe. Für einige Menschen sind Gesichtstätowierungen das ultimative Bekenntnis zu einem Leben am Rande der Gesellschaft, ein unwiderrufliches Statement, weshalb viele Tätowierer sich weigern, das menschliche Gesicht als Leinwand zu benutzen. Aber Sven hatte die Entscheidung, am Rand der Gesellschaft zu leben, bereits zu einer Zeit getroffen – in einer Diktatur –, als der Preis dafür sehr viel höher war.

Seinen ersten Job als Türsteher bekam er eigentlich durch Zufall: Sein jüngerer Bruder Oliver hatte es unter dem Namen DJ Jauche in der neuen Clubszene zu einiger Bekanntheit gebracht, und im Jahr 1995 eröffnete er unter der S-Bahn-Trasse in Mitte einen provisorischen Club und fragte seinen Bruder, ob er dort als Türsteher arbeiten wolle. Zunächst hatte Sven Bedenken. Aber dann überlegte er es sich und beschloss, es auf einen Versuch ankommen zu lassen. Immerhin könnte er am Ende der Nacht auf die Tanzfläche, dachte er.

Nach drei Wochenenden war mit dem Job – und dem Club – Schluss. Aber die Stimmung im Club war toll gewesen, was man zu einem großen Teil auch Sven anrechnete. Er war keineswegs ein harter Bursche – auch wenn sein Äußeres vielleicht diesen Eindruck vermittelte. Nein, er hatte einen Blick für Leute, die Ärger machen könnten oder die Haltung der Szene vielleicht nicht akzeptierten, und war in der Lage, sie abzuweisen, ohne dass sie sauer auf ihn waren.

Kurz darauf landete Sven beim Suicide an der Tür, einem Kellerclub, der sich das Gebäude mit einem Bordell namens Bienenkorb teilte. Durch seine Arbeit im Suicide lernte er die Leute kennen, die schließlich das Berghain gründen sollten. Sie fragten ihn, ob er für ihr Partyprojekt Snax Club, das in unterschiedlichen Orten stattfand, als Türsteher arbeiten wolle. Sie drückten ihm eine Visitenkarte in die Hand, auf deren Rückseite eine Nummer gekritzelt war. Auf der gedruckten Vorderseite stand lediglich das Motto der Party: »For pervy men only.«

Sven nahm den Job an.

Während er für das Snax und anderswo als Türsteher arbeitete, war er für eine Reihe von Clubs tätig, die für all jene, die im Nachtleben der 1990er-Jahre unterwegs waren, geheiligter Boden sind, aber schon lange nicht mehr existieren: für den Bunker, die Backfabrik in der Saarbrücker Straße und das Discount in der Gartenstraße. Die Snax-Partys fanden in wechselnden Räumlichkeiten statt, bis sie schließlich in einer unscheinbaren Lagerhalle eine feste Bleibe fanden, die dann später das Ostgut beherbergte. Der Job als Türsteher des Ostgut war Svens erste Festanstellung.

Als das Ostgut 1998 eröffnet wurde, hielt es noch am Konzept der 1990er-Jahre fest: Da man davon ausging, dass man die Räumlichkeiten nur vorübergehend nutzen konnte, gab man sich keine Mühe, um zu kaschieren, dass das Gebäude vor seiner Stilllegung eine Reparaturwerkstatt für Züge gewesen war. Im Jahr zuvor hatte das E-Werk dichtgemacht, und die Love Parade hatte sich in ein mit Sponsorengeldern finanziertes Debakel verwandelt. In Mitte schritt die Gentrifizierung zügig voran, und jetzt gab es draußen in Friedrichshain das Ostgut – schlicht, zweckmäßig, im Grunde nichts weiter als eine Tanzfläche nebst Toiletten und einer Bar auf einem Stahlgerüst. Das Ostgut stellte den ersten Schritt zurück in den Underground dar, weg von dem kommerziellen Wahnsinn, der die Technoszene in den späten 1990er-Jahren erfasst hatte. Michael Teufele und Norbert Thormann, das Duo hinter dem Ostgut, weigerten sich, mit den Medien zu sprechen. Sie brachten ihre eigenen DJs und ihren eigenen Sound hervor, statt die etablierten Stars zu buchen.

Im Ostgut fühlten sich alle willkommen: Ob Jung oder Alt, Homo oder Hetero, Arm oder Reich, spielte keine Rolle.

Im Jahr 2003 wurde das Ostgut von einer amerikanischen Investorengruppe vor die Tür gesetzt, um für eine riesige Sportarena, die O2 World, Platz zu machen. Die Arena war das funkelnde Herzstück eines aggressiven Bebauungsplans für das überwiegend leere

Ufergelände an der Spree, eines Plans, den die Befürworter Mediaspree nannten. Das Vorhaben sollte die Hauptstadt des vereinigten Deutschland für Medienunternehmen in der ganzen Welt attraktiv machen, aber schnell regte sich in der Bevölkerung Widerstand, als Bürokomplexe und -türme die freie Fläche entlang der Spree bedeckten, ungeachtet all jener Bedürfnisse, die nichts mit den Interessen der Grundstücksinvestoren zu tun hatten. Ein Bauunternehmen bekam sogar die Genehmigung, in die East Side Gallery, einen der letzten erhaltenen Abschnitte der Mauer, ein großes Loch zu schlagen, um für die Luxuswohnungen, die zwischen der Mauer und dem Fluss errichtet wurden, eine geeignete Zufahrt zu bauen.

Am letzten Abend im Ostgut versammelten die Geschäftsführer ihre Mitarbeiter und erklärten ihnen, dass sie vielleicht in ein neues Gebäude ziehen würden und das ganze Team dort anfangen könne, falls es klappen sollte.

»Mit dem neuen Club werden wir Clubgeschichte schreiben«, sagten die Geschäftsführer.

Ja, sicher, dachten die Mitarbeiter.

Es hatte auf das Ostgut einen unglaublichen Ansturm gegeben, aber es war nur schwer vorstellbar, dass so etwas noch einmal passieren würde.

Doch sie erhielten für die erhoffte Räumlichkeit tatsächlich den Zuschlag.

Und 2004 eröffneten Teufele, Thormann und das Team aus dem Ostgut einen neuen Veranstaltungsort, nur einen Steinwurf von dem alten entfernt. Im neuen Club behielt man vieles bei, was das Ostgut ausgezeichnet hatte: die unverstellte Industriearchitektur, die Betonung eines unverkennbaren Sounds ohne Star-DJs, die freizügige Atmosphäre, den Verzicht auf eine bestimmte Zielgruppe, die unkorrumpierbare Integrität und eine kompromisslose Unabhängigkeit.

Der neue Club wurde auf den Namen Berghain getauft. Im kommenden Jahrzehnt sollte er tatsächlich Clubgeschichte schreiben und zu einem weltweiten Symbol für die Einzigartigkeit der Stadt werden.

Und an der Tür des Berghain stand Sven Marquardt, ein Mann, der die Vergangenheit, Gegenwart und Zukunft der Stadt verkörperte, eine Verbindung zwischen der Ost-Berliner Punkszene und dem Berlin des einundzwanzigsten Jahrhunderts.

81

All die Bands gibt es nicht mehr. So wenig wie die Vorstellung von einem unabhängigen, idealen Staat. Und auch das Tacheles gibt es nicht mehr.

Aber der Geist des Ost-Berliner Punkrock lebt weiter.

Silvio Meier aus der Führungsriege der Kirche von Unten wurde 1992 von Neonazis in einer U-Bahn-Station ermordet. Aljoscha von Feeling B starb 2000 bei einem Asthmaanfall; sieben Jahre nachdem Paul Landers und Flake die Band verlassen und eine Band namens Rammstein gegründet hatten. Otze von Schleim-Keim, aus dessen Stück »Prügelknabe« der Satz *Wir sind das Volk* stammt, ist ebenfalls tot – er starb 2005 in einer psychiatrischen Klinik, nachdem er seinem Vater mit einer Axt den Schädel zertrümmert hatte.

Aber der Geist des Ost-Berliner Punkrock lebt weiter.

Er hat Einzug in das Nachtleben der Stadt gehalten, mit seinem Gleichheitsprinzip und seiner Do-it-yourself-Strategie, die eigene Unabhängigkeit zu wahren – um, ungeachtet der Verhältnisse und Umstände, jene Welt zu erschaffen, in der man leben will.

Es gibt eine direkte Verbindung von Major und Esther, Planlos und Namenlos, Pankow und A-Micha, der Kirche von Unten und dem Manifest der Hausbesetzer aus der Schreinerstraße zum Eimer und

Tacheles, zum Tresor und WMF, zum Berghain und About Blank, und zu all den Clubs, die noch nachfolgen werden.

Bist du denn geboren worden, um dich allem unterzuordnen?

Es gibt eine direkte Verbindung von Major und Esther, Planlos und Namenlos, Pankow und A-Micha, der Kirche von Unten und dem Manifest der Hausbesetzer aus der Schreinerstraße zu der Ernsthaftigkeit, mit der in Berlin heute um das eigene Recht auf Selbstbestimmung gekämpft wird.

Sprich es, sag es, schrei es hinaus.

Es gibt eine direkte Verbindung von Major und Esther, Planlos und Namenlos, Pankow und A-Micha, der Kirche von Unten und dem Manifest der Hausbesetzer aus der Schreinerstraße zu dem Gefühl der Freiheit, die Berlin heutzutage ausmacht.

Wir sind das Volk, wir sind die Macht.

Denn das hier ist Berlin, ihr Arschlöcher. Dies ist Punk Rock City.

Berlin, Punk Rock City.

Danksagung

Zuallererst möchte ich Micha Kobs danken, dem Gitarristen von Planlos, der mich vor fünfundzwanzig Jahren in die ostdeutsche Punkszene eingeführt hat. Wir haben uns durch die Arbeit in Clubs kennengelernt und wurden Freunde. Kobs arbeitete meistens an der Bar, während ich auflegte, und ich habe mich immer auf das Ende der Nacht gefreut, wenn ich mit ihm bei ein oder zwei letzten Whiskys plaudern konnte. Einmal zeigte er mir einen Ordner mit Material aus den frühen 1980er-Jahren, den er während der Diktatur versteckt gehalten hatte. Als ich die Fotos und Dokumente in seiner Wohnung durchsah, machte etwas in mir »klick«. Bis dahin hatte ich nie daran gedacht, ein Buch zu schreiben. Aber als Amerikaner, der Reagans Mythologie zum Ende des Kalten Krieges skeptisch gegenüberstand, erschien mir die Geschichte der Ost-Berliner Punkszene unglaublich wichtig – vielleicht wichtiger, als vielen der Beteiligten selbst klar ist. Mein Glaube an die Relevanz dieser Geschichte wurde bestärkt, als ich die Entwicklungen in meinem eigenen Land beobachtete und viele Parallelen erkannte – Massenüberwachung, Polizeigewalt, die zunehmende Anwendung sogenannter Gummiparagraphen, die Probleme von Protestbewegungen wie Occupy und Black Lives Matter angesichts einer apathischen oder sogar feindseligen Gesellschaft. Als ich anfing, an diesem Buch zu arbeiten – zehn Jahre nachdem ich Berlin verlassen hatte und Journalist geworden war —, stellte Kobs mich seinem früheren Bandkollegen Michael »Pankow« Boehlke vor, der wichtigsten Person für die Entstehung dieses Buches. Pankow brachte mich mit Dutzenden von alten Punk-Gefährten in Kontakt, gewährte mir Zugang zu seinem Archiv, das er für eine Ausstellung, ein Buch und eine DVD über seine eigene Geschichte des DDR-Punks erstellt hatte, und half mir geduldig bei meiner jahrelangen Recherche. Kurz gesagt: Ohne Kobs hätte ich nie die Idee für dieses Buch gehabt, ohne Pankow wäre es nie geschrieben worden.

Als ich mit meiner Recherche begann, nahm ich an, dass Stasi-Akten die wertvollsten Informationen enthalten würden. Aber als ich die Akten durchsah, war ich überrascht, welche oberflächlichen Beobachtungen der berühmte Geheimdienst gesammelt hatte: *So-und-so verließ um acht Uhr morgens das Haus und kaufte zwei Brötchen, bevor er zur U-Bahn ging.* Die Stasi hatte kaum relevante, verlässliche Informationen, um den Plot einer guten Geschichte zu entwerfen. Zum Glück nahmen sich viele der Leute, die ich interviewte, stundenlang Zeit für mich, manchmal über mehrere Tage verteilt. Viele halfen mir dabei, offene Fragen zu klären und immer mehr über die Thematik zu erfahren.

Gesondert bedanken möchte ich mich bei: Grit Angermann, Jan Bayer, Major Bergmann, Tatjana Besson, Abouto Blanko, Chaos, Belinda Cooper, Alec Empire, Esther Friedemann, Gilbert Furian, Henryk Gericke, Arne Grahm, Torsten Hahnel, Herne, Michael Horschig, Norbert Jackschenties, Rex Joswig, Daniel Kaiser, Leo Kondeyne, Olaf Kretschmar, Paul Landers, Ronald Lippok, Irina Meyer, Dirk Moldt, Siegfried Neher, Thomas Onißeit, Key Pankonin, Karsten »Dafty« Richter, Mita Schamal, Siegbert Schefke, Jana Schloßer, Stefan Schüler, Jörn Schulz, Sven Schwiegelshohn, Speiche, Curt Stauss, Johnny Temple, Olaf Tost, Frank »Trötsch« Tröger und Mirko Whitfield.

Ich danke auch den vielen weiteren namentlich nicht Erwähnten, die zu den Einsichten und zum Detailreichtum dieses Buches beigetragen haben. Ein besonderer Dank gilt jenen, die mir Tagebücher und Notizen zur Verfügung stellten und denen, die mir Zugang zu ihren persönlichen Stasi-Akten gewährten.

Noch etwas zum Gebrauch der Transkripte der Stasi-Verhöre in diesem Buch: Die Stasi fasste den Inhalt stundenlanger Gespräche oft zu relativ kurzen Dokumenten zusammen, geschrieben in einem sich seltsam formal anhörenden Beamtendeutsch, was der Grund dafür ist, dass die Aussagen der Punks sich oft nicht nach der typischen Sprache anhören, die man von Teenagern erwarten würde.

Da ich kein deutscher Muttersprachler bin, war es schwierig für mich, die Interviews ordentlich zu transkribieren. Dafür bat ich drei enge Freunde um Hilfe: Klaus Stimeder, Steve Winkler und Julia Wilton. Alle drei haben mich nicht nur mit großartigen Transkriptionen unterstützt, sondern auch mit Ermutigungen und Ideen und – im Falle Stimeders – mit der ersten vollständigen Lektüre des fertigen Manuskripts. Danke euch.

Zwei wichtige Figuren in diesem Buch waren bereits verstorben, bevor ich meine Recherchen begann. Daher verdanke ich meine Informationen zu Dieter »Otze« Ehrlich dem Buch *Satan, kannst du mir noch mal verzeihen* von Frank Willmann und Anne Hahn, und zu Aljoscha Rompe der Oral History *Feeling B – Mix mir einen Drink* von Ronald Galenza und Heinz Havemeister. Es gab auch zahlreiche Bücher mit Interviews und Erlebnisberichten von ostdeutschen Punks, die wertvolle Quellen waren und die mich buchstäblich durch mein Buch getragen haben. Unter anderem *Too Much Future*, *Wir wollen alle artig sein*, *Auch im Osten trägt man Westen*, *Macht aus dem Staat Gurkensalat*, *Haare auf Krawall*, *Die Nacht ist Leben*, *Der Klang der Familie* und *Zonen Punk Provinz* (für mehr Informationen siehe die Bibliografie).

Obwohl vor allem Interviews meine Geschichte zum Leben erweckt haben, habe ich auch aus Archiven wichtige Informationen erhalten. Noch einmal Danke an Michael Boehlke, der mir uneingeschränkten Zugang zum Substitut Archiv verschafft hat; an Sylvia Griwan, Günter Nepp und Dr. Ulrich Mählert von der Bundesstiftung zur Aufarbeitung der SED-Diktatur; an Christoph Ochs, Frank Ebert und Tom Sello von der Robert-Havemann-Gesellschaft; sowie an das Lichtenberger Museum und die New York Public Library.

Ich möchte mich auch bei all jenen bedanken, die vor mir über diese Zeit geschrieben und mir mit Rat und Tat zur Seite gestanden haben, vor allem Dirk Moldt, Frank Willmann, Anne Hahn, Gilbert Furian, Ronald Galenza und Heinz Havemeister.

Danke an Maik »Ratte« Reichenbach der mich in seiner Wohnung empfing und mir sein Fotoarchiv zur Durchsicht überließ; an Karoline Bofinger, Stefan Mai, Lutz Schramm, Jörn Schulz, Dirk Teschner und noch mal Micha Kobs und Paul Landers – alle haben sie ihre privaten Bildersammlungen für mich geöffnet.

Danke auch an: Mark Ames, Holly Austin, Joseph Braude, Jason Buhrmester, Joao Manuel Bouza Da Costa, Community Bookstore (Brooklyn), Katy Derbyshire, Erin Edmison, Birgit Fordyce, Danny Francis, Leopold Froehlich, Steffen Fuchs, David Gedge, Pia Goetz, Brittany Hazelwood, Heike Highlife, Thomas Hoeffgen, Markus Hoffman, Andrej Hüsener, Olo Keller, Wieland Krämer, Birgitta Kröll, Frank Kuenster, Seth Kugel, Andreas Kump, Kevin Lane, Jacob Levenson, Markus Linnenbrink, Bob Love, Ian MacKaye, Dan Mandel, Steve Martin von Nasty Little Man, Edna McCown, Duff McKagan, Andrew Miller, Stephanie Mohr, Tom Mohr, Jason Murtagh, Joel Najar, Christopher Napolitano, Johnny Perez, Martin Petersdorf, Natalie Reed, Brian Reyes, Michael Reynolds, Germo Robra, Ben Schafer, Mathias Schwarz, Damion Searls, Paul Stanley, Ken Steen, Riky Stock, Gerhard Stöger, Matt Taibbi, Falko Teichmann, Spencer Theile, Anita Thompson und Virginie Varlet. Und danke an Steffi de Velasco, deren Schreibstil mich dazu inspirierte, mich von stilistischen Begrenzungen frei zu machen, um eine lesenswerte Geschichte zu erzählen.

Für die deutsche Ausgabe danke ich Markus Naegele und dem Team von Heyne Hardcore dafür, dass sie an die Kraft und Bedeutung dieser Geschichte glauben.

Da ich selbst als Übersetzer tätig bin, weiß ich um den Wert einer guten Übersetzung. Daher danke ich Harriet Fricke und Frank Dabrock für ihre großartige Arbeit. Es war mir auch eine Ehre, dass Jürgen Teipel als Redakteur und Alexander Kühne als Leser der deutschen Ausgabe fungierten.

Und schließlich danke ich ganz herzlich Erin, Greta und August, für eure Liebe, eure Geduld und euer Verständnis während des langen Entstehungsprozesses, und meinen Eltern, Elizabeth und James, die mir die Neugier und Offenheit mit auf den Weg gaben, durch die ich während meiner Berliner Zeit und darüber hinaus so viel gelernt habe.

Bibliografie

Boehlke, Michael und Gericke, Henryk: Too Much Future – Punk in der DDR (Verbrecher Verlag, Berlin, 2007)

Denk, Felix und von Thülen, Sven: Der Klang der Familie (Suhrkamp Verlag, Frankfurt, 2012)

Furian, Gilbert und Becker, Nikolaus: Auch im Osten trägt man Westen – Punks in der DDR und was aus ihnen geworden ist (Archiv der Jugendkulturen e.V., Berlin, 2008)

Galenza, Ronald und Havemeister, Heinz: Feeling B – Mix mir einen Drink (Schwarzkopf & Schwarzkopf Verlag, Berlin, 2010)

Galenza, Ronald und Havemeister, Heinz: Wir wollen immer artig sein – Punk, New Wave, HipHop, Independent-Szene in der DDR 1980-1990 (Schwarzkopf & Schwarzkopf Verlag, Berlin, 1999)

Gieseke, Jens: Der Mielke-Konzern – Die Geschichte der Stasi 1945-1990 (Deutsche Verlags-Anstalt, München, 2001)

Gutmair, Ulrich: Die ersten Tage von Berlin – Der Sound der Wende (Tropen Verlag, 2013)

Hahn, Anne und Willmann, Frank: Satan, kannst du mir noch mal verzeihen – Otze Ehrlich, Schleimkeim und der ganze Rest (Ventil Verlag, Mainz, 2008)

Hahn, Anne und Willmann, Frank: Der Weiße Strich – Vorgeschichte und Folgen einer Kunstaktion an der Berliner Mauer (Ch. Links Verlag, Berlin, 2011)

Hentschel, Christian und Matzke, Peter: Als ich fortging ... Das große DDR-Rock-Buch (Verlag Neues Leben, Berlin, 2007)

Jadke, Ulrich; Holm, Kirsten; Luther, Jörn; Onißeit, Thomas; Haufe, Rüdiger (Hg): Macht aus dem Staat Gurkensalat! (wjs Verlag, Berlin, 2011)

Kirche von Unten (Hg): Wunder gibt es immer wieder – Fragmente zur Geschichte der Offenen Arbeit Berlin und der Kirche von Unten (Kirche von Unten Eigenverlag, Berlin, 1997)

Knabe, Hubertus: Gefangen in Hohenschönhausen – Stasi-Häftlinge berichten (List Verlag, Berlin, 2007)

Kowalczyk, Angela »China«: Negativ und Dekadent – Ost Berliner Punk-Erinnerungen (CPL Verlag, Berlin, 2003)

Kowalczyk, Angela »China«: Punk in Pankow – Stasi-»Sieg«: 16-jährige Pazifistin verhaftet! (Anita Tykve Verlag, Berlin, 1996)

Kowalczyk, Angela »China«: Wir haben gelebt! (CPL Verlag, Berlin, 2006)

Lange, Sascha: DJ Westradio – Meine glückliche DDR-Jugend (Aufbau Verlag, Berlin, 2007)

Mählert, Ulrich: Kleine Geschichte der DDR (Verlag C.H. Beck, München, 5. überarbeitete Auflage, 2007)

Mareth, Connie und Schneider, Ray: Haare auf Krawall – Jugendsubkultur in Leipzig 1980 bis 1991 (Connewitzer Verlagsbuchhandlung, Leipzig, 2010)

Marquardt, Sven mit Strittmatter, Judka: Die Nacht ist Leben (Ullstein, Berlin, 2014)

Moldt, Dirk (Hg): mOAning star – Eine Ostberliner Untergrundpublikation 1985-1989 (Robert-Havemann-Gesellschaft, Berlin, 2005)

Moldt, Dirk: Nein, das mache ich nicht! – Selbstbestimmte Arbeitsbiografien in der DDR (Ch. Links Verlag, Berlin, 2010)

Neubert, Ehrhart: Geschichte der Opposition in der DDR 1949-1989 (Ch. Links Verlag, Berlin, 1998)

Pehlemann, Alexander und Galenza, Ronald: Magnetbanduntergrund DDR 1979-1990 (Verbrecher Verlag, Berlin, 2006)

Rauhut, Michael: Rock in der DDR (Bundeszentrale für politische Bildung, Bonn, 2002)

Rapp, Tobias: Lost and Sound – Berlin, Techno und der Easyjetset (Suhrkamp Verlag, Frankfurt, 2009)

Rüddenklau, Wolfgang: Störenfried – DDR-Opposition 1986-1989 (BasisDruck Verlag, Berlin, 1992)

Sarotte, Mary Elizabeth: The Collapse – The accidental opening of the Berlin Wall (Basic Books, New York, 2014)

Stephan, Gerd-Rüdiger (Hg): »Vorwärts immer, rückwärts nimmer!« – Interne Dokumente zum Zerfall von SED und DDR 1988/89 (Dietz Verlag, Berlin, 1994)

von Hallberg, Robert, übersetzt von Northcott, Kenneth: Literary Intellectuals and the Dissolution of the State – professionalism and conformity in the GDR (University of Chicago Press, Chicago, 1996)

Westhusen, Mark: Zonenpunkprovinz – Punk in Halle (Saale) in den 80er Jahren (Verein Zeit-Geschichte(n), 2005)

Willmann, Frank: Leck mich am Leben – Punk im Osten (Verlag Neues Leben, Berlin, 2012)

Abbildungsnachweis

Im Text:
Teil I Seite 16: Ostkreuz Agentur (Harold Hauswald)
Teil II Seite 114: SUBstitut (Christiane Eisler)
Teil III Seite 168: SUBstitut (Christiane Eisler)
Teil IV Seite 252: BStU IV (MfS-HA-IX-Fo-1216-Bild-0044), (MfS BV Mgb Abt XX 4479 S. 2 Bild 6), (MfS-HA-IX-Fo-1216-Bild-0042), (MfS BV Mgb Abt XX 3002 S. 1 Bild 6), (MfS BV Mgb Abt XX 3002 S. 1 Bild 14), (MfS SED-KL 1201 S. 004), (MfS BV Mgb Abt XX 4479 S. 2 Bild 7), (MfS BV Mgb Abt XX 3002 S. 1 Bild 7), (MfS-HA-IX-Fo-1216 Bild 0047)
Teil V Seite 292: SUBstitut (Christiane Eisler)
Teil VI Seite 372: Ostkreuz Agentur (Harold Hauswald)
Teil VII Seite 442: SUBstitut (N.N.)
Teil VIII Seite 490: Ostkreuz Agentur (Harold Hauswald)

Bildteil:
Seite 1: oben: Archiv Helga Paris; unten: Ostkreuz Agentur
Seite 2: INTERTOPICS (Ilse Ruppert/ddp images)
Seite 3: oben links und rechts: SUBstitut; unten: SUBstitut (Nikolaus Becker)

Seite 4: oben: Ostkreuz Agentur; 4 unten: SUBstitut
Seite 5: oben: BStU (MfS BV Gera AKG 2404 S. 018); mitte: Archiv Helga Paris; unten links: Archiv Major Bergmann; unten rechts: SUBstitut (Moritz Götze)
Seite 6: oben: SUBstitut; unten (alle drei Bilder): SUBsitut
Seite 7: SUBstitut (Christiane Eisler)
Seite 8: oben: SUBstitut; unten: SUBstitut
Seite 9: oben (beide Bilder): SUBstitut; mitte: BStU (MfS AOP 3316-84 S. 236); unten: Ostkreuz Agentur
Seite 10: oben: Archiv Paul Landers; mitte: SUBstitut (Christiane Eisler); unten: SUBsititut
Seite 11: oben links: Karoline Bofinger; oben rechts: BStU (MfS BV Gera AKG 4204 Seite 005); mitte: Jörn Schulz; unten: Archiv Mathias Schwarz
Seite 12: oben: SUBstitut (Arno Lenz); mitte und unten: Ostkreuz Agentur
Seite 13: oben: Jörn Schulz; unten: SUBstitut
Seite 14: oben: Jörn Schulz; unten: SUBstitut
Seite 15: oben: Robert-Havemann-Gesellschaft/Volker Döring; unten: Ostkreuz Agentur (Harold Hauswald)
Seite 16: oben links: Archiv Tim Mohr; oben rechts: Ostkreuz Agentur; unten: Ostkreuz Agentur (Maurice Weiss)